# DIE HIMMLISCHE ORDNUNG und DAS UNIVERSUM

Zusammengestellt von
**Dr. Bedri Ruhselman**

Erste Ausgabe in deutscher Sprache, veröffentlicht 2021
von Divine Order Publishing - MTIAD1950

Copyright ©2021 Divine Order Publishing - MTIAD1950

Ein Katalog dieses Buches ist in der British Library erhältlich.

Alle Rechte vorbehalten von Divine Order Publishing - MTIAD1950, dem Finanzunternehmen der Metapsisik Tetkikler ve Ilmi Arastirmalar Dernegi (Gesellschaft für Metapsychische Studien und wissenschaftliche Forschung).

Mit Ausnahme der durch das Urheberrecht zulässigen Verwendung für den privaten Gebrauch und in Form von kurzen Zitaten bedürfen die Vervielfältigung, Verbreitung oder Übertragung sowie jede andere Art der Verwendung dieser Veröffentlichung einschließlich Kopieren, Aufzeichnen oder andere elektronische oder mechanische Verfahren der vorherigen schriftlichen Zustimmung des Herausgebers.

Für Genehmigungsanfragen senden Sie eine E-Mail an den Herausgeber unter:
divine.order.universe@gmail.com

oder schreiben Sie an eine der folgenden Adressen:
Divine Order Publishing – MTIAD1950 (UK)
c/o AESOP Publications, 28 Abberbury Road, Oxford OX4 4ES, UK
tel.: 44 (0)1865 773862; fax: 01865 389589;
info@aesopbooks.com

Divine Order Publishing – MTIAD1950 (Turkey)
Metapsişik Tetkikler ve İlmi Araştırmalar Derneği, İktisadi İşletmesi
Hasnun Galip Sok, Pembe Çıkmazı
No. 4/6 Beyoglu, Istanbul 34433 Turkey
tel: 0090 212 243 1814; 00905325151358
www.divineorderanduniverse.org
www.mtiad1950.org.tr
www.mtiad.org.tr

ISBN: 978-0-9928397-2-7

*Dieses Wissensgut, das vom Plan der großen Pflicht kommt,
den wir als "Önder (Pionier)" bezeichnen, wurde im Jahre 1959
von Bedri Ruhselman zusammengestellt,
und befand sich seitdem in Aufbewahrung des Notariats.
Da die Zeit gekommen ist, wurde es nach 54 Jahren veröffentlicht.
Dieses Buch, das Sie nun in Ihren Händen halten,
ist die originalgetreue Übertragung des Originaltextes
in das moderne Türkeitürkisch.*

\*
\* \*

Dieses Buch ist ein Teil der Harmonie, die wir um uns herum sehen und fühlen und die wir halbwegs als Natur bezeichnen. In unserem Universum ist es eine Brücke des hellen Weges, den wir als Vervollkommnung bezeichnen können, die zum Wissen der Menschen führt. Es ist der alleinige Weg, der das beschränkte materielle Leben des Menschen mit einem weiten und bewussten fortgeschrittenen Stadium verbindet. Es gehört weder uns noch euch Menschen noch jemand anderem. Dies ist ein Geschenk der himmlischen Ordnung an die Menschen. Mit anderen Worten, es ist ein Stück von der Natur.

*
* *

Dieses Buch wurde der Welt aus der Einheit der Auffassungsgaben, die wir als Unität bezeichnen, von ihren Verpflichteten in einer Form überreicht, die den Vervollkommnungsbedürfnissen der Menschen gerecht werden kann.

DIE REISENDEN DER VORSEHUNG

Materie ist ein Element, das die Grundlage für alle Einwirkungen bildet und in unterschiedlichen Maßen auf diese Einwirkungen reagiert. Eine weitere in diesen Informationen verborgene Bedeutung ist folgende: Die Materie ist nicht in der Lage, von sich aus in irgendeine Bewegung zu kommen oder die primitivste Aktivität auszuführen. Sie verfügt über keine Möglichkeit, um von sich aus zu werden oder etwas zu machen. Mit anderen Worten, die Materie wartet nur auf die Einwirkungen, die zu ihr kommen, und sie nimmt Zustände, Formen und Positionen an, die den Richtungen dieser Einwirkungen entsprechen. Wenn wir uns nun den Zustand vorstellen, dass irgendeine Materie frei von jeglicher Einwirkung ist –mit der Annahme, dass dies möglich ist–, dann müssen wir akzeptieren, dass diese Materie weder über eine Form noch einen Zustand verfügen kann. Eben eine solche Materie, die außerhalb der menschlichen Auffassung und der menschlichen Vorstellungskraft liegt, und die von allen Zuständen und Formen isoliert ist, bezeichnen wir als "amorphe Materie" oder "originale Materie". Das heißt, die amorphe Materie:

a – zeigt überhaupt keine Bewegung. Sie ist der Zustand der absoluten und völligen Bewegungslosigkeit der Materie.

b – Da alle in der Materie auftretenden Eigenschaften und Qualitäten lediglich Manifestationen der Bewegungen in ihr sind, kann weder von der Form noch von der Eigenschaft oder der Qualität der amorphen Materie, was ein Zustand "absoluter Bewegungslosigkeit" ist, die Rede sein.

c – Da die Auffassung eines solchen Zustandes nicht möglich ist, ist die amorphe Materie, obwohl sie vorhanden ist, für die Menschen "nicht vorhanden".

d – Da die amorphe oder originale Materie –aufgrund ihrer absolut bewegungslosen Beschaffenheit– sich in keinerlei Weise von alleine bewegen oder rühren kann, ist es ihr nicht möglich, sich ohne eine Einwirkung von außen von alleine in Bewegung zu setzen und die Formen, Zustände und Manifestationen zu zeigen, die die Konsequenzen der Bewegungen in der Materie sind.

Nach all diesen Informationen ist es leicht, zu verstehen, dass das, was die Menschen als "Materie" betrachten und bewerten, nicht die amorphe Materie selbst ist, sondern die Manifestationen der verschiedenen Bewegungen, die die äußeren Einwirkungen mit den Möglichkeiten innerhalb der Materie erzeugen.

*
* *

Es gibt Teile dieser Formen und Situationen, die je nach ihren Zuständen von Feinheit-Grobheit oder Einfachheit-Komplexität unterschiedlichen Wahrnehmungen und Ansichten unterliegen können. Die Materien, die in Manifestationen hoher und komplexer Bewegungen auftreten, weisen im gleichen Maße komplexe und fortgeschrittene Situationen auf, während diejenigen, die in geringen und einfachen Bewegungen auftreten, dementsprechend primitive und einfache Qualitäten aufweisen.

So weisen Materien in unzähligen Entwicklungsgraden unterschiedliche Werte auf, angefangen von den primitiven Zuständen mit den einfachsten Bewegungen bis zu ihren höheren Situationen, die durch die komplexesten Bewegungen gekennzeichnet sind. In diesem Fall ist die "einfachste Materie" ein Materiezustand, in dem sie sich durch die ersten Bewegungen von der amorphen Materie getrennt und ihre erste Form angenommen hat. Andererseits bedeutet eine "hohe, komplexe Materie", dass es sich um einen Materiezustand handelt, der durch unzählige verschiedene Kombinationen und Arten der Bewegung komplexe Situationen und Formen aufweist.

In der "Kette der Einfachheit und Komplexität der Bewegungen", die zwischen den untersten und obersten Unendlichkeitspunkten verläuft, kann der Mensch nur innerhalb bestimmter Grenzen die Formen und Zustände weniger Materieglieder der Kette sehen und wahrnehmen. Wenn diese Zustände und Formen aufgrund mangelnder oder einfacher Bewegungen primitiver werden, nach unten absteigen und an eine Grenze stoßen, entfernen sie sich allmählich aus dem empfänglichen Bereich menschlicher Wahrnehmung, und verschwinden schließlich vollständig. Ebenso verhält es sich nach oben, wenn die Glieder der Materiekette mit zunehmenden und komplexeren Bewegungen aufsteigen und sich entwickeln, verliert die menschliche Wahrnehmung sie wieder von einem Punkt an vollständig. Dies liegt daran, dass keine menschliche Intelligenz und Wahrnehmung, die von der Gehirnsubstanz irdischer Materie abhängt, die Qualität und Quantitäten der Bewegung begreifen kann, die unterhalb und oberhalb dieser Grenzen zu Materiesituationen führen. Aus diesem Grund waren die Menschen nicht in der Lage, mehr als nur wenige Glieder in der unendlich langen Kette der Universumsmaterie zu begreifen und zu ihrem "handgreiflichen" Untersuchungsgegenstand zu machen. Dies ist der Hauptgrund, warum einige von ihnen manche Möglichkeiten einer hohen materiellen Manifestation ablehnen und leugnen.

\*
\* \*

Auf dem Weg der Materieentwicklung von ihrem Zustand der ursprünglichen Materie des Universums bis zu unserem astronomischen Kosmos gibt es einen dunklen, für die Menschen unbegreiflichen Bereich. Dieser Bereich besteht aus einer groben, verstreuten, amorphen Gesamtmaterie. In dieser groben Umgebung gibt es keine Konstitutionen geformter Materie. Danach gibt es einen Bereich, bei dem es sich um "das erste Wasserstoffatom" handelt, das den Beginn der Wasserstoffwelt bildet. Allerdings benutzen wir diesen Namen nur, weil die Menschen das erste Atom Wasserstoff genannt haben; tatsächlich ist die Materie, über die wir sprechen, und die wir weiterhin als "das erste Wasserstoffatom" bezeichnen werden, nicht das Atom "H", das die Menschen kennen. Das dem Menschen bekannte Atom ist ein hoch entwickelter, komplexer und fortgeschrittener Zustand dieses Atoms. Die Menschen kennen dieses erste Wasserstoffatom noch nicht.

Die materiellen Zustände und Formen unserer Erde und unseres gesamten astronomischen Kosmos mit all seinen Sphären, Systemen und Galaxien setzen sich aus verschiedenen Kombinationen der fortgeschrittenen Positionen dieses Wasserstoffatoms zusammen.

Unterhalb und oberhalb der Elemente, aus denen sich unsere Welt zusammensetzt, gibt es noch viele weitere Elemente, die weit von der menschlichen Wahrnehmung entfernt sind. Diejenigen von diesen Elementen, die sich oberhalb befinden, die die Menschen nicht kennen, welche zu den fortgeschrittensten Entwicklungsstadien des irdischen Atoms gehören, zeigen höhere Substanz Zustände völlig anderer Struktur und Qualität als das den Menschen bekannte Atom. Obwohl körperliche Wesen, also die Menschen, nicht bewusst von diesen Materiezuständen profitieren können, benutzen sie sie oft automatisch mithilfe höherer Wesen. Als ein einfaches Beispiel hierfür möchten wir die Gedankenvibrationen von einem menschlichen Kopf zum anderen menschlichen Kopf angeben. Gedankenvibrationen sind ein Materiezustand, der sich über den Materien befindet, die den Menschen bekannt sind, und der auf der Erde existiert. Der sogenannte "Perisprit", der seit Jahrhunderten von verschiedenen spirituellen Schulen der Welt unter verschiedenen Namen bekannt ist und den sie weder erklären noch deren Natur begreifen konnten, ist ebenso einer der den Menschen unbekannten Zustände der Materie, der in der Welt zu finden ist. So sind einige der materiellen Energien, die auf der Erde existieren und die die Menschen nicht kennen, Zustände wie Sympathie, Liebe, Antipathie, Hass, Angst, Freude, Stolz, Eifersucht, Egoismus, die als "subjektive spirituelle Konditionen" bezeichnet und abgetan werden.

Das Universum ist eine Ganzheit. Diese Ganzheit setzt sich aus einer Reihe unterschiedlicher Einheiten zusammen, die wir als Weltkörper, Systeme und Welten bezeichnen. Jede Welt im Universum hat seine spezifische Eigenschaft. Und diese Eigenschaften sind an die Vervollkommnungsbedürfnisse der Seelen angepasst. Was wir eben als "originale Materie" oder "Substanz der Materie" bezeichnen; ist ein amorpher Zustand der Materie, der durch absolute Unbeweglichkeit und Formlosigkeit gekennzeichnet ist und den Hauptbestandteil, die Grundlage des gesamten Universums, ausmacht. Diese Substanz wird vom Moment ihrer ersten Bewegung an immer komplexer und bildet die Phasen, die von relativ zueinander höheren Charakterveränderungen begleitet werden. Wir bezeichnen diese Phasen der Materie als den Kern oder die originale Materie der jeweiligen Welten, die das Materieuniversum ausfüllen und die im Vergleich zueinander unterschiedliche Eigenschaften aufweisen. Dies liegt daran, dass diese originalen Materien der Welten, die für fortgeschrittenere Manifestationen ein Umfeld bieten, nur in der Lage sind, die Bewegungen und Formen zu erzeugen, die für ihre Welt spezifisch sind. So ist die anfängliche Materie oder das Atom einer jeden Welt eine der Etappen, an der die originale Substanz des Universums angelangt während ihres aufsteigenden Voranschreitens von ihrem ursprünglichen Zustand an bis zum Universum als Ganzes; und jede dieser Etappen trägt in ihrer Konstitution den Charakter dieser Welt.

Die originale Materie einer Welt ist die erste Materie dieser Welt. Diese erste Materie beinhaltet die Essenz aller Zustände und Formen, die für diese Welt spezifisch sind. Die Komponente, die diese Zustände und Formen bildet, ist "Bewegung". Die Natur und der Charakter der Bewegungen unterscheiden sich derart, dass sie für jede Welt deren spezifische Eigenschaften hervorbringen können. Mit anderen Worten, es gibt für jede Welt eine spezifische Bewegungsweise. Da das Atom oder der Kern, welcher die erste originale Materie einer Welt darstellt, die

Bewegungen von dieser Welt noch nicht aufweist, ist er für diese Welt in einer absolut inaktiven und amorphen Position. Indem diese ersten Atome die ersten Bewegungen zeigen, diese variieren, verstärken und beschleunigen, bilden sie nach und nach alle Zustände und Formen, die für dieses Universum spezifisch sind.

Die Tatsache, dass die Materien von Mobilität zu Immobilität, von Aktivität zu Trägheit übergehen, während sie von oben nach unten absteigen, erscheint als eine unveränderliche Regel, die die wissenschaftliche Beobachtung dieser Wahrheit darstellt.

Die höchsten und fortschrittlichsten Materien sind diejenigen, deren Bewegungen die komplexesten und vielfältigsten sind. Andererseits; wenn Materien in der Entwicklungshierarchie nach unten absteigen, nehmen ihre Bewegungen ab, sie kehren zu einfachen Zuständen zurück und nehmen schließlich eine Position nahe Null ein im Verhältnis zu den Bewegungsmöglichkeiten in dieser Welt.

*
* *

Die abnehmenden Bewegungen während des Abstiegs nach unten liefern eine weitere wertvolle Beobachtung: Die Verringerung und Vereinfachung der Materiebewegungen führt dazu, dass die Materien primitiver werden, und die Verringerung und Vereinfachung der externen Einwirkungen auf diese Materie führt wiederum zur Verringerung und Vereinfachung der Materiebewegungen. Zum Beispiel diejenigen, die die Struktur von Wasserstoff- und Uranatomen beobachten, können diese Wahrheit dort feststellen.

Das Wasserstoffatom ist ein Zustand, der durch unzählige qualitative und quantitative Bewegungen gekennzeichnet ist. Die komplexere Form dieses Atoms, das Uranatom, hat ein Vielfaches mehr und komplexere Bewegungen in seiner Struktur.

Ebenso ist die Einwirkung eines Wasserstoffatoms auf seine Umgebung viel geringer als die des Urans. Die Höhe und die

Überzahl der Einwirkungen von Uran auf seine Umgebung im Vergleich zum Wasserstoff, zeigt, dass es mehr Einwirkungen empfängt als der Wasserstoff. Da sich die Einwirkungen nur in den Bewegungen, die sie in den Materien hervorrufen, manifestieren, sind die Bewegungen des Uranatoms mehr und komplexer als die des Wasserstoffatoms. Da das Uran hier mehr Einwirkungen auf sein Umfeld aussendet, bedeutet dies, dass es mehr Einwirkungen empfängt, also, dass es auf die Einwirkungen, die es empfängt, gleichermaßen Reaktionen zeigt. Denn keine Einwirkung ist einseitig und in der Materie gibt es weder eine Reaktion ohne Aktion, noch bleibt eine Aktion unbeantwortet.

Alle Zustandsänderungen, alle Formungen und Verformungen sind nur durch Bewegungen und den Variationen von Bewegungen möglich. Als solches sollte die originale Materie unserer Welt, die noch keine Bewegung gezeigt hat, so gut wie keinen Zustand und keine Form haben, die für unsere Welt spezifisch ist. Daher bezeichnen wir sie als die amorphe, also die gestaltlose Materie unserer Welt. In diesem Fall ist die originale Materie angesichts der irdischen Auffassung eine Realität, die nur theoretisch betrachtet und akzeptiert werden kann und dem Anschein nach ein "Nichtsein" bedeutet; damit diese Realität ihre verschiedenen Formen annehmen kann, die für unsere Welt spezifisch sind, muss sie die Weltkugel betreffend viele Werte gewinnen und viele Entwicklungsstadien durchlaufen.

Nachdem wir diese Informationen zur Verfügung gestellt haben, gehen wir zur zweiten wichtigen Eigenschaft der originalen Materie über. Die Menschen könnten folgendes denken: "Wie kommt es, dass die originale Materie, obwohl sie relativ träge und inaktiv ist, also die Bewegungen unserer Welt nicht hat, später beginnt eine Reihe von Entwicklungsstadien zu durchlaufen, indem sie durch unzählige Bewegungen Formen annimmt?" Bei der Beantwortung dieser Frage erklären wir auch die zweite Eigenschaft der oben erwähnten originalen Materie. Wir beginnen mit einem leicht nachvollziehbaren Beispiel: Auf einem Tisch liegt ein bewegungsloser Stift. Diesem Stift fehlt, obwohl er zahlreiche Bewegungskomplexitäten in sich birgt, jede Bewegung, das heißt, er bewegt sich nicht im Verhältnis zu den groben Materien im Raum und unserer Sehkraft nach. Wenn wir diesen Stift nun mit unserem Finger leicht anstupsen, rührt er sich von seinem Platz und rutscht nach vorne, also er bewegt sich. Diese Beobachtung zeigt, wie sich die Materie durch eine äußere Einwirkung in Bewegung setzt. Wenn hier unser Finger, der sich in der Stellung der Einwirkung befindet, den Stift nicht angestupst hätte, hätte er diese Bewegung nicht von selbst gemacht. Dies ist die erste Eigenschaft der originalen Materie, die wir zuvor erwähnt haben. Allerdings beobachten wir auch, dass wenn wir den Stift mit unserem Finger anstupsen, dieser sofort darauf anspricht, also, dass er auf eine Aktion mit einer Reaktion antwortet. Es wäre ihm nicht möglich gewesen, sich zu bewegen, wenn er hier keinen Widerstand gegen unseren Finger geleistet hätte. In einem solchen Fall wäre unser Finger, wie ein Gegenstand, der sich in Rauch fortbewegt, einfach durch ihn hindurchgegangen. Demnach besitzt der Stift auch die Möglichkeit -abgesehen von seiner eigenen Bewegungslosigkeit- auf jede Bewegung von außen unmittelbar zu reagieren. Und dies stellt somit ihre zweite Eigenschaft dar. Dies bedeutet, dass die originale Materie, die keine Macht besitzt, um sich selbst zu bewegen oder vielmehr im Zustand der Trägheit bewegungslos ist, die Möglichkeit besitzt, auf jede Einwirkung von außen zu reagieren und sich in diese Richtung zu bewegen. Da jede Bewegung auf andere Materien, die für sie eine Widerstandsfläche darstellen können, also die mit ihr sympathisieren können, eine Einwirkung bedeutet, drücken wir diese Information mit der folgenden Formel aus: Die originale Materie, die unbeweglich, formlos und wirkungslos ist und unfähig ist, sich von selbst zu bewegen, hat die Fähigkeit sich im Verhältnis zu Form, Richtung, Grad und Intensität jeder von außen kommenden Einwirkung in Bewegung zu setzen und ihre Umgebung zu beeinflussen. Mit anderen

Worten, Materie hat nicht die Kraft von sich aus Energie hervorbringen, aber es ist ihr möglich, mit einer äußeren Einwirkung sich in Bewegung zu setzen und eine Energiemanifestation zu zeigen.

Die Reaktion, die durch eine äußere Einwirkung bei der originalen Materie hervorgerufen wird, also die Bewegung entsprechend dieser Einwirkung, setzt sich nach Abbruch der Einwirkung nicht fort. Kehren wir hier noch mal zum obigen Beispiel zurück: Lassen Sie uns langsam mit dem Finger den bewegungslosen Stift berühren und ihn mit leichtem Druck voranschieben! Wenn wir unsere Hand anhalten, sehen wir, dass auch er sofort anhält und in seinen alten, unbeweglichen Zustand zurückkehrt. In diesem Fall behält dieser Stift seinen Bewegungszustand nur während der Fortsetzung der Einwirkung unseres Fingers bei und verliert seine Bewegungsmöglichkeit in dem Moment, in dem diese Einwirkung verschwindet. Wenn wir ihn mit dem Finger kräftig wegschnippen, bewegt sich der Stift nur während der Dauer der Einwirkung dieses Fingerschnippens und stoppt wieder, wenn die Intensität der Einwirkung verschwindet. In diesem Beispiel sehen wir keine Notwendigkeit, die technischen Varianten der Widerstandsbewegungen zweiten Grades zu erwähnen, die die Umgebung auf den Stift ausüben kann. Wenn wir diese Realität zu den oben genannten beiden Hauptmerkmalen der originalen Materie hinzufügen, können wir feststellen, dass die träge und unbewegliche originale Materie sich nur durch äußere Einwirkungen in Bewegung setzen kann, ihre Bewegung während der Fortsetzung dieser Einwirkungen beibehält und wenn die Einwirkungen verschwinden in denselben bewegungslosen, trägen Zustand zurückkehrt.

Demzufolge sind die Dinge, die wir als "Materie" in unserer Welt betrachten, nicht die originale Materie selbst, sondern ihre Zustände in den verschiedenen Formen und Positionen, die sie von dem Moment an eingenommen hat, in dem sie sich durch Einwirkungen in Bewegung gesetzt hat. Diese Formen und

Zustände bestehen jedoch aus verschiedenen Manifestationen der äußeren Einwirkungen, die die vorhandenen Bewegungsmöglichkeiten in der originalen Materie nutzen. Mit anderen Worten, jede Einwirkung weckt eine der Möglichkeiten der Bewegungspotenziale in der Materie, die ruhen und nicht in der Lage sind, von selbst aufzuwachen. Eben, dass die Materien durch verschiedene äußere Einwirkungen verschiedene Bewegungen ausführen und verschiedene Formen und Zustände annehmen, bezeichnen wir als die Verwirklichung der in ihnen verborgenen Potenziale.

Wir befinden uns hier an einem sehr wichtigen Punkt unserer Ausführungen. Wenn nun die originale Materie des Universums in einem amorphen und trägen Zustand sich befindet und nicht in der Lage ist, sich von selbst zu bewegen, wenn sie also ohne eine äußere Einwirkung von selbst keine einzige Bewegung ausführen kann, woher kommen dann diese Einwirkungen, die in dieser amorphen und trägen Substanz solch unendliche Zustände und Formen hervorbringen und somit ein riesiges Universum mit verschiedenen Realitäten erschaffen? Und wenn die Materie sich nicht von selbst in Bewegung setzen kann, aus welchem Grund wird sie in unendlich viele Zustände und Formen gebracht?

Die Annahme, dass die Materien innerhalb des Universums diese Einwirkungen hervorbringen könnten, entspricht im Hinblick auf das Wissen bezüglich der essenziellen Materie und der Natur der Materie nicht den Prinzipien der Vernunft. Es besteht die Zwangsläufigkeit, sie in den Wahrheiten zu suchen, die außerhalb des Universums existieren. Und tatsächlich ist dies der Fall. Wir werden uns hier darauf beschränken, nur so viel von diesen Wahrheiten zu erwähnen wie sie von den Menschen intuitiv erfasst werden können.

Egal wie schwach und unzureichend unsere Intuitionen bezüglich der Dinge außerhalb des Universums sind, unser Wissen über die Eigenschaften und Formationen der Materiesubstanz, aus der unser Universum besteht, zwingt uns dazu, die Notwendigkeit der Existenz "übersubstanzieller Wahrheiten" zu akzeptieren, die unzählige Manifestationen dieser Substanz verursachen. So gehört auch das, was die Menschen als "Seele" bezeichnen, zu diesen "übersubstanziellen Wahrheiten". Folglich besitzt die Seele eine Eigenschaft, die genau das Gegenteil des Zustands der Trägheit und Bewegungslosigkeit ausdrückt, welche die Hauptmerkmale der Substanz des Materieuniversums sind.

In den Substanzen der Universen gibt es nichts, was der Seele eigen ist. Die Seele wiederum hat keine Eigenschaften, die den Substanzen der Universen eigen sind. In unserem Universum ist es ausgeschlossen, sich die Beschaffenheit der Seele vorzustellen und sie zu begreifen. Denn in den Materien des Universums gibt es kein Word, kein Abbild, das ausreicht, um sie darzustellen oder zu beschreiben. Die Notwendigkeit der Existenz der Seele zu akzeptieren, ohne zu versuchen, ihre Beschaffenheit zu analysieren, ist der geeignetste Weg für die Wahrheit.

Demzufolge ist eine Ähnlichkeit, eine direkte Beziehung und selbst eine Nähe zwischen der Seele und irgendeiner Substanz des Universums in keiner Weise vorstellbar. Und es ist nicht möglich, dass eine Übertragung von einem zum anderen stattfinden kann, also ein direkter Austausch zwischen ihnen ist ausgeschlossen. Es besteht eine unendliche Unzugänglichkeit zwischen der Seele und den Substanzen der Universen.

Es existiert keine Seele in einem Körper oder auf der Erde oder im Universum. Alles was im Universum ist, ist Materie. Und jedes Ereignis, jeder Zustand und jede Form besteht nur aus verschiedenen Situationen und Erscheinungen der Materie.

Die Seele befindet sich nicht im Universum. Wo befindet sie sich dann? Da die Begriffe "innerhalb" und "außerhalb" spezifische Realitäten unseres Universums sind, kann auch nicht gesagt werden, dass die Seele "außerhalb des Universums" ist. Denn das

Äußere des Universums bedeutet zugleich das Innere eines anderen Universums. Mit anderen Worten, es gibt kein leeres Feld, das als außerhalb des Universums bezeichnet werden kann. Allerdings wäre es genauso falsch, aufgrund dieser Aussagen sich die Universen als ineinander verschachtelte Sphären vorzustellen. Auch dies ist ausgeschlossen. Jedenfalls anzunehmen, dass die Universen sich in Form von ineinander verschachtelten Sphären ausdehnen, würde ihnen wieder einen Raum zuweisen und die Grenzen dieser Räume bestimmen, was falsch ist. Mit der menschlichen Auffassung ist es natürlich nicht möglich, sich die Bedeutung und Objektivität dieser Aussagen vorzustellen. Es ist nur möglich, dies bis zu einem gewissen Grad durch intensives Nachdenken intuitiv zu erfassen. Um diese Intuition zu vermitteln, möchten wir ein Beispiel anführen. Allerdings dürfen Sie dieses Beispiel nicht wörtlich nehmen, sondern vielmehr darüber nachdenken, sodass Sie ihm eine Intuition entnehmen können.

Projizieren Sie einen Projektor mit Weißglas in die Leere! Das weiße Erscheinungsbild des Projektorlichts stellt die Möglichkeiten der Substanz des offenbaren Materieuniversums dar! Dies ist ein Universum an und für sich mit all seinen Wahrheiten und Realitäten. Wechseln Sie nun das Weißglas dieses Projektors gegen eine Blaue aus! Diesmal erscheint ein blaues Projektorlicht. Dies ist ein anderes Universum, dessen Beschaffenheit und Möglichkeiten sich von denen des Vorherigen völlig unterscheiden. Hier ist, um ein mögliches Missverständnis zu vermeiden, mit großer Sorgfalt folgender Punkt anzumerken; wenn vom blauen Projektor die Rede ist, sollten die Notwendigkeiten, die immer auf dem Konzept des Raums beruhen, niemals berücksichtigt werden, wie zum Beispiel dass der weiße Projektor verschwinden und der blaue Projektor ihn ersetzen würde, oder die zwei Projektoren sich überlagert hätten, um eine vermischte Lichtkomplexität zu erzeugen, oder einer dieser beiden Projektoren zum Wohle des anderen geschwächt und verändert wäre. Hier existieren beide Projektoren, ohne ihr Licht zu vermischen, ohne sich in irgendeiner Weise auszutauschen, ohne etwas von ihren eigenen Werten und Qualitäten zu verlieren, jeder für sich allein, als ob es kein anderes Projektorlicht gäbe. Diese Situation muss intuitiv recht gut erfasst werden.

Somit kann die Existenz von zwei Universen intuitiv erfasst werden, ohne dass ihnen ein Raum zugewiesen wird. Wenn die Projektoren hier in diesem Sinne verstanden werden, sind sie weder innerhalb noch außerhalb voneinander, sie nehmen auch nicht den Platz des anderen ein. Stellen Sie sich nun vor, dass die Projektorlinsen, die wir als Symbole genommen haben, nicht in zwei Farben sind, sondern in drei, fünf, hundert und unendlichen Farben, und dass alle sich auf dieselbe Weise manifestieren! So gewinnen Sie starke Intuitionen über die ewige Existenz der Substanzen der Universen, die außerhalb den Konzepten von Zeit und Raum sich nicht vermischen und keine Beziehung zueinander haben. Wenn es also um die Situation der Seele geht angesichts dieser unendlichen Universen, die keinen Raum und keine Grenzen kennen, wäre es der größte Fehler der Seele einen Platz, einen Raum zuzuweisen, dem die Menschen unterliegen, der dermaßen an die menschliche Auffassung gebunden ist, dass er nicht einmal die Universen umgeben kann. In diesem Fall; ohne eine direkte Beziehung zu einem dieser Universen in Betracht zu ziehen, ohne auch nur den entferntesten Kontakt mit ihren Substanzen zu erwägen, ohne die Begriffe innerhalb und außerhalb zu berücksichtigen, ist es hinsichtlich der Seelen, die alle Universen so nutzen, als ob sie sie umschließen würden, notwendig sich darauf zu beschränken zu sagen, dass "die Seelen über dem Begriff aller Substanzen der Universen stehen". Eine noch weiterreichende Intuition ist für unsere Welt nicht möglich.

*
* *

Es besteht nicht nur ein Universum. Die Universen sind unendlich. Und die Unendlichkeit der Universen ist eine Notwendigkeit absoluter Unzugänglichkeit. Keines dieser unendlichen Universen besitzt die Beschaffenheiten des anderen. Und der Charakter jedes Universums wird durch seine "Grundsubstanz" bestimmt, die "die Quelle" dieses Universums ist. Die Grundsubstanz oder originale Substanz unseres Universums ist der absolut bewegungslose und amorphe Zustand der Materie.

Die Seele, die aktiv ist und nach Vervollkommnung strebt, stellt für passive Universen ein Ziel dar. Dies bedeutet, dass die Seelen ihre Bedürfnisse erfüllen, indem sie die Reflexionen ihres Verhaltens durch die Substanzen des Universums erfahren. Demnach sind die Universen die Felder, die auf die Bedürfnisse der Seelen reagieren, die wir "Vervollkommnung" nennen. Symbolisch können wir das wie folgt ausdrücken: Die Universen sind für ihre eigenen Substanzen spezifische Umgebungen, die den Seelen bei ihren Ausübungen dienen und die Ergebnisse dieser Ausübungen den Seelen wiedergeben. Die aktiven Seelen vervollkommnen sich auf indirekte Weise, indem sie für ihre Vervollkommnung die unendlichen Möglichkeiten verschiedener passiver Substanzen der Universen im Verhältnis zu ihren Bedürfnissen nutzen. Weder könnten die Seelen ohne die Existenz der Universen ihre höheren, spezifischen Bedürfnisse, die wir nicht kennen, erfüllen, noch besäßen die Universen ohne die Seelen eine "Daseinsberechtigung". Sie schreiten immer zusammen fort. So sehr, dass es, trotz der definitiven und ewigen Unzugänglichkeit, die zwischen den beiden existiert, so scheint, als würden sie einander fest umfassen und hätten sich miteinander verflochten.

\*
\* \*

Hier kommt die folgende Frage in den Sinn: "Wenn doch zwischen den Seelen und den Universen eine solch absolute Unzugänglichkeit besteht, wie kann es dann sein, dass die Seelen aus all den Ressourcen der Universen grenzenlos schöpfen können, so als würden die Seelen und die Universen sich fest umfassen und hätten sich miteinander verflochten?"

Lassen Sie uns zunächst einmal sagen, dass die Beziehungen zwischen der Seele und dem Universum, die mit absoluter Unzugänglichkeit voneinander getrennt sind, keine direkten sind, sondern über indirekte Wege entstehen. Hier besteht die Notwendigkeit und Verpflichtung, der Welt eine große Wahrheit mitzuteilen. Diese Wahrheit ist folgende: Sowohl über den Universen, die in einer unendlichen Reihenfolge angeordnet sind, aus vielfältigen und verschieden beschaffenen Substanzen bestehen und die voneinander umfangreichere und unendlichere Varianten innehaben, als auch über den Seelen, die unendliche Weiten sowie Umfang besitzen und ihre ewige Vervollkommnung in diesen Universen fortsetzen werden, existieren "höhere Prinzipien", die beide dominieren; sie bestimmen, ermessen und billigen die Konditionen und Schicksale der Seelen und Universen, sowohl vorwärts gerichtet als auch rückwärtsgewandt. Weder kennen wir ihre Beschaffenheit noch können wir die geringste Intuition über sie haben. Denn diese große Wahrheit ist der unendlichen Welt der Seelen und der ewigen Materiekette der Universen übergeordnet, sie ist von ihnen durch eine absolute Unzugänglichkeit getrennt. Wir sind nicht in der Lage, eine einzige Meinung oder ein einziges Wort zur Erklärung dieser Wahrheit zu äußern, die wir als das originale Prinzip bezeichnen. Da es in unserem Materieuniversum keine Macht, keine Fähigkeit, keine Auffassungsgabe und keine Intuition gibt und auch nicht geben kann, um dies zu ermöglichen. Wir werden jedoch diese große Wahrheit, die die Unzugänglichkeit des Unzugänglichen ist, mit einem symbolischen Namen, als das originale Prinzip benennen. Jede Wahrheit in den Universen, oberhalb der Universen und zwischen den Seelen unterliegt der Herrschaft und Ordnung des originalen Prinzips. Alle

Formationen, alle Abläufe, alles in unserem Universum kann nur durch seine Notwendigkeiten verwirklicht werden. In diesem Zusammenhang überlassen wir alle himmlischen Konzepte dem Auffassungsgrad der Menschen und insbesondere deren intuitiven Fähigkeiten.

Dass die Seelen und die Universen, trotz der Unzugänglichkeit zwischen ihnen, eine sich umfassende Position zeigen, wird durch die Gebote dieses hohen Prinzips, das wir das originale Prinzip nennen, verwirklicht. Die Macht des originalen Prinzips umfasst einerseits die Seelen (dieser Ausdruck ist symbolisch), gleichzeitig aber umfasst sie auch die Universen. Und die Seelen und Universen werden vor diesem hohen Prinzip einander widergespiegelt, als ob sie von einem Spiegel projiziert würden. Selbstverständlich ist der Begriff Spiegel hier ebenfalls ein Symbol. Dieses Spiegelsymbol sollte jedoch nicht mit dem originalen Prinzip gleichgesetzt werden. Hier wird nur der kleinste Aspekt der Macht des originalen Prinzips in Bezug auf das Verhältnis der Universen und Seelen durch das Spiegelsymbol ausgedrückt, was die einzige Möglichkeit ist, dies zu erklären. Nun möchten wir in der Sprache der Welt dieses Wissen ein wenig eingehender betrachten: Die Einwirkungen, die vom originalen Prinzip ausgehen, aktivieren die amorphe Substanz des Materieuniversums entsprechend den Bedürfnissen der Seelen. Und dort gestalten sie die unendlichen Varianten der Materiesubstanz. Also, in Bezug auf den substanziellen Vergleich befindet sich die Seele nicht im Universum, da sie aber durch ein Wesen aus subtiler Materie in der Substanz des Universums vertreten ist und sich ausdrückt, befindet sie sich in gewisser Weise doch im Universum. Hiermit haben wir, wie wir bei späteren Themen wieder aufgreifen werden, die ersten Informationen über den Zweck der Formgebung und Zustandsgewinnung der Materien gegeben.

*
* *

Die Manifestation einer Materie, also, dass sie unter den anderen Materien in ihrer Umgebung ihre Existenz durch ihre spezifischen Eigenschaften zeigt; bedeutet vor allem, dass sie mit den Zuständen und Formen anderer Materien, die sie umgeben, in bestimmten Verhältnissen und Graden in Beziehung treten kann oder vielmehr die Möglichkeiten hat, mit ihnen zu interagieren. Demzufolge; je größer das Ausmaß und der Umfang der Einwirkungen sind, mit denen eine Materie interagiert, desto mehr manifestiert sich diese Materie und desto höher ist ihr Entwicklungsgrad.

Natürlich haben die Beziehungen einer Materie zu ihrer Umwelt eine Regelmäßigkeit, eine Anordnung und ihre Wege. Diese Regelmäßigkeiten und Anordnungen werden in Harmonie mit den hohen Prinzipien durch unzählige Einwirkungen ausgeführt, die auf die Materiekombinationen von oben, unten, rechts und links kommen. Und diese Ausführung zielt darauf ab, dass die Seelen ihre Vervollkommnung durch die Nutzung der Materien erreichen. So werden, wenn eine Seele eine Materiekombination nicht mehr benötigt und auf diese nicht mehr reagiert, alle –in ihrer Umgebung sichtbaren– Bewegungen dieser Materiekombination gelöscht, und alle für diesen Moment spezifischen Werte werden eliminiert, was wir in der Sprache der Menschen als eine Art "Tod" der Materiekombination oder ihren Zerfall bezeichnen.

Wir werden Ihnen nun erklären, durch welche Mechanismen verschiedene Einwirkungen, die die Materie ständig beeinflussen und ihre Reaktionen verursachen, funktionieren, und so werden wir in eine sehr wichtige Realität eintreten, welche die Struktur der Materie unmittelbar betrifft, und zwar die Realität des Dualitätsprinzips und der Wertdifferenzierung.

Die Realisierung der Manifestationsmöglichkeiten der Materien, hängt von ihren Aktivitäten in ihrer Umgebung ab. Jedoch ist ohne Bewegung keine Aktivität möglich. Mit anderen Worten, die Aktivität einer Materie bedeutet, dass sie sich bewegt. Die Entstehung von Bewegung in den Materien ist hingegen durch Gleichgewichtsveränderungen möglich. Damit eine Bewegung in der Materie unserer Welt stattfinden kann, müssen zunächst zwei gegensätzliche Komponente, die das Gleichgewicht halten, existieren, anschließend muss das Gleichgewicht –um wiederhergestellt zu werden– gestört werden, indem einem dieser Komponente ein höherer Wert hinzugefügt wird. Die Existenz dieser gegensätzlichen Komponenten in der Materie und die Differenzierung der Werte zwischen diesen Komponenten drücken die Realität des "Dualitätsprinzips" und "Wertdifferenzierung" aus.

Die Untersuchung des Dualitätsprinzips und des Mechanismus der Wertdifferenzierung in Bezug auf die Struktur der Materie ermöglicht es, die Bewegungen der Materie zu erklären.

Von der amorphen ursprünglichen Substanz unserer Welt bis hin zu der ersten Materie unserer Erde und noch darüber hinaus gibt es in allen Teilen des Universums zahlreiche Bewegungskomplexitäten. Diese Bewegungen, die die Manifestationen dieser Teile von unendlicher Qualität und Quantität verursachen, bilden zwei unterschiedliche Gruppen von Werten, welche in der Materie vollkommen gegensätzliche Merkmale aufweisen, aber gleichzeitig, dem Grundsatz des Gleichgewichtsprinzips entsprechend sich gegenseitig unterstützen. Wenn einer dieser konträren Werte in der Materiekombination, die sich bis dahin in einem Gleichgewichtszustand befanden, stärker belastet wird als der andere oder vielmehr eine größere Einwirkung erfährt, führt dies zu einer Störung des Gleichgewichts zwischen ihnen und um diese gestörten Gleichgewichtskomponenten wieder ins Gleichgewicht bringen zu können, beginnen von einem zum anderen Werte zu fließen, wodurch verschiedene Bewegungen auftreten. Wenn demnach der einen oder anderen konträren Komponente mehr Werte hinzugefügt werden, die ausreichen, um das Gleichgewicht zu stören, werden zwischen ihnen unterschiedliche Positionen geschaffen. Diesen Zustand bezeichnen wir als "Wertdifferenzierung" oder "quantitative Veränderungen".

*
* *

Somit besteht jede "Materiekombination" aus einer Einheit, die das Ergebnis von zwei konträren Werten ist. Betrachten wir nur einen der konträren Werte dieser "Materieeinheit" oder Materiekombination mit zwei entgegengesetzten Werten, so sehen wir, dass dieser sich auch aus zwei konträren Werten zusammensetzt. Dieser Zustand geht so weiter bis hin zur amorphen Materie. Daher ist es notwendig, jede dieser Materiekombinationen als eine "Einheit Dualität" zu bezeichnen. Dieser Begriff bedeutet eine Einheit, eine Ganzheit, die zwei Komponenten ausdrückt. Abgesehen davon, dass es ein sehr grobes Beispiel ist, möchten wir um eine einfache Ansicht von diese Einheit Dualität zu vermitteln, einen langen Magnetstab als Beispiel anführen: Dieser Magnetstab ist eine Einheit, eine Ganzheit, von deren Mitte aus zwei konträre Arten von Magnetismusmanifestationen hervorgehen, wobei die eine Hälfte mit "+" und die andere mit "−" gekennzeichnet ist. Der Punkt exakt in der Mitte dieser Einheit, an dem die beiden konträren Werte zusammentreffen, ist neutral, das heißt es gibt dort keine Manifestation von Magnetismus. Wenn wir die Hälften der rechten und linken Seite getrennt voneinander untersuchen, indem wir diesen Magnetstab, den wir als Einheit betrachten, vom neutralen Punkt abschneiden, beobachten wir, dass jede von diesen Teilen zu einer Einheit Dualität wird mit zwei einander gegensätzlichen Magnetismusmanifestationen, wobei bei jedem von ihnen die eine Hälfte mit "+" und die andere Hälfte mit "−" gekennzeichnet ist. Wenn diese Stäbe fortlaufend in der Mitte durchschnitten und in zwei Teile geteilt werden, setzen sich die Manifestationen der Dualität immer weiter fort. Dies bedeutet, dass mit jeder Halbierung des Magnetstabs jeweils neue Einheiten, neue Ganzheiten, die kleiner als die vorherigen sind, gebildet werden, mit jeweils zwei Magnetismus Elementen entgegengesetztem Charakters.

Wir bezeichnen diese Wirklichkeit, die eines der wichtigsten Gesetze unserer Welt ist, als das Dualitätsprinzip der

Materiestruktur; und die Wertdifferenzierung oder die quantitativen Veränderungen, die wir zuvor erwähnt haben, ist ein zusätzlicher Mechanismus dieses Dualitätsprinzips. Das Dualitätsprinzip und der damit verbundene Mechanismus der Wertdifferenzierung gehören zu den wichtigsten Gesetzen, die die Möglichkeiten des Entstehens und des Verlaufs der Materien in unserer Welt ermöglichen. Ohne diese sind weder Formen, Zustände noch materielle Manifestationen möglich. Denn wenn diese Prinzipien verschwinden, kann keine Bewegung in der Materie vorkommen; ohne Bewegungen ist es nicht möglich, dass Materien Form annehmen, verschiedene Zustände einnehmen, kurz sie können sich an den Gründungsmechanismen der Welten nicht beteiligen, das heißt die Welten können sich nicht bilden.

Es gibt immer Dualität in der Welt. In allen Dingen, in allen Strahlungen der Materie, im Wesen der Materie, in ihren Einzelheiten, in allen spirituellen Zuständen, die Variationen von Materie sind, und als nicht substanziell erscheinen, in Materie, die als leblos bezeichnet wird, in Materie, die als lebend bezeichnet wird, in Individuen, in den Positionen der Individuen zueinander, in der Kollektivität, in den Gefühlen, in den Gedanken, kurz gesagt, unter allen Bedingungen der wahrnehmbaren und nicht wahrnehmbaren Welt, herrschen das Dualitätsprinzip und der Mechanismus der Wertdifferenzierung. Und in jedem Zustand der Materie, der "eins" zu sein scheint, gibt es immer zwei Komponente mit gegensätzlichem Charakter, die sich im Zustand des Gleichgewichts befinden. Diese konträren Komponenten müssen in einer Einheit vorhanden sein. Denn ohne sie kann Materie nicht entstehen, sie kann nicht bestehen, sie würde zerfallen. Und ohne die Existenz der Materie kann überhaupt nichts existieren.

Alles, was auf der Erde, in unserer gesamten Welt wie eins erscheint, besteht tatsächlich aus zwei Werten mit entgegengesetztem Charakter, die nicht voneinander getrennt werden können. Aber diese beiden konträren Werte sind nicht voneinander unabhängige, zwei vollkommen verschiedene Elemente, sondern zwei miteinander verbundene, aber unterschiedlich erscheinende Elemente, die den Charakter einer einzelnen Einheit bilden.

Alle Bestandteile unserer Welt und selbst die ursprüngliche Materie der Erde können nicht vom Prinzip der Dualität ausgeschlossen werden. Wir fassen die wesentlichen Informationen hierzu zusammen:

a– Die Einheit ist die Bezeichnung der Dualität. Deswegen bezeichnen wir sie als eine "Einheit Dualität".

b– Die gegensätzlichen Bestandteile der Dualität sind nicht nur einzelne Werte. Sie sind auch jede eine Einheit Dualität im kleineren Maßstab, das heißt, sie sind Einheiten, von denen jede eine Dualität darstellt.

c– Dualität ist die erste Quelle und die Grundlage der Bewegung, wie wir im Kapitel über das Entstehen der ursprünglichen Materie noch ausführlicher behandeln werden.

d– Ohne den Mechanismus der Dualität kann es keine "Bewegung" und ohne Bewegung keine Zustände und Formen der Materie geben.

e– Dualität ist die tatsächliche Erscheinung der Situation von Seele und Materie in der Welt.

Wir halten es für notwendig, zu der Aussage im letzten Punkt eine Erklärung abzugeben. Wir sagten, dass Seele und Materie im Materieuniversum nicht koexistieren können. Mit anderen Worten, das Seele-Materie Konzept, nach dem diese sich im Universum gegenseitig direkt beeinflusst, kann kein reales Konzept sein. Jedoch sollte diesem Ausdruck keineswegs die Bedeutung entnommen werden, dass die Existenz der Seele zu leugnen und die Existenz der Materie allein zu akzeptieren sei.

Tatsächlich gibt es im Materieuniversum keine Seele-Materie Realität, in der diese direkt aufeinander einwirken und sich gegenseitig etwas sendet, aber die Existenz der Materie, die die

Grundlage des Universums bildet, ist nicht ohne Zweck und ohne Grund. Wir haben bereits gesagt, dass der Zweck der Existenz der Materie tatsächlich darin besteht, der Seele zu dienen. Der Ausdruck dieser Wahrheit ist in der Dualität der Materie verborgen. Das heißt, der Zweck der Existenz der Materie ist, dass sie der Seele dient. Der Dienst an der Seele erfolgt, indem in jeder möglichen Form und allen Zuständen der Materie ihre Entwicklungsmöglichkeiten von der Seele genutzt werden. Die Nutzung dieser Möglichkeiten hängt von den indirekten Einwirkungen der Seele und der Bildung bestimmter Bewegungen in der Materie ab. Die Möglichkeit des Auftretens jeder Bewegung in der Materie ist jedoch nur durch das Dualitätsprinzip und dem Mechanismus der Wertdifferenzierung möglich. Mit anderen Worten, ohne das Dualitätsprinzip und seinem zusätzlichen Mechanismus der Wertdifferenzierung ist es den Seelen nicht möglich, aus den Materien einen Nutzen zu ziehen. Als solches kann die Beziehung zwischen Seele und Materie nicht realisiert werden. Demnach ist die Dualität, der Mechanismus der Wertdifferenzierung, ein Ausdruck der Notwendigkeit der Materie-Seele-Dualität. Genauer genommen ist das Dualitätsprinzip in der Materie, wenn es in dieser Hinsicht betrachtet wird, die originale Erscheinung der Seelen-Materie-Dualität im Universum, also angesichts der hohen Prinzipien ist es ihre Zwangsläufigkeit.

*
* *

Das heißt, das Dualitätsprinzip, das die Lebendigkeit und Existenz aller Materien gewährleistet, wird durch das originale Prinzip als Grundstruktur in den Aufbau der Materie eingesetzt, indem die Materie in zwei Komponente unterteilt wird. Das originale Prinzip ist ein himmlisches Prinzip. Somit drückt die Dualität die Positionen der Seelen, die nicht im Universum sind, und der Wesen in unserem Universum aus, deren Beschaffenheit sich vollkommen von den Seelen unterscheiden, mit anderen Worten, drückt sie die Zustände der Materien untereinander innerhalb der Struktur der Materie aus. Dadurch erkennt ein Wesen, ein Körper, dass es nicht die Seele selbst, sondern deren

Reflexion im Universum ist; und es ist in all seinen Zuständen und Konditionen ein Wesen, das auf die Bedürfnisse einer Seele reagiert und diese widerspiegelt und die Seele repräsentiert. Wenn also von Wesen die Rede ist, ist in dieser Hinsicht die Seele gemeint. Die Dualität wurde gesetzt, um diese Bedeutung zu ermöglichen.

*<br>* *

Das Leben ist vom Anfang bis zum Ende die Beobachtung des Dualitätsprinzips und des damit verbundenen Mechanismus der Wertdifferenzierung. In dieser Hinsicht, je mehr die Auffassungsgabe eines Menschen zunimmt und sich ausdehnt, umso besser und tiefer durchdringt sie die Feinheiten der Details in den Materien und Ereignissen, die diesen Prinzipien unterliegen.

Auf den ersten Blick lässt sich auch bei groben Fällen die Dualität beobachten. Denn auch in jeder sichtbaren Materieform gibt es eine Dualität. Das Auftreten der Dualität in der Summe und den Teilen dieser groben Materien, ist offensichtlich. Beispielsweise werden die Aktivitäten des menschlichen Organismus durch die gegenseitigen Gleichgewichtspositionen der beiden sympathischen und parasympathischen Nervensysteme ausgeführt. Diese beiden Nervensysteme stehen sich in jedem Organ des Körpers gegenläufig gegenüber. Zum Beispiel spielt im Herzen das sympathische System eine "+", das parasympathische System eine "−" Rolle, während das sympathische System eine "−" Rolle im Magen spielt, wobei das parasympathische System eine "+" Rolle übernimmt. Mit anderen Worten, die Gleichgewichtszustände dieser beiden entgegengesetzten Nervensysteme sind wesentlich für die Fortsetzung der einheitlichen Aktivitäten des Organismus. Während eines von ihnen ein Organ aktiviert und seine Funktion beschleunigt, versucht das konträre andere mit entgegengesetztem Charakter, dasselbe Organ anzuhalten und zu verlangsamen. Und dadurch, dass es die Auswirkungen des ersten Systems bremst, begrenzt es seine potenziell schädlichen Geschwindigkeiten und schützt so den Organismus. Die Verlagerung des Gleichgewichts dieser beiden Nervensysteme auf die eine oder andere Seite wird von dem den Körper kontrollierenden Wesen gemäß den Geboten und Notwendigkeiten des Lebens reguliert und kontrolliert.

Die stärkste Manifestation der Dualität bei den Wesen sehen wir im Zustand der Geschlechter. Ein Mann und eine Frau, die zusammenkommen, bilden eine Einheit Dualität. Sie sind sowohl das Gegenteil voneinander als auch unterstützen sie sich gegenseitig. Auf diese Weise sorgen ihre gegenseitigen Positionen und Beziehungen für den Verlauf und das Wohlbefinden einer Familieneinheit in jeder Hinsicht. Die völlige Störung des Gleichgewichts zwischen diesen beiden Gegensätzen bedeutet den Zerfall der Familie. Auch in den Gefühlen gibt es Dualität: Sympathie-Antipathie, Liebe-Hass, Freundschaft-Feindschaft, Egoismus-Altruismus etc. Ebenso gibt es in den Konzepten Dualität: Gut-Böse, Schönheit-Hässlichkeit usw. Zusammengefasst ist es möglich, die Dualität in jedem groben Zustand zu sehen und zu finden. Es ist jedoch notwendig, zu versuchen, die Dualität in komplexeren Fällen zu sehen.

Wenn das Dualitätsprinzip nicht von dem Mechanismus der Wertdifferenzierung unterstützt und allein gelassen wird, ist es nutzlos und verliert seinen Wert. Das Dualitätsprinzip und der Mechanismus der Wertdifferenzierung sind zwei Mechanismen, von denen einer durch die Existenz des anderen aktiviert werden kann und die aufeinander abgestimmt sind, um eine bestimmte Funktion auszuführen. Genauer gesagt ist der Mechanismus der Wertdifferenzierung der zusätzliche Mechanismus des Dualitätsprinzips.

*
* *

Vervollständigen wir unsere Erklärungen zur Wertdifferenzierung! Zuerst müssen wir erklären, was der Wert ist. Wir haben bereits festgestellt, dass die Zustände der Materie nur durch bestimmte Bewegungen existieren. Die Position der Materie auf beliebiger Ebene ist also die Manifestation der Summe der Bewegungskomplexe, die zu diesem Zeitpunkt in dieser Materie vorhanden sind. Und dies ist ein Konzept, das diese Materie spezifisch für den Moment erschafft und ihr eine Identität verleiht. Die Bewegungskomplexitäten innerhalb der Materiestruktur, die dazu führen, dass eine Materie in irgendeinem Moment in ihrer Umgebung existiert, sind für dieses Wesen jeweils eine "Summe von Werten oder Mengen". In diesem Fall bedeutet das Verringern oder Erhöhen der Bewegungen innerhalb der Struktur einer Materie auf die eine oder andere Weise, dass sich die Werte dieser Materie ändern, also, dass sie sich erhöhen oder verringern. Dies wird durch äußere Einwirkungen auf die eine oder andere konträre Komponente der Materieeinheit verursacht. Denn eine Einwirkung ist auch eine Bewegung. Eben dies ist die Bedeutung, die wir mit den Begriffen Wertdifferenzierung oder quantitative Veränderungen ausdrücken.

Zusammenfassend, wenn eine der zwei gegensätzlichen Arten von Bewegungskomplexität einer Einheit Dualität, also, wenn einer ihrer konträren Werte mehr Einwirkungen empfängt als der andere, wird in dieser Ganzheit oder Einheit eine Wertdifferenzierung verursacht. Folglich stellen die Einwirkungen jeweils einen "Wert" dar. Wenn also eine der konträren Komponenten einen höheren Wert als die andere empfängt, wird das aktuelle Gleichgewicht zwischen den Gegensätzen gestört. Auf der Grundlage des Dualitätsprinzips müssen sich diese Gegensätze jedoch in einem konstanten Gleichgewichtszustand befinden. Um dieses gestörte Gleichgewicht wiederherzustellen, entsteht eine Strömung von der Seite der Komponente, die einen höheren Wert hat, auf die andere Seite; und der Ausdruck dieser Strömungskondition in der Materie ist "Bewegung". Mit diesen Bewegungen, die in verschiedene Richtungen erfolgen, entstehen viele Veränderungen und Neuerungen in den Zuständen und Formen der Materie.

*<br>* *

Im Bezug auf die Dualität von Seele und Universum sollte niemals vergessen werden, dass auf jedes Verhalten der Seelen entsprechend ihren Vervollkommnungsbedürfnissen die Teile des Universums mit einer vollständigen Anpassung reagieren; dies wird nur durch die Gebote des originalen Prinzips verwirklicht, die dieses Verhalten der Seelen auf die Materiesubstanz widerspiegeln und die Reaktionen sowohl jedes materiellen Teils als auch die ihrer Ganzheit wieder zurück an die Seele reflektieren. Das heißt, die Bedürfnisse der Seelen werden, entsprechend den Geboten höherer Prinzipien, in Form von Einwirkungen in das Universum reflektiert. Da es eine charakteristische Zwangsläufigkeit der Materiesubstanz ist, die Bedürfnisse, die ins Universum reflektiert werden, sofort zu beantworten, also sich entsprechend den Geboten dieser Einwirkungen umgehend in Bewegung zu setzen, werden die Antworten der Materie, die durch diese Zwangsläufigkeit gegeben werden, über dieselben Kanäle und mit denselben Geboten an die Seele widergespiegelt. Diese Informationen zeigen noch einmal, was der Begriff "Gebot" ausdrückt, welche mächtigen und tiefgreifenden Bedeutungen er hat. In unserem Universum, in den Universen und unter den suprauniversalen Seelen schließt das "Gebot" alles ein. Das Gebot ist der Ausdruck der Konditionen, die durch das originale Prinzip errichtet und festgelegt wurden.

Alles, was wir über "die suprauniversalen Wahrheiten", sagen können, jeder Ausdruck, den wir verwenden, jedes Beispiel, das wir anführen, sind begrenzt durch die materiellen Mittel unseres Universums, keine von diesen kann unter den höheren suprauniversalen Werten eine wahre Existenz zeigen. Sie reichen jedoch aus, um die materialisierten Ausdrücke der "Wahrheiten im Universum" in Symbolen auszudrücken und auf diese Weise eine gewisse Intuition zu vermitteln. Ohnehin existiert in der Welt kein Geschöpf, das imstande wäre, etwas darüber hinaus begreifen zu könnte. Nachdem wir diesen Punkt betont haben, kehren wir zum Spiegelbeispiel zurück.

Wir sagten bereits, dass mit den Geboten hoher Prinzipien sich die Bedürfnisse der Seelen im Universum wie von einem Spiegel widerspiegeln und die Antworten, die von dort kommen, wieder an die Seelen reflektiert werden. Wir wollen die Intuition dieser enormen Wahrheit, die wir mit einem irdischen Beispiel geben mussten, noch ein wenig verstärken. Das Spiegelsymbol hier darf nicht an die Zeit und den Raum der Erde angepasst werden und es sollte nicht der Gedanke verfolgt werden, in dem die Seelen auf der einen Seite, der Spiegel vor ihnen und das Universum auf der anderen Seite angenommen wird und die erwähnten Reflexionen anhand der Abstände zwischen ihnen an bestimmten Zeitspannen zu messen versucht wird. Denn in den "suprauniversalen Wahrheiten" existieren keine für unsere Welt spezifischen Konditionen der Zeit und des Raums. Deshalb ist es hier notwendig, das Spiegel–Seele–Universum Konzept frei von den Verständnissen von Raum und Zeit so zu akzeptieren, als wären sie ineinander; und den Prozess, der durch dieses Symbol ausgedrückt werden soll, so zu betrachten, als würde er sich in einem einzigen Moment vollziehen, ohne ein Zeitintervall wie die Menschen es auffassen. Wir möchten Sie daran erinnern, dass die Menschen am Beispiel des Spiegels immer auf eine Gefahr stoßen könnten, die sie erwartet, wenn sie nicht in der Lage sind, die erforderlichen Intuitionen frei von zeitlichen und räumlichen Bedingungen, an die sie gewöhnt sind, zu erlangen. Diese Gefahr besteht in einem fehlerhaften Verständnis. Mit anderen Worten, die Intuition dieses Seele–Spiegel–Universum Symbols, das von Zeit und Raum abstrahiert ist, sollte den Menschen niemals zum Konzept des Pantheismus führen. Denn diejenigen, die diese Kapitel sehr gut begreifen, werden wissen, dass hier ein solches Konzept nicht gemeint ist. Die Vorstellung, dass hohe Prinzipien und Seelen sowie Universen eine einzelne Einheit werden könnten, lenkt den Menschen in eine völlig entgegengesetzte Richtung von den Wahrheiten, die wir erläutern wollen, und fegt alle seine hohen Intuitionen weg.

\*
\* \*

Es ist eine Tatsache, dass ein Teil oder die gesamte Reihe von unendlichen Universen, deren Substanzen über reichlichere Möglichkeiten und Überlegenheiten verfügen im Vergleich zueinander, und somit die Fähigkeit haben, die fortgeschritteneren Bedürfnisse der Seelen zu befriedigen, die Seelen nicht erreichen kann. Tatsächlich ist es undenkbar, dass die Seelen aus irgendeiner Universumssubstanz stammen könnten. Es gibt eine absolute Unzugänglichkeit zwischen den Universen, den Substanzen der Universen und den Seelen. Diese Unzugänglichkeit ist auf die Beschaffenheit der Seele und den Substanzen der Universen zurückzuführen. Denn wenn die Seelen und Universen etwas untereinander austauschen könnten und wenn sie gemeinsame substanzielle Werte derselben Beschaffenheit hätten, gäbe es keine Notwendigkeit für die Zweiheit von Seele und Universum, und die Bedeutung der Vervollkommnung würde verloren gehen. Auch hier ist es undenkbar, dass die Substanzen des Universums durch Entwicklung oder auf andere Weise zueinander übertragen werden. Es ist ausgeschlossen, dass diese Substanzen ineinander übergehen. Wie sich manche Menschen vielleicht denken werden, kann ein Universum sich demnach durch Entwicklung nicht wandeln, um ein höheres Universum zu bilden. Dieses Universum wird nur innerhalb der weitläufigen Möglichkeiten, die als unendlich bezeichnet werden könnten, sich verdichten, zerfallen und erneut verdichten, zerfallen. Dies ist eine Ewigkeit, die sich niemand vorstellen kann.

Wenn es eine Wahrheit wäre, dass die Universen mit der Zeit und Entwicklung transformiert werden könnten, dann gäbe es keinen Bedarf und keine Notwendigkeit, getrennte Universumssubstanzen und getrennte Universen anzuerkennen. Und ein einzelnes Universum würde auf ewig als eine Umgebung der Vervollkommnung für die Seelen bleiben. Dies kann jedoch nicht mit dem Konzept des Bedürfnisses der Seele nach ewiger Vervollkommnung in Einklang gebracht werden. Denn egal wie unendlich ihre Möglichkeiten sind, ein Universum, dessen Beschaffenheit sich nicht ändert und dieselbe Substanz bleibt, reicht nicht aus, um die unendlichen Bedürfnisse der Seele zu befriedigen. Ein solches Konzept eines einzelnen Universums erfordert, dass die Seelen und das Universum denselben Wert und denselben Plan haben, was der Idee der Dualität und Vervollkommnung der Seele und des Universums völlig widerspricht. Somit entspricht das Konzept eines einzelnen Universums nicht dem Konzept der ewigen Vervollkommnung der Seele. Auch wenn angenommen wird, dass es unendlich viele Möglichkeiten hat, ist die Intuition einer einzigen Beschaffenheit gegenüber der Vervollkommnung der Seele mit unendlichem Umfang anders, als die Intuition der unendlichen Möglichkeiten von unendlich verschiedenen Beschaffenheiten, die absolut verschieden voneinander sind. Und die Situation, die der Wahrheit der ewigen Vervollkommnung der Seelen würdig ist, die den Möglichkeiten der Wahrheit der ewigen Vervollkommnung, die kein Ende hat, entspricht, ist die Letztere, das heißt, die Existenz von unendlichen Substanzen, die vollständig verschiedene Beschaffenheiten haben und jeweils einen einzigartigen Charakter mit unendlichen Entwicklungsmöglichkeiten besitzen. Nur auf diese Weise, indem also die Seelen in jeder der unendlichen Beschaffenheiten der Substanzen unendliche Vervollkommnungsperioden durchlaufen, findet die Wahrheit der ewigen Vervollkommnung der Seelen ihren wahren Sinn und Wert.

*<br>* *

Es ist eine Notwendigkeit, die Ewigkeit der Vervollkommnung der Seele zu akzeptieren. "Die Unzugänglichkeit des Unzugänglichen", den wir mit keinem Namen benennen können und den unsere Intuition in keiner Weise erreichen kann, erfordert, dass die Seelen niemals "perfekt" werden können, niemals einen Zustand der Perfektion erreichen können, und dass sie sich niemals von dem Bedürfnis nach Vervollkommnung befreien können. Also, der gleiche Faktor, der die Unzugänglichkeit der Universen zu den Seelen erfordert, erfordert auch die Wahrheit, dass die Seelen der ewigen Vervollkommnung nicht entkommen können.

Der Faktor, der die ewige Vervollkommnung der Seelen notwendig macht, ist wiederum eine Zwangsläufigkeit der Wahrheit, dass die Seelen das originale Prinzip niemals erreichen werden. Der Faktor hingegen, der verhindert, dass die Seelen das originale Prinzip erreichen, ist eine Zwangsläufigkeit "der Unzugänglichkeit des Unzugänglichen", dessen, der über allem steht, der die Summe aller Summen ist, dessen geringste Beziehung zu irgendetwas außer Frage steht, den weder der Verstand, noch die Vorstellung, noch die Empfindungen erfassen können, der mit keinem Namen zu benennen ist, den wir aber an dieser Stelle –in großer Verzweiflung– ein einziges Mal, ohne dem Wort einen Sinn aufzuzwingen mit einem irdischen Wort als "Gott" bezeichnen werden. Diese Wahrheit ohne zu zögern und ohne Diskussion zu akzeptieren, so wie sie ist, ist somit die größte Notwendigkeit und die einzige Richtung auf dem Weg der Erlösung.

*
\* \*

Die Gebote des originalen Prinzips, die die Vervollkommnung der Seelen betreffen, treten durch die obere Grenze (diese Ausdrücke sind symbolisch) unseres Universums ein und erscheinen im Universum in Form von "Einwirkungen" und strömen in den uns unbekannten oberen Grenzen des Universums durch die Unität, welche wir später noch erwähnen werden, und steigen hinab, indem sie die Materiekombinationen und sich selbst gemäß den unendlichen Entwicklungs und Fähigkeitsmöglichkeiten derselben verschiedenen Formationen, Transformationen und Deformationen unterziehen, und sich von oben nach unten ausbreiten und abströmen, und erreichen dann die vorgesehenen Punkte und treten dort gemäß den Bedürfnissen der Seelen in Erscheinung und vollenden die indirekten Austauschfunktionen zwischen Seele und Substanz. Unabhängig davon, welches Wesen und welche Ebene sie durchschreitet, trägt jede Einwirkung immer ein Gebot in sich. Ein solches Gebot wiederum beinhaltet die Vervollkommnungs-bedürfnisse der Seelen, denen die Materien oder Wesen auf der Ebene, an die

die Einwirkungen gelangen, unterworfen sind. Demnach gibt es also kein Teilchen des Universums, das frei von diesen Einwirkungen ist.

Wir wiederholen: Die Bedürfnisse der Seelen, ihre Beschaffenheit, ihre Ursachen und Folgen, die wir aufgrund der absoluten und natürlichen Unmöglichkeiten unseres Materieuniversums niemals erkennen und wissen können, und ihrer Vervollkommnungen, die wir als den Anteil dieser Bedürfnisse betrachten, die unserem Universum zufallen; diese werden im Universum in Übereinstimmung mit den Geboten der hohen Prinzipien erfüllt. Um diesen Zweck zu erfüllen, breiten sich die Gebote des originalen Prinzips auf die Unität aus, die die oberste Ebene des Universums einnimmt. Und dort bilden diese Einwirkungen eine Vereinigung. Die Gebote, die sich auf diese Weise mit der Unität vereinigt haben, werden in Form von Einwirkungen durch die Unität eingeströmt und gemäß den Bedürfnissen aller Wesen im Universum an die Gemeinschaften, an die Individuen, an die Materien und die Wesen, an jedes Materieteilchen, bis hin zu den kleinsten Partikeln verteilt und somit werden verschiedene Transformationen, Deformationen und Formationen erzeugt. Mit diesem Mechanismus der Einwirkungen werden die Entwicklung und der Verlauf des Universums gewährleistet; so werden die Beziehungen der Wesen zu den Seelen, untereinander und zu den Materien hergestellt, und so geht die Entwicklung im Universum auf ihr spezifisches Ziel zu.

Den Begriff "Wesen" –welcher kurz zuvor genannt wurde– zu dem wir noch ausführlich zurückkehren werden, müssen wir an dieser Stelle auch kurz erläutern. Das Wesen, ist eine Einheit der Materie, oder vielmehr ein "Komplex von Einwirkungen", das von irgendeiner Seele, die aus den Materien einer bestimmten Entwicklungsstufe die Einwirkungen, die die Gebote des originalen Prinzips in sich tragen und mit den Seelen zusammenhängen, sammelt, synthetisier wird, damit es ihr bis zum Ende des

Universums dienen kann. Demnach ist jedes Wesen ein Vervollkommnungsmittel, das in den Dienst einer bestimmten Seele bis zum Ende des Universums gestellt ist. Dies ist ein derartiges Wesen, das alle Erfordernisse der Handlungen der Seele, die sich in einem suprauniversalen Plan vollziehen, im Universum als "Materie" zum Ausdruck bringt. Und diese Ausdrücke werden an die Seele reflektiert, als würden sie sich in einem Spiegel widerspiegeln. In diesem Fall ist das Wesen das Symbol einer Seele im Universum, der es dient. Da das Wesen im Dienst einer Seele alle Verhaltensweisen, Bewegungen und Bedürfnisse dieser Seele zum Ausdruck bringt, können wir es auch so betrachten, als ob es die Seele selbst wäre. Denn jede Manifestation, die bei diesem Wesen auftaucht, ist im Ausmaß der Zulässigkeit der materiellen Möglichkeiten, die es verwendet, nichts anderes als ein Ausdruck, eine repräsentative Erscheinung des Verhaltens der Seele, das sich im Universum widerspiegelt. Und wenn die Seele verschwindet, werden alle ihre Ausdrücke und Manifestationen gelöscht, und das Wesen wird in diesem Moment zerfallen.

\*
\* \*

Das Wesen hat eine doppelseitige Funktion im Universum: Die eine ist, dass es nur ein Laborinstrument im Angesicht der Seele ist, und die andere ist, dass es sich inmitten der Materie in der Stellung als Symbol der Seele befindet. Aufgrund dieser beiden Funktionen benötigt das Wesen auch ein Ausübungsfeld. Damit es die Reaktionen, die die Seele von ihr erwartet, in gebührender Weise widerspiegeln kann, muss es die Elemente, die für diese Reaktionen notwendig sind, aus ihrer Umgebung, also von den Wesen und Substanzen in ihrer Umgebung, sammeln. Weitere Informationen darüber werden im Verlauf zur Verfügung gestellt.

\*
\* \*

An dieser Stelle ist es notwendig, eine Problematik zu lösen, die den Menschen in den Sinn kommen könnte. Wenn das Wesen nun mit all seinen Handlungen und Bewegungen, all seinen Gefühlen und Gedanken aus Kombinationen von Materie besteht; was gewinnt es dann, wenn es einer Seele dient, die keine direkte Beziehung zu ihm hat; mit anderen Worten, welchen Nutzen wird es dem Wesen bringen für die Vervollkommnung der Seele –deren Art und Beschaffenheit es nicht einmal kennt– so hart zu arbeiten, sich abzumühen, bittere und süße Erfahrungen zu machen? Und wenn es, nachdem es parallel zur Vervollkommnung der Seele, der es dient, so fortgeschrittene Entwicklungsstadien abgeschlossen hat, mit der Trennung der Seele vom Universum schließlich als ein Nichts wieder in seine ewige Dunkelheit zurückkehren soll; werden dann die Aktivitäten, die es bei der Entwicklung des Universums hindurch geleistet hat, vergebens gewesen sein?

Solch ein Gedanke, der einem Menschen in den Sinn kommen könnte, kann ihn pessimistisch machen und verwirren. Vor allem aber, wenn wir die obigen Informationen über die Beziehungen von Materie und Seele etwas genauer überdenken, werden wir begreifen, dass die Situationen, die zu diesen Gedanken führen, aus Erscheinungen bestehen und dass dies nicht die Wahrheit ist. Es ist jedoch notwendig, diesen Umstand zu erläutern, damit kein dunkler Punkt in den Gedanken hinter bleibt. Betrachten wir zunächst eine amorphe Materie! In ihr gibt es keinerlei Bewegung, keinerlei Form. Wenn diese amorphe Materie jedoch zu einem Wesen wird, entwickelt es sehr viele Fähigkeiten und Konditionen wie die Liebe, Sympathien, Antipathien, Mitgefühl, Gewissensaktivitäten, Gedanken, Urteile usw., die angefangen von der einfachsten Form mit allen Merkmalen des gesamten Wesens aufsteigen. Nun möchten wir die Beziehungen zwischen der amorphen Materie und diesen Manifestationen erklären, die den Intellekt der Menschen überaus herausfordern können!

Tatsächlich sind alle menschlichen Handlungsweisen, Zustände, Gefühle und Gedanken, alle Überzeugungen, welchen die Menschen spirituelle Werte zuschreiben und sie als übernatürlich betrachten; nichts weiter als die Materiefunktionen, deren Subtilität zunimmt. Bisher war es jedoch notwendig, dass die Menschen diese Wahrheit nicht so klar erkennen, sodass sie in der Lage sein konnten, ihre Prüfungen und Erfahrungen auf gesunde Weise durchzuführen, die in diesen Realitäten bestanden werden müssen. Aber heute werden Wahrheiten so erklärt, wie sie sind. Denn nun sind die Menschen in der Lage, diese Wahrheiten in aller Klarheit zu erkennen. In diesem Zusammenhang ist es möglich, viele Beispiele aus der Welt anzuführen. Die reinsten, sinnlichsten und idealsten Gefühle, Gedanken und Handlungen, die supramateriell erscheinen, sind nichts weiter als die Manifestation der subtilsten Materiemöglichkeiten der Erde. Viele Handlungen, die die Menschen auf die Liebe bezogen als sentimentale Handlungen bezeichnen; sind der Ausdruck einer hohen sympathisierenden Möglichkeit, einer hohen Materie Subtilität, und der Kraft, einer hohen Materie zu begegnen, zu interagieren und den Umfang auszudehnen. Ebenso ist jede Form von Antipathie, Sympathie, Hass, Grausamkeit, Egoismus, Altruismus, Selbstlosigkeit, Vergnügen, Freude, Schmerz, kurz alle Werte im Zusammenhang mit den sogenannten "subjektiven" Gefühlen und Gedanken: Imaginationen, Gedanken, Ideale, Überzeugungen, Glaubensbekenntnisse, Erfindungsgeist und Kreativität, Talente, Genialität, Leidenschaften, Wünsche, Neigungen, Gewohnheiten und alle sogenannten spirituellen Zustände: Ängste, Mut, Verrat, Grausamkeiten, Gefühle von Gut und Böse etc. sind Manifestationen von Energien unterschiedlicher Qualitäten, die die weltweit existierenden Materien aussenden, und die der menschlichen Auffassung noch unbekannt sind. Daher bedeutet dies, dass die Menschen, die diese beherrschen, diese auch bewältigen können; wenn sie die Materie beherrschen, können sie die Materie auch bewältigen. In keiner dieser als spirituell oder immateriell bezeichneten Realitäten wurde die Materie verlassen. Hier wurde immer die Materie verwendet. Aber es war den Menschen bisher nie möglich dies zu erkennen, da es, wie wir erwähnt haben, eine Notwendigkeit war. Diese Wahrheit wird von nun an den Menschen bekannt sein.

Wir haben bereits gesagt, dass viele andere Elemente unter und über den materiellen Teilen und Elementen vorhanden sind, die die Erde ausmachen, und dass sie dem Menschen noch nicht bekannt sind. Wir haben auch auf Folgendes hingewiesen: Das Wasserstoffatom, bei dem es sich um eine Materiesubstanz handelt, besitzt in diesen dem Menschen unbekannten Elementen eine derart qualitative Struktur, die die bisherigen Kenntnisse des Menschen bezüglich aller Energiemanifestationen, die von einem Atom gesendeten werden, übersteigen, und weist Substanzzustände mit ganz anderen Kräften auf. Die materiellen Möglichkeiten, die aus diesen dem Menschen unbekannten Stadien des Wasserstoffatoms hervorgehen und die subtil und kraftvoll genug sind, um die menschliche Auffassung zu erzwingen, erzeugen und verursachen viele Ereignisse, die die Menschen bis jetzt nie begreifen konnten.

Zusammenfassend: Die Seele nimmt an einer Materie teil. So erzeugt sie den Zustand der "bewussten Materie", die man als Körper bezeichnet. Danach ist die Seele vollständig an die Bedingungen dieses Körpers gebunden. Und unter diesen Bedingungen hängen, abgesehen von ihren organischen Aktivitäten, alle ihre sogenannten spirituellen und immateriellen Zustände vom Gehirn und vom Nervensystem ab, also von den Möglichkeiten und Fähigkeiten des Gehirns und des Nervensystems. Die Rolle der Zustände und Bewegungen im Vervollkommnungsmechanismus, von denen angenommen wird, dass sie zum Vermögen der Seele gehören und die tatsächlich in der Materie vorkommen, werden wir später erläutern.

Bisher haben wir jedoch diese angeführten Zustände immer von ihrer der Materie zugehörigen Seite betrachtet. Wenn dies alles wäre, müssten wir dem pessimistischen Gedanken, den wir oben angesprochen haben, in den die Menschen geraten könnten, recht geben. Aber trotz der Wahrheiten, die wir gerade erklärt haben, ändert sich die Situation, wenn wir uns an die wesentlichen Informationen erinnern, dass die Materie keine Macht hat, sich von selbst zu bewegen. Denn dieses Wissen lehrt uns, dass keine Bewegung in der Materie von der Materie selbst kommt. Der Materie fehlt definitiv die Macht, diese Tätigkeit zu verrichten. Jede Bewegung, jede Regung eines Wesens ist also Ausdruck einer Kondition, die nicht seine eigene ist. Und anders kann es auch nicht sein. Andernfalls müsste das Hauptcharakteristikum der Materie verneint werden, was nicht möglich ist. So bezeichnen wir "die nicht-materiellen Ausdrücke" all dieser Bewegungen des Wesens, "die Materie sind", als die "Kondition der Seele in unserem Universum". Daher sind alle höheren Manifestationen, die als "spirituell" bezeichnet werden, wie die Liebe, die Gedanken, das Gewissen, und die in einem Wesen als Materie mit unermesslichen Bewegungen, Kombinationen, Formen und Zuständen auftreten, in Wirklichkeit die Entsprechungen der unendlichen Handlungen der Seele, die in ihrem eigenen Plan existieren und die wir nicht kennen, und die im Universum gemäß den Möglichkeiten der Materie in intellektuelle, emotionale und vitale Formen übersetzt werden. Daher gibt es nichts weiter als Materiebewegungen des Wesens, und alle Bedeutungen und Ausdrücke in diesen Bewegungen gehören offensichtlich der Seele. Betrachten wir als Beispiel die Auffassungsgabe: Der Mensch besitzt die Fähigkeit zu verstehen. Der Mensch ist der, der versteht. In der Struktur seines Nervensystems gibt es sehr feine Kombinationen, die ständig Schwingungen und Energien aussenden, die sich in Form von "Auffassungsgabe" manifestieren. Die Gesundheit oder Störung der Fähigkeit des Verstehens hängt von den Bewegungen ab, die sich aus den Eingriffen äußerer Einwirkungen ergeben, welche durch das Dualitätsprinzip und dem Mechanismus der Wertdifferenzierung Einfluss nehmen auf die feinen Materiekombinationen im Nervensystem, die diese Energien ausstrahlen. Die Auffassungsgabe mit ihrem äußeren Erscheinungsbild erfolgt also in der Materie und tritt mit materiellen Schwingungen auf. Sie ist also eine Materie. Sie ist jedoch zugleich –als würde sie sich in einem Spiegel widerspiegeln– der Ausdruck des Verhaltens der Seele, das sich im Universum widerspiegelt, ihr Äquivalent in der Materie. Mit anderen Worten, die sich bewegende Kondition der Auffassungsgabe gehört zur Materie, und ihre Kondition in Bezug auf den Ausdruck gehört der Seele. Eben dieser Ausdruck, der zu den suprauniversalen Konditionen der Seele gehört, wird also im Universum –in einer rein materiellen Realität– nur durch den Mechanismus der Auffassungsgabe interpretiert und dargestellt, der den Möglichkeiten der Materiebewegungen unterworfen ist. Kurz gesagt: Die Auffassungsgabe ist in der Materie der technische Ausdruck eines Verhaltes, welches in der Seele vorhanden ist, dessen Beschaffenheit den Bewohnern des Universums unbekannt ist. Demnach wird der Tag kommen, an dem die Seele das ihr dienende Wesen im Universum für immer verlassen wird, und das zurückgelassene Wesen wird zerfallen; aber was hier zerfallen wird, werden nur Kombinationen, Formen und Bewegungen dieser Gefühle, Ideen und Materien sein, die wir nicht kennen, die in Zukunft kommen und weitere zahlreiche andere Ausdrücke haben werden. Die Originale dieser Zustände, die in den Bewegungen der Materie auftreten, deren Beschaffenheit wir nicht kennen, werden zusammen mit der Seele in ihrer ewigen Entstehung und ihrem ewigen Verlauf fortbestehen. Tatsächlich ist der klarste Beweis für diese Wahrheit, dass bereits mit der Trennung der Seele vom Universum das Wesen all seine Ausdrucksformen verliert und sofort in seinen Zustand der trägen und amorphen Materie zurückkehrt.

Somit haben wir zum Ausdruck gebracht, dass die in einem Wesen auftretenden Zustände im Grunde eine materielle Repräsentation, ein materielles Erscheinungsbild von viel größeren und umfassenderen Konditionen und Verhaltensweisen sind, die in der Welt der Seelen existieren und deren Beschaffenheit wir nicht kennen. Deshalb erinnern wir uns an die Seelen, wenn wir von Wesen sprechen und verstehen, dass die Ereignisse im Zusammenhang mit den Wesen nur Gegenstücke der uns unbekannten Ereignisse in der Welt der Seelen sind.

*
\* \*

Es ist notwendig, die Konzepte des parallelen Fortschritts von Materien und Seelen mit den Begriffen "Entwicklung" und "Vervollkommnung" zu unterscheiden. Denn sie sind grundverschieden. Entwicklung; ist der Zustand, in dem bei den Materien im Universum, die Bewegungen in ihrer Struktur zunehmen, die Materiekombinationen komplexer werden, ihr Zielbereich für Einwirkungen sich erweitert, ihr Wert sich erhöht. Vervollkommnung hingegen ist die Kondition der Seelen parallel zur Entwicklung der Wesen in ihrem Dienst. Diese Kondition ist ein Teil der unendlichen Bedürfnisse der Seelen –deren Beschaffenheit wir niemals durchdringen werden– der in unserem Universum befriedigt werden muss und in unserer Welt mit dem Symbol der "Vervollkommnung" ausgedrückt wird. Also verläuft die Bedeutung der Vervollkommnung parallel zur Bedeutung der Entwicklungen, die deren Ausdruck in der Materie sind. Den Verlauf der Vervollkommnung zu untersuchen bedeutet daher, die Art und den Verlauf der Entwicklung des Wesens, das ihr als Mittel dient, und der Materien, die dem Wesen als Mittel dienen, zu untersuchen.

*<br>* *

Die ersten Konditionen einer Seele, unter denen sie die Vervollkommnung im Universum zum ersten Mal beginnen wird, werden in die amorphen Zustände des Universums reflektiert. Diese Reflexion erfolgt durch den Kanal der Einwirkungen. Diese Einwirkungen sind in den Seele-Materie Positionen der Ausdruck und die Erscheinung der Macht des originalen Prinzips, welches wir als Gebot bezeichnen, dessen Eigenschaften wir niemals verstehen oder sie überhaupt intuitiv erfassen können, das sowohl die Welt der Seelen als auch die Universen umfasst und beherrscht. Diese Einwirkungen, die die Bedürfnisse der Seelen in die Universen tragen, erzeugen in der Materie mithilfe des Dualitätsprinzips und dem Mechanismus der Wertdifferenzierung die zuvor erwähnten Bewegungen. So sind die Bewegungen im Universum; ein symbolischer Ausdruck der Bewegungen und Handlungen der Seelen, die durch den Kanal dieser Einwirkungen in Form von Materie Konstitutionen auftreten. Die

Einwirkungen einfacher, unerfahrener Seelen, die zum ersten Mal in das Universum eindringen, sorgen also dafür, dass die ersten Materien in den Feldern, die sie während ihres Fortschreitens erreichen, in dem Moment ein Beobachtungsbereich für diese Seelen sind.

\*
\* \*

Auf die Einwirkung einer Seele werden die Reaktionen der Materie in Form von Bewegungen an dieselbe Seele reflektiert, indem sie über den gleichen Einwirkungskanal zurückkehren. Auf diese Weise wird das indirekte Verhältnis von Seele und Materie abhängig von den Geboten des originalen Prinzips und mit Hilfe dieser Mächte hergestellt; und die Seele erhält so, was sie für diesen Moment von der Materie zu erhalten hat. Danach setzen sich die Beobachtungen der Seele bezüglich anderer Materien, die sich entweder auf derselben Materieebene oder auf einer höheren Ebene befinden, auf dieselbe Weise und auf demselben Weg entsprechend ihren neuen Bedürfnissen fort. Für die Seelen der ersten Phase gilt, dass jeder Moment der Entwicklungsposition der Materie dem Entwicklungsbedürfnis einer Seele entspricht. Mit anderen Worten, jede Position der Entwicklung in der Materie wird zu einem mechanischen Übungsfeld für jene Seele, der sie in diesem Moment dient. Die Situation der Seelen besteht hier nur darin, sich diesen Bewegungen zu fügen. Diese Phase, über die wir reden, ist die erste und gröbste Phase des Universums; diese für uns dunkle Phase befindet sich unterhalb des Wasserstoffstadiums, das wir später erläutern werden. In dieser Phase vollziehen sich alle Vorgänge auf uns unbekannten Wegen gemäß den Geboten des originalen Prinzips aber auch im Rahmen des universalen Führungsmechanismus, welchen die Unität errichtet hat, die sich an den oberen Grenzen des Universums befindet. Obwohl nur vage, können wir sagen, dass das Fortschreiten der unerfahrenen Seelen, die sich in dieser Phase vervollkommnen müssen, einem mechanischen und passiven Vervollkommnungsprinzip unterliegt.

Da die Vervollkommnung der Seelen in diesem ersten Stadium der ursprünglichen einfachen Materie nicht so einfach und schnell ist wie die Entwicklung der Materien, bleiben die Seelen in diesem Stadium nicht mit einer einzelnen Materie verbunden. Sie ändern jeden Moment das Umfeld. Auf diese Weise setzt die Seele, die eine relativ fortgeschrittene Materie einer würdigeren Seele überlässt, ihr Fortschreiten immer passiv, also ohne die Bewegungen der Materie zu stören, in den unteren Ebenen der Materie, in der sie sich befindet, in einfacheren Materien mit seinem schweren Gang fort.

*
* *

Diese Phase beginnt mit der ersten Einbeziehung der Seele in das Universum und endet mit dem ersten Wasserstoffatom der Materie. Diese Seele hat noch keinen Körper im Universum. Denn sie hat noch nicht die Macht, die Materien des Universums zusammenzustellen. Aus diesem Grund wird sie entsprechend den höheren Geboten, die durch die Unität eingeströmt werden und ihre Bedürfnisse im Universum ermessen, in den Zuständen einfacher Materie zunächst einem lediglich passiven und mechanischen Gang unterworfen sein. In dieser Zeit wird sie keine materielle Identität besitzen, die sich im Universum als Auffassungsgabe, Wille, Bewusstsein oder Freiheit manifestiert. Die Erlangung einer solchen Identität wird nur entsprechend der Ordnung der höheren Prinzipien – im Rahmen ihrer Bedürfnisse - erst allmählich nach nahezu unendlichen, stets passiven und mechanischen Perioden zwischen amorphen Materie möglich sein.

Deshalb haben die Seelen in diesem Stadium der ursprünglichen Materie keine aktiven Konditionen, die den Willen, die Freiheit, die Auffassungsgabe erfordern. Diese sind im Universum noch mit keiner Materien Konstitution verbunden. Während sich diese unerfahrenen Seelen in diesem Stadium befinden, werden sie, um ihre einfachen Reflexionen im Universum auf mechanischem Wege zu entwickeln, von einem Materiezustand in einen anderen Materiezustand und von dort bei Bedarf in einen anderen Materiezustand gebracht (Diese Worte sind nicht real gemeint, sondern symbolisch. Denn Seelen können niemals in Materie eindringen), und mit den verschiedenen Zuständen und Bewegungen der Materie verglichen. In der Materie dieses ersten Stadiums gibt es keine der Bewegungen und Formen, die in unserer Welt zu sehen sind. Und sie befinden sich im Vergleich zu unserer Welt in einem formlosen, amorphen und völlig zerstreuten Zustand, sodass ihre Summe eine amorphe Umgebung bildet.

Nach dem ersten Entwicklungsstadium der ursprünglichen Materie des Universums wird das nächsthöhere Stadium, das Stadium des Wasserstoffs –dem unsere Welt unterworfen ist– entstehen. Nun geben wir Informationen zu dieser Phase.

Die originale Materie, die der Anfang unserer Welt ist, besteht aus den Materien des primitiven, zerstreuten Umfelds, das die Primärphase des Universums bildet. Wir hatten festgestellt, dass die Materien Konstitutionen in unserer Welt aufgrund des Dualitätsprinzips und des Mechanismus der Wertdifferenzierung existieren. Als eine Konsequenz dieser Realität ist es unbedingt erforderlich, das Entstehen der ersten Zustände und Formen der originalen Substanz in unserer Welt zusammen mit diesen Mechanismen zu untersuchen. Die Informationen, die wir über die Mobilisierung des ersten Atoms der Wasserstoffwelt in der Sprache und den Worten der Erde geben werden, werden eher symbolisch sein und auf Intuition beruhen. Denn im Grunde wissen die Menschen über die Formen und Strukturen der ersten Bewegungen in unserer Welt rein Garnichts. Wir haben bereits gesagt, dass die menschliche Wahrnehmung in den Realitäten oberhalb unserer Welt ab einem gewissen Punkt aufhört und unterhalb kann sie ebenso einen bestimmten Punkt nicht überschreiten. Aber die Grundlagen der Gesetze und Prinzipien, die in unserem Materieuniversum gelten, sind die gleichen. Was sich hier ändert, sind nicht diese Grundlagen, sondern die Formen und Manifestationen dieser Gesetze und Prinzipien, die gemäß den jeweiligen Welten auftreten. Dies hilft den Menschen, die relativen Intuitionen zu erhalten, die sie über einige Realitäten des unteren und oberen Teils unserer Welt benötigen; diese Intuitionen reichen aus, um die Informationen über das Universum für die Menschen hinreichend zu vervollständigen. Nun beginnen wir zu erklären, wie das erste Wasserstoffatom entstanden ist.

Wir haben ja bereits erläutert, dass die erste Materie unserer Welt das Wasserstoffatom ist und dass es sich von dem Wasserstoffatom, das dem Menschen bekannt ist, völlig unterscheidet, und dessen sehr primitiven Zustand darstellt. Wir haben auch erwähnt, dass dieses Atom, das so einfach und primitiv ist, dass die Menschen es nicht erkennen können, der amorphen Materie am nächsten kommt, da es die anfängliche Materie unserer Welt ist. Ferner haben wir auch erklärt, dass die erste Phase des Universums, in dem das Prinzip der mechanischen Vervollkommnung gilt, die untere Phase jenes Wasserstoffatoms ist, welche aus einer endlosen, dunklen, zerstreuten und amorphen Umgebung besteht. Die Vervollkommnung in diesem Bereich ist gänzlich von einem mechanischen System abhängig. Die Materien dieser Phase sind nicht zusammengestellt, sondern durcheinander und verworren. Denn in dieser Phase haben die Seelen, die nur ihre mechanischen Ausübungen vollziehen, noch nicht die Macht erreicht, die Materien zusammenzustellen. Daher verfolgen diese einfachen Seelen, in den verworrenen, formlosen Materien dieser primitiven Umgebung, ohne sich an irgendeine Materie zu binden, einen endlosen und mechanischen Weg der primitiven Vervollkommnung, welcher für die Menschen unmöglich zu verstehen ist, indem sie vorangetrieben von den hohen Geboten der originalen Quellen von einer Materie in die andere Materie wechseln und hin und her getrieben werden.

Nach einer Periode der passiven Vervollkommnung, die so lange wie die Ewigkeit erscheint, gelangen einige dieser Seelen allmählich in Positionen, die in ihrer Vervollkommnung weit genug fortgeschritten sind, um diese zerstreute Materie zusammenzustellen. Als Grundlage für die fortlaufende Vervollkommnung einer Seele, die in eine solche Position gekommen ist, wird aus der Unität eine Einwirkung auf einen Punkt in der amorphen Umgebung gesendet. Diese Einwirkung setzt sich aus zwei Einwirkungen zusammen, die gegensätzliche Charaktere aufweisen, sich aber gegenseitig unterstützen und ergänzen, zusammenfassend, auf dasselbe Ziel gerichtet sind; eine davon gehört einer an die jeweilige Materie gebundenen Seele, das heißt, sie gehört einer Seele, die mittlerweile in der Lage ist, Materie einzufangen, die andere gehört zur Beschaffenheit dieser Materie, die im Zustand der Entstehung ist. Und natürlich sind beide die Manifestation der originalen Einwirkung, die an zwei Fronten im Universum auftritt. Diese beiden gegensätzlichen Einwirkungen bilden eine binäre Materie Einheit, also eine Einheit Dualität, die sich aus Elementen gegensätzlichen Charakters zusammensetzt. Diese Elemente sind die Zustände von einem Teil der in der Umgebung vorhandenen amorphen Materien, die unter dem Einfluss der empfangenen Einwirkungen mobilisiert und zusammengestellt wurden. Denn das Magnetfeld, das durch diese Bewegungen erzeugt wurde, sammelt die zerstreuten Materien zusammen. Diese Bewegungen sind die ersten Bewegungen der Wasserstoffwelt, die gemäß den Geboten der Bindung einer Seele an dieses Atom durch originale Einwirkungen reguliert werden.

Diese aus solchen ersten Atomen bestehenden Felder bilden die ersten Konditionen zahlreicher galaktischer Felder, aus denen alle Himmelskörper, Sphären und Systeme des astronomischen Kosmos bestehen. Somit verbindet sich eine Seele mit dem ersten auf diese Weise erzeugten Atom. Mit anderen Worten, das Bedürfnis dieser Seele, sich an dieses Atom zu binden, hat zur Entstehung dieses Atoms durch die Gebote des originalen Prinzips geführt. Und die originale Einwirkung, die in die amorphe Umgebung hinabsteigt, indem sie die Gebote dieses Bedürfnisses der Seele trägt, ermöglicht ihre Verbindung mit diesem Atom.

Somit bestehen die ersten Wasserstoffatome aus zwei Elementen, die einander entgegengesetzt, jedoch im Gleichgewicht sind, und bilden in den einfachsten Zuständen die originalen Materien unserer Welt.

*
* *

Eine Seele, die sich mit dem ersten Atom unserer Welt, also mit dem Wasserstoffatom verbunden hat, wird sich nicht eher von ihm lösen, bis zu dem Moment, in dem ein fortgeschrittenes Stadium dieses Atoms, das wir als "Wesen" bezeichnen, entstanden ist. Auch hier gibt es ein mechanisch-automatisches Fortschreiten der Vervollkommnung. Das heißt, die Seelen in dieser ersten Phase ihrer Vervollkommnung in der Wasserstoffwelt, werden ihre Vervollkommnung fortsetzen, indem sie alle nachfolgenden Entwicklungsstadien des primitiven Wasserstoffatoms, das sie zuerst eingefangen haben, passiv verfolgen. In dieser Phase beherrschen sie das Wasserstoffatom nicht, da sie weder über eine Intuition noch eine Auffassungsgabe oder eine Freiheit verfügen, die eine solche Herrschaft erfordert. Sie sind noch nicht in der Lage, verschiedene Materien zusammenzustellen, um sich daraus ein Wesen zu bilden. Daher sind auch ihre Vervollkommnungsprozesse nahezu wie die der frühen Phasen, mechanisch und passiv. Es besteht nur folgender Unterschied: In der Phase der amorphen Umgebung können sich die Seelen niemals lange an der Materie festhalten. Da sie dort ohnehin nicht in der Lage sind eine Materie zu ergreifen. Sie machen lediglich ihre mechanischen Ausübungen, indem sie innerhalb zerstreuter Materien unter den Geboten der originalen Einwirkungen von Materie zu Materie springen. Im ersten Stadium der Wasserstoffwelt hingegen verbinden sich die Seelen mit den Wasserstoffatomen, die sie eingefangen haben.

Sie können nicht von dem Atom, mit dem sie verbunden sind, zum anderen springen. Und während der Entwicklung dieses Atoms folgen sie seinen Entwicklungsstadien; aber zu diesem Zeitpunkt beherrschen sie das Atom nicht. Sie nehmen nur passiv an seinen Bewegungen teil und versuchen sich an diese Bewegungen anzupassen. Denn diese Bewegungen wurden unter den hohen Geboten der originalen Einwirkungen etabliert und nahmen ihre Richtungen ein. Dort werden die Seelen unter diesen Geboten und als Gefangene, das heißt indem sie treibend diesen Bewegungen unterworfen sind, die Ausführungsperiode, die bis zum Stadium des Wesens sehr lange andauert, abschließen. Von der Bildung dieses ersten Wasserstoffatoms bis zum ersten Zustand des Wesens ist die Einwirkung, die die Struktur des Atoms beherrscht, die "Grundeinwirkung", das heißt die materielle Seite der Einwirkung, die vom originalen Prinzip kommt; es gibt auch eine zweite Seite der originalen Einwirkung, die, wie gesagt, zu der Seele gehört, welche an dieses Atom gebunden ist. Folglich weist die originale Einwirkung, die dieses Atom empfängt, sowohl eine materielle Seite auf, die zu der Struktur des Atoms gehört als auch eine seelische Seite, die der Seele gehört. In diesem Fall werden die Seelen indirekt nur ihre mechanischen Ausführungen vollziehen, also durch die die Seelen betreffenden Einwirkungen, welche über den Kanal der originalen Einwirkung kommen, indem sie sich passiv an die vorherbestimmten Bewegungen des Atoms anpassen. Dank dieser Ausführung bereiten sie sich, je mehr sie dem "Stadium des Wesens" entgegenschreiten, automatisch auf die primären Instinkte vor, die ihre Zustände angesichts des Kausalitätsprinzips der Beziehungen zwischen Materien betreffen. In dieser Periode ist die Vervollkommnung für die Seelen sehr lang und schwierig. Natürlich sind hier die Begriffe Schwierigkeit und Länge relativ. Tatsächlich gibt es in der himmlischen Ordnung so was wie Länge-Kürze oder Schwierigkeit-Leichtigkeit nicht.

Obwohl das Wasserstoffatom die einfachste Materie unserer Welt ist, hat es mehr oder weniger große Energie. Denn es hat auf dem Weg von der originalen amorphen Materie des Universums bis zu diesem Zustand sehr viele Einwirkungen und

Werte erhalten. Wir möchten noch einmal daran erinnern, dass das Wasserstoffatom, von dem wir hier sprechen, nicht das chemisch bekannte "H" ist. Das Wasserstoffatom, von dem wir sprechen, ist eine Kombination von Materie, die das "Fundament" unserer Welt darstellt; dazu gehören alle Sonnensysteme, Sterne, Galaxien, kurz gesagt alle vom Menschen durch Teleskope erkannten astronomischen Objekte; das den Chemikern bekannte Wasserstoffatom ist einer der sehr fortgeschrittenen und entwickelten Zustände dieses Wasserstoffatoms, den wir als die anfängliche Materie unserer Welt bezeichnen.

Wie bei allen anderen Materien unserer Welt auch, ist die Erhaltung und die ständige Entwicklung des Wasserstoffatoms nur durch die Summe der Gleichgewichte der vielen gemäß dem Dualitätsprinzip und dem Mechanismus der Wertdifferenzierung ineinander verborgenen materiellen Teile möglich, und diese Gleichgewichte werden von den originalen Einwirkungen dominiert.

*
* *

Nun beginnen wir, zu erläutern, wie sich das Wasserstoffatom entwickelt, ehe es das "Stadium des Wesens" erreicht.

Wir haben bereits berichtet, dass es unterhalb der Wasserstoffphase eine unendliche mechanische Entwicklungs- und Vervollkommnungsumgebung gibt. Diese Umgebung ist, wie wir schon erwähnt haben, ein dunkler Bereich, der eine dem amorphen Zustand sehr nahe zerstreute Ganzheit bildet.

Nachdem die originalen Einwirkungen in dieser dunklen Umgebung den ersten Kern hervorgebracht haben, versammeln sie auch die anderen Bestandteile um diesen herum und stellen allmählich immer komplexere, komplizierte und höher entwickelte Zustände her. Und so beginnt die originale Einwirkung in der Mitte der entstandenen Materiekonstitution, deren Qualität sich verändert und sie ihren originalen Zustand verloren hat, nachdem sie in dieser Konstitution verbraucht wurde, wieder aus dieser Materie heraus zu strahlen; und dies bezeichnen wir als das "Magnetfeld" dieses Körpers.

Eben auf diese Weise entstehen alle Sphären und Konstitutionen der Wasserstoffwelt, von ihren kleinsten Teilen bis hin zu ihren größten Systemen.

Nachdem der erste Wasserstoffkern auf diesem Wege gebildet wurde, entwickelt er sich, so wie wir es oben erläutert haben, weiter und weiter und erreicht schließlich das der Chemie bekannte Atomstadium "H".

Das erste Wasserstoffatom, das unter der Herrschaft solcher originalen Einwirkungen errichtet wurde, empfängt bis zur letzten Entwicklungsstufe, also bis es zu einem Wesen wird, –durch die originale Einwirkung– nur die Einwirkungen der Seele, die an dieses Atom gebunden ist, und die Grundeinwirkungen. Mit anderen Worten empfängt das Wesen die Teile der originalen Einwirkungen, die der Seele gehören und die wir als die Bereiche der "Vervollkommnungswerte" nennen, und die Teile, die der Materie gehören und die wir wiederum, als die Bereiche der "Grundeinwirkungen" nennen, welche wir später eingehender erläutern werden. Daher werden die Bewegungen innerhalb der Struktur dieser Atome nur von der hohen originalen Einwirkung dominiert. Die Seelen vollziehen ihre mechanisch-automatische Vervollkommnung, indem sie in einer passiven Weise in diese Bewegungen hineingetrieben werden und sich ihnen anpassen. Dies ist eine Art passives Anpassungsstadium der Vervollkommnung. In diesem Stadium empfängt die Atomstruktur noch keine Einwirkungen, die zu anderen Wesen des Universums gehören, die wir als "Sekundäreinwirkungen" bezeichnen. Da die Seelen hier noch keine Freiheiten und Auffassungsgaben haben, gibt es auch keine Prüfungen und Bewährungen der späteren Stadien. Sie müssen sich nur automatisch an die regelmäßig voranschreitenden und immer komplexer werdenden Bewegungen des Atoms anpassen. Und indem sie sich an diese komplexer werdenden Bewegungen der Atome mehr und mehr anpassen, bereiten sie sich auf das Stadium des Wesens vor.

Für die Entwicklung der Wesen ist es jedoch notwendig, dass verschiedene Arten von Wasserstoffatomen zusammenkommen, um verschiedene Körper zu bilden. Diese Zusammensetzungen und Kombinationen des Atoms, die die Menschen als "Körper" bezeichnen, empfangen –unter der höheren Kontrolle der Unität– "Sekundäreinwirkungen" von verpflichteten Wesen, die in diesen Körpern zu diversen Formationen, Deformationen und Transformationen führen. Wie bei den Atomen auch, empfangen diese Zusammensetzungen fortan keine unmittelbaren Grundeinwirkungen mehr. Deren Platz nehmen die Sekundärwirkungen ein. Und natürlich stehen diese immer unter der Kontrolle der originalen Einwirkungen.

*
* *

Bis die Struktur des Wasserstoffatoms den Zustand eines Wesens erreicht hat, kann es –wie wir bereits gesagt haben– seine Entwicklung nur unter der Kontrolle der originalen Einwirkungen fortführen, sodass die fortgeschrittenen Zustände des Wasserstoffatoms, die die Menschen als Sauerstoff, Silber, Platin, Blei, Radium etc. kennen, also die Elemente entstehen können, von denen die Menschen bis heute nur etwa einhundert nachweisen konnten. Ihre Anzahl liegt jedoch über 100.

Wie wir auch zuvor erwähnt haben, ist der Übergang des Wasserstoffatoms in die oberen Elemente nur mit der Effizienz der originalen Einwirkungen möglich. Nachdem die Entwicklung der Materien bis zum Stadium des Wesens gewährleistet ist, empfängt das Wesen von diesem Moment an keine direkten Grundeinwirkungen mehr. Allerdings empfängt es Einwirkungen sowohl von der Seele, der es dient, oder vielmehr von dem Teil der originalen Einwirkungen, der zur Seele gehört, und von den Wesen verschiedener Entwicklungsstadien im Universum, die Letzteren bezeichnen wir als Sekundäreinwirkung. Mit all diesen Einwirkungen beginnt dieses Wesen, die für seine Entwicklung notwendigen Prüfungen, Bewährungen und Erfahrungen zu durchlaufen und begegnet vielen Möglichkeiten. Innerhalb dieser sich stetig entwickelnden, zunehmenden und an Umfang gewinnenden Vervollkommnungspotenzialen, begeben sich die Wesen auf eine lange Vervollkommnungsreise – um ihre Aufgaben im Universum zu beenden. Als ein Gebot seiner Vervollkommnung werden, wie wir bereits gesagt haben, durch diese Sekundäreinwirkungen der verpflichteten Wesen, aus den verschiedenen Elementen des Wasserstoffatoms unendliche Kombinationen und zahlreiche Körper gebildet. Durch das Kombinieren und Zerstreuen dieser Körper in unendlichen Variationen werden verschiedene Formationen gebildet, um große und kleine Gegenstände, Materiekombinationen, Körper, verschiedene Materien, die die Welten füllen und schließlich Welten und Systeme zu bilden. All dies geschieht im Lichte der originalen Einwirkungen, die durch die Unität einströmen, und mit unzähligen Sekundäreinwirkung, die von den verpflichteten Wesen aus jedem Stadium gesendet werden.

Demnach können die Sekundäreinwirkungen in die Struktur des Atoms nicht eingreifen. Sie ist voll und ganz den Grundeinwirkungen unterworfen. Aber alle Arten von Kompositionen atomarer Elemente können durch Sekundäreinwirkungen der Verpflichteten gebildet und zerstreut werden, und diese haben natürlich einen großen oder kleinen Umfang, je nach dem Grad der Wesen auf den verschiedenen Vervollkommnungsstadien.

*
* *

Die Struktur des Wasserstoffatoms, die seit dessen primitivstem Zustand stetig aufsteigt und sich weiterentwickelt, gewinnt auch in diesem Maß an Bewegung, Kraft und Effizienz. Und die mit ihnen verbundenen Seelen vervollkommnen sich, indem sie sich mehr und mehr diesen Bewegungen anpassen, die immer reicher und stärker werden. Die Faktoren, die all diese Bewegungen anregen, sind die Einwirkungen, die den originalen Quellen entstammen. Die Einwirkungen erfüllen nämlich ihre Funktion, indem sie in der Materie diese Bewegungen hervorrufen.

Kurz gesagt, die originalen Einwirkungen, die die Wasserstoffatome hervorgebracht haben, entwickeln das Wasserstoffatom in Richtung der nächsthöheren Welt, indem sie gemäß den Geboten, die sie in sich tragen, aus ihrer Umgebung fortwährend materielle Teile zusammenstellen. Natürlich werden mit der Entwicklung des Wasserstoffatoms die Energien, die es ausstrahlt, ansteigen und stärker werden, und je mehr sich das Wasserstoffatom entwickelt, desto mehr beginnt es höhere und komplexere Energien, das heißt fortgeschrittenere Teilchen auszustrahlen. All dies sind jedoch Materien, die noch zum ersten Stadium des Wasserstoffatoms gehören.

Hierbei ist zu bemerken, dass diese Entwicklung des Wasserstoffs nicht in Form einer groben Anhäufung mehrerer Atomkerne innerhalb des Atoms unter Beibehaltung ihrer individuellen Identitäten erfolgt. Die unter der Kontrolle der originalen Einwirkungen im Atom angesammelten Werte, die ohne miteinander zu verschmelzen, in völliger Harmonie und Ausgeglichenheit sich vereinigen, bilden die Struktur des Wasserstoffatoms, die die augenblickliche Beschaffenheit des Wasserstoffatoms charakterisiert.

Alle Materien besitzen Magnetfelder. Das Magnetfeld eines derart fortgeschrittenen Atoms ist nicht so schlicht wie die des ersten Wasserstoffkerns. Da die Struktur des Wasserstoffatoms, die sich aus Wasserstoffkernen zusammensetzt, viele Teilchen enthält und jedes Teilchen ein Magnetfeld aufweist, setzt sich das Magnetfeld dieses fortgeschrittenen Atoms aus der Synthese der Magnetfelder ihrer einzelnen Teilchen zusammen. Wir bezeichnen dieses Feld als die "Magnetfelder-Synthese". Diese Magnetfelder der Materien sind sehr wichtig. Denn all ihre Beziehungen untereinander und zu den Wesen werden durch diese Magnetfelder gewährleistet und die Sekundäreinwirkungen, die diese Felder erreichen, können gemäß ihren Intensitäten, Stärken und Ausrichtungen innerhalb den Strukturen der Materien, von denen diese Magnetfelder abhängig sind, –unter den Gesetzen des Dualitätsprinzips und dem Mechanismus der Wertdifferenzierung– verschiedene Veränderungen, Transformationen, Deformationen, Zerfälle und Ansammlungen vornehmen. Wiederum auf die gleiche Weise können die Wesen die Materien nutzen und in verschiedene Formen bringen. Die verpflichteten Wesen, die auch das Magnetfeld der Erde –das selbstverständlich im eigenen Ausmaß umfangreich und groß ist– nutzen, erzeugen kleine oder große Naturereignisse auf der Erde, indem sie verschiedene Einwirkungen auf dieses Feld senden. Ebenso wirken die Einwirkungen, die von einem Wesen kommen, dessen Auffassungsgabe überragender ist, auf diese Magnetfelder ein, und führen bei den zugehörigen Materien zu dementsprechend großen Resultaten. Tatsächlich sind die Bewegungen, die den Zustand und die Konditionen der Welten, Systeme und Sonnen auf diese Weise beeinflussen können, das Werk von sehr hohen Plänen. Und natürlich werden diese gemäß den Geboten des originalen Prinzips kontrolliert durchgeführt.

Wo eine Materie vorhanden ist, muss auch zwangsläufig ein Magnetfeld vorhanden sein. Die Informationen, die wir bereits über die Entstehung des Magnetfeldes gegeben haben, erleichtern das Verständnis dieser Wahrheit. So wie ein Atom ein Magnetfeld besitzt, besitzen alle Entwicklungsstadien des Atoms, also alle Elemente, alle Körper, die durch die Kompositionen dieser Elemente entstanden sind, alle Weltkörper, alle Systeme, außerdem alle Galaxien, Welten und Wesen relativ zueinander mehr oder weniger umfassende und komplexe Magnetfelder-Synthesen. Darüber hinaus ist das Magnetfeld der Unität, das das gesamte Universum umfasst, einzeln. Dort gibt es keine Magnetfelder-Synthese. Denn in der Unität gibt es keine getrennten und unterschiedlichen Wesen oder Komponenten.

Und was die Menschen als Perisprit bezeichnen, sind nur diese Magnetfelder der Materie. Mit anderen Worten, die Magnetfelder der menschlichen Körper sind das, was die Menschen als Perisprit annehmen.

Eine Seele nutzt die Materien also, indem sie auf die Magnetfelder dieser Materien durch ihr Wesen, das ihr Vertreter im Universum ist und aus einer Energiekomplexität besteht, einwirkt. Und mit diesen stellt sie Körper für sich her, die für ihre Ausübungen in den Welten geeignet sind, zu denen diese Materien gehören, und mittels dieser Körper gewährleistet sie ihre Vervollkommnung, indem sie auf die Magnetfelder der anderen Wesen und Materien dieser Welt einwirkt und sie benutzt.

Genauso wie eine Welt eine komplexe Magnetfelder-Synthese hat, haben auch Sonnensysteme und Galaxien, die viel komplexer sind als sie, Magnetfelder-Synthesen, wie wir zuvor schon erwähnt haben. Die Wesen üben ihre Pflichten aus, indem sie durch den Kanal diese Felder auf diese Weltkörper einwirken. Zum Beispiel gibt es verpflichtete Wesen sehr hoher Ordnung, die mehrere Sonnensysteme, sogar mehrere Galaxien umfassen und durch Einwirkungen auf deren Magnetfelder diese kontrollieren.

Alle bisher genannten Materien sind noch nicht zu Wesen geworden.

Es sei hier angemerkt, dass diejenigen, die die oben angegebenen Informationen erfasst haben, nun verstehen werden, dass die Begriffe "lebendig" und "leblos" im Universum nur Worte sind und keine grundlegende Bedeutung haben. Die Regelmäßigkeit und Anordnung der indirekten Beziehungen der Materien zu den Seelen, sowohl in den frühen Stadien als auch in der Wasserstoffphase, erlauben keine solche "lebendig-leblos" Unterscheidung. Unabhängig von der Universumsphase stehen die Materien jeder Phase immer in verschiedenen Beziehungen zu den Seelen, entsprechend dem Charakter und dem Vervollkommnungssystem dieser Phase. Und es gibt keine Materie im Universum, die nicht der Vervollkommnung irgendeiner Seele dient. Mit anderen Worten, es gibt keine Materieposition, die nicht vorübergehend oder dauerhaft im Dienst der Seelen steht. Dies ist insbesondere für alle Materien in der Wasserstoffphase sehr deutlich. Eine Materie, die außerhalb dieses Dienstes angenommen wird, ist unnötig und ziellos. Im Universum gibt es jedoch keinen unnötigen Prozess.

In diesem Fall ist es unangebracht, Erwägungen nachzuhängen, wie z.B. ob Materien, die an eine Seele gebunden sind "lebendig" und Materien, die an keine Seele gebunden sind, "leblos" wären. Denn jede Materie hat eine vorübergehende oder dauerhafte Verbindung mit einer Seele. Aber selbst wenn man die dauerhafte Bindung der Materien an ein Wesen betrachtet und die Wesen als lebendig bezeichnet, würde dies auch nicht zutreffen. Denn die Seelen waren mit dem Wasserstoffatom vor dem Stadium des Wesens bis zu diesem Stadium auch verbunden. Daher ergibt es nach den obigen Informationen keinen Sinn, zwischen lebendiger und lebloser Materie zu unterscheiden.

*
\* \*

Die Seelen, die in den Stadien des ersten Wasserstoffatoms, das noch nicht das Stadium des Wesens erreicht hat, Ausführungen praktizieren, bereiten sich in diesen Materien passiv und mechanisch vor.

Diese Materien stehen nicht unter der Herrschaft der Seelen, die Ausführungen betreiben werden. Sie wurden durch die Einwirkungen der Unität gemäß den Geboten der höheren Prinzipien nur als Grundlage für die ersten lernenden Seelen im Universum geschaffen, um diese an die Bewegungen der Materie zu gewöhnen.

Bisher wurden notwendige Informationen über die Entwicklung der Materie und die Positionen der diesen Entwicklungen in einem mechanischen Verlauf unterworfenen Seelen gegeben. Mit dem Übergang dieser Materien in den Zustand des Wesens beginnen wir nun, Informationen über den Übergang der Seelen zu automatischen oder halbbewussten Vervollkommnungsstadien in unserer Welt zu geben.

Die Materien Konstitution, die zum ersten Wasserstoffatom geworden ist, wird von einer Seele eingefangen. Diese Seele hat sich mit diesem Atom verbunden. Allerdings möchten wir wiederholen, dass sie das Atom nicht dominiert. Die Seele kann sich den regelmäßigen und angeordneten Bewegungen der Materie, die durch das originale Prinzip bestimmt werden, nicht entziehen, und versucht sich ihnen anzupassen. Diese Seele besitzt weder eine Intuition noch einen mechanischen Instinkt. In der Zwischenzeit macht das Wasserstoffatom seine Bewegungen in die Richtung, die von den originalen Einwirkungen zum Zweck der Vervollkommnung der mit ihm verbundenen Seele bestimmt wird, und dient der Vervollkommnung der Seele, während es Fortschritte macht. Infolge dieser Entwicklung wird das Wasserstoffatom zum den Menschen bekannten "H". Und der Reihe nach entstehen die der Chemie bekannten Elemente. Dieser Prozess schreitet progressiv nach oben fort. Die Bewegungen des Atoms werden komplexer. Hinsichtlich der Werte wird seine Struktur stetig reicher. In seiner Struktur entstehen einige Gruppierungen, Kumulationen und Systeme. Die Magnetfelder-Synthese geht in kompliziertere, komplexere Zustände über. Nachdem es unzählige Stadien durchlaufen hat, verwandelt sich das Wasserstoffatom in Elemente wie Sauerstoff, Phosphor, Kupfer, Silber, Barium, Platin, Gold, Radium, Uran, Zenturium.

Wenn das Wasserstoffatom sich auf diese Weise weiterentwickelt, führt die Seele, die mit ihm verbunden ist, mit einer sehr geringen und automatisch-mechanischen Geschwindigkeit seine eigene Vervollkommnung fort, indem sie sich an dessen Bewegungen anpasst. Wenn diese Vervollkommnung der Seele zunimmt, werden Vorbereitungen für das instinktive Verhalten getroffen im Bezug auf die Beziehungen zwischen Materien, mit anderen Worten für verschiedene Kombinationen von Bewegungen.

Schließlich beginnt das Wasserstoffatom aus dem Kader der höchsten, den Menschen bekannten Elemente, überzulaufen. Mit großen Kombinationen, die die Menschen kaum erfassen und bestimmen können und die beginnen, hohe Energie abzugeben, bereichert es seine Struktur. In der Zwischenzeit schreiten die Vorbereitungen für den Erwerb der ersten Verhaltensinstinkte im Bezug auf die Beziehungen der Materiekombinationen der Seele voran, welche zu der Entwicklung der Materei führt und deren Vervollkommnung sich parallel dazu entwickelt. All dies geschieht in der großen Harmonie der originalen Einwirkungen - immer mit dem Ziel, die Seelen zu vervollkommnen. Mit anderen Worten, wie wir bereits gesagt haben, reflektieren die originalen Einwirkungen, die mitten in die Materie hinabsteigen und das Atom aus den primitiven Materien der amorphen Umgebung aufsammeln, die Vervollkommnungsbedürfnisse der Seelen an das Atom, das sich in einem Entwicklungszustand befindet. Damit ermöglichen sie der Seele, sich parallel mit der Materie auf ein höheres Stadium vorzubereiten. In dieser Entwicklungsstufe des Wasserstoffatoms erreichen keine Sekundäreinwirkungen die Struktur des Atoms. Hier erreichen das Atom direkt die originalen Einwirkungen. Die originalen Einwirkungen sind Einwirkungen, die durch die Unität eingeströmt werden und sowohl zu den Materien gehören als auch zu den Seelen. Dieser Zustand dauert bis zum Stadium des Wesens an.

Von seiner anfänglichen Bildung an erreicht das Wasserstoffatom schließlich ein solches Stadium, in dem es beginnt, in Form sehr feiner und komplizierter Materiekombinationen einige überweltliche Energien auszusenden, die den Menschen nicht bekannt sind. Wenn das Atom die Entwicklungsstufe erreicht, die diese hohen und komplexen Energien aussenden kann, wird auch die Seele, die vor dem Hintergrund des originalen Prinzips es erst veranlasst hat, auf diese Stufe zu gelangen, ein Vervollkommnungsstadium erreicht haben, das nach einer langen Anwendungsperiode das instinktive Verhalten der Beziehungen und Bewegungen zwischen den Materien aufweisen kann.

So beginnt das hoch entwickelte Wasserstoffatom in den oberen Grenzbereichen der irdischen Materien derart mächtige und komplexe Energien auszusenden, dass man diese nicht mehr zu den Materien der Erde rechnen kann. Diese Energien sind jedoch nicht gebündelt, sondern verworren und verstreut. Es gibt jedoch enorme Unterschiede zwischen ihrer Zerstreutheit und der Zerstreutheit amorpher Materien in der primitiven Umgebung, die wir zuvor erwähnt haben. Die vorherigen waren formlose, einfache, grobe Materien mit trägheitsnahen sehr primitiven Bewegungen. Diese aber sind mächtige und wertvolle Materien, die in Form hoher und reicher Energien existieren und aus reichen Materiekombinationen bestehen, die über komplexe Bewegungen und eine komplizierte Struktur verfügen. Die Umgebung, in dem diese existieren, bezeichnen wir als die "halbsubtile Umgebung". Diese halbsubtile Umgebung ist eine Art Galaxie, die aus hohen, die Stufe einer völlig neuen Welt darstellenden Energien besteht, die sowohl von der amorphen Umgebung unter dem Wasserstoffatom als auch von den astronomischen Galaxien, die durch die ersten Wasserstoffatome gebildet wurden, weitaus höher ist; die Bildung einer solchen halbsubtilen überirdischen Umgebung verweist auf die allmähliche Verschiebung der Erde, mit anderen Worten der Wasserstoffwelt in die nächsthöhere Welt. Diese hohen und zerstreuten Energien sind die primitivsten und einfachsten Atome der halbsubtilen Welt, also der Galaxie oberhalb der Wasserstoffwelt. Mit der Entwicklung der ersten Atome der halbsubtilen Umgebung können sich die höheren und zerstreuten Energien, die sie ausströmen, nun zusammenfinden und die Potenziale und Fähigkeiten erreichen zu einem Wesen zu werden, das einer Seele bis ans Ende des Universums dienen kann. Genauso verfügen die Seelen, die sich zusammen mit den Atomen bis zu diesem Stadium vervollkommnet haben, –stets mit der Hilfe der originalen Einwirkungen– inzwischen über die Macht diese hohen aber zerstreuten Energien zu sammeln, um aus ihnen ein Wesen zu schaffen.

Wenn dies geschieht, steigen die originalen Einwirkungen, einschließlich der vom spirituellen Plan der Seele reflektierten Einwirkungen einer Seele, die bereits die Würdigkeit erlangt hat, aus diesen zerstreuten Energien, einen Körper zu schaffen, mitten in diese zerstreuten und hohen Energien hinab. Dort vereinen sie diese Energien um einen Punkt der Auffassungsgabe, den wir bereits erläutert haben, und bilden eine Gemeinschaft aus ihnen. In den originalen Einwirkungen gibt es auch die Einwirkungen der Seelen, die sich bis zu diesem Stadium bereits vervollkommnet haben. Diese Einwirkungen werden an das neu geschaffene Wesen, also dem Energieverbund durch die originalen Einwirkungen übertragen und gebunden. Somit wird der Energieverbund, den wir als "Wesen" bezeichnen, in Dienst gestellt, um eine Reflexionsstelle zu sein, die alle Verhaltensweisen der Seele bis ans Ende des Universums widerspiegelt und die Reaktionen der Materien auf deren Verhalten an sie wieder zurückgibt; so wird er im Universum zum Symbol, zum Mittel der Seele.

Als solches, wenn sie sich vom ersten Wasserstoffatom an entwickelt und schließlich das Stadium eines Wesens erreicht haben, überlässt der Grundeinwirkungsanteil der originalen Einwirkung, der sich auf die Materien bezieht, seinen Platz den Sekundäreinwirkungen. Und unter der ständigen Kontrolle der Unität führt das Wesen seine Vervollkommnung mithilfe dieser Sekundäreinwirkungen bis ans Ende des Universums fort, die entweder von den Verpflichteten in den großen Organisationen stammen oder von Wesen aus vielen verschiedenen Stadien, die jenen Verpflichteten dienen. Mit dem Beginn dieser Sekundäreinwirkungen beginnen für die Wesen auch die Prüfungen, die Bewährungen, die Erfahrungen und Beobachtungen. Und die Wesen werden in ein ganz neues und schnelleres Vervollkommnungssystem eingeführt. Ab diesem Stadium werden sich die Materien als Wesen unter der Dominanz der Seelen, denen sie unterworfen sind, und mithilfe der Sekundärein-wirkungen, abhängig von allen Zuständen und Konditionen dieser Seelen, entwickeln, indem sie sie im Universum vertreten und zum Ausdruck bringen.

Ein Wesen, das auf diese Weise entstanden ist, kann das Vervollkommnungsverhalten der Seele, der es dient, im Lichte des originalen Prinzips so exzellent auszudrücken, dass es nun als die Seele selbst im Universum angesehen werden kann. Wenn daher im Vergleich zu den trägen und nahezu amorphen Zuständen der anderen Materien, die sich unter ihm befinden, seine aktive Kondition, die die Ausdrücke der Seele trägt, betrahctet wird, wird diesem Wesen die Eigenschaft "lebendig" zugeschrieben; dies ist, wie zuvor erwähnt, nichts anderes als ein relativer Ausdruck. Dies liegt daran, dass das als "lebendig" bezeichnete Wesen nichts anderes ist als die fortgeschrittenen höheren Ebenen des ersten träge erscheinenden Wasserstoffatoms; es hat nur genügend Potenziale entwickelt, um eine Seele im Universum zu repräsentieren, und daher wurde es dem Dienst einer bestimmten Seele zugewiesen.

Zusammenfassend bildet der erste Kern, der Nukleus-Zustand des Wasserstoffatoms, den die Menschen noch nicht kennen, unsere Wasserstoffwelt, also sie bildet die Grundmaterie der Sonnensysteme, Galaxien und aller astronomischen Objekte, die wir mit unseren astronomischen Mitteln beobachten können. Schließlich beginnt es, von sich aus (denken Sie daran, dass die Materie von sich aus keinerlei Energie absondern kann; all dies unterliegt den Einwirkungen der originalen Quellen) einige Energien abzusondern. Wir möchten noch einmal wiederholen, dass auch hier mit dem Wasserstoffatom nicht das in der Chemie bekannte "H" Atom gemeint ist. Wie wir sagten, befindet sich dieses "H" Atom in einem sehr fortgeschrittenen Entwicklungsstadium als das Atom, von dem wir sprechen, und es ist etwas vollkommen anderes als das. Da die Menschen das erste Atom als Wasserstoff bezeichnet haben, haben wir uns daran gehalten, und das erste Atom unserer Wasserstoffwelt als Wasserstoff bezeichnet. Ansonsten ist dies nicht wirklich das Wasserstoffatom.

Aus diesen hohen Energien des Wasserstoffatoms, die auf der Erde keine bestimmte Manifestation zeigen, entsteht eine "halbsubtile Umgebung", die eine Stufe über der Wasserstoffwelt liegt. Diese hohen Zustände und Formen des Wasserstoffs, der seine Entwicklung in dieser Umgebung fortführt, dienen als Vervollkommnungsmaterial für die Seelen, die mit den überlegenen Energien, die sie ausstrahlen, nun die Anwendungsebene der

Materien überstiegen und die Würdigkeit erlangt haben, höhere Energien zusammenzustellen. Die Seelen schaffen sich –in der Weise, die wir weiter oben beschrieben haben– aus diesen höheren Energien jeweils ein Wesen, das ihnen bis ans Ende des Universums dienen wird.

*\* \**

Somit ist ein solches neu entstandene Wesen in Bezug auf die Auffassungsgabe immer noch in einer sehr einfachen und primitiven Position. Was in diesem Wesen existiert, ist ein mechanischer Instinkt; dieser wird sich sehr langsam über einen Entwicklungszeitraum, der so lang ist wie die Ewigkeit in der Wasserstoffwelt entwickeln und sich allmählich zu "intuitiven Instinkten" verwandeln, und wieder nach einer sehr langen Zeit zu Intuitionen, und so werden sie sich zu "intuitiven Auffassungsgaben" und zu rudimentären Auffassungsgaben verwandeln, die durch große Zeitabschnitte voneinander getrennt sind. Erst in dem Stadium des Menschen können diese Auffassungsgaben sich erweitern und beginnen, ihre Kapazität auszuweiten.

*\* \**

Das Wesen, das mit den ersten mechanischen Instinkten zu leben beginnt, steht nun im Dienst einer Seele. Es wird auf alle Bedürfnisse und Verhaltensweisen der Seele eingehen und zu einem Mittel werden, um ihre Gebote zu realisieren, die zwischen den Materien des Universums verwirklicht werden müssen. Entsprechend dem Vervollkommnungsstadium, den die Seele von diesem Moment an begonnen hat, wird sie zwischen den groben Atomen der Wasserstoffwelt und ihren groben Kombinationen, die noch nicht in den Zustand des Wesens eingetreten sind, die Notwendigkeit empfinden, aktive Ausführungen vorzunehmen. Aber die Ausführung hier unterscheidet sich enorm von der des mechanischen und automatischen Lebens, die die Seele zuvor in diesen groben Atomen verbracht hatte. Zu dieser Zeit war sie nicht in der Lage, sie zu beherrschen, sie war nur an ein Atom gebunden, von ihm gefangen und sie war an bestimmten Bewegungen dieses Atoms beteiligt und unterzog sich einer passiven Anpassungsperiode. Mithilfe ihres ihr dienenden Wesens hat sie nun eine aktive Ausführungsperiode begonnen, in der sie allmählich beginnt, von den einfachsten Atomen angefangen entlang ihrer Entwicklungsstadien die Kombinationen und Zusammensetzungen der verschiedenen Elemente zu beherrschen. Zu diesem Zweck wird sie ihre Vervollkommnung fortsetzen, indem sie diese sammelt, verteilt und aus ihnen neue Formationen herstellt, Körper baut, Körper verwaltet; und somit werden in dieser Welt ihre vorwärts gerichteten Vorbereitungen abgeschlossen sein. Von nun an wird dieser subtile Energiekomplex, den wir als Wesen bezeichnen, ihr bei all diesen Tätigkeiten als Mittel dienen. Dieses Wesen, das dann alle Konditionen der Seele im Universum repräsentiert, wird von ihr benutzt, um ihre Bedürfnisse innerhalb dieser Materien zu befriedigen. Mittels dieses Wesens werden die Seelen in den dichten Materiekombinationen der Wasserstoffwelt, in den groben Materien der Sphären und Welten verschiedene Formationen und Transformationen bewirken und auf diese Weise diese aktivieren. Denn der Seele ist es nicht möglich, diese groben Materien direkt zu beherrschen. Daher wird ein neu entstandenes Wesen angesichts der sich manifestierenden neuen Bedürfnisse der Seele sofort versuchen, die primitivsten Materien in seiner Umgebung zu nutzen, und wird aus ihnen zunächst primitive Zusammensetzungen herstellen und beginnen, seine Herrschaft über diese Zusammensetzungen auszuüben.

Diese Vorgänge können –wie immer und überall– nur unter der Leitung und Führung der höheren Einwirkungen, die die Seelen unterstützen, entstehen. So werden die Materiekombinationen, die das Wesen zuerst verwenden kann, zunächst die einfachsten und primitivsten Zellen der Pflanzenkörper sein. Diese Wesen werden aus ihnen einen Körper aufbauen, und sie werden anfangen, mit ihren einfachen Körpern, also den primitiven Pflanzenzellen, auf verschiedene Weisen –zunächst immer mit ihren Instinkten– auf die groben Materien und groben Körper einzuwirken und werden so anfangen zu leben. Eben diesen Vorgang bezeichnen die Menschen als "Inkarnation". Da diese Wesen, die diese Zellen verwenden, noch keine Auffassungsgabe besitzen, kann diese Weise der Verkörperung als eine Art Inkarnation bezeichnet werden. Nachdem die notwendigen Inkarnationen in allen Arten von Zellen der Pflanzenkörper abgeschlossen sind, beginnt das Wesen, das nun in der Lage ist, einen gesamten Pflanzenorganismus zu kontrollieren, in einzelne Pflanzen –von einfachen bis zu komplexen– sich eigenständig zu inkarnieren; und sobald es in der Lage ist, einen unabhängigen Körper zu leiten, werden die ersten Phasen eines kollektiven Lebens für ihn errichtet sein. Wir bezeichnen dies die primitivste Vorbereitungsbewegung auf die Systeme von Organisationen, die wir später erläutern werden.

So wird das Wesen in unzähligen verschiedenen Pflanzenarten stetig vervollkommnen und dabei unzählige Verkörperungen erfahren, und nach einer sehr langen Zeit schließlich auch dieses Stadium abschließen und in eine spezifische halbsubtile Welt eintreten, um dort die Ausführungen des oberen Stadiums, also die des tierischen Stadiums zu erfüllen. Nachdem es eine Weile dort gelebt hat, inkarniert es sich allmählich in den primitiven Zellen des einfachsten tierischen Organismus und verkörpert sich stufenweise weiter nach oben, um die Verkörperungsstadien in den Zellen des tierischen und menschlichen Körpers zu vollenden. Schließlich geht es zu den höheren Zellen, also den Zellen, die das Nervensystem der Tiere bilden, über; nach Abschluss dieser Periode und dem Erwerb der erforderlichen Fähigkeiten wird es die Herrschaft über die einzelnen Tierkörper erlangen und beginnen die primitivsten Tierkörper zu kontrollieren. Und von nun an, nachdem es viele Verkörperungen auf unserer Erde und anderen Planeten durchlaufen hat, wird es zu einem Wesen, das den menschlichen Körper kontrollieren kann, und wird beginnen menschliche Körper auf der Erde zu benutzen. Von den primitivsten Stadien der menschlichen Welt an wird es seine letzten Vorbereitungen auf der Erde in einer vielfältigen Vervollkommnungsperiode abschließen, die wir später erklären werden.

Dies bedeutet, dass vom frühesten Zustand eines Wesens, also vom Zustand der ersten Verkörperung bis zum Stadium des Menschen ein Vervollkommnungsstadium durchlaufen werden muss, das eine sehr lange Zeit andauert, die der menschlichen Auffassung nach einer Ewigkeit entspricht.

* <br> * *

Was die Menschen mit dem Wort "Inkarnation", das keine gute Ausdruckskraft hat, zu erklären versuchen, ist im Grunde folgendes: Damit ein Wesen der ihm gebietenden Seele dienen kann, oder vielmehr, damit die Seele mithilfe dieses ihr dienenden Wesens die grobe Materie eines groben Universums nutzen kann, muss sie sich zuvor aus der Materie jenes Universums ein Einwirkungsmittel, einen groben Körper errichten und diesen hierfür verwenden. Jedoch ist dieses Wesen alleine noch nicht in der Lage, so große Kombinationen aus grober Materie zu bilden. Daher wird es mithilfe der höheren Wesen, die für die Vervollkommnung der Seelen verantwortlich sind, gemäß seinen Bedürfnissen (was in Wirklichkeit die Bedürfnisse der Seele bedeutet) einen Körper aus groben Materien aufbauen und sich an ihn binden, indem es ihm fortwährende Einwirkungen sendet. Dieses Wesen kann nun seine Aktivitäten zwischen den groben Materien und anderen Wesen ausführen, die die Bedürfnisse der Seele betreffen, welche dank dieses Körpers ihre kollektive Vervollkommnung in dieser Welt begonnen hat. Das heißt, das Wesen wird diesen Körper gemäß dem Verhalten der Seele regieren. Ohnehin ist dieser Körper in dem Umfang errichtet, wie das Wesen ihn bewältigen kann.

Folglich existieren hier sowohl ein Wesen als auch ein Körper, von denen das eine mit Hilfe des anderen der Seele dient. Eine davon ist das Wesen, das –wie bereits erwähnt– eine komplexe Materiestruktur hat und der Seele im gesamten Universum folgt. Dies ist ein sehr subtiler Komplex von Energien, die das Symbol, die Reflexion, der Ausdruck der Seele im Universum sind. Der Zweite ist ein aus den dichten Materien des jeweiligen Universums hergestellter grober Körper, den es im groben

Universum, in dem es Ausführungen machen muss, als ein wechselseitiges Einwirkungsmittel zwischen den Materien und den Wesen verwendet, um der Seele zu dienen. Also der Körper, der dem Wesen dienen muss, das die Seele durch das Universum begleiten wird; ist ein vorübergehendes Mittel, das in einer beliebigen groben Sphäre den Bedürfnissen der Seele entsprechend nur im Laufe einer vorübergehenden Ausführungsperiode an dieses Wesen gebunden bleibt. Wenn das Wesen in seinem jeweiligen Umfeld die Bedürfnisse der Seele umgesetzt hat, verlässt es den bisherigen Körper und errichtet sich einen neuen Körper, um die neuen Bedürfnisse der Seele zu erfüllen. Dieser Vorgang ist nur aufgrund höherer Einwirkungen möglich. Das Errichten eines zweiten Körpers in einer beliebigen Sphäre nennen die Menschen "Inkarnation" oder "Geburt", und die Trennung von diesem Körpers bezeichnen sie als "Desinkarnation" oder "Tod".

*
* *

Folglich wird das Wesen, das in einer Sphäre des Sonnensystems, in einem den Bedingungen dieser Sphäre angemessenen Körper geboren wird und den Vervollkommnungsbedürfnissen entsprechend in den verschiedenen Sphären des Systems unzählige Verkörperungen und Körperaustritte durchläuft, die letzte Stufe dieser materiellen Welt erreichen. Diese letzte Stufe ist der "Mensch" in unserem System, und in den anderen Systemen ist es ein Körper in einem Entwicklungsstand, der dem entspricht. In diesem Stadium, den wir die Wasserstoffwelt nennen, verfolgen die Seelen ihre Vervollkommnung nicht passiv in mechanischen Vorgängen wie in den ersten Stadien der Materieentwicklung innerhalb der Zustände der unstrukturierten Materie; sondern vervollkommnen entsprechend ihren Anstrengungen und Bemühungen, die sie abhängig von den Materien in automatischen oder halbbewussten Zuständen leisten.

*
* *

Wenn das Atom unserer Erde so weit fortgeschritten ist, die hohen Energien auszustrahlen, die das Hauptmaterial einer überweltlichen halbsubtilen Welt sind, so ist unsere Erde also keine rückständige Erdkugel, wie bisher angenommen oder gedacht wurde, sondern im Hinblick auf ihre materielle Entwicklung ist sie in der gesamten Wasserstoffwelt mit ihren Planeten, Sonnen, Sphären, Systemen und Galaxien eine der Sphären, die die am weitesten fortgeschrittenen und fortschrittlichsten Materiekonstitutionen besitzt. Tatsächlich sind die menschlichen Körper, welche die Seelen verwenden, deren Vervollkommnung parallel zur Entwicklung der Erde verläuft, eines der fortschrittlichsten und am weitesten entwickelten Existenzen dieses riesigen astronomischen Kosmos. Wie wir später erläutern werden, ist bereits die Tatsache, dass ein Wesen, das die Erde vollständig verlässt, indem es seine Ausübungen durchgeführt und alle Möglichkeiten unserer Erde genutzt hat, gleichzeitig auch in die Position kommt, die Wasserstoffwelt zu verlassen, ein lebendiger Beweis für dieses Wissen.

*<br>* *

Machen wir eine ungefähre Skizze des Universums, indem wir es vergleichen mit dreißig bis vierzig Sphären, unterschiedlicher Größe und gleichem Zentrum, deren Welten miteinander verflochtenen sind! Die gröbste und primitivste von diesen ist die kleinste Sphäre in der Mitte, die wir als die "amorphe Phase der originalen Materie" bezeichnet haben.

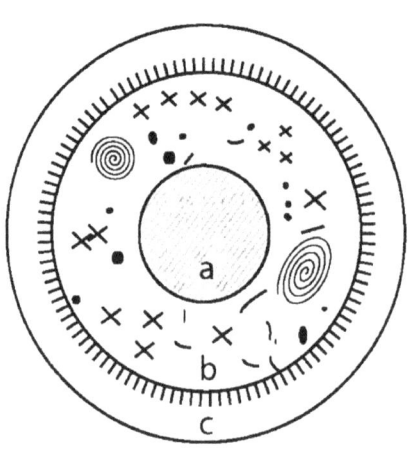

Die obere Abbildung zeigt einen Querschnitt der drei ersten konzentrischen Sphären, die wir erwähnt haben. Hier gibt das Feld "a" von der ursprünglichen Materie bis zum Wasserstoff das erste Entwicklungsfeld der Materie wieder, das den mechanischen Vervollkommnungsstadien der Seelen entspricht, dieses Feld ist ziemlich dunkel; das Feld "b" stellt zusammen mit allen Himmelskörpern unsere gesamte Wasserstoffwelt dar; die "c" Phase ist im Hinblick auf unsere Welt die erste Stufe der allmählich ansteigenden unendlichen anderen Welten über unserer Wasserstoffwelt, welche wir als die halbsubtile Welt bezeichnen.

Somit erreicht das Wesen, nachdem es auf vielen Planeten des Sonnensystems entsprechend den Umständen und Konditionen jener Planeten, welche im Vergleich zu denen auf unserer Erde einfach sind, innerhalb primitiver Materiekomplexe unzählige Verkörperungen erfahren hat, die Würdigkeit, den menschlichen Körper auf der Erde zu etablieren, der das fortschrittlichste Wesen unseres Systems ist. Und von diesem Moment an beginnt er die Entwicklungsprozesse in mehr freieren Positionen und Formen. Die Auffassungsgabe eines Wesens im Zustand des Menschen hat sich im Vergleich zum vorherigen Stadium erheblich erhöht. Und die Willensfreiheit hat im Maße seiner Auffassungsgabe zugenommen. Im Verhältnis zu diesen Fähigkeiten beginnt es allmählich, die Bedeutung von Verantwortung intuitiv zu erfassen. Die Zunahme dieser geistigen Fähigkeiten hat ihm ein mehr oder weniger ausgeprägtes Bewusstsein höherer Entwicklungsmechanismen vermittelt, die als Liebe und Gewissen bezeichnet werden. Unter dem zunehmenden Druck der Intuitionen der Verantwortung versuchen die Menschen daher automatisch oder halbbewusst, das Stadium des Menschen zu vollenden. Aus diesem Grund machen sie im menschlichen Leben Hunderttausende von Erfahrungen und leben durch Jahrhunderte hindurch.

Wenn ein Mensch auf der Welt ganz allein wäre, könnte er keine Erfahrungen sammeln. Ohne Erfahrungen könnte er der Seele auf deren Weg ihrer Vervollkommnung nicht dienen. An diesem Punkt zeigt sich deutlich die Notwendigkeit verschiedener gemeinschaftlicher Vervollkommnungspläne im Materieuniversum. Daher müssen körperliche Wesen, um sich weiterentwickeln zu können, mit anderen Körpern und Materien außerhalb ihrer eigenen Körper in Kontakt treten und sich wechselseitig austauschen. Aus diesen Beziehungen gehen unzählige Ereigniskombinationen hervor. Die Auffassungen dieser Ereigniskombinationen, die das essenzielle Wesen an die Seele überträgt, gewährleisten die Vervollkommnung der Wesen dieses Stadiums.

Mit anderen Worten assoziiert sich die Seele mit der Materie. Sie errichtet die "bewusste Materie", also das Wesen. Durch die Aktivitäten seiner eigenen Seele und seiner helfenden Wesen bildet das Wesen einen weiteren Körper aus groben Materien. Und mit diesem Körper wirkt es auf die Materien ein. Indem es die groben Materien verwendet und dadurch auf andere Körper einwirkt, macht es seinen ersten Schritt zu einem kollektiven Plan. Und die Vervollkommnung der Wasserstoffwelt im Stadium des Wesens beginnt ab diesem Moment.

Um sicherzustellen, dass kein Punkt dieser wichtigen Information vage bleibt, werden wir diese ein wenig erklären. Zum Beispiel für die Vervollkommnung eines sehr rückständigen Menschen, der hinsichtlich der Liebe und dem Gewissen beschränkt ist, wird er gemäß dem Dualitätsprinzip und dem Mechanismus der Wertdifferenzierung mit gegensätzlichen Werten, wie Liebe-Hass, Gerechtigkeit-Unrecht, Gut-Böse konfrontiert, somit muss er also automatisch ein vergleichendes Wissen erlangen und sein Gleichgewicht finden. Daher ist es notwendig, dass er auch mit anderen Körpern in Kontakt kommt. Ein Mensch, der auf ein Stück Felsen mit einer Peitsche in der Hand ununterbrochen einschlägt, was kann das Resultat davon sein? Gar nichts. Die Resultate der Auspeitschung dieses Felsens können keinen gegensätzlichen Wert liefern, der die

Fähigkeiten der Liebe und des Gewissens antreiben würde. Wenn dieser Mensch keinen Körper vor sich findet, kann er ihn nicht grausam und erbarmungslos behandeln. Somit kann er auch nicht die gegensätzlichen Werte erreichen, die die erforderlichen Ereignisse gemäß dem Dualitätsprinzip und dem Mechanismus der Wertdifferenzierung hervorrufen. Infolgedessen kann er die benötigten Materieentwicklungen nicht erreichen und sich nicht vervollkommnen. Wenn dieser Mensch allerdings ein Kind auspeitschen würde, würden sich die Dinge ändern. Die verschiedenen Reaktionen, die das Kind oder die Menschen in seiner Umgebung infolge der Peitschenschläge zeigen, stehen ihm als gegensätzliche Werte gegenüber und führen ihn sofort zu einem vergleichenden Wissen. Die Anhäufung von vergleichendem Wissen durch Hunderten und Tausenden aufeinanderfolgenden Ereignissen führt zu einem Konzept von Gut-Böse in seiner einfachsten Form, und das Gewissen beginnt sich zu sammeln und lebendig zu werden. Die Ereignisse, die als Ergebnis all dieser Vorgänge eintreten werden, werden durch die Auffassungsgabe an die Seele reflektiert und führen zum Vervollkommnungsergebnis. Daraufhin kommen neue und weiterreichende Bedürfnisse der Seele auf. Angesichts dieser neuen Bedürfnisse beginnt die Seele, von den weitreichenderen Kontakten des Körpers mit seiner Umgebung sinnvollere Reaktionen zu erwarten. Ihre neuen Bedürfnisse spiegeln sich nach wie vor sofort im Körper wider und werden vom Körper beantwortet. Das heißt, das Wesen, das der Seele dient, wirkt unmittelbar durch seinen Körper auf die groben Materien und Körper um sich herum ein und bewirkt, dass die notwendigen Ereignisse für diese neuen Bedürfnisse der Seele eintreten: es tut Gutes, tut Böses, stiehlt, tötet Menschen, zeigt sich selbstlos und erfährt die Reaktionen, die Entgegnungen aus der Umgebung darauf. All dies wird jeweils zu einem "Ereignis". Und es reflektiert jedes dieser Ereignisse durch den Kanal der Auffassungsgabe zur Seele und gewährleistet ihre Vervollkommnung. Auf diese Weise wird das Wesen des Menschen, das die letzte Entwicklungsstufe der Welt erreicht hat, endgültig die Welt verlassen, um zu fortgeschrittenen Stadien überzugehen.

\*
\* \*

Wir haben bereits erläutert, dass die Entwicklung von Materien und ihr Vermögen, der Vervollkommnung der Seelen zu dienen, nur durch Einwirkungen möglich ist. Nun ist es notwendig, auch die Einwirkungen ausreichend hervorzuheben und diesbe¬züg¬lich Informationen zu geben.

Unsere Ausführungen zu den Einwirkungen wollen wir erneut mit dem Verhältnis zwischen Seele und Materie beginnen. Die Vervollkommnungsbedürfnisse der Seelen sind ein zwangsläufiges Gebot. Die Kondition der Materie, auf diese Bedürfnisse zu reagieren, ist auch ein zwangsläufiges Gebot. Jedoch können die Seelen weder etwas direkt zur Materie senden, noch können sie etwas von ihr empfangen. Wenn die Angelegenheit hier aufhören würde, wäre der "Existenzgrund" des Materieuniversums, der die Notwendigkeit des Vervollkommnungsziels ist, aufgehoben. Für die Vervollkommnung ist jedoch die Realisierung der Seelen-Materie-Beziehung entsprechend den höheren Geboten unabdingbar. Diese Gebote werden innerhalb des Universums durch Manifestationen in Form von materiellen "Einwirkungen" des originalen Prinzips erfüllt, dessen Natur wir nicht kennen, das sowohl die suprauniversalen Seelen als auch die Universen unmittelbar beherrscht und umfasst.

Die Realisierung der Gebote in den Materien bedeutet, dass die Einwirkungen ihre Funktionen gemäß den Techniken des Dualitätsprinzips und des Mechanismus der Wertdifferenzierung ausführen. Nunmehr ist es notwendig, im Rahmen der Seele-Materie-Beziehung, die noch immer ein ungelöstes Rätsel des Universums ist, in der gebotenen Ausführlichkeit Erläuterungen zu den Einwirkungen zu machen.

Die Einwirkungen, die –entsprechend den Vervollkommnungsbedürfnissen der Seelen– die in Anzahl und Form unendlichen Bewegungsmöglichkeiten der Substanz des Materieuniversums nutzen und alle Manifestationen des Materieuniversums zu demselben Zweck erschaffen, erfüllen die Vervollkommnungsbedürfnisse der Seelenwelt, indem sie ihre

Funktionen ausführen. Mit anderen Worten, jede Bewegung, jede Veränderung und jede Entwicklung in der Materie, die für die Vervollkommnung der Seelen notwendig ist, kann nur durch diese Einwirkungen erreicht werden.

Wir können nicht viel über die große Wahrheit sagen, die wir das originale Prinzip nennen, das über den Seelen und den Universen ist und beide beherrscht. Denn dies überschreitet unser gesamtes Wissen und sogar unsere Intuition. Das originale Prinzip reflektiert mit seiner Macht alle Vervollkommnungsbedürfnisse der Seelen an die Substanzen des Universums und die Reaktionen der Universumssubstanzen auf diese Bedürfnisse an die Seelen zurück. Diese Kraft stellt die angesichts der Bedürfnisse der Seelen geschaffenen Substanzen des Universums mit unzähligen Mitteln und Wegen des Universums in den Dienst. Diese hohe Kraft entsteht durch "Einwirkungen", die im Materieuniversum ein Zustand von feinsten Substanzen sind. Diese Einwirkungen, die die großen Gebote in sich tragen, durchdringen das gesamte Universum vom Ganzen bis zum kleinsten Teilchen und erfüllen ihre Funktionen. Gemäß diesen Funktionen wird die Materiesubstanz geformt, entwickelt, gesammelt, verteilt, Formationen, Deformationen und Transformationen unterzogen, und so werden das Universum als Ganzes und seine Teilchen entsprechend den Bedürfnissen der Seelen beeinflusst und geleitet. Dies wird natürlich mit den verschiedenen oberen und unteren Mechanismen des Universums und den Prinzipien der Pflicht umgesetzt.

Die Einwirkungen, die die Verbindung zwischen der Seele und dem Universum herstellen, existieren in vier Kategorien: Zwei von ihnen sind originale Einwirkungen, die direkt von außerhalb des Universums kommen. Mit anderen Worten, sie sind Einwirkungen aus dem originalen Prinzip. Die beiden anderen sind die "Sekundäreinwirkungen", die sich nach einigen Transaktionen mit Materien und Wesen aus der Änderung der originalen Einwirkungen ergeben. Wir können nur die Teile der Kräfte aus der originalen Quelle, die im Universum wandeln, in Form von "Einwirkungen" verstehen. Die Natur und die Konditionen derer außerhalb des Universums sind den Bewohnern des Universums unbekannt.

Die Einwirkungen aus dem ersten Bereich der originalen Einwirkungen sind Manifestationen von Kräften, die die Bedürfnisse der Seelen an das Universum und die Reaktionen im Universum an die Seelen widerspiegeln. Diese sind Einwirkungen der Seelen, die indirekt eintreffen.

Die Einwirkungen aus dem zweiten Bereich hingegen sind die im Universum den Geboten und Notwendigkeiten individueller und gemeinschaftlicher Vervollkommnung gehörenden Einwirkungen, die aus dem originalen Prinzip ins Universum gelangen, um die grobe Materie zu formieren, zu deformieren und sie zu transformieren.

Die Einwirkungen, die im ersten Bereich auftreten und als zu den Seelen gehörend in das Universum gelangen, sind immer noch Ausdruck des Verhaltens und der Bedürfnisse der Seelen, obwohl sie aus der originalen Quelle stammen. Diese Kräfte, die vom originalen Prinzip gesandt wurden, um das Universum und die Seelen einander zu reflektieren und auf diese Weise die Vervollkommnung zu gewährleisten, integrieren sich in bestimmte Strukturen und Mechanismen der Wesen und deren Körper, die den Seelen zugeteilt sind. Bei ihrem Eintritt in das Universum treffen diese Einwirkungen auf die "Einheit von Wesen und Geboten", die sich an den obersten Vervollkommnungsgrenzen des Universums befinden, die wir als Unität bezeichnen. Von dort orientieren sie sich zu einem Körper in dem Umfeld, das ihnen vorherbestimmt wurde. Da diese Einwirkungen in direktem Zusammenhang mit der Vervollkommnung stehen, also die Verbindung zwischen Seelen und Wesen herstellen, nennen wir sie auch "Vervollkommnungswerte".

Was die Kräfte, die aus dem originalen Prinzip kommen, um die Vervollkommnungsgebote der Seelen zu erfüllen und um die groben Materien und die Konstitutionen des Universums in die notwendigen Formen zu bringen, betrifft: Sie steigen auch von außerhalb des Universums zur Unität hinab und werden von dort in Form von höheren Einwirkungen sowohl in die Gesamtheit des Universums als auch in seine kleinsten Teilchen gesendet und verteilt, um die Welten, Sphären, Wesen und Materien entsprechend den individuellen und gemeinschaftlichen Vervollkommnungsanforderungen vorzubereiten und diese auszuführen. Wir bezeichnen sie als "Grundeinwirkungen" oder Grundwerte. Sie sorgen für das Beginnen der Existenz von Materien, Gegenständen, Sphären, Systemen, Galaxien und Welten, indem sie in jedem Umfeld der Materie Teile dieses Umfelds um einen Punkt herum sammeln und einen Kern bilden, und um diesen Kern ziehen sie andere Teile hinzu, um damit Materie Konstitutionen zu bilden.

Die Einwirkungen dritten Grades kommen im Rahmen der Gebote des originalen Prinzips nicht direkt von außerhalb wie die ersten fundamentalen Einwirkungen, die von außerhalb des Universums stammen, sondern sie sind Einwirkungen, die von den Körpern, beziehungsweise die seitens der Wesen von den Körpern, die sich in bestimmten Stadien im Universum befinden, ausgestrahlt werden. Nachdem diese an sich auch aus den originalen Quellen stammenden Einwirkungen von irgendeinem Körper verwendet wurden, verlieren sie ihren ursprünglichen Wert und strahlen erheblich verändert und im Vergleich zum Original mit niedrigerer Qualität von den Körpern aus. Der Ausdruck "niedrige Qualität" sollte hier nicht geringgeschätzt werden. Denn es gibt keine Kleinheit oder Größe in keiner Manifestation der Gebote des originalen Prinzips. Die Bedeutung von "niedrige Qualität" bezieht sich hier auf die Notwendigkeit, die Einwirkungen an die angehenden Umgebungen und Ziele anzupassen. Einer einfachen Materiekombination eine höhere Einwirkung zu senden, wäre nicht richtig. Genauso würden schwache Einwirkungen einer sehr komplexen Materiekombination nichts nützen. All dies wird durch die technischen Mechanismen geregelt, die von den Geboten ausgeführt werden.

Unter den Einwirkungen, die die Menschen sich gegenseitig ausüben, sind Beispiele für diese Einwirkungen dritten Grades leicht zu erkennen.

Die Einwirkungen des vierten Grads hingegen sind quantitativ grober gewordene Werte. Hierbei handelt es sich um grobe Einwirkungen, die nach dem Einsatz der Grundeinwirkungen in einer Materiekombination in völlig veränderten Zuständen gespeichert und bei Bedarf in automatischen Aktivitäten eingesetzt werden. Mit diesen "gespeicherten Einwirkungen" können beispielsweise automatische Aktivitäten in einem materiellen System oder in einem Körper ausgeführt werden. Die Magnetfelder der Materien, über die wir zuvor berichtet haben, fallen in den Bereich dieser Einwirkungen.

Wir haben ja bereits erläutert, dass eine von oberhalb eintreffende Grundeinwirkung inmitten der Materie sich einen Mittelpunkt auswählt und um dieses Zentrum herum Materieteilchen konzentriert und damit verschiedene Materiekonstitutionen herstellt und dass sie, nachdem sie in dieser Materie verschiedene Transformationen erfahren und sich auf diese Weise verändert hat, qualitätsvermindert allmählich wieder aus der Materie austritt und dass man diese Aktivität als das Magnetfeld dieser Materie bezeichnet.

Des Weiteren haben wir auch gesagt, dass es möglich ist, dass die Materien und Körper sich gegenseitig beeinflussen können, dank des Austauschs, den sie durch den Kontakt dieser Magnetfelder miteinander gemacht haben. Wenn beispielsweise ein Wesen "a" in der Struktur einer Materie "b" bestimmte Veränderungen und Erscheinungen bewirken will, muss es sein Magnetfeld, das seine eigenen Einwirkungen birgt, veranlassen, dass es mit dem Magnetfeld dieser Materie in Kontakt tritt. Diese Einwirkungen werden vom Magnetfeld der Materie übertragen in ihre Struktur; sie bewirken, dass die gewünschten Bewegungen und Ergebnisse für diese Materie in Abhängigkeit von Grad,

Ausrichtung, Form und Dosierung auftreten, die durch das Wesen "a" bestimmt werden.

Es ist der gleiche Mechanismus, mit dem ein Magnetiseur einen Menschen magnetisiert und dessen körperlichen, psychischen und physiologischen Zustand beeinflusst. Er kann diesen Menschen also beeinflussen, indem er sein eigenes Magnetfeld mit dem Magnetfeld des Subjekts verbindet.

Die Materialisationsprozesse während einer spirituell medialen Sitzung, die die Menschen als Ektoplasma bezeichnen, manifestieren sich, indem die Magnetfelder von körperlosen Wesen und das Magnetfeld des Mediums sich berühren und dabei die von dem Wesen ausgesandten Einwirkungen in den Körper des Mediums übertragen werden und dort die erwünschten materiellen Veränderungen, Auflösungen und Konzentrationen erzeugen. Die Einwirkungen von physikalischen Medien auf Gegenstände, sowie Telepathien, Sympathien, Antipathien, Übertragungen und andere materielle Phänomene, die unter Individuen auftreten, kommen immer durch diesen Mechanismus zustande. Somit sind alle diese Prozesse nur aufgrund der Einwirkungen möglich, die die Magnetfelder erreichen und in den Materiekombinationen, mit denen diese Magnetfelder verbunden sind, Transformationen herstellen.

Wir haben ja bereits berichtet, dass große Naturereignisse, wie ein Erdbeben, ein Vulkanausbruch oder eine Flutkatastrophe sich nur aufgrund der Einwirkungen ereignen, die die Verpflichteten auf das Magnetfeld der Erde herab senden.

Neben diesen Einwirkungen existieren auch gröbere Einwirkungen und Werte, die zu den oben aufgezählten Einwirkungen nur in sekundärer Beziehung stehen. Einwirkungen wie die chemischen Reaktionen in einem Körper oder die Medizin, die einem Kranken verabreicht wird. Weil sie viel gröber sind als die Wertdifferenzierung in den Dualitätseinheiten eines Atoms, oder Moleküls, nennen wir sie "grobe Ladungen" oder grobe Werte.

*
* *

Wenn Materien sich gegenseitig beeinflussen, unterliegen die Einwirkungen einer Reihe von Veränderungen, wenn sie von einem Körper oder einer Materiekombination zu einem anderen Körper oder einer anderen Materiekombination wechseln, wenn sie von oben herabsteigen werden sich einfacher, und wenn sie nach oben aufsteigen werden sie komplexer. Der Grund dafür ist folgendermaßen: Da bei dem Wechsel von einer Materie-Einheit in eine Submaterie-Einheit einige der Werte, die den Inhalt der Einwirkungen ausmachen, in der oberen Einheit verwendet werden, steigt diese Einwirkung in die untere Einheit ab, indem sie im Vergleich zu ihrem ersten Zustand bei ihrer Ankunft teilweise verblasst und einige ihrer Werte verloren gehen. Und dieser Umstand schützt die untere Einheit automatisch vor starken Einwirkungen; demnach ist dies einer der "Filtermechanismen", die für das Wohlbefinden von Wesen und Materien im Universum errichtet worden ist. Diese Mechanismen sind für die Materien erforderlich. Um deren Wert hervorzuheben, möchten wir die Erde als Beispiel anzuführen. Milliarden von Milliarden direkter und indirekter Einwirkungen erreichen unsere Erde von der Sonne, dem Mond, den Sternen, anderen Himmelskörpern und Planeten, und ein Netzwerk von Einwirkungen umfasst die Erde. Durch die Berechnung von Hunderttausenden von Einwirkungen, die jedes einzelne Teilchen der Wesen und Materien auf der Erde erreichen, lässt sich erahnen, dass die Gesamtmenge der Einwirkungen, die auf die gesamte Erde absteigen, mit keiner Zahl angegeben werden kann. Unter ihnen befinden sich zweifelsohne auch welche, die der Erde durchaus einen großen Schaden zufügen könnten. Allerdings existieren neben den von sehr weit oberhalb stammenden Organisationsmechanismen der Einwirkungsquellen auch bestimmte Filtermechanismen gegen die Sekundäreinwirkungen, die die Erde umspannen und diese sehr mächtigen Einwirkungen filtern und so die Erde vor ihren Gefahren bewahren. Das Ziel dieser Filtermechanismen ist es, Einwirkungen zu verhindern, die zu stark sind, als dass die Erde damit umgehen könnte. Aufgrund dieser Mechanismen zieht ein Teil dieser Einwirkungen an der Erde vorbei, ohne sie zu berühren. Ein weiterer Filtermechanismus ist ein Schutzmechanismus, der durch die Einwirkungen der Sonne in der Atmosphäre erzeugt wurde. Dies verändert und entschärft bestimmte Strahlungen und Einwirkungen, die der Erde großen Schaden zufügen können, beispielsweise übermäßige Radioaktivität, die von außen kommt oder künstlich auf der Erde erzeugt wird. Dies funktioniert in einer solchen Art und Weise, dass sie die von der Sonne oder von irgendwoher kommenden Schwingungen nicht aufhalten, solange sie für die Erde unschädlich sind. Sobald die Dosen dieser Schwingungen jedoch bestimmte Grenzen überschreiten und der Erde Schaden zufügen können, beginnt dieser Mechanismus in der Atmosphäre automatisch zu wirken und arbeitet so lange, bis schädliche und möglicherweise tödliche Strahlungen unschädlich gemacht werden, und stellt seine Aktivität ein, wenn er die Dosen auf ein normales Niveau reduziert hat. Wäre ein solcher Mechanismus beispielsweise in der Atmosphäre nicht vorhanden, hätten auf der Erde künstlich erzeugte Radioaktivitäten viele Todesfälle verursacht.

Solche Filtermechanismen und andere Schutzsysteme gibt es nahezu für jeden Körper, jede Materie. Gleichzeitig ist die Verringerung der Werte der Einwirkungen mit dem Absinken eine Art Filtermechanismus für das Wohlbefinden der Unteren.

Die zunehmende Komplexität der Einwirkungen beim Übergang von der unteren zur oberen Materie ergibt sich folgendermaßen: Die von unten kommenden Einwirkungen begegnen bei ihrem Aufstieg aufgrund der Zwangsläufigkeit der dortigen Struktur auf einen breiteren Einwirkungsbereich. Indem sie mit den dortigen Einwirkungen sympathisieren, nehmen sie Werte von ihnen auf, erweitern ihre eigene Struktur und gelangen so in einen komplexeren Zustand.

In diesem Fall steigt eine Einwirkung schwacher werdend herab und verschwindet, indem sie in jeder Phase, die sie durchläuft, einige ihrer Werte verliert. Bei ihrem Aufstieg hingegen nimmt sie aus jeder Phase neue Werte auf und steigt sich vermehrend auf. Dies ist sowohl eine notwendige Konsequenz der Funktionen der Einwirkungen, während sie die Materien durchlaufen, als auch ein Gebot, um Möglichkeiten zu bieten, bei ihrem Abstieg in den Phasen, an denen sie vorbeikommen, ein Umfeld zu finden, mit der sie sympathisieren können.

Gäbe es diese Filter und Mechanismen nicht, so würden zahlreiche Disharmonien entstehen zwischen den Einwirkungen die auf die Wesen und die Materiekombinationen einströmen, um dort die Veränderungen im Sinne der ihnen innewohnenden Vervollkommnungsgebote zu bewirken und eben jenen Materien selbst; diese Disharmonien würden dazu führen, dass die Einwirkungen häufig eher Schaden anrichten würden, statt von Nutzen zu sein. Auch diese Mechanismen, die sämtliche Einwirkungen koordinieren, stehen wiederum unter der Kontrolle von höhergestellten Einwirkungen, die die hohen Gebote in sich tragen.

*
* *

Die Einwirkungen sind Konditionen, in denen Wahrheiten außerhalb des Universums sich in der Materie widerspiegeln. Diese Einwirkungen spiegeln auch die Reaktionen der Materie ins außerhalb des Universums wider. Nachdem die Einwirkungen eine Materie aktiviert haben, führen die Bewegungen dieser Materie zu Bewegungen bei anderen Materien, und die Bewegungen dieser anderen Materien verursachen wiederum Bewegungen bei noch anderen Materien, wodurch eine Kette von Einwirkungen entsteht, die sequenziell sich gegenseitig auslösen; das ist eine Art Automatismus. Im Universum existieren viele Vorgänge, die sich mit solchen Automatismen vollziehen. Solche sequenziellen automatischen Aktivitäten finden jedoch auch nur unter der Kontrolle der Einwirkungen höherer verpflichteter Wesen statt.

Die Einwirkungen, die wir bis hierher in ihren Grundzügen dargestellt haben, dringen im Zustand von unendlich vielen Variationen in unterschiedlichen Materiekombinationen in die

Struktur der Materie hinein und ermöglichen damit den unermesslichen Austausch zwischen den Materien. All diese Einwirkungen umgeben das gesamte Universum als ein kompliziertes Netzwerk, das kein menschlicher Intellekt erfassen kann. Sie werden vollständig von den hohen Geboten des originalen Prinzips beherrscht. Trotz ihrer zahlreichen Variationen erfüllen all diese Einwirkungen innerhalb der großen Harmonie der himmlischen Ordnung ihre Funktionen in Form von "einer einzigen Kraft", die in den feinsten Materien des Universums in Erscheinung tritt. Vom ersten Teilchen des Universums bis hin zu seiner Gesamtheit, alles, was die Menschen als materiell, spirituell, körperlich, geistig definieren, kann nur voranschreiten innerhalb der Ordnung und den Regelungen dieser Einwirkungen, die die Gebote der hohen Prinzipien in sich tragen. Für diejenigen, die diesen Punkt in allen Einzelheiten intuitiv erfassen können, ist es möglich, zu verstehen, dass kein Verlauf und keine Entstehung frei von Einwirkungen im Universum sein können.

*
\* \*

Nachdem diese allgemeinen Informationen über den Verlauf der Einwirkungen gegeben wurden, ist es auch notwendig, ihre Funktionalisierung zwischen den Teilchen des Universums, die Art und Weise der Realisierung dieser Funktionen und schließlich auch die Ergebnisse, die sie bei ihren eigentlichen Zielen bewirken, zu erwähnen. Um nämlich die Organisationssysteme, die im Universum die Hauptstruktur des kollektiven Vervollkommnungslebens darstellen, intuitiv besser erfassen zu können, müssen wir dieses Thema noch weiter vertiefen. Der Mechanismus der wechselseitigen Einwirkungen und die Organisationssysteme ergänzen sich gegenseitig. Daher ist es notwendig, die Einwirkungen nicht isoliert, sondern im Zusammenhang mit den Organisationssystemen und den Mechanismen, die diese Systeme errichtet haben, zu erklären.

*
\* \*

Das Universum ist eine allumfassende Organisation. Die Organisationsformen, die in dieser großen Organisation als Organ-Organisator Positionen auftreten, beginnen jedoch erst ab einer bestimmten Phase des Universums und dauern bis zu einer bestimmten Phase an. Die Positionen der oberen und unteren Organisation liegen innerhalb der Gesetze und Regeln der Ordnung und der Regelungen von höheren Prinzipien, die außerhalb der menschlichen Auffassung liegen. Keine davon ist jedoch außerhalb der großen Organisation des Universums.

In den Bereichen, die die Menschen intuitiv wahrnehmen können, finden die Organisationen des Universums in Organ-Organisator-Beziehungen statt. Eine Organisation arbeitet unter der Führung einer Organisation, die sich eine Stufe höher befindet als sie selbst. Hier wirft die obere Organisation in der Organisator Position ein Licht auf die untere Organisation. Dieses Licht bekam sie wiederum von einer ihr überstehenden Organisation. Dieser Zustand erstreckt sich bis zur Unität. So durchscheint der Scheinwerfer, der von der Unität in das gesamte Universum ausgerichtet wird, von oben nach unten alle Organisationen der Pflicht, die bis zur niedrigsten Stufe des Plans der Pflicht hierarchisch angeordnet sind. Während in der Zwischenzeit jede Organisation ihre eigenen Pflichten mit dem Licht erfüllt, das sie von der Oberen empfangen hat, sendet sie dieses Licht entsprechend den Bedürfnissen der unteren Organisation an die nächsttiefer liegende Organisation, damit auch diese ihre Pflicht erfüllen kann. Mit den Anweisungen der Unität führen die Organisationen aller Stadien und Stufen des Plans der Pflicht die ihnen zugewiesenen Pflichten im Rahmen ihrer eigenen Kapazität und im Lichte der Befehle aus, die sie von oberhalb erhalten.

Auf dem Weg der Vervollkommnung, der von den höchsten Prinzipien bestimmt ist, hat jeder Organismus eine Reihe von bestimmten Pflichten. Alle Elemente dieses Organismus sind verpflichtet, diese Pflichten entsprechend ihrem Macht- und

Verdienstgrad Hand in Hand zu erfüllen. Kein Organ oder Organisator sollte die ihm übertragene Pflicht aufgeben und vernachlässigen. Die Erfahrung der Seelen in den frühen Stadien der Wasserstoffwelt ist jedoch nicht fortgeschritten genug, um sich dieser Wahrheiten und Notwendigkeiten bewusst zu werden. Selbst bei den mehr oder weniger fortgeschrittenen Seelen mangelt es sehr an diesem Zustand. Das Bewusstsein von der Pflicht, die in verschiedenen Graden den Anteil der Verantwortung eines Universums in sich trägt, haben die Seelen dieses Stadiums noch nicht erreicht. Daher kann man solchen Wesen keine Pflichten aus den Führungsmechanismen übertragen. Daher sind diese Wesen nicht an den großen Pflicht Organisationen beteiligt. Diese sind Aufgaben für Wesen des Plans der Pflicht, die bereits fortgeschrittene Stadien der Vervollkommnung erreicht haben. Die höheren Wesen, die verpflichtet sind, die Vervollkommnung dieser unbewussten und sogar halbbewussten Wesen der niedrigeren Stadien zu unterstützen, helfen ihnen dennoch, ihren Anteil der obligatorischen Aufgaben bei der Vorbereitung auf den Plan der Pflicht zu erfüllen. Zu diesem Zweck werden verschiedene Gemeinschaften und Gruppierungen unter ihnen gebildet, um sich auf den nächsten Organisationsaufbau vorzubereiten. Und die Verpflichteten verweisen diese Gruppen und Gemeinschaften den Umständen entsprechend auf die mehr oder weniger automatischen oder mehr oder weniger bewussten Vorbereitungsarbeiten. Während sie sich weiterentwickeln und ihre Auffassungsgaben erweitern, gewinnen sie zunehmend Freiheiten in ihren Bewegungen. Dabei werden ihnen allmählich die Intuitionen der großen Organisationssysteme vermittelt.

So wie eine grobe Materie in das Stadium des Wesens eintritt, eine geraume Zeit sich dort weiterentwickelt und anschließend beginnt einen Pflanzenkörper zu errichten, beginnt sie eine neue Entwicklungsperiode, indem sie instinktiv in eine Gemeinschaft eintritt, genauso beginnt auch jenes Wesen als Ergebnis einer sehr langen Vervollkommnung und mit zunehmender Reife des Pflichtverständnisses sich seiner Verpflichtungen bewusst zu werden, und begibt sich auf den Weg, Verantwortungsbewusstsein zu gewinnen. Und dies verleitet ihn dazu, die breiten Wege, die zu den Organisationen des großen Plans der Pflicht führen, intuitiv zu erfassen.

* <br> * *

Weiter oben haben wir die automatischen Pflichten innerhalb einer Gemeinschaft erwähnt. Nun konzentrieren wir uns auf die Erläuterung dieser automatischen Aktivitäten. Wenn Sie vom Einkaufen zurückkehren, übergeben Sie diese Pakete einem Lastenträger, damit er diese zu Ihnen nach Hause trägt. Warum trägt dieser Lastenträger aber die Pakete bis zu Ihnen nach Hause? Um Ihnen vielleicht zu helfen? Nein. Ein solches Bedürfnis empfindet er nicht. Er macht diese Arbeit lediglich, um von Ihnen einige Münzen zu erhaschen. Eines der verschiedenen Merkmale des Automatismus ist, wie in diesem Beispiel, jemanden mit einer Reihe von täuschenden oder ablenkenden Gegenleistungen zu einem ihm unergründlichen Ziel zu geleiten. Folglich bedeutet der automatische Gang eines Menschen auf dem Weg der Vervollkommnung, dass diesem Menschen, der nicht die Kraft zeigen kann, wissentlich und bereitwillig zum angestrebten Ziel zu gelangen, entsprechend seiner Begierden entweder anziehende Spielzeuge vorgesetzt werden oder er mit gruseligen, einschüchternden Zuständen konfrontiert wird, um zu gewährleisten, dass er den gewünschten Weg beschreitet. Diese Tätigkeiten, die auf die Verwirklichung großer Ziele ausgerichtet sind, beginnen mit einer Reihe von derartigen Automatismen. Die emotionalen und begehrlichen Gedanken und Wünsche, die den ersten Lauf dieses Automatismus mit ihren positiven oder negativen Funktionen vorbereiten, werden zu starken Elementen dieses Automatismus. Wenn sich die Auffassungsgaben erweitern und das essenzielle Wissen über die Ursachen und Folgen der Tätigkeiten zunehmen, werden die Wirkungen allmählich besser sichtbar, und die verlockenden oder gefürchteten Mittel des Automatismus verlieren nacheinander ihre Funktionen. Die Mutter verspürt nicht mehr das Bedürfnis, ihrem Kind Süßigkeiten anzubieten, um ihm den Kopf waschen zu können. Dann, wenn der Mensch sein Ziel unmittelbar und besser sehen kann, beginnt er sich bewusst zu werden dieses Ziel zu erreichen und an seine Notwendigkeit zu glauben, und gewinnt die Intuition auf den Plan der Pflicht zuzugehen. In der Tat ist dies auf die Tatsache zurückzuführen, dass die Erde ein kraftvolles Mittel der Vervollkommnung und eine perfekte Vorbereitungsschule ist. Denn in der "Schule Erde" sind alle Arten von –die Menschen antreibenden– Materialien, unzählige Elemente von Gefühlen und Begierden eines großen Automatismus vorhanden, der mit programmierten und organisierten Ereignissen begründet wurde, die das Bewusstsein und die Auffassungsgabe zum Wissen der Pflicht treiben. Und die Verpflichteten, die über dem irdischen Leben stehen, erfüllen ihre Pflicht unter den Menschen, indem sie diese Materialien einsetzen. Also während die Erde mit verschiedenen Automatismen die Pflanzen auf das Stadium der Tiere und die Tiere auf das Stadium des Menschen vorbereitet, ist sie voller sehr reicher Variationen, die den Menschen auf das Wissen der Pflicht und die Intuition der Organisationssysteme vorbereiten. Prüfungen, Bewährungen, Beobachtungen, Erfahrungen, jede Art von –sowohl angenehmen als auch schmerzhaften– Gefühlskomplexitäten, die religiösen Symbole von Paradies und Hölle und verschiedene Erscheinungen der Sanktionen der Jenseitsvorstellungen etc. All dies zielt darauf ab, die Menschen auf das Bewusstsein der großen und globalen Werke und Pflichten vorzubereiten, zu denen sie im Universum verpflichtet sind. Eines der Hauptfunktionen des irdischen Lebens ist es, zu gewährleisten, dass die Menschen vor dem Hintergrund des "Kausalitätsprinzips die Geschehnisse der Erde mit ihren wahren Werten", vor dem Hintergrund dieser Werte ihre eigenen Situationen und Handlungen verstehen und sich gemäß diesen organisieren und sich auf diese Weise auf das Wissen des Plans der Pflicht und die Organisationsdisziplin vorbereiten können. Nur diejenigen, die das Ziel dieser Funktion erreicht und die Verpflichtung ihrer Aufgaben im Universum übernommen haben, können ihre Beziehung zur Erde beenden.

*
* *

Wir werden vorerst einen kurzen Überblick über die Aktivitäten der Organisationen geben, die die technischen Wege eines sehr breiten Universum-Mechanismus aufzeigen. Entsprechend den Geboten des originalen Prinzips, das die Universen und Seelen beherrscht, werden endlose Tätigkeiten durchgeführt. In der Formation der Materien, der Verteilung der Einwirkungen auf Materien und Wesen, der angemessenen Verwendung dieser Verteilungen, der Verwaltung und Kontrolle der verschiedenen Entwicklungsstadien und der Vervollkommnung der Wesen, der Erschaffung zahllos verschiedener Erscheinungsformen grober Materien, die ihrer Vervollkommnung dienen, zusammenfassend ist festzuhalten, dass in allen Mechanismen des Universums zahlreiche Tätigkeiten und Dienste existieren, wobei jede von ihnen eine administrative Aufgabe darstellt, zu deren Erfüllung das Wesen entsprechend seiner Fachkompetenz verpflichtet ist. Diese Verpflichtungen werden gemäß den höheren Geboten des originalen Prinzips im Verhältnis zum Würdigkeitsgrad des Wesens erstellt und ihnen zufolge werden den Wesen Pflichten zugeordnet.

Entsprechend der Würdigkeit der Wesen, die einen Sinn und das Bewusstsein für die Pflicht erreicht haben, bilden sich im Plan der Pflicht in Bezug auf den Grad und die Position der Pflicht unterschiedliche Gruppierungen, Kader und Organisationen. Sie breiten sich als Veranstalter, Prüfer und Gehilfen füreinander bis zur Unität aus und verfolgen das gemeinsame Ziel der originalen Prinzipien. Ihre Arbeit umfasst zahlreiche Aktivitäten, zum Beispiel gemäß den höheren Geboten die Wesen in ihrer Vervollkommnung zu unterstützen, ihnen materielle Umfelder vorzubereiten, und die Unterstützung derjenigen, die noch auf der automatischen Ebene sind.

Wie wir gerade erklärt haben, führen die Organisationen alle diese Aufgaben in Übereinstimmung mit den Anweisungen aus, die aus der Unität hervorgehen und sich in der Organisator-

Organisation Ordnung von oben nach unten ausbreiten. Daher spezialisieren sich die am Plan der Pflicht beteiligten Wesen in zahlreichen Bereichen, erhalten die Würdigkeit für die Pflicht und sammeln, gruppieren, organisieren und systematisieren sich infolgedessen um verschiedene Pflichten; dies alles geschieht nur unter dem Licht, im Rahmen der Richtlinien, Sanktionen und Gebote des originalen Prinzips. So bildet diese gesamte Organisation den technischen Bereich des gewaltigen, an die Unität gebundenen Verwaltungsmechanismus des Universums, der ohne den geringsten Fehler für die Vervollkommnung der Seelen arbeitet. Natürlich ist es notwendig, ein "volles Bewusstsein" zu erlangen, und auf die übermenschliche Ebene zu gelangen, um eine Pflicht in einem so hohen Mechanismus antreten zu können. Ohnedies setzt der Plan der Pflicht erst ein, wenn das Wasserstoffstadium abgeschlossen ist. Um so viel wie möglich über die Organisationen der Pflicht zu vermitteln, möchten wir einen der Wirkungsmechanismen unserer Erde, die in der enormen Universumsorganisation unendlich klein ist, anhand der Informationen erklären, die wir von einer Gruppe von Leitern, die in diesem Bereich verpflichtet sind, erhalten haben. Die folgenden Zeilen enthalten umfassende Informationen zu diesem Thema, die der Erde zum ersten Mal durch einen Plan der Pflicht –mit der Genehmigung hoher Quellen– vom Administrator der technischen Verwaltungsgruppe, die in der Ordnung der Weltangelegenheiten tätig ist, zur Verfügung gestellt wurden:

"Die materiellen Ereignisse im Universum, die die Notwendigkeiten und Gebote der Prinzipien sind, die das Universum regieren, sind die Elemente, die das Material und die Aufsicht der Vervollkommnung im Universum gewährleisten. Für die verschiedenartigsten Bedürfnisse der Vervollkommnung vollziehen sich endlose Transformationen, Deformationen und Formationen von dem Zustand der schwersten Materie bis hin zum Zustand der leichtesten Materie. Diese materiellen Veränderungen werden durch die Befehls- und Kraft-Kanäle der verpflichteten Wesen, die für die allgemeine Führung des Universums zuständig sind, sowie durch die Aktivitäten und Verarbeitung weiterer in bestimmten Bereichen verpflichteter Wesen hergestellt. Die permanenten Veränderungen, die die Komponenten des technischen Inhalts des Universums darstellen, sind das Werk unzähliger verpflichteter Wesen. Andererseits steigen die Wesen, die jene verpflichteten Wesen anleiten, stetig auf und beteiligen sich an der allgemeinen Verantwortung und den allgemeinen Kräften der Unität. Nun werde ich, einem Befehl gehorchend, den ich erhielt, vortragen wie diese Wesen, die bestimmte Veränderungen mitbewirken und vorbereiten, hierbei vorgehen.

"Die Anweisungen für eine anstehende Veränderung, die sich als Gebote der hohen Prinzipien vollziehen sollen, erreichen zunächst uns. Andere Gruppen von Verpflichteten, die die Bedürfnisse und Funktionen für jedes sich vervollkommnende Wesen des Universums kontrollieren und bestimmen, geben uns ohnehin Auskunft über den Grad der Würdigkeit und Bedürfnisse dieser Wesen und darüber, wie mit ihnen vorzugehen ist. Mit anderen Worten; außer den hohen Wesen, die Parallel zu den hohen Prinzipien Anweisungen erteilen, existieren noch weitere verpflichtete Gruppen, die bezüglich unserer Aktivitäten ergänzende Informationen uns mitteilen. Lassen Sie mich ein Beispiel geben: Stellen Sie sich einen Menschen vor, der ein irdisches Leben lebt. Er benötigt für seine Vervollkommnung eine bestimmte Veränderung, ein bestimmtes Material. Entweder hat er hierfür eine Würdigkeit erworben oder sie sind das Erfordernis seiner Prüfungen, seinem Aufruhr, kurzum eine Notwendigkeit der funktionellen Eigenschaften. Eine weitere Gruppe ist die Gruppe, die diese Notwendigkeiten misst und bewertet, sie abstuft und deren Zeit und Art festlegt. Die Hilfe dieser Gruppe besteht darin, dass sie uns die Qualität, die Quantität, die Zeit, kurz alle Details, über das Ereignis, das für den betreffenden Menschen eintreten wird, mit deren Durchführung wir betraut sind, vorbereitet und uns übermittelt. Sollte es beispielsweise erforderlich sein, dass dieser Mensch erkrankt, werden uns die Art der Krankheit, ihr Schweregrad, ihr Verlauf, ihre Dauer und eventuelle Therapiemöglichkeiten mitgeteilt. Lassen Sie mich näher darauf eingehen: Wenn es notwendig ist, die Ursachen dieser Krankheit zu verschlimmern, dann werden uns auch die Begebenheiten hierzu vollständig angegeben, wie zum Beispiel die Möglichkeit, dass diese Person an einen Ort mit begrenzten Mitteln verwiesen wird, oder dass der behandelnde Arzt sich in der Diagnose irrt. Nunmehr werden –wenn nötig– mehrere Wesen für das Vervollkommnungsmaterial dieses in diesem Zustand sich befindenden Menschen tätig sein. Ein Wesen bereitet den Körper vor, sorgt für die Aktivität der Mikroben im Körper, und ein anderer beeinflusst den intellektuellen Zustand des Arztes, wie es in diesem bestimmten Moment benötigt wird. Auch die Felder dieser technischen Aktivitäten sind in viele Bereiche unterteilt. Ich möchte einige Wichtige von ihnen aufzählen. Zum Beispiel, die Geisteszustände der Menschen mit bestimmten Formmustern in Verbindung bringen, lokale und soziale Formen etablieren und um ein letztes Beispiel zu geben: die Medien steuern... Wie diese gibt es viele Aktivitätsbereiche unterschiedlicher Art und Bedeutung, die vervielfältigt werden können. Jede von ihnen arbeitet mit ihrer eigenen Technik innerhalb ihrer eigenen Kader. Die Technik jeder dieser bestimmten Aktivitätskader ist unterschiedlich. Zum Beispiel kann die Gruppe, die für die Durchführung von physischen Veränderungen in der Natur verantwortlich ist, nicht mit den Medien umgehen, und die Gruppe, die die Medien steuert, kann nicht die Pflicht der Gruppe erfüllen, die soziale Ereignisse herbeiführt. Die Tatsache, dass die Arbeitsgrundlagen unterschiedlich sind, macht es erforderlich, dass alle diese Gruppen unterschiedliche Arbeitstechniken haben.

"Diese technisch verpflichteten Gruppen profitieren bei der Ausführung bestimmter Aufgaben von vielen Möglichkeiten. Diese Möglichkeiten sind sehr unterschiedlich in ihrer Natur. Ich kann Ihnen übrigens keine Fachbegriffe nennen. Weil es schwierig und unmöglich ist, diese Kräfte und Möglichkeiten mit Worten zu beschreiben und zu charakterisieren. Indessen begnüge ich mich Begriffe zu verwenden, die sie in gewisser Hinsicht auf die am besten geeignete Weise zum Ausdruck bringen können. Die eingesetzten Kräfte sind elektromagnetische Kräfte, mechanische Kräfte, sowie biologische Kräfte und kosmische Kräfte, die das Resultat vieler Kräfte sind. Sie werden gewonnen aus den Möglichkeiten des Weltraums, aus den Energien der freigegebenen Wesen, die ihre Körper bereits verlassen haben, aus den Energien, die die Wesen der oberen Welten aussenden, aus den Kräften der Menschen und der körperlichen Wesen (selbstverständlich ohne, dass diese es wahrnehmen), die auf der Erde sehr zahlreich sind, wie beispielsweise Menschen, Tiere, Pflanzen... Indem eben diese Energien, die aus all diesen Möglichkeiten und Quellen gewonnen werden, unsere Energie stärken, und mit der Versendung der (unter uns stehenden) Verpflichteten, werden die spezifischen Ergebnisse hervorgebracht: Eine Störung des Gleichgewichts eines Objekts, wie beispielsweise die Lenkung der Windrichtung (denn ein Taifun, der an einem bestimmten Ort ausbricht, indem die Winde in eine bestimmte Richtung gelenkt werden, kann manchmal für die Vervollkommnung bestimmter Personen obligatorisch sein), ebenso, bei einem lokalen Erdbeben, die Herstellung der notwendigen Gleichgewichtsveränderungen für das Erdbeben usw. Die Erschaffung der erforderlichen Bedingungen für all dies, geschieht durch die Energien, die aus den genannten Quellen sich verbreiten, und deren sachgemäße und angemessene Anwendung durch ihre Verpflichteten."

In die Organisationen der Pflicht, die erst über dem Stadium des Menschen, also über der Wasserstoffperiode anfangen, können die Wesen nicht abrupt eintreten. Hierzu muss nach langen Vorbereitungen ein den Geboten des Plans der Pflicht entsprechendes Niveau der Auffassungsgabe erreicht werden. Und dies kann, wie gesagt, von den primitivsten Stadien der Wasserstoffwelt bis zu den höchsten Stadien erst nach einer langen, sehr langen Vorbereitungsperiode eintreten. Wir haben bereits die Stadien genannt, die durchlaufen werden müssen, damit die Auffassungsgabe eine solche Würdigkeit der Pflicht erlangt, bis sie vom ersten Zustand des Wesens zum höchsten Menschen Wesen wird. Am Anfang dieser Stadien befindet sich zunächst die Pflanzenwelt, in der durch einen automatisch-mechanischen Instinkt eine Art gemeinschaftliches Leben beginnt, das wiederum den Beginn des primitivsten Organisationssystems darstellt. Diese Gemeinschaften erweitern ihren Umfang und ihre Bedeutung im Laufe des Lebens der Wesen. Bei Tieren tritt dieses Gemeinschaftsleben eher auf. Obwohl ein Gesellschaftsleben noch nicht begonnen hat, gibt es unter den Tieren sehr bedeutungsvolle Gemeinschaften, die die ersten Vorbereitungen dorthin zum Ausdruck bringen. Ein Beispiel hierfür sind die automatischen Gemeinschaften wie etwa von Ameisen, Bienen und einigen gemeinsam lebenden Tieren.

Dies sind die organisierten Vorbereitungen der Wesen, die Kandidaten für die gemeinschaftlichen Pläne im menschlichen Leben sind. Natürlich gibt es höhere Einwirkungen und Bindungen, die sie miteinander verbinden. Diese entstammen den verpflichteten Wesen, die in diesen Feldern tätig sind. So werden Ameisengemeinschaften ebenso wie Bienengemeinschaften so organisiert, dass sie Getreide für den Winter sammeln. Manchmal versammeln sich alle Störche in der Umgebung, um ihre Nester vor aggressiven Adlern zu schützen, und kämpfen gegen die Ungeheuer als eine Armee. Einige wilde Tiere gehen, wenn sie hungrig sind, auf die Jagd, indem sie Herden bilden. Diese Zustände, die bei Tieren häufig zu beobachten sind, werden durch die erforderlichen Einwirkungen hervorgerufen, die von den verpflichteten Wesen gesendet werden, um zu gewährleisten, dass sie die instinktiven Ausübungen hinsichtlich der Vorbereitungen für höhere Gemeinschaftspläne durchführen können.

Schließlich kommen die menschlichen Gemeinschaften, die teils wieder automatisch, teils halbbewusst sind, und das Gesellschaftsleben der Menschen. An diesem Punkt beginnen die direkten und am wenigsten entfernten Vorbereitungsausübungen, um die hohen Organisationen der Pflicht zu erreichen. Das Ziel des menschlichen Lebens ist es, die notwendigen Vorbereitungen auf diese Weise abzuschließen.

Außerdem existiert zwischen dem Wesen, das einen Menschen bildet und ihn regiert, und dem Menschenkörper eine gegenseitige Organisator–Organismus–Beziehung. Indem dieses Wesen das Magnetfeld kontrolliert, das es aus den Zellen des Nervensystems gebildet hat, kontrolliert es mittels dieser Zellen den ganzen Körper, den Organismus. So ist das Wesen der Organisator, der Körper hingegen der Organismus.

Jede Aktivität und jede wechselseitige Beziehung all dieser Gemeinschaften, Organisationen, Systeme, Materiegemeinschaften, Gemeinschaftssysteme und Kombinationen, kurzum jedes Ereignis, jede Situation wird nur in der großen Harmonie der himmlischen Ordnung durch diesen Einwirkungsmechanismus erzielt.

*
* *

Jeden Organismus erreichen auch von oben, von den Seiten, von unten, viele Sekundäreinwirkungen und Nebeneinwirkungen; bei diesen Einwirkungen gibt es sowohl positive Einwirkungen, die die Aufgabe dieser Organisation erleichtern, als auch schockierende, störende und sogar zerstörerische negative Einwirkungen, um sie zu stärken, ihre Erfahrungen zu steigern, ihrer Entwicklung und Vervollkommnung zu dienen. Und diese bewirken das Entstehen von Prüfungen, Erfahrungen und Beobachtungsübungen für diesen Organismus. Alle diese Sekundäreinwirkungen entstammen einer Reihe von verpflichteten Wesen, die bewusst oder automatisch dafür arbeiten, dass dieser Organismus sich weiterentwickelt. Diese Verpflichteten, die an den hohen Mechanismus des Universums gebunden sind, konfrontieren die Wesen mit einer Menge erschwerender, schwieriger und manchmal unmöglicher Ereignisse –als Vervollkommnungsmaterialien–, um ihnen die Grundlage zu bereiten, damit sie ihre Werke und Bemühungen zeigen können, die es ihnen ermöglichen, in ihrem körperlichen

Leben erfolgreich zu sein. Diese Materialien werden gemäß den Gesetzen der himmlischen Ordnung entworfen und reguliert, um die Würdigkeit des Wesens zu steigern, ihn zu stärken, damit es in höhere Positionen wechseln kann. Aber die Menschen erkennen diese aufgrund ihrer Unwissenheit immer als eine "Katastrophe" an.

*
* *

Wir haben ja bereits erläutert, dass der stufenweise Aufstieg der Organisationen abgeschlossen wird, wenn sie in den oberen Grenzen des Universums die Unität erreichen. Bis sie in der Unität ankommen, vereinen sich diese Organisationselemente in ihrer Auffassungsgabe allmählich, indem sie sich an die höheren Gebote des originalen Prinzips anpassen. So sehr, dass ihre Auffassungsgaben beim Betreten der Unität, mit Ausnahme sehr kleiner Nuancen, in allen Punkten und mit voller Würdigkeit an die hohen Gebote angepasst sein werden, und ohne Organisator-Organ-Verpflichtungen unterworfen zu sein wie in den unteren Stadien, werden sie ihre universellen höheren Aktivitäten in der Einheit einer einzigen und großen Organisation fortsetzen, die der menschliche Verstand nicht erfassen kann. Dies ist eben die Wahrheit, in der die Macht des originalen Prinzips, die das Universum und die Seelen betrifft, sich mit allen Möglichkeiten unseres Universums vereint. Wenn wir aus unserer Perspektive diese Seite betrachten, nennen wir sie die "Unität". Denn dort bildet die Macht des originalen Prinzips der Seelen und des Universums mit der Gesamtheit des Universums eine Einheit.

Dies bedeutet, dass sich das Voranschreiten zur Einheit mit der Annäherung der Organisationen an die Unität proportional zu den zunehmenden Auffassungsgaben, Freiheiten und Verantwortlichkeiten beschleunigt. Die Verbindungen zwischen Organisator-Organ-Beziehungen lösen sich allmählich und verschwinden schließlich. Dann findet die universelle Vereinigung statt, die wir die Unität nennen. Zu diesem Thema werden im Verlauf noch Erläuterungen gemacht.

\*
\* \*

In den ersten Phasen der Welten, in dem Stadium des ersten groben Wasserstoffs existieren noch keine Wesen, die von den Seelen beherrscht werden können. In dieser Hinsicht kommt für sie ein solches Organisationssystem nicht in Betracht, selbst die Gemeinschaften dieser Seelen sind undenkbar. Hier gibt es ein Verwaltungssystem, das durch die originalen Einwirkungen geschaffen ist und die mechanische Vervollkommnung der Seelen ermöglicht, ein System, das vom menschlichen Verstand nicht erfasst werden kann. Unter der Kontrolle dieses Verwaltungssystems werden die Seelen über Wege, die von der himmlischen Ordnung festgelegt sind, mechanisch vorangeschoben. Mit diesen sehr langwierigen und für die Seelen passiv verlaufenden Ausführungen steigen diese primitiven Seelen allmählich in das Stadium der Wesen auf.

\*
\* \*

Ein Körper im Stadium des Wesens stellt auch einen Organismus dar. Auch unter den Bestandteilen, die ihn ausmachen, gibt es Organisationen und Systematisierungen. Daher erreichen ihn –wie wir oben bereits erklärten– statt der Grundeinwirkungen des originalen Prinzips, die die Materie betreffen, aus seiner Umgebung die Sekundäreinwirkungen, und noch die der Seele zugehörigen Kräfte des originalen Prinzips, die wir als "Vervollkommnungswerte" bezeichnen.

Natürlich sind auch diese Sekundäreinwirkungen nicht herrenlos; dies sind die Zustände der beiden Haupteinwirkungen, deren Eintritt ins Universum wir zuvor erwähnt haben, die nachdem sie die Wesen und Körper durchlaufen haben, verändert wieder ausgestrahlt werden. Genauer gesagt sind sie die Magnetfelder der Wesen. Diese Sekundäreinwirkungen erreichen gemäß der Festlegung und Anerkennung der Unität, den individuellen und gemeinschaftlichen Vervollkommnungsbedürfnissen der Seelen zufolge, ihre Ziele rechtzeitig, ausreichend und abgestimmt, ohne die geringste Abweichung von ihrer Richtung. Diese

Einwirkungen, die niemals herrenlos sind, werden an die für sie bestimmten und anerkannten Ziele geführt, indem sie einer Vielzahl von Verwaltungs-, Kontroll- und Hilfsmechanismen unterworfen werden. Obwohl sie oft ein Bild von Disharmonie und Destruktivität wie z. B. Tausende von Konflikten, Kollisionen, Unruhen und Zerfall zeigen, ist dies nur die äußere Erscheinung. Im Grunde sind sie alle die technischen Zwangläufigkeiten der Systeme und Mechanismen, die errichtet wurden, um die Erfordernisse der Vervollkommnung umzusetzen, und ihre gegensätzlichen Erscheinungen, die die Menschen in die Irre führen.

*
* *

Lassen Sie uns nun mit gebotener Ausführlichkeit einige der Mechanismen zum Ausdruck bringen, die die Anordnung des Fließens dieser Einwirkungen in die Materie betreffen:

Wie wir schon erklärten, bedeutet das Eindringen von Einwirkungen in eine Materie, dass aus dem Magnetfeld der Materie, das die Einwirkungen aussendet, feinste Teilchen, also Werte, die über ein großes Bewegungspotenzial verfügen, in das Magnetfeld der Materie, die diese Einwirkungen empfängt, übertragen werden. Dieses vollzieht sich folgendermaßen: Von dem Magnetfeld eines sendenden Wesens, das stark und würdig genug ist, um den Bedürfnissen einer Empfängermaterie zu entsprechen, löst sich eine Einwirkung. Im Gegensatz dazu erhält die Empfängermaterie oder das Empfängerwesen diese erwünschte Einwirkung, indem sie einen Teil ihres eigenen Magnetfelds ausdehnt, als ob sie diese einladen würde; vielmehr beginnt sie Einwirkungen auszusenden. Wir bezeichnen diese als "Pioniereinwirkung". Für die Gruppe der Pioniereinwirkungen können wir die Wünsche der Menschen, ihre Sehnsüchte, Bedürfnisse, Anstrengungen und Gebete jeweils als ein Beispiel angeben. Gebete können bis zu einer gewissen Entfernung nach oben reflektiert werden. Die Länge dieser Entfernung hängt wiederum von der Aufrichtigkeit, Wahrhaftigkeit und dem Grad der Intensität der Wünsche ab, die die Betenden bei ihrem Gebet nach oben richten. Einige Gebete können keine großen Entfernungen zurücklegen, sie bleiben unten. Sie sind schwach und treffen daher nicht mit Wesen zusammen, die die Macht besitzen, sie zu verwirklichen. Dies sollte auch so sein. Einige Gebete können sehr weite Entfernungen erreichen. Dies sind starke Wünsche, die von der Essenz ausgehen und auf echten Vervollkommnungsbedürfnissen beruhen. Diese Gebete, die mächtige Wesen erreichen können, haben hohe Verwirklichungsmöglichkeiten.

Während diese Pioniereinwirkungen sich in Bewegung setzen, um die erste kommende Einwirkung zu empfangen, so wie Signale von einem Flughafen zum Flugzeug gesendet werden, so entspringt die erste Sekundäreinwirkung, die dazu bestimmt ist, auf diesem Gebiet zu landen, bewusst, halbbewusst und manchmal sogar automatisch aus ihrer eigenen Quelle, und beginnt in Richtung der Landefläche zu laufen. Aber wie schon erwähnt, ist diese erste Einwirkung nicht herrenlos. Sie wird von einer weiteren Sekundäreinwirkung aus der Quelle der höheren Auffassungsgabe begleitet, um ihr die Richtung des zu erreichenden Ziels anzuzeigen, die wir als "führende Einwirkungen" bezeichnen. Diese führende Einwirkung befindet sich mit der ersten Einwirkung absolut im Einklang.

Allerdings ist die führende Einwirkung verhältnismäßig grob. Ganz gleich, wie überlegen das Bewusstsein und die Auffassungsgabe ihrer Quelle gegenüber der ersten Einwirkung ist, ist sie nicht in der Lage, diese in das Magnetfeld, das Signale aussendend sie erwartet, zielgenau hinzuführen. Da sie aber in der Einstellung ist direkt mit der ersten Einwirkung sympathisieren zu können, ist es ihr möglich, diese zu begleiten. Das bedeutet, wenn die Situation nur darauf beschränkt wäre, könnten sie das Ziel wieder nicht erreichen. Hierfür bestehen zwei Gründe. Grund eins: Die führende Einwirkung kann sich verirren, da sie keine allumfassende Auffassungsgabenbreite besitzt. Es existieren nämlich für die erste Einwirkung noch weitere mögliche Magnetfelder, mit denen sie sympathisieren könnte, die wiederum aufgrund ihrer eigenen Bedürfnisse an solche

Einwirkungen auch Signale aussenden könnten. Diese erste Einwirkung sollte dort jedoch nicht eintreten. Aufgrund der Unzulänglichkeit der führenden Einwirkung ist es möglich, dass sie von den gesendeten Signalen anderer Felder getäuscht und ergriffen wird, so dass sie die erste Einwirkung in die Richtung zu einem von ihnen lenkt. Grund zwei: Die erste Einwirkung, die ihren Weg in der vorgegebenen Richtung geht, kann auf zahllose parasitäre Einwirkungen treffen, die die Macht besitzen, sie zu bedrängen, ihre Qualität zu verändern, sie von ihrem Weg abzubringen oder sie sogar zu vernichten. So sind die führenden Einwirkungen nicht in der Lage, diesen –manchmal sehr starken– Eingriffen standzuhalten. Wenn die erste Einwirkung gegen diese Angriffe ungeschützt bleibt, kann sie auf halbem Wege degenerieren und ihre Funktion verlieren. Oder sie könnte an einen anderen Ort treiben oder verfallen und sich auflösen. Allerdings ist es im Rahmen der himmlischen Ordnung ausgeschlossen, dass eine Angelegenheit ins Stocken gerät, dass sie verfällt oder unerwünschte Ergebnisse hervorbringt und somit Situationen geschaffen werden, die die Ordnung gefährden. Deswegen sind Systeme eingeschaltet, die solche Störungen verhindern. Als eines dieser Anordnungen neben der führenden Einwirkung, die mit der ersten Einwirkung zusammenkommt, entspringen aus verpflichteten Quellen mit noch höheren Auffassungsgaben übergeordnete Sekundäreinwirkungen und begleiten diese Gruppe; diese Einwirkungen bezeichnen wir als dirigierende Einwirkungen. Dirigierende Einwirkung bedeutet, überführende oder transportierende Einwirkung. Die dirigierenden Einwirkungen sind noch mächtigere Einwirkungen, die die erste Einwirkung an ihr Ziel führen und sie vor aggressiven, zufälligen parasitären Einwirkungen auf ihrem Weg schützen und diese störenden Einwirkungen bei Bedarf beseitigen. Dies gleicht folgender Situation: Stellen wir uns eine Eisenbahn vor! Ganz vorne befindet sich ein Waggon, dahinter eine Lokomotive, die von einem Lokomotivführer gesteuert wird. Grob dargestellt symbolisiert der Waggon die erste Einwirkung, die Lokomotive die führende Einwirkung und der Lokomotivführer die dirigierende

Einwirkung. Die vom Zielbahnhof abgegebenen Signale hingegen symbolisieren die Pioniereinwirkungen.

Wenn diese Kolonne von Einwirkungen in das Magnetfeld des Empfängers gelangt, werden diese begleitenden Einwirkungen, die die erste Einwirkung an der Grenze des Feldes hinterlassen, von diesem getrennt, da die Pflicht der führenden und dirigierenden Einwirkungen an der Schwelle dieses Feldes enden. Die erste Einwirkung hingegen führt in Übereinstimmung mit ihrem Ziel und den Auswirkungen, die sie auf diesem Feld hervorruft, zu den notwendigen Veränderungen in der Struktur der Materie diese Feldes, stört das Gleichgewicht dieser Materie und veranlasst sie zu verschiedenen Bewegungen: Sie versetzt diese, verändert ihre Zustände und Formen; kurz gesagt, sie erzeugt entsprechend dem Grad ihrer Intensität und Ausrichtung, aber immer unter der Nutzung des Dualitätsprinzips und des Mechanismus der Wertdifferenzierung, verschiedene Ereignisse in dieser Materie. Es sollte jedoch nicht vergessen werden, dass all dies immer unter der Kontrolle des Mechanismus höherer Einwirkungen steht.

*
\* \*

Die Einwirkungen von oben sind sehr wichtig: weil jede dieser Einwirkungen erhöhende Werte enthalten. Und durch die stetige Aufnahme dieser hohen Werte kommen die Materien in die Position, in der sie mit den reicheren, wertvollen Materien und Einwirkungen des oberen Plans sympathisieren können. Und eines Tages wechseln sie zu den Kombinationen in der oberen Ebene und beginnen im selben Plan mit ihnen, also im oberen Plan, sich gegenseitig zu beeinflussen. Somit geht eine solche Materie in die Materiekombinationen einer höheren Ebene über, wodurch sich ihre Ebene um noch eine Stufe erhöht und somit die Entwicklung fortgesetzt wird. Wenn hingegen die von unten kommenden Einwirkungen zu viele sind und die Einwirkungen von oben nicht im notwendigen Maße empfangen werden, dann kehrt sich die Sache um. Mit anderen Worten, da die von unten kommenden Einwirkungen relativ einfach sind, sind sie nicht in der Lage, alle Bewegungen innerhalb der Struktur dieser Materie zu speisen, die komplexer ist als sie selbst. Wenn sie von oben auch nicht gespeist werden, beginnen einige dieser Bewegungen allmählich zu verschwinden. Und diese Materie kann sich nun selbst mit den anderen Kombinationen der Ebene, in der sie sich befindet, nicht mehr austauschen, sondern geht in die Materien einer niedrigeren Ebene über, die mit ihr sympathisieren können, was bedeutet, dass sie einen Rückschritt macht und ihre Werte gelöscht werden.

Also der Aufstieg oder Abstieg einer Materiekombination, genauer gesagt eines Organismus, hängt von der Quantität und Qualität der oberen oder unteren Einwirkungen ab, die es empfängt, was von der Fähigkeit des Wesens abhängt, das ihn beherrscht, die zukünftigen Einwirkungen gut zu regulieren, das Notwendige in seinen Organismus einzuladen und das Unnötige fernzuhalten. Demzufolge vollziehen sich diese Vorgänge unter seiner Kontrolle. Wenn der Organisator eines Organismus, also das Wesen, das ihn verwaltet, die Milliarden von Einwirkungen, die jeden Teil des Organismus erreichen, nicht gut organisieren kann und deswegen die Organisatoren einiger Teile die Einwirkungen mehr als nötig anziehen, dann fließen in diese Organe zu viele Einwirkungen, und infolgedessen gibt es in dieser Gruppe eine übermäßige Aktivität im Vergleich zu den Teilen in der anderen Gruppe. Diese übermäßigen Aktivitäten führen dazu, dass dieses Organ zunehmend gegen die allgemeine Ordnung des Organismus handelt. Und am Ende führt dieser Zustand dazu, dass dieses Organ eine rebellische Position einnimmt und im Organismus keinerlei Ordnung kennt, was wir als die Kanzerisierung eines Organs nennen. Das Phänomen der Kanzerisierung weist also darauf hin, dass ein Organ im Organismus das Bedürfnis hat, sich stärker zu entwickeln und auf eine Stufe springt, die zu weit fortgeschritten ist, als es selbst. Wenn einige Organe in verschiedenen Situationen zu viele oder zu wenige Aktivitäten ausüben, die das Gleichgewicht stören, so führt das dazu, dass der Organismus, dem diese Organe unterliegen, eines Tages kollabiert und zerfällt. Wenn dies in den groben inneren Organen der Menschen geschieht, sprechen die Menschen über organische Krankheiten und Todesfälle. Wenn sie unter den Partikeln des Nervensystems auftreten, so spricht man von psychischen Erkrankungen oder Bewusstseinsstörungen. All dies ist das Ergebnis der Unfähigkeit des Wesens, die Einwirkungen, die seinen Körper erreichen, aus verschiedenen Gründen oder unter dem Einfluss hoher Gebote angemessen zu regulieren; einer der wichtigsten Gründe hierfür sind die Situationen, die mit der Bestimmung dieses Wesens zusammenhängen, also Situationen, die seine Würdigkeit und Bedürfnisse hervorbringen.

*
\* \*

Nach dieser allgemeinen Einführung zu den Einwirkungen, möchten wir auch noch auf die Einwirkungen zu sprechen kommen, die einen Menschen erreichen.

Das, was man als Mensch bezeichnet, ist ein Körper, den ein Wesen aus den groben Materien der Erde geschaffen hat, um ihn als Mittel für sich zu nutzen, und so der Seele zu dienen, mit der es verbunden ist.

Das Wesen kann diesen Körper nur mit Hilfe und Anweisungen höherer verpflichteter Wesen errichten. Wir haben bereits gesagt, dass das Wesen eine gewisse Komplexität von Energien oder Einwirkungen ist, die sich an einem Punkt im Universum konzentriert hat, um alle Bedürfnisse der Seele befriedigen zu können, und die aus Partikeln sehr feiner Materie besteht, und die alle Ausdrücke hinsichtlich der Bedürfnisse der Seele im gesamten Universum trägt. Wir möchten jedoch betonen, dass der Begriff Punkt hier nicht mit dem irdischen Raumkonzept gleichgesetzt, und nicht als fester, statischer Ort betrachtet werden sollte. Dies ist ein Konzept, das unter physischen Bedingungen schwierig und oft unmöglich zu begreifen und zu erklären ist. Diesbezüglich möchten wir nur bemerken, dass man versuchen sollte, diesen Punkt als kognitiven Punkt zu betrachten, und nicht als physischen. Es ist ein solcher Punkt, der immer dort existiert, wo eine Auffassungsgabe wahrnehmbar ist. Demnach existiert dieser Punkt sowohl an einem bestimmten Ort des Universums als auch überall. Diejenigen, die darüber intensiv nachdenken, beginnen in dieser Hinsicht viele Dinge intuitiv zu erfassen. Diese Intuition ist nicht nur in dieser Angelegenheit nützlich, sondern auch zur Lösung einiger anderer Probleme. Die Erläuterungen, die wir im Bezug auf den Raum der Auffassung, bzw. dem sphärischen Raum noch machen werden, werden die Menschen auf diese Intuitionen noch besser vorbereiten.

Dieses Wesen; ist eine Ansammlung von Einwirkungen oder Energien, die an einem Punkt konzentriert sind, und die in diesem Sinne betrachtet werden sollte. Und sie gehören alle zu einer Seele. Ein Wesen, das sich aus solch sehr feinen Energien oder Einwirkungen zusammensetzt, und das in die menschlichen Vorstellungen von Zeit und oberflächigem Raum nicht hineinpasst, kann die groben Sphären der Welten nicht direkt beeinflussen. Die Seele muss aber auch –bei ihren verschiedenen Ausübungen– auf die Materien dieser groben Sphären stoßen. Damit das Wesen, das der Seele dienen wird, imstande ist diesen Dienst zu verrichten, das heißt, um die Anforderungen zu erfüllen, im Dienst der Seele zu sein, muss es sich in einer Sphäre einen Körper aus den Materien dieser Sphäre aufbauen. Entsprechend dieser Notwendigkeit werden die ihm zugewiesenen verpflichteten Wesen aktiv und helfen ihm, einen solchen Körper aufzubauen. Das Wesen ist durch die Einwirkungen seiner Seele an diesen etablierten Körper gebunden und nimmt ihn unter seine Herrschaft, dies bezeichnen wir, wie bereits erwähnt, als "Inkarnation". Das vollzieht sich folgendermaßen:

Zuallererst besteht die Notwendigkeit einer Dualität der Familieneinheit, das heißt, ein Mann und eine Frau kommen zusammen, um eine Einheit zu bilden. Nachdem diese Voraussetzung erfüllt ist, wird mit den helfenden Einwirkungen höherer Verpflichteter ein befruchtetes Ei hergestellt, indem die männlichen und weiblichen Keimzellen vereint werden. Das

Wesen nimmt zu diesem befruchteten Ei Kontakt auf. Hier greift das Wesen in die Magnetfelder der Wesen von den Gehirnzellen ein und führt sie dazu, das Gehirn des Embryos oder vielmehr die Gehirnzellen zu etablieren. Ohnehin hat das Wesen des Menschen, als es sich im Spatium* befand, die Wesen von Hunderttausenden von Gehirnzellen geballt zusammengehalten und auf deren Magnetfelder eingewirkt. Auf diese Weise etablieren die Wesen der Gehirnzellen mit Einwirkung und Hilfe des Wesens vom Menschen ihre eigenen Körper, also die Gehirnzellen. Mit dem errichteten Gehirn stellt das Wesen die übrigen Bereiche des Nervensystems her. Wenn dieses geleistet ist, werden mithilfe des Nervensystems alle anderen Konstitutionen des Körpers gebildet. Bei der Errichtung des Körpers werden die Materien der Mutter genutzt. Mit anderen Worten, die Materien für den Körper des heranwachsenden Fötus werden den Materien entnommen, aus denen der Körper der Mutter besteht.

Das den menschlichen Körper beherrschende Wesen, beeinflusst und beherrscht auch direkt die Magnetfelder-Synthese, die aus den Magnetfeldern von hunderttausenden Wesen der Gehirnzellen gebildet ist. Das heißt, der Körper wird von den Gehirnzellen verwaltet. Allerdings untersteht diese Verwaltung dem Mensch-Wesen, welches das Wesen des Körpers ist und eine der Seele zugehörende Energiekomplexität darstellt.

In den frühen Stadien des Embryos wird nur eine ausreichende Menge an Einwirkung auf die Gemeinschaft der Gehirnzellen ausgeübt. Das Wesen verlässt nicht den spezifischen Fokuspunkt der Auffassung, den wir bereits erwähnt haben, und ist nicht vollständig im Körper verteilt. Als eine Komplexität von Energien oder Einwirkungen behält es immer seine Kondition bei, der an diesem Fokuspunkt der Auffassungsgabe gesammelt wurde, und sendet einen Teil seiner Einwirkungen, nur die benötigte Menge, an das Magnetfeld der Gehirnzellen und verbindet sich durch

---

* "Spatium" ist der Zustand, den die Wesen normalerweise zwischen ihrem Tod und ihrer Geburt erfahren. Dieser Zustand wird im Verlauf des Buches näher erläutern werden. (A. d. Ü.)

einen Teil seiner Einwirkungen mit diesem. Während der Entwicklung des Embryos, der Reifung des Fötus und schließlich der Geburt des Menschen nimmt auch die Menge an Einwirkungen, die es je nach Bedarf an das Magnetfeld der Gehirnzellen senden und binden wird, zu. Und zum Zeitpunkt der Geburt des Menschen wird ein erheblicher Teil seiner Einwirkungen mit dem Körper verbunden sein. Dem irdischen Verständnis nach sind sieben Achtel dieser am Punkt der Auffassungsgabe vorhandenen Energiekomplexe mit dem Körper verbunden, aber nur ein kleiner Teil befindet sich im halbfreien Zustand und verbleibt an diesem Punkt der Auffassungsgabe. Eben dies ist der Vorgang, den die Menschen als Inkarnation bezeichnen. Es ist offensichtlich, dass hier das Wesen weder in den Körper eingedrungen ist, noch ist es vollständig in den Organen des Körpers verteilt. An dem Fokuspunkt der Auffassungsgabe, den wir erklärt haben, behält es seine Ganzheit während des gesamten Lebens des Körpers bei. Einen großen Teil sendet es an die Magnetfelder-Synthese der Gehirnzellen und bindet sie dort. Nicht zu vergessen ist, dass bei all diesen immer noch die Unterstützung der hohen Einwirkungen vorhanden ist. Diese Einwirkungsflächen, die sich mit den Gehirnzellen verknüpft haben, bezeichnen die Menschen –ohne ihre Beschaffenheit zu kennen, lediglich auf ihre Beobachtungen gestützt– als "Bewusstsein". Da aber die ungebundenen Bereiche des Wesens, die sich nicht mit den Gehirnzellen verknüpft haben, den Menschen unbekannt geblieben sind, konnten die Menschen auch keine eindeutigen Erkenntnisse zu diesen gewinnen.

Allerdings ist das Wesen das den Menschen regiert, eine Ganzheit. Obwohl er einen kleinen Teil seiner Energien aus dem Magnetfeld der Gehirnzellen ausgeschlossen hat, ist dieser Teil gemäß der Notwendigkeit seiner Ganzheit und Vervollkommnung nicht vollständig vom Körper getrennt, sondern in engem Kontakt mit ihm. Daher ist auch dieser Teil nicht vollständig frei. Eben die engen Beziehungen zwischen diesen beiden Teilen ermöglichen es dem Wesen, die die Vervollkommnung erzielenden Aktivitäten der Teile, die auf der Erde mit dem Körper verbunden sind, zu nutzen, und somit erfüllt sich die Notwendigkeit der Verkörperung.

\*
\* \*

Die Kondition des Wesens außerhalb des Körpers ist für das Bewusstsein der Menschen nicht direkt wahrnehmbar. Dies liegt daran, dass der Mensch nur durch einen Teil der Einwirkungen, die ihm das Wesen übermittelt, ein Bewusstsein gewinnt, und versucht sich nebenbei selbst wahrzunehmen. Obwohl er vage Intuitionen über die Teile hat, die nicht zu ihm gelangen, hat er keine klare Wahrnehmung von ihnen. Was Menschen manchmal durch eine tiefe innere Versenkung wahrnehmen, was sie als "inneres Wesen, essenzielles Ich, essenzielles Wesen" bezeichnen, ist die relative freie Kondition des wahren Wesens außerhalb des Körpers. Wir nennen diesen Zustand relativ; denn obwohl es frei ist, ist es dennoch aufgrund der irdischen Pflichten seiner Vervollkommnung verpflichtet, alle Konditionen des Körpers zu beobachten und die Anforderungen dieser Konditionen zu erfüllen. Dies ist seine Verpflichtung. Solange die gebundenen Teile durch den Tod des Körpers sich von diesem nicht endgültig gelöst haben, kann es auch über die ungebundenen Teile nicht wirklich frei verfügen. Denn auf indirekter Weise, das heißt aufgrund seiner gebundenen Teile kann es sich nicht von den Zwangläufigkeiten des Körpers vollständig befreien. Es gibt zwangsläufige Beschäftigungsfelder, die das Wesen immer mit Aktivitäten an seinem Körper beschäftigen werden, wie z. B. –gemäß den Vervollkommnungsanforderungen des jeweiligen Moments– die Aufnahme von Eindrücken aus dem Körper mit seinen an den Körper gebundenen Teilen, deren Schlussfolgerung und Projektion an die Seele.

\*
\* \*

Als eines der Gebote der Vervollkommnung reflektiert das Wesen gelegentlich nur einen geringen Teil der in ihm vorhandenen Werte und Errungenschaften an das Gehirn. Die Menschen haben diesen Einwirkungen, die von den freien Teilen ihres Wesens an das Gehirn reflektiert werden, Beachtung geschenkt –ohne deren Beschaffenheit zu verstehen– und sie als "Unterbewusstsein" bezeichnet. Also das menschliche "Bewusstsein" ist im Körper –oder vielmehr in der Magnetfelder-Synthese, die durch die Gehirnzellen erzeugt wird– die Manifestation der Teile des Wesens, die aufgrund seiner direkten Verbindung sich dort widerspiegeln. Es gibt auch, wie gesagt, einen "überbewussten" Bereich des Wesens, der sich außerhalb des Körpers an dem Fokuspunkt der Auffassungsgabe befindet, und der zu den Teilen gehört, die nicht mit dem Magnetfeld des Gehirns verbunden sind; dieser Bereich sollte in zwei Abschnitten behandelt werden: Eines davon ist das "Unterbewusstsein"; dieser Bereich beinhaltet die Erfahrungen vorheriger Leben des Wesens. Der zweite Bereich hingegen, den wir als das "höhere Bewusstsein" bezeichnen, umfasst die Einwirkungen, die das Wesen bzw. seine ungebundenen Bereiche ständig von seiner Seele und anderen Wesen empfangen. Infolge der Beziehungen zwischen dem Bewusstsein und dem höheren Bewusstsein, und durch die Einwirkungen, die die Menschen von spirituellen Plänen und anderen Wesen empfangen, werden zwischen ihren Bewusstseinen Beziehungen und Austausche hergestellt; das Gehirn verbindet sich durch die spirituellen Einwirkungen mit dem höheren Bewusstsein. Das heißt, ihn erreichen über den Kanal des höheren Bewusstseins Eindrücke des spirituellen Plans.

\*
\* \*

So gibt es unzählige Nervenzentren, die die Einwirkungen aus dem Bereich des Bewusstseins, dem eigentlichen Zentrum, aufnehmen und diese für ihre Verwendung an ihre Bestimmungsorte weiterleiten; im Bezug auf ihre Hauptfunktionen jedoch sind sie keine Zentren, sondern eher Stationen. Selbst wenn diese Einwirkungen sich in dem Organismus ausbreiten und dabei unterschiedliche Funktionen ausüben, sind ihre Quelle dennoch eins und stehen miteinander in einer ständigen Beziehung. Die Einwirkungen, die von dem Überbewusstsein empfangen werden, treffen auf das Feld, das unmittelbar mit den magnetischen Kanälen der Gehirnzellen des Wesens verbunden ist. Von dort wiederum werden sie entsprechend den Geboten der Vervollkommnung, um sie im Sinne der Aufrechterhaltung der Lebensfunktionen des Körpers geeignet einzusetzen, an die Nervenstationen gesendet.

Demnach sind die Menschen ständig sowohl mit jenen Einwirkungen, die von ihren Wesen eintreffen als auch mit den Einwirkungen, die sie von ihrer Umgebung empfangen, konfrontiert. Somit lebt der Mensch in einem Gleichgewicht zwischen den Einwirkungen seines essenziellen Wesens und den Einwirkungen seiner irdischen Umgebung.

Was geschieht, wenn der Körper stirbt? Wenn der "Tod", den die Menschen wieder fälschlicherweise als Desinkarnation bezeichnen, eintritt, verlassen die Wesen der Gehirnzellen ihre Körper, also die Gehirnzellen, in denen sie inkarniert waren. Allerdings zerstreuen sie sich nicht. Weil das Wesen, das den Körper verlassen muss, seinen Einfluss auf sie auch nach dem Verlassen des Körpers nicht aufhebt. Es sendet an die Magnetfelder dieser Wesen weiterhin Einwirkungen und hält sie somit auch im Spatium immer zusammen und unter seinem Einfluss. Natürlich empfängt es auch von ihnen Einwirkungen. In den frühen Phasen des Spatiums werden, wie wir später erklären werden, alle Einwirkungen und Kontakte von oben, von unten und aus der Umgebung unterbrochen, mit Ausnahme der Einwirkungen der eigenen Seele eines Wesens. Es ist allein in seinem eigenen Wesen und insbesondere in den Eindrücken des Unterbewusstseins über sein letztes Leben gefangen. Und da es mit den Wesen der Gehirnzellen in einem permanenten Kontakt steht und auch jene über irdische Eindrücke verfügen, kann es diese entnehmen und aus ihnen Kompositionen zusammenstellen. Obwohl diese Tätigkeit für das Wesen oft sehr schmerzhaft ist, gibt sie ihm auch die Möglichkeit, die notwendige Kontrolle durchzuführen. Nachdem es mit dieser Kontrolle die notwendigen Schlussfolgerungen gezogen hat, empfängt es wieder von oben und seiner Umgebung Einwirkungen, die gewährleisten, dass es aufwacht, und dass seine Wahrnehmung zunimmt. Dann wird er in der Lage sein, sein wahres Wesen wahrzunehmen. In der Zwischenzeit haben natürlich die Wesen der Gehirnzellen in ihrem eigenen Rahmen ihre Vervollkommnung betrieben. Nachdem es auf diese Weise einer langen Reihe von Anwendungen und Prozessen ausgesetzt war und sich darauf vorbereitet hat, wieder auf die Erde zu kommen, bekommt es das Recht, die Formen und Bedingungen seines Lebens innerhalb eines breiten Spektrums von Möglichkeiten zu wählen, die seiner irdischen Vervollkommnung am förderlichsten sind. Die Breite dieses Bereichs, also die des ihm dargebotenen Spektrums von Möglichkeiten, hängt von dem Grad seiner Freiheit ab, den es entsprechend seiner Auffassungsgabe erlangt hat. Wenn seine Auffassungsgabe zu eng ist, so ist auch dieser Bereich für ihn zu eng, und in einigen Umständen bleiben ihm sehr wenige Auswahlfelder, um nicht sogar "fast keine" zu sagen. Wenn aber schließlich seine Auffassungsgabe so groß ist, dass sie die gesamte Erde umfassen kann, so muss es auf der Erde nicht mehr inkarnieren oder weitere Ausübungen verrichten. Nachdem es seine irdische Umgebung entsprechend dem Grad seiner Wahlfreiheit vorbereitet hat, leitet er die unter seinem Einfluss stehenden Wesen der Gehirnzellen –indem es auf die Magnetfelder dieser einwirkt– an den Körper einer Mutter, um das Gehirn eines Fötus zu etablieren, der im Mutterleib gebildet werden soll. Auf diese Weise beginnt der Prozess, den wir bereits erläutert haben, wieder von Neuem, unter neuen Bedingungen.

\*
\* \*

Aber es sollte nicht vergessen werden, dass die Überwachung und Beaufsichtigung der hohen Einwirkungen und administrativen Energiekomplexe, die dies ermöglichen, auch hier –wie überall– immer vorhanden sind, da all diese Arbeiten in Übereinstimmung mit der himmlischen Ordnung durchgeführt werden müssen.

Wir möchten auch darauf hinweisen, dass die Gehirnzellenwesen, die dem Wesen unterstehen, das wiederum den Menschen kontrolliert, mit jenem Wesen nicht auf ewig verbunden sein werden. Weil sie auf diese Weise die notwendigen Vorbereitungen treffen, um die Fähigkeit zu erlangen, einen menschlichen Körper unabhängig zu steuern. Und wenn sie ihre Vorbereitungen abschließen, werden sie sich nacheinander vom Einfluss dieses Wesens entfernen, und sich davon befreien, weiterhin eine Gehirnzelle zu sein. Damit sie auch unabhängige Wesen von Menschen werden können, müssen sie die Erde verlassen und in verschiedenen außerirdischen Umgebungen Übungen durchführen. Erst nachdem sie auf diese Weise in der Lage sind, den Menschen als Ganzes zu kontrollieren, werden sie auf die Magnetfelder-Synthese der menschlichen Gehirnzellen einwirken können und beginnen ihre Vervollkommnung als Mensch, mit anderen Worten mithilfe des menschlichen Körpers zu betreiben.

*
* *

Nach diesen Erläuterungen sollte der Begriff der "Verkörperung des Wesens vom Menschen" in dieser breiten Bedeutung betrachtet werden und nicht durch einen engen Rahmen, wie zum Beispiel dem Begriff der Inkarnation, der soviel wie das Eindringen in Fleisch bedeutet. Der Begriff Inkarnation kann verwendet werden, um sich auf einfachere Wesen zu beziehen, die gewaltsam in Zellen eingefügt und an diese gebunden werden. Aber für das Wesen des Menschen ist er unzutreffend.

So besteht die Beziehung zwischen dem Wesen des Menschen und dem Körper in der Beherrschung des Magnetfelds der

Gehirnzellen, um auf diese Weise in jeden Bereich seines gesamten Organismus Einwirkungen zu senden. Dies wiederum wird mit dem Großteil der Einwirkungen erreicht, die das Wesen dem Körper von dem Fokuspunkt, den wir bereits erwähnt haben, sendet. Ein geringer Teil von Einwirkungen ist immer mehr oder weniger frei an dem Punkt außerhalb des Körpers vorhanden.

*<br>* *

Die Einwirkungen üben im menschlichen Körper unter der Kontrolle des Wesens, das den Menschen regiert, und gemäß den hohen Geboten der Vervollkommnung alle physikalischen, physiologischen, biologischen und psychischen Funktionen des Körpers aus. Dabei tritt nicht die geringste Unregelmäßigkeit auf. Die Funktionen dieser Einwirkungen sind nicht von den allgemeinen Funktionen des Universums getrennt. Sie vollziehen sich in seiner großen Harmonie und können nicht aus dieser Harmonie geraten.

Tatsächlich hat die himmlische Ordnung die Konditionen und Zustände des gesamten Universums in solch perfekter Harmonie angeordnet und sie mit solch einem einheitlichen Mechanismus verbunden, dass die Ereignisse des Universums trotz all ihrer unendlichen Erscheinungen sich wie "in einem einzigen Gang" vollziehen. Für diejenigen, die diese Wahrheit sehen können, sind ein einzelner Körper und das gesamte Universum zwei Mechanismen, die unzertrennlich verbunden sind.

*<br>* *

Viele Einwirkungen erreichen jedes Teilchen des Universums gemeinsam mit all seinen Wesen. Der menschliche Verstand ist nicht im geringsten in der Lage die Komplexität der Einwirkungen zu verstehen, die auf einen aus Milliarden von Teilchen bestehenden Körper, auf ein aus Milliarden von Körpern gebildetes Sonnensystem, auf eine Galaxie von Milliarden von Sonnensystemen und auf eine Welt von unzähligen von Galaxien, und schließlich auf die außerhalb der

Wasserstoffrealität aus unzähligen Welten gebildete Gesamtheit des Universums einwirken.

Es ist diese Einheit von Einwirkungen, die die Gebote der himmlischen Ordnung im Universum erfüllt, die Harmonie des Universums innerhalb dieser Gebote herstellt und ihn umfasst; sie ist es, die alle Bewegungen und Positionen schafft und die Beziehung der Seelen zum Universum und die Notwendigkeit der Vervollkommnung angibt.

*
* *

Wir haben bereits erklärt, wie verschiedene Änderungen der Materiekombinationen und ihre Aufnahme von höheren Werten eine wichtige Rolle bei der Entwicklung von Materien spielen. Da das einzige Ziel der Beziehung der Seele mit dem Universum die Vervollkommnung ist, muss das Wesen, das der Seele dient, von diesen Veränderungen profitieren und hiefür zahlreichen Materiekombinationen begegnen. Die Materiekombinationen besitzen in unzähligen Sphären unzählige Gestalten und Grade. Abgesehen von der Erdkugel, die eine der reichsten Sphären hinsichtlich ihrer Materiekombinationen ist, stellt die Fülle von Möglichkeiten der Materialkombination zahlloser anderer Sphären reichliches Material für die Vervollkommnung der Seelen dar. Damit ein Wesen jedoch von dieser Fülle an Material richtig profitieren kann, ist es erforderlich, nachdem es in diesen unzähligen Kombinationen gelebt hat, die sehr unterschiedlich und verschiedenen Grades sind, diese verändert und in die oberen Bereiche übergeht, wobei es die im unteren Stadium verwendeten Materiekombinationen zurücklässt; andernfalls kann es die oberen Kombinationen nicht erreichen und verbleibt in seinem einfachen Zustand. Das Ziel seiner Ausübungen in diesen Materiekombinationen ist es jedoch, stetig nach oben aufzusteigen und somit der Seele, der es dient, zu ermöglichen, dass diese ihre Vervollkommnungsstadien in den Materien vollendet. So muss ein Wesen seinem Bedürfnis entsprechend zunächst mit einem Körper, der aus den Materien einer Sphäre errichtet ist, eine ganz intensive Beziehung eingehen und mit seinen eigenen subtilen Schwingungen jeden Baustein von diesem beherrschen und diesen im Sinne der Bedürfnisse der Seele, mit der es verbunden ist, kontrollieren und einsetzen. Somit gibt es die "Schwingungen der Ereignisse", die in den groben Materiekombinationen dieser Sphäre und durch die Beziehung jener Materiekombinationen mit anderen Körpern auftreten, mit seinem Kanal der Auffassungsgabe an die Seele weiter. Wie wir bereits erläutert haben, bezeichnen die Menschen seine Verbindung mit dem Körper als Inkarnation.

Nachdem es seine Arbeit in dem Körper verrichtet hat, bestehen für das Wesen kein Grund und keine Notwendigkeit mehr, dort länger zu bleiben, da dieser Umstand für seine eigene Vervollkommnung von Nachteil wäre. Daher wird das Wesen nach dem Abschluss dieses Vorgangs den Körper verlassen und in die Möglichkeiten anderer Materiekombinationen eingehen. Sobald ein Wesen alle Möglichkeiten eines Körpers ausgenutzt hat, ist es für ihn notwendig, Ausübungen auch unter den Bedingungen eines anderen Materiekomplexes durchzuführen, welches diesem überlegen ist. Allerdings muss es dafür die Bedingungen der vorherigen Materiekomplexitäten und den Körper verlassen. Diesen Vorgang nennen die Menschen Desinkarnation oder Tod.

So ist der Tod unter der himmlischen Ordnung, ein quantitativer Ausdruck der Wertdifferenzierung in einem bestimmten Moment. Wenn ein Körper sein irdisches Leben hindurch der Seele gedient und ihr gegenüber den von ihm erwarteten Dienst gebührend geleistet hat, ist es nicht mehr sein Ziel, ein Mittel für diese Seele zu sein. Infolgedessen müssen die Werte in diesem Körper sich verringern. Denn laut der himmlischen Ordnung müssen alle Prozesse, die nicht mehr erforderlich sind, beendet werden. Mit dieser Notwendigkeit werden die Einwirkungen, also die "Werte", die von oben auf den irdischen Körper absteigen, der angesichts des Wesens, das ihn belebt hatte, alle seine Funktionen erfüllt und unbrauchbar geworden ist, eingestellt. Mit der Einstellung dieser Einwirkungen wird ein Teil seiner Bewegungen in den Kombinationen gelöscht. Und mit dem Eingreifen der Einwirkungen von unten kann dieser Körper seine frühere Form und seinen früheren Zustand nicht mehr beibehalten. Er beginnt zu zerfallen, und sich aufzulösen. Die qualitative Erscheinung dieses Zustands ist der Tod. Und dieser vollzieht sich, indem die Wesen der Gehirnzellen beginnen ihre Körper zu verlassen. Denn das Verlassen der Gehirnzellen bedeutet, dass das Wesen, welcher diese Zellen beherrschte, seine Beziehung zu diesem Körper aufhebt.

Das Wesen, das sein ganzes irdisches Leben lang von diesem Körper profitiert hat, muss dank der Werte und Mechanismen der höheren Einwirkungen durch geeignetere Kombinationen genährt und bereichert werden, um die nachfolgenden Entwicklungs- und Vervollkommnungsstufen fortzusetzen.

In einer Reihe von Verkörperungen auf einer Welt folgen Tod und Geburt des Wesens aufeinander und führen fort, bis schließlich seine Arbeit in dieser Welt beendet ist. Während also die Menge der oberen Einwirkungen des Körpers, der für immer aufgegeben werden muss, zum letzten Mal verringert wird, wird andererseits und gleichzeitig die Menge der Einwirkungen und Werte des Körpers einer anderen Welt, die erlangt werden muss, vervielfacht. Auf diese Weise wird das Wesen, das der Vervollkommnung der Seele dient, mit seinem "letzten Tod" auf der Welt von diesem Umfeld getrennt und in ein höheres Umfeld mit vielen, reichhaltigen und umfassenden Möglichkeiten überführt. So wie es für die Vervollkommnung der Seele eine Notwendigkeit und ein Gebot ist, dass sein subtil-materielles Mittel im Universum, also sein Wesen, in einer groben Sphäre geboren werden muss, ist es ebenso eine Notwendigkeit eines starken Gebots, dass dieses subtile Wesen die mittlerweile für die Seele nutzlos gewordenen groben Umgebungen verlässt und zu den benötigten höheren Umgebungen übergeht, um der nächsten Vervollkommnung der Seele dienen zu können.

*
* *

Alle Formen und Zustände wie Krankheiten, Schlaganfälle, Morde, Unfälle, Naturereignisse, die zu dem Tod eines Menschen führen, existieren lediglich, um die Erfordernisse der Gebote zu erfüllen und die weitere Entwicklung und Vervollkommnung dieses Wesens in der geeignetsten Weise fortzuführen. Nachdem wir diese Wahrheit erfahren haben, macht es überhaupt keinen Sinn mehr, den Tod und die Umstände, die den Tod herbeiführen, als "Katastrophen" zu betrachten. Das Entscheidende bei dem als Tod bezeichneten Übergang von der unteren Umgebung zur oberen Umgebun ist, dass der Mensch im unteren Umfeld, also auf der Erde, die von ihm erwarteten Aufgaben gebührend erfüllt, und dass er erfolgreich während seines Lebens von den hohen Realitäten seines Gewissens, das sein einzigartiger Wegweiser ist, nicht abkommt. Solange er so handelt, also indem er an diesen höheren Realitäten festhält, verliert er nicht den richtigen Pfad, gleichzeitig gewährleistet er somit die weitere Entwicklung seines Gewissens und profitiert dementsprechend mehr von seiner stärker werdenden Führung. Das Gewissen ist also auf der Erde die stärkste Grundlage und der stärkste Retter der Menschen auf dem Weg der Vervollkommnung.

# DIE ERDE, DISHARMONIE, HARMONIE

Der "Entwicklungsmechanismus", der sich im menschlichen Leben als Gewissen manifestiert, ist nicht nur diesem Stadium eigen. Er ist ein vorbereitender Entwicklungs- und Vervollkommnungsmechanismus, dem alle Wesen auf der Erde unterworfen sind. Daher ist es notwendig, das Gewissen angemessen mit seiner umfassenden Bedeutung zu definieren und zu verstehen.

Das Gewissen ist ein Vorbereitungsmechanismus auf die Erfüllung der "Pflicht", die das Ziel und der Zweck aller Aktionen und Handlungen der Wesen ist.

Da der Zweck aller Wesen die Vervollkommnung ist und die Bedeutung der Vervollkommnung im menschlichen Stadium darin besteht, sich auf den überirdischen Plan der Pflicht vorzubereiten, muss der Mechanismus des Gewissens, dessen Definition auf dem Konzept der Vorbereitung auf die Pflicht basiert, alle Wesen der Erde einschließen. Auf der anderen Seite existiert zwischen der Entwicklung der "Auffassungsgabe" und dem "Gewissen" eine Einheit. Die Auffassungsgaben der Wesen sind jedoch je nach Entwicklungsstadium sehr unterschiedlich. Wenn sich also die Auffassungsgaben der Wesen unterscheiden, so werden auch ihre Gewissenskonzepte und ihre diesbezüglichen Ausführungen im gleichen Maße sich voneinander unterscheiden.

*<br>* *

Bisher wurde nur die Position des Gewissens im menschlichen Status herangezogen, und die Positionen und Zustände der anderen Stadien wurden nicht berücksichtigt. Dieser Umstand bot den Menschen keine Gelegenheit, die von der ersten Pflanze bis hin zum Menschen aufeinanderfolgende Entwicklungsstadien des Gewissens zu untersuchen. Für ein besseres Verständnis des Vervollkommnungswissens ist es jedoch unbedingt erforderlich, das Gewissen im Zusammenhang der Gesamtheit des irdischen Lebens zu untersuchen. Die Untersuchung des Gewissens in ihrer allgemeinen und umfassenden Definition erfolgt im Lichte des Dualitätsprinzips und dem Mechanismus der Wertdifferenzierung.

*
* *

Wir haben bereits ausführlich erläutert, dass in unserer Welt alles durch das Dualitätsprinzip und dem Mechanismus der Wertdifferenzierung entsteht und auch, dass kein einziges Teilchen, kein Ereignis oder Konzept sich diesem Prinzip entziehen kann. So ist auch das Gewissen, das ein sehr effizienter Mechanismus in der Vervollkommnungsvorbereitung ist, diesem Prinzip unterworfen. Folglich ist das Gewissen eine Einheit Dualität. Wir haben ja auch zum Ausdruck gebracht, dass eine Einheit Dualität aus zwei konträren Komponenten besteht. Wir werden nun die zwei konträren Komponenten der Gewissensdualität erläutern.

Das Vorhandensein der Gegensätze einer Einheit Dualität ist für die Ausübung ihrer Funktionen erforderlich. Ohne diese Gegensätze kann diese Einheit den Zweck ihres Vorhandenseins nicht erfüllen.

Eine der beiden konträren Komponenten des Gewissens, die ausgerichtet sind, die Entwicklung zu gewährleisten, nämlich die obere Komponente ist der Intuition der Pflicht zugewandt. Demgegenüber ist die andere konträre, also die untere Komponente, ein irdisches Begehren, das dazu bestimmt ist, die vorherige Komponente auf ihrem Weg zu der Intuition der Pflicht in ihrer Entwicklungsgeschwindigkeit zu bremsen. Darum werden wir die Erste als die Komponente der Vorbereitung auf die Pflicht und die Zweite als die Komponente des irdischen Begehrens bezeichnen.

Der Mechanismus des Gewissens, der dazu dient, die Wesen in der Welt auf den Plan der Pflicht vorzubereiten, hat also zwei konträre Komponenten, eines in Richtung der Pflicht und das andere in Richtung des irdischen Begehrens. Der Mechanismus des Gewissens arbeitet mit den Konflikten, Auseinandersetzungen, Gleichgewichtszuständen, die sich aus der ständigen Wertdifferenzierung dieser beiden Komponente ergeben, indem also die eine oder andere konträre Komponente höhere Werte oder Einwirkungen empfängt. Und der Fortschritt der Wesen nimmt entsprechend diesen Gleichgewichtszuständen verschiedene Formen an. Diese Konflikte und Gleichgewichtszustände existieren auf allen Ebenen der irdischen Wesen entsprechend ihrer Instinkte, ihrer Intuitionsfähigkeit und ihr Auffassungsvermögen.

*
* *

Die Menschen können die Existenz dieser Dualität in Pflanzen, Tieren und selbst bei manchen Menschen nicht erkennen. Denn die Form dieses Mechanismus, die die Menschen verstehen, ist nur beim Menschen zu sehen. Damit das Gewissen diese Form annehmen kann, muss die Auffassungsgabe die Manifestationsstufe beim Menschen erreicht haben. Aus diesem Grund wird die Entwicklungsdualität unterhalb des Stadiums des Menschen mit dem menschlichen Gewissen selbstverständlich keine Ähnlichkeit aufweisen. Von den primitivsten Wesen der Erde an existiert diese Entwicklungsdualität jedoch in allen Wesen, die mehr oder weniger einen unabhängigen und freien Zustand erreicht haben. Und ihre Entwicklung hängt, wenn auch sehr langsam, von der Funktionsweise dieses Mechanismus ab. Da die Fragmente der ersten primitiven Lebensansätze auf der Erde bei den Wesen, die einen Pflanzenkörper verwenden, beobachtet werden kann, ist es dem Menschen möglich, den Umfang des Dualitätsprinzips seiner Auffassungsgabe bis zu ihnen auszuweiten. Da jedoch der Mechanismus des Gewissens, der beim Menschen zu sehen ist, perfektioniert wurde und seine volle Form angenommen hat, ist es, um Verwirrungen zu vermeiden, angemessener, die Wesen unterhalb der menschlichen Stufe nicht im Umfang des Begriffs "Gewissen" zusammenzufassen; es ist angebracht im Rahmen aller Wesen, dies unter dem Begriff des "Entwicklungsmechanismus" oder "Vervollkommnungsmechanismus" zu verallgemeinern, und nicht wie beim Menschen unter dem Begriff des "Gewissens".

*
* *

Lassen Sie uns nun die Entsprechungen der Begriffe Auffassungsgabe und Freiheit erklären, die der Entwicklungsmechanismus bei einfachen Wesen wie Pflanzen und Tieren auf der Erde erfordert!

In jedem verkörperten Wesen gibt es einen charakteristischen Zustand der Auffassungsgabe und der Freiheit, wenn auch im einfachsten und primitivsten Zustand. Wir haben diesen Punkt weiter oben erörtert. Jedoch haben die Auffassungsgabe und der Wille der primitiven Ebenen andere Bedeutungen, als die Menschen annehmen. Besonders bei Pflanzen sind dies kaum wahrnehmbare einfache, primitive, fast instinktive Bewegungen, die dennoch für die Lebensbedürfnisse der Wesen in diesem Stadium reichlich genügen. Demnach besitzen die Tiere und Pflanzen –auch wenn es kein Gewissen ist, wie die Menschen es kennen– eine dem Gewissen entsprechende Entwicklungsdualität. Trotzdem möchten wir noch einmal wiederholen, dass man sich diese Entwicklungsdualität nicht wie die Dualität von Pflicht und irdischem Begehren der menschlichen Welt vorstellen darf.

Diese Dualität, die wir nur als einfachen Entwicklungsmechanismus primitiver Wesen betrachten, ist natürlich auf die primitivsten Instinkte dieser Wesen abgestimmt. So möchten wir als Beispiel die Pflanzen betrachten. Die Auffassungsgabe und der freie Wille der Pflanzen sind im Verhältnis zu denen der Menschen so primitiv und einfach, dass sie, statt eines objektiven Charakters, einen sehr subjektiven Charakter besitzen. Und für das menschliche Verständnis ist es fast unmöglich, dies zu begreifen. Eben deswegen erscheint die Entwicklung der Pflanzen für die Menschen, als wäre diese einem absolut mechanischen Gang unterworfen. Dieser Zustand ist eigentlich nichts anderes als ein Erscheinungsbild. Denn die Wesen in dieser Phase sind nicht nur den Einwirkungen der Unität ausgesetzt und müssen sich an ihre Bewegungen in der Materie anpassen, wie es bei den groben Materien der Fall ist. Bei ihnen ist das Bedürfnis nach instinktiven Bewegungen aufgetreten und auch einfache Ausübungen haben begonnen. In Übereinstimmung mit der Kapillarität der Physik zeigt die Verwendung und der Verbrauch der Nahrung im Körper, indem sie dem Boden mit ihren Wurzeln entnommen und auf den Körper übertragen wird, ihre instinktiven Bewegungen, die aus der Sicht der Menschen primitiv genug sind, um als "latent" bezeichnet zu werden. Dies ist die einfachste Form des Eingriffs der Pflanze in die grobe Materie, um zu überleben. Dies ist auch bei anderen lebenswichtigen Funktionen der Pflanze der Fall. Nur unter der Bedingung der Wahrung dieser Bedeutung bezeichnen wir die Entwicklung der Pflanzen als automatisch. In diesem Zusammenhang gibt es einen –obwohl sehr einfachen– Entwicklungsmechanismus, der ihre automatischen und einfachen Eingriffe enthält, die für diese primitiven Lebenskonditionen ausreichen; und dieser arbeitet in einer Einheit Dualität. Diese Einheit Dualität wird im menschlichen Leben als "Gewissen" bezeichnet. Ohne diese Erkenntnis zu akzeptieren, könnten wir ohnehin auch die Entwicklung der Pflanzen und Tiere gemäß dem Entwicklungsmechanismus, der für die körperlichen Wesen auf der Erde spezifisch ist, nicht erklären. Bei den Tieren ist dieser Sachverhalt offensichtlicher. So sind deren Auffassungsgabe und Willensfreiheit etwas entwickelter, sodass sie von den Menschen durchaus wahrgenommen werden können. Daher können viele, mit ein wenig Aufmerksamkeit diesen Mechanismus der Einheit Dualität in der Entwicklung der Tiere beobachten. Wenn Sie auf die eine Seite einen Stock, auf die andere Seite ein Knochenstück ablegen und zwischen diesen einen nicht angeleinten Hund, einen, der diesen Stock schon spüren musste, platzieren, werden Sie feststellen, dass der Hund vor Aufregung schier verrückt spielen wird. Vielleicht wird der Hund sich an die Prügel erinnern, die er bereits einstecken musste, und wird deswegen einige Augenblicke unentschlossen verharren und überlegen, ob er sich auf den Knochen stürzen sollte oder doch nicht. Dieses Zögern entspricht einer einfachen, kurzen inneren Auseinandersetzung. Diese zeigt –mag sie noch so primitiv sein– wie der Mechanismus, den man für die Menschen als Gewissensdualität bezeichnet, bei den Tieren funktioniert. Bei den Tieren arbeitet dieser Mechanismus automatisch. So lässt beispielsweise der Hunger, sie ihre Angst oder Trägheit überwinden, die eventuell eine Futtersuche hemmen könnte. So werden sie durch den Hunger gedrängt, ihre Umgebung nach Futter abzusuchen, sich um Nahrung zu bemühen. Dies bereitet ihnen, genau wie der menschliche Gewissensmechanismus auch, viel Übungsraum und -möglichkeiten: Das Tier kann kein Futter finden, wird hungrig, wird an manchen Orten verprügelt, ringt mit seinen Artgenossen, kann schliesslich getötet werden. Auch wenn diese Geschehnisse im Leben des Tieres recht vorübergehende Ereignisse darstellen, gehen sie mit unzähligen automatischen Konflikten einher. Auf die gleiche Weise übertragen ihm intensive Einwirkungen und Liebesbindungen, die von oberhalb eintreffen, die Pflicht sein Neugeborenes zu füttern und es aufzuziehen. Somit kann man feststellen, dass die Handlungen und Bemühungen, die die Tiere gegenüber allen empfangenen Einwirkungen zeigen, mit der Einheit Dualität gesteuert werden, die ein Äquivalent des menschlichen Gewissensmechanismus ist, die die Tiere automatisch auf die Gewissensdualität der Menschen vorbereitet. Wenn wir uns wieder den Menschen zuwenden, erkennen wir, dass der gleiche Mechanismus, hier selbstverständlich mit einer höheren, also bewussteren

Charakteristik, allmählich die Form annimmt, die man als Gewissen bezeichnet. In der Menschheit gibt es alle drei Stadien der Gewissensrealität, die automatische, die halbbewusste und auch die mehr oder weniger bewusste.

Das Stadium des automatischen Gewissens gehört in die Anfangszeit der Menschen. Nun können manche irrtümlicherweise behaupten, dass diese Menschen noch "kein Gewissen entwickelt" haben. Dieses Urteil ist jedoch falsch in der weitreichenden Kenntnis der Gewissensdualität, die wir vermitteln. Diese Situation resultiert daraus, dass die Menschen die Dualität nicht klar erkennen können. Der Gewissensmechanismus in den frühen Stadien der Menschheit, wie unklar er auch erscheinen mag und wie automatisch er auch zu sein scheint, ist im Hinblick auf den der Tiere immer noch durch mehr oder weniger bewusster Bewegungen bereichert. Zum Beispiel in der Auffassungsgabe der "Frau des ersten menschlichen Stadiums", die sich mit dem grossen Band der Liebe ihrem Kind widmet, gibt es mehr oder weniger starke Gefühle, Intuitionen und sogar Wissensbrocken bezüglich der Mutterschaftsverpflichtung. Sie füttert ihr Kind nicht nur, indem sie ihren blinden Instinkten folgt, wie ein Tier seine Jungen füttert. So weit ihr Verstand reicht, akzeptiert sie die Notwendigkeit, im voraus Vorsichtsmaßnahmen zu treffen und bestimmte Opfer in Übereinstimmung mit diesen Maßnahmen hinzunehmen, damit ihr Kind nicht erkrank, nicht gestört wird und stirbt; und sie arbeitet und bemüht sich diesem Ziel entgegen. Sie schüttelt ihr etwas herangewachsenes Kind nicht ab – so wie es Tiere tun. Auch hier wird ihr die Notwendigkeit bewusst –so weit ihr Verstand und Wissen reichen–, sich mit dessen Erziehung und Ausbildung zu befassen, und sie wird die Verpflichtung einer Mutterschaftsschuld gegenüber ihrem Kind auf diese Weise mehr oder weniger intuitiv erfassen. Trotz alledem kann es auch geschehen, dass sie alle diese Dinge nicht tut!... Mit anderen Worten, der Zustand der Freiheit und Unabhängigkeit, der den menschlichen Automatismus der ersten Stadien vom Automatismus der

Tierwelt trennt, zeigt, dass das Verantwortungs – und Bewusstseinsgefühl, das es bei den Tieren nicht gibt, beim Menschen zu entstehen beginnt, wenn auch nur intuitiv. Die Entstehung dieses Verantwortungsbewusstseins ist der Beginn der wichtigsten Emotionen, die zur Beschleunigung der menschlichen Entwicklung beitragen. Dies wird nämlich einen großen Einfluss auf die Gleichgewichtsituationen zwischen den konträren Komponenten der Pflicht und des irdischen Begehrens des Gewissensmechanismus haben. Auf diese Weise werden unzählige Prüfungen, Bewährungen, Ängste, Qualen, Beobachtungen, kurzum unzählige Geschehnisse –mit den erforderlichen Automatismen– Eingang in den Auffassungsbereich des Wesens vom Menschen finden und es dabei auf die Intuition der Pflicht vorbereiten.

Je weiter die Stadien der Menschheit voranschreiten, desto mehr werden die Empfindungen, Erkenntnisse und Auffassungsgaben der Realität des Gewissens zunehmen. Eben in diesem Maße werden die Grenzen der Freiheiten ausgedehnt. Auf der anderen Seite, da der Mensch mit seiner wachsenden Auffassungsgabe ein immer besseres Verständnis erlangt, zu unterscheiden und zu entscheiden, was er tun darf, bzw. nicht tun darf, und außerdem immer mehr die Notwendigkeit empfindet, sich diesen Erfordernissen zu fügen, empfindet er auch die Notwendigkeit, seine Freiheit selbst einzuschränken. Dadurch kann er den Gewissensmechanismus immer besser verstehen und sich in diesem Maße vom Automatismus befreien, sodass er dadurch Schritt für Schritt der Intuition der Pflicht näherkommt. Nach einer sehr langen Zeit werden die Gleichgewichte der Gewissensdualität am Ende an die Schwelle der Intuition und des Wissens der Pflicht gelangen.

Nachdem wir eine umfassende Skizze des Entwicklungsmechanismus der Wesen dargestellt haben, beginnen wir nun zu erläutern, wie dieser im Leben der Mensch funktioniert, wie er zu funktionieren hat und welche Entwicklungen er erfährt.

Bei der Betrachtung der Entwicklung des menschlichen Gewissensmechanismus ist es nicht richtig Konditionen und Fähigkeiten wie Liebe, Selbstlosigkeit, irdisches Begehren, Gewissen einer bestimmten Reihenfolge nach einzuordnen, wie es sonst üblich ist. Es ist falsch, eine absolute Abfolge zu arrangieren, wie zum Beispiel "zuerst kommt das Stadium der Selbstlosigkeit, und dann folgt notwendigerweise ein Stadium der Liebe oder das des Gewissens." Es ist nur so, dass die zwei konträren Komponenten des Gewissens, die eine auf die Pflicht, die andere auf das irdische Begehren gerichtet, die während des gesamten Lebens der Menschen sowohl entgegengesetzt sind als auch sich gegenseitig unterstützen, hier als zwei gegenüberstehende Gegensätze eines Ganzen voranschreiten. Demnach stellt der Gewissensmechanismus, der auf der Erde die Intuition der Pflicht vorbereitet und sich dabei mal in die Richtung der Pflicht, mal in die Richtung des irdischen Begehrens neigt, eine zweiseitige Einheit dar; und die Zustände und Fähigkeiten, die wir oben aufgelistet haben, nehmen innerhalb dieser Einheit sowohl auf der positiven als auch der negativen Seite Gleichgewichtspositionen ein, die an die Konditionen und Bedürfnisse all ihrer Stadien angepasst sind. Die Obere der beiden Komponenten, die diesen Gleichgewicht herstellen, ist dem Plan der Pflicht und die untere dem irdischen Begehren zugewandt. Wenn beispielsweise das Gefühl des Altruismus eine höhere Realität darstellt, die das Wesen dem Plan der Pflicht näherbringt, stellt der Egoismus, der ein Element des irdischen Begehrens und ihm als Gegensatz gegenübergestellt ist, die untere Realität dar. Allerdings darf nicht vergessen werden, dass beide nichts anderes als eine zweiseitige Manifestation desselben Wertes in einer Dualität sind, die gemäß den Geboten des Dualitätsprinzips kontrastierende Eigenschaften aufweisen. Wir werden die Bedeutung dieser

Gegensätze besser erläutern, wenn wir das Thema Gewissen ausführlicher behandeln. Das Gewissen mit seinen positiven und negativen Seiten ist also ein mächtiger Mechanismus, der im Zustand einer absoluten Einheit Dualität die menschliche Auffassungsgabe dem Wissen der Pflicht näherbringt. Dieser Mechanismus bereitet die Instinkte des Stadiums der Pflanzen auf den Automatismus des Stadiums der Tiere, die Automatismen des Stadiums der Tiere auf das Stadium des Gewissens im menschlichen Leben und schließlich die Menschen auf das Bewusstsein der Intuition und dem Wissen der Pflicht, also auf den Plan der Pflicht vor.

Dieser Entwicklungsmechanismus, der das Stadium des Menschen erreicht hat, wurde der Auffassungsgabe und dem freien Willen des Menschen überlassen, die inzwischen mehr oder weniger hervorgetreten sind. Auf diese Weise wird das Gleichgewicht der Gewissensdualität zugunsten derjenigen Komponente gebrochen auf die der Mensch seine Handlungen und Bemühungen mithilfe seiner Auffassungsgabe und seinem freien Willen, die er zu nutzen verpflichtet ist, richtet und mehr Werte zukommen lässt. Sich auf eine Materiekombination zu richten, bedeutet nämlich, ihr eine Einwirkung zuzusenden; die gesendeten Einwirkungen hingegen sind "Werte" und bewirken eine Wertdifferenzierung zugunsten dieser Seite.

Nun möchten wir die Funktionsweise des Gewissensmechanismus näher betrachten. Die obere Realität der Gewissensdualität, die wir als "positiv" bezeichnen und die untere, die Realität des irdischen Begehrens, die wir wiederum in Relation dazu als "negativ" bezeichnen, befinden sich auf jeder Entwicklungsstufe des Menschen im Gleichgewicht. Das heißt, die Werte, die sie enthalten, behalten den Status zwischen ihnen bei. Allerdings ist dieses Gleichgewicht nicht immer stabil, sie wird ständig gebrochen. Aber wie wir bereits sagten, neigen alle gestörten Dualitätsgleichgewichte immer dazu, wieder hergestellt zu werden, um den Zustand des Gleichgewichts zu finden. Entsprechend dem Dualitätsprinzip können die Gegensätze, deren Gleichgewicht gestört ist, nicht in diesem Zustand bleiben. Wenn eine Seite stärkere Werte empfangen hat und dadurch das Gleichgewicht gestört wurde, wird das Gleichgewicht wiederhergestellt, indem von der konträren Komponente ein Strom von Werten zu der schwächeren Seite zu fließen beginnt. Dadurch steigt der entgegengesetzte negative Wertpegel auf das Niveau des positiven entgegengesetzten Wertpegels an. Das neue Gleichgewichtsniveau zwischen der positiven Seite, die bereits höhere Werte empfangen hat, und der negativen Seite erreicht somit einen übergeordneten Rang hinsichtlich des vorhergehenden Niveaus, dies bedeutet gleichzeitig, dass diese Einheit Dualität eine nächsthöhere Stufe erreicht hat und dass die Auffassungsgabe im Gewissensmechanismus sich dem Wissen der Pflicht wieder ein wenig genähert hat. Wohingegen wenn der negativen Seite, also dem irdischen Begehren mehr Werte zugeführt werden, so verhält es sich exakt wie oben, nur in umgekehrter Richtung. In diesem Fall beginnt die Einheit Dualität, also das Gewissen, eine Stufe tiefer zu sinken. Und das Sinken des Gewissens bedeutet, dass es anfängt, seine hohen Werte zu verlieren. Unter solchen Umständen verwenden die Menschen anscheinend Ausdrücke, wie zum Beispiel "die Stimme des Gewissens unterdrücken", oder "abgestumpftes Gewissen". So sprechen sie in dem vorherigen Fall von der "Stärkung des Gewissens".

Allerdings erlauben die allgemeinen Vervollkommnungsprinzipien es keinem Wesen, ständig nach unten abzudriften. Falls es der Fall sein sollte, dass ein Mensch ständig der negativen Seite Werte zuschickt und damit das Gleichgewicht immer weiter nach unten drängt, und sich nicht davon befreien kann seine Auffassungsgabe und seinen freien Willen zu missbrauchen, dann entsenden Unterstützer-Wesen, die verpflichtet sind, ihm zu helfen, unverzüglich sehr intensive Einwirkungen, die beim

Menschen einen zwingenden Automatismus auslösen, um zu vermeiden, dass er weiterfällt. Mit anderen Worten, sie versuchen, –mehr oder weniger wie in den ersten menschlichen Stadien auch– seine Auffassungsgabe und seinen Willen automatisch auf die gewünschte obere konträre Seite zu lenken, indem sie einige attraktive oder abstoßende schwere Ereignisse vor ihm ausbreiten. Dieser Zustand, der mehr oder weniger einen zwingenden Charakter hat, findet natürlicherweise nicht so leicht statt wie mit dem freien Willen. Ganz im Gegenteil, hier bereitet ihm die oft schmerzhafte und bedrückende Natur der unzähligen Ereignisse als Notwendigkeit des Automatismus viele Belastungen, Qualen und, falls nötig, sogar Folterungen und Todesfälle vor, um den Willen dieses Menschen auf den rechten Pfad zu bringen, bis sein Wille, den er in seinem eigenen freien Zustand nicht einsetzen kann, die Kraft erlangt, sich der Gegenseite zuzuwenden.

*
\* \*

Nun möchten wir uns mit den konträren Komponenten beschäftigen, die der Pflicht und dem irdischen Begehren zugewandt sind. Die auf jeder Ebene des Gewissensmechanismus konträr erscheinenden zwei Komponente; sind die zwei für diese Ebene spezifischen, ineinandergreifenden oberen und unteren Glieder in der entsprechend den Notwendigkeiten und Geboten der Bedürfnisse angeordneten Kette von Realitäten, die von unten nach oben aufgestellt ist mit der Eigenschaft, einen Menschen auf das Wissen des Plans der Pflicht vorzubereiten. Die Realität, die das untere Glied darstellt, bezeichnen wir als dem irdischen Begehren zugewandt und die Obere der Pflicht zugewandt. Da die Kette von unten nach oben, von der Vergangenheit in die Zukunft hin angeordnet ist, meinen wir, wenn wir "dem irdischen Begehren zugewandt" sagen, die erlebte Realität und wenn wir "der Pflicht zugewandt" sagen, meinen wir die noch zu erlebende Realität. So enthält jede der Komponente des Gewissensmechanismus die Realitäten des menchlichen Lebens, die erlebt wurden und die noch zu erlebend sind. Eine Realität, die ihre Periode vollendet hat, wird als Hindernis vor eine höhere den Menschen dem Plan der Pflicht näherbringende Realität gestellt. Und deshalb bezeichnen wir dies als "irdisches Begehren". Aber denken Sie daran, diese untere Realität, die für den Moment das Hindernis für die Obere ist, war die obere Realität der vorherigen Stufe, die diese obere Stufe des Gewissens vorbereitet hatte.

Für die Menschen bedeutet "Realität, dass sie an die Sinne, die sich auf die Existenz beziehen, glauben". Es gibt also keine feste Realität, da sich die Sinne immer ändern. Mit der Ausdehnung und Vermehrung der Auffassungsgaben verändern sich auch die Sinne und Realitäten und gewinnen an Umfang. Demnach zeigen die Zustände der Realitäten, die im Gewissensmechanismus von unten nach oben aufsteigen und sich verändern, die Annäherungsgeschwindigkeit, mit der das Wesen sich dem Plan der Pflicht nähert. Die Realitäten gehen nämlich mit der Auffassungsgabe einher. In dem Maße, wie die Auffassungsgaben wachsen, dehnen sich auch die Realitäten aus und nehmen an Umfang zu. Mit anderen Worten, "die Sinne, die sich auf die Existenz beziehen" vervielfachen sich und ihre Fähigkeit, sie anzunehmen und zu verarbeiten nimmt zu; auf diese Weise werden höhere und fortgeschrittenere Realitäten erreicht. Ein Mensch, der einen Berg besteigt, kann an dessen Fuß zunächst nur ein kleines Stück Land sehen. Während er den Berg immer höher erklimmt, dehnt sich das Land aus, das er überblicken kann. Wenn er schließlich den Gipfel des Berges erreicht, kann er die Ebene in ihrem gesamten Umfang sehen und begreifen. So wie die Auffassungsgabe zunimmt, nimmt auch der Umfang der Realitäten zu.

Die Realität ist gleichzeitig eine Erkenntnis. "Dinge, an deren Existenz man durch die Bezugnahme der Sinne glaubt", sind wahrnehmbar und bekannt. So existiert auf der Erde keine feststehende, unveränderliche und absolute Realität, die für jede

Stufe und jedes Stadium gilt. Jeder hat seine eigenen Gefühle und Überzeugungen. Deshalb existieren auch diesen Gefühlen und Überzeugungen gemäß verschiedene Realitäten, die sich in ihrer Beschaffenheit und ihrem Umfang unterscheiden. Positionen, die noch nicht in die Realität der untenstehenden Menschen eingetreten sind, können für diejenigen in der oberen Stufe eine Realität sein. Wiederum, wenn die Realitäten aufsteigen, schließen sie die einfachen Realitäten der unteren Stufe ein. Diese einfachen Realitäten, die in die höheren Realitäten eintreten, verschmelzen langsam in ihrem Umfang und verlieren ihre eigene Identität. In diesem Fall verschwinden zum Beispiel die kleinen Details, Vertiefungen, Überhänge, Gräben, Sträucher, kleine Pfützen usw., die der Mensch auf ein paar hundert Quadratmetern Land am Fuße des Berges sieht, sie verschwinden allmählich innerhalb des sich erweiternden Horizonts, wenn er auf den Gipfel des Berges klettert. Aber sie bleiben immer noch in diesem Feld als Teilchen, als die erschaffende Komponente des entstandenen Ganzen. Wenn sich die Realitäten also einander zufügend erweitern, sollte man nicht an alten Realitäten hängen bleiben. Ohne dies, ohne auf die Details der Aussicht, die von einigen hundert Quadratmetern vom Fuss des Berges aus zu sehen sind, zu verzichten, ist es nicht möglich, nach oben zu klettern und die Aussicht zu erweitern. Und der Reichtum und die majestätischen Landschaften der kilometerweiten Bereiche, die über den Hügeln zu beobachtet sind, könnten nicht genutzt werden.

Solange man sich mit diesem kleinen Areal begnügt, wird man im Grunde auch niemals die Notwendigkeit verspüren, diese Panoramen und Schönheiten zu suchen. Um also aufzusteigen, um sich dem Ziel zu nähern, kurzum um sich dem Plan der Pflicht als würdig zu erweisen und die erforderliche Auffassungsgabe zu erlangen, um den Weg dorthin zu betreten, ist es notwendig, nicht im irdischen Begehren der unteren Stadien festzusitzen, und es ist notwendig deren Ballast abzuschütteln.

*
* *

Das Abschütteln von Realitäten erfolgt nicht durch das wahllose Wegwerfen einer beliebigen Realität. Hier muss Folgendes begriffen werden: Es ist kein willkürlicher Vorgang, dass eine Realität durch eine höhere Realität ersetzt wird. Dies ist in erster Linie das Ergebnis einer Entwicklungsnotwendigkeit. Damit eine Realität aufgegeben und in eine übergeordnete Realität gewechselt werden kann, müssen alle Gebote dieser Realität eingehalten, eine beherrschende Position zu ihr eingenommen und sie gründlich verarbeitet worden sein. Das heißt, die Ergebnisse dieser Realität müssen vom essenziellen Wesen mit all ihren Geboten erfasst und zu essenziellem Wissen verarbeitet worden sein. Ansonsten ist der tatsächliche Platz einer Realität, die noch nicht in den Gewissensmechanismus aufgenommen und verarbeitet wurde, ohnehin die obere Komponente dieses Mechanismus. Weil sie eine Realität ist, die nicht erlebt wurde, sondern die noch erlebt werden muss. Sie ist also keine erworbene Realität, sondern eine, die noch erworben werden muss. Daher ist es notwendig, ihre Gebote vollkommen einzuhalten, bis sie in den zweiten Plan, dem Plan des irdischen Begehrens, als erlebte und gelebte Komponente herabsteigen kann. Die Kondition, die dies bestimmen wird, ist das "Bedürfnis".

*
* *

Nachdem ein Mensch vollständig in einer Realität gelebt haben, und dort Bereichen begegnet, die ihn nicht mehr befriedigen und er das Bedürfnis hat, nach dem Höheren zu suchen, wird die Realität, in der er sich befindet, zu einem Faktor des irdischen Begehrens, der in den zweiten Plan fallen muss. Auf diese Weise führen die Ereignisse und ihre Lehren, die aus den Anstrengungen zur Abschaffung einer veralteten Realität, die zurückgelassen werden muss, gezogen werden; zu einer ständigen Zunahme des essenziellen Wissens, der Erweiterung der Auffassungsgabe und folglich der Vervollkommnung der Seele.

Das heißt, die Pflicht-Komponente jedes Stadiums bildet im oberen Stadium die Komponente des irdischen Begehrens; die Komponente des irdischen Begehrens bildet indessen die Pflicht-Komponente des unteren Stadiums. Wir möchten wiederholen, dass diese Realitäten nicht in einer unveränderlichen Reihenfolge aufeinander folgen. Sie folgen aufeinander, indem sie je nach den Vervollkommnungsbedürfnissen einer Person und der Kapazität deren Auffassungsgabe variieren. Wir möchten an dieser Stelle ein Beispiel geben: Betrachten wir mit einem Gefühl der Rache irgendein Stadium, in dem das Töten von Menschen als legitim angesehen wird! Dort gibt es einen Menschen, der einen Mörder, der seinen Vater oder Verwandten getötet hat, mit Blutrache verfolgt und an die Notwendigkeit der Vergeltung glaubt, und dies als seine Pflicht ansieht. Diese Überzeugung ist ein Wissensstand, eine Realität dieses Stadiums. Aber darüber hinaus gibt es noch eine andere Wissensebene. Dort gibt es die Erkenntnis und das Urteil zum einen, dass es nicht richtig ist, sich an einem Menschen zu rächen, der ihm Böses angetan hat, und dass dies eine Notwendigkeit der Verantwortung ist, zum anderen, dass dem Bösen immer mit Vergebung und Toleranz begegnet werden muss. Nun stellen Sie sich vor, dass beschlossen wurde, dass dieser Mensch aus dem vorherigen Stadium sich von seiner Realität befreit und in das höhere Stadium aufsteigt und hierfür wieder in die Welt zurückkehrt! Dieser Mensch hat bei seiner Rückkehr auf die Erde sämtliche erforderlichen Lösungsansätze in seinen Plan aufgenommen, die ihm helfen werden, sich nun von seiner vorherigen Realität zu befreien. Allerdings steht er noch immer unter dem Einfluss seiner alten Realität. In diesem Fall wird sich dieser Mensch angesichts der starken Bindungen an das Element der Rache-Realität des irdischen Begehrens, das den negativen Pol des Gewissensmechanismus ausmacht, möglicherweise nicht der oberen Realität nähern, die Vergebung, Toleranz oder sogar Liebe hervorruft. Und so beginnt er Schwierigkeiten zu haben, sich von der alten Realität der Rache zu retten. Wenn er also alleine bleibt, kann er sich vielleicht sein ganzes Leben lang nicht von der Stelle rühren und das obere

Stadium erreichen. Allerdings haben wir bereits betont, dass dies definitiv nicht so weitergehen kann. Wir haben auch erwähnt, dass eine Einheit Dualität Millionen von Einwirkungen empfängt, ihre obere konträre Komponente von oberhalb, die untere von unterhalb. Außerdem kommt dieser Mensch mit einem vorgezeichneten Lebensplan auf die Welt. So wie dieser sich verpflichtet hat, in der Welt diesem Plan treu zu bleiben, werden selbstverständlich auch die helfenden Wesen ihre Pflicht erfüllen, die im Rahmen dieses Plans einbestellt wurden, um ihm zu helfen. Diese Wesen werden also alles Erforderliche tun, was getan werden muss, um die Kräfte zu entwickeln, die dieser Mensch benötigt, um die höheren Realitäten zu erreichen. Mit dieser Hilfe und diesen Eingriffen wird er von seiner alten Realität befreit und erreicht das Wissen um Vergebung, Toleranz und Mitgefühl der oberen Ebene, wobei die alte Realität der Rache und des Tötens von Menschen aufgegeben wird. So ist die Verinnerlichung der oberen Realität nur möglich, indem die Bindungen der unteren Realität aufgelöst werden.

Wenn die Realitäten in Bezug auf das Wissen behandelt werden, das sie im essenziellen Wesen erreichen, ist es wichtig, sich daran zu erinnern, dass diese sich gegenseitig ergänzen. In dieser Hinsicht ist jede Realität der Teil eines Ganzen, das wie eine Kette bis zu dem Punkt reicht, der durch die Vorbereitung einer höheren Realität erreicht werden muss. Und im Grunde besteht die "Erfahrung" eines Mensch-Wesens aus den Eindrücken dieser Realitäten, die sich im essenziellen Wesen als Wissen ansammeln. Mit anderen Worten, wenn eine vergangene Realität die zukünftige Realität vorbereitet, bleibt der Eindruck der vergangenen Realität im essenziellen Wissen der zukünftigen Realität bestehen. Tatsächlich erweitern sich so die zukünftigen Realitäten und gewinnen an Umfang, indem sie die Schlussfolgerungen vergangener Realitäten miteinschließen, und vermehren somit die Erfahrungen des Wesens. Zum Beispiel die "individuelle

Selbstsucht" des irdischen Begehrens, die das Stadium, in dem der grobe Egoismus sich befindet, ausfüllt, wird in der Realität eines höheren gemeinschaftlichen Plans, in einem überlegenen und umfassenden Charakter, den Zustand einer "gemeinschaftlichen Selbstsucht" einnehmen. Wenn ein Mensch auf der ersten Ebene nur um seine persönlichen Interessen kämpft, beginnt er auf der zweiten Ebene, für die Interessen einer kleinen an ihn gebundene Gemeinschaft, einer Familie, zu arbeiten. Und wenn dieses irdische Begehren der Selbstsucht mit jeder aufsteigenden Ebene wächst und sich ausdehnt, sodass es eine Gemeinschaft, eine Gesellschaft, eine Nation, alle Menschen und sogar alle Wesen miteinschließt, wenn es sich diesen Richtungen zuwendet, ist es nicht länger als Selbstsucht zu nennen, sondern als Altruismus. Trotzdem stellt er für eine höhere Realität noch immer eine Position des irdischen Begehrens dar. Dies zeigt, dass die Ergebnisse der alten irdischen Begehren im essenziellen Wesen durch die Ergebnisse der neuen Elemente, also durch die Ergebnisse der oberen Gegensätze genährt werden und an Umfang gewinnen. Das heißt, eine Realität des irdischen Begehrens, die die notwendigen Anstrengungen für ihren Erwerb erfordert, indem sie sich gegen eine höhere Realität stellt, ist auch ein Kandidat, um sich in diese höhere Realität einzufügen und in höheren Identitäten sich aufzulösen. So existieren in den Synthesen der höchsten und sehr weit entwickelten Realitäten, die in den Zustand des essenziellen Wissens eingegangen sind, die Ergebnisse der irdischen Begehren der ersten Realitäten, die sich in das dortige Wissen integriert und ihre ersten Beschaffenheiten dort eingeflossen haben.

Nun möchten wir uns mit der Frage befassen, wie die Realitäten die Menschen auf den Plan der Pflicht vorbereiten. Der Bereich des Menschen, der in den Plan der Pflicht eingehen wird, wird nicht sein Körper mit den Geweben, Knochen und dem Nervensystem sein. Der Körper ist dazu bestimmt, am Ende jeder irdischen Lebensperiode mit allen seinen Konstitutionen begraben zu werden. Daher ist es nicht der Körper des Menschen, der vom ersten menschlichen Leben bis zum Wissen des übermenschlichen Plans der Pflicht voranschreitet, sondern eine andere Seite von ihm, nämlich sein Wesen, das wir bereits erläutert haben. Mit anderen Worten, es ist das Wesen, das verschiedene Materien verwendet und sich weiterentwickelnd durch das gesamte Universum wandelt, um einer Seele zu dienen, der es unterstellt ist. Die Körper sind für dieses Wesen lediglich ein Mittel. Demnach bereiteten alle diese Realitäten –und die Komponenten, die diese Realitäten bilden– nicht den Körper des Menschen auf den Plan der Pflicht vor, sondern das Wesen, das diesen verwendet. Dies bedeutet, dass die im menschlichen Gehirn ausgewerteten Realitäten der Erde in das essenzielle Wissen nicht in demselben Zustand und in derselben Form übertragen werden können. Und wenn es nicht so wäre, gäbe es keine Notwendigkeit für den Körper, das Wesen könnte direkt in auf der Erde leben. Also, was sind die wahren Werte der Realitäten, die wir auf der Erde kennen und sehen, die das menschliche Gehirn beurteilt, die in das essenzielle Wesen eingehen und die es für seine Vorbereitung durchlaufen muss?

Diese Werte, die auf das Wesen übertragen werden, sind nicht die groben Zustände und Formen der Realitäten, die auf die irdische Materie abgestimmt sind. Diese Werte, die in das essenzielle Wesen eingehen, sind verschiedene Auswirkungen, die in Form von hohen und feinen Materiekombinationen, die mit der feinstofflichen Struktur des Wesens harmonieren, durch die Realitäten in dem essenziellen Wesen hervorgerufen werden. Diese jeweils als einen Eindruck zu bezeichnen, wäre auch nicht richtig, da dieses Wort ihre wirkliche Bedeutung nicht angemessen wiedergibt. Diese Auswirkungen oder Eindrücke, die nach menschlicher Auffassung sehr vage sind, sind tiefe Spuren, die zur Entwicklung der Wesen führen. Und die Formulierung "Vertiefung der Spuren" bedeutet, dass die essenzielle Auffassungsgabe dieses Wesens, die die Vervollkommnung gewährleistet, stetig wächst und umfassender wird. Da die essenzielle Auffassungsgabe gleichbedeutend mit dem Wesen ist, bedeutet die Erweiterung und Ausdehnung der Auffassungsgabe, die Entwicklung des Wesens selbst.

* * *

Wenn es um die Bildung von Realitäten im essenziellen Wesen geht: Während die erlebten Realitäten und alle guten und schlechten Ereignisse, die mit diesen Realitäten verbunden sind, die Menschen mit ihren verschiedenen Erscheinungsformen befriedigen oder betrüben, verursachen sie in Wirklichkeit auf eine den Menschen unvorstellbarer Weise eine Reihe von Formationen und Transformationen im essenziellen Wesen mit Werten, die der Struktur dieses Wesens angemessen sind. Dort bilden sie in sehr hohen Materiesynthesen feine Kombinationen, die in völlig anderen Formen und Eigenschaften als ihrer irdischen Erscheinung an Werten zunehmen und bereichert werden. Sie sind das wahre "essenzielle Wissen", das der Vervollkommnung der Seele dient. Während die zuvor erwähnten materiellen Formen und Positionen der Realitäten unter den groben Materien der Erde aufeinander folgen, indem sie sich gegenseitig verfolgen und vorbereiten, sammeln sich ihre Schlussfolgerungen –als äquivalente Gegenstücke– im essenziellen Wesen in viel tieferen und feineren Bedeutungen als die Ausdrücke in der groben Welt fortwährend an und nähren das essenzielle Wissen. Diese sind die wahren Vervollkommnungswerte. Diejenigen, die den Begriff "Vervollkommnungswerte", wie wir ihn zuvor beschrieben haben, mit dem hier vorgestellten Begriff vergleichen, erweitern ihre Intuition darüber, auf welche Weise die Seelen das Universum nutzen. Die mit essenziellem Wissen erweiterte essenzielle Auffassungsgabe, also die wahre Auffassungsgabe, die zum Wesen der außerkörperlichen Umgebung gehört und sich zusammen mit dem Wesen bis ans Ende des Universums erstreckt, nutzt auf der Erde durch den Körper indirekt die Wege der groben Erscheinungen der Realitäten, in denen sie lebt. Und auf diese Weise setzt sie ihre Dienste für die Vervollkommnung der Seele, der sie dient, fort.

Wenn dieses Wissen erst einmal verstanden ist, so werden die Bedeutungen des "sowohl Vergessens", "als auch Erlebens" der Realitäten nicht mehr verwechselt werden, und somit die Möglichkeiten der Verwirrung beseitigt sein. Denn hier gibt es zwei Bildschirme, auf die die Ereignisse ausgerichtet sind: Einer ist eine Ansammlung von groben Materien, die wir physisch nennen, und der andere ist ein subtiles und komplexes Wesen, das einer Seele dient, indem es diese Ansammlung nutzt. Die Grobheit des Körpers dient dazu, die groben Realitäten aufzunehmen und das essenzielle Wissen im Wesen zu steigern. So sind die Dinge, die ihren Zweck erfüllt haben und vergessen werden sollten, die groben Erscheinungen dieser Realitäten, die die groben Körper ansprechen. Und dies ist eine Notwendigkeit der Auffassung der oberflächigen Zeit, die wir später erklären werden. Denn gemäß dieser Notwendigkeit muss der alte Wert aufgegeben werden, damit ein neuer Wert entstehen kann. Andererseits sind die Bereiche der Realitäten, die sich mit dem essenziellen Wesen befassen, subtile Bedeutungen, die im essenzielle Wesen das Äquivalent ihrer groben Erscheinungen sind. Sie sind –wie bereits erläutert– Bausteine von Werten, die sich gegenseitig vorbereiten und aneinanderfügen, und die auf diese Weise die Synthese des essenziellen Wissens erweitern.

Wir fassen noch einmal zusammen: Wenn wir uns mit dem Thema des "Erlebens und Vergesens" von Realitäten befassen, darf die Unterscheidung zwischen den materiellen Erinnerungen, die gemäß dem menschlichen Gehirn, der Auffassung der oberflächigen Zeit, mit den chronologischen Werten und Systemen verbunden sind, und den Eindrücken dieser Realitäten, die tief in die Synthese des essenziellen Wissens integriert sind, nicht vergessen werden. Denn für den Körper, der den Notwendigkeiten der oberflächigen Zeit unterliegt, ist es notwendig, die vorherigen zu vergessen; ebenso ist es für das Wesen, das in der Auffassung der sphärischen Zeit existiert, natürlich und notwendig, dass die letzteren im essenziellen Wissen sich verwurzeln. Es ist sogar das Gebot des wahren Ziels.

*
* *

Nun werden wir die Beziehungen zwischen den Dualitäten des Gewissensmechanismus, die die Erweiterung des essenziellen Wissens ermöglichen, ein wenig näher betrachten.

Wir haben bereits erläutert, dass die zwei konträren Erscheinungen des Gewissensmechanismus aus aufeinanderfolgenden und vorbereitenden –die eine der Pflicht, die andere dem irdischen Begehren zugewandten– Realitäten bestehen. Je nach Reihenfolge kann die gleiche Realität sich dem irdischen Begehren und der Pflicht zuwenden. Wenn Befolgung erforderlich ist, orientiert sie sich zu der Pflicht; wenn aber ein Zurücklassen erforderlich ist, ist sie dem irdischen Begehren zugewandt. So wie die Schlussfolgerungen des irdischen Begehrens, also das essenzielle Wissen sich aneinanderreihend das Reichtum der Vergangenheit ausmachen und die Zukunft vorbereiten, eröffnen die Zukünfte für die kommenden, dem Plan der Pflicht zugewandten Realitäten den Weg. Um die Positionen dieser konträren Komponenten, die auf die Pflicht und das irdische Begehren gerichtet sind, mit mehr materiellen Äquivalenten zu erklären, kehren wir hier zum Beispiel des Magnetstabs zurück, den wir bereits angegeben hatten: Diesen Stab halten Sie in Lotrichtung, so dass die Plusseite "+" noch oben und die Negativseite "−" nach unten zeigen. In diesem Fall weisen die obere Hälfte und die untere Hälfte des Stabes die gleiche Menge des entgegengesetzten Magnetismus auf. Wenn wir nun diesen Stab nach oben ausfahren, das heißt, wenn wir Magnetismus von oben hinzufügen, wird das Gleichgewicht gestört und der neutrale Punkt des Stabes verschiebt sich aus der Position und steigt ein wenig an. Da ein Teil des Magnetismus, der von der "+" Seite hinzugefügt wurde, einen Magnetisierungsstrom von "+" nach "−" startet, steigt die Gleichgewichtslinie an. Wenn wir dies von unten tun, ist das Ergebnis umgekehrt, die Gleichgewichtslinie verschiebt sich auf ein niedrigeres Niveau. Dies ist ein grobes Beispiel. Aber es ist nützlich um eine Intuition dafür zu bekommen. Dieses Experiment zeigt, dass die Komponente auf beiden Seiten des Stabes dieselbe Substanz ist, obwohl eines mit "+" und das andere mit "−" markiert ist. Auch wenn wir es in diesem Beispiel mit dem Magnetstab symbolisieren, zeigt die Dualität des Gewissens natürlich nicht wirklich eine so einfache Situation. Das heißt, es gibt große und komplexe Unterschiede zwischen seinen Komponenten, die nicht mit den Elementen eines Magnetismus verglichen werden können. Daher sind hier die Realitätsunterschiede nicht so einfach wie bei den "+", "−" Polen des Magneten. Dieses Beispiel soll jedoch eine grobe Intuition über die Funktionsweise des Gewissensmechanismus geben. Wenn wir das Gewissen, das wir mit einem Magnetstab symbolisiert haben, in Lotrichtung halten; während die obere auf die Pflicht gerichtete Komponente und die untere auf das irdische Begehren gerichtete Komponente im Gleichgewicht sind, sind die Wertigkeiten dieser Komponenten angesichts der menschlichen Auffassungsgabe, also im Gewissensmechanismus selbst, einander gleich. Und ihre Gleichgewichtslinie liegt entsprechend dem Magnetstabsymbol genau in der Mitte. Wenn wir diesen Gewissensstab von der oberen Hälfte nach oben ausdehnen, das heißt, wenn wir Werte zur oberen Seite, zu den Teilen in der Nähe der Realität der Pflicht hinzufügen, erhöht sich die Belastung des Stabes auf dieser Seite. Und die alte Gleichgewichtslinie bleibt unten. In diesem Fall werden die gegenseitigen Gleichgewichtszustände der Seiten der Pflicht und des irdischen Begehrens gestört. Aber das Gesetz des Gleichgewichts kann diese Störung nicht ertragen. Wie bei dem Beispiel des Magnetismus auch, setzt von der werthöheren Seite zu der nunmehr wertniedrigeren Seite, von der Seite der Pflicht zu der Seite des irdischen Begehrens ein Strom ein, bis das Gleichgewicht wiederhergestellt ist. Dieser Strom bedeutet natürlich, dass einige Wertteilchen der höheren Realität auf die niedrigere Realität übertragen werden. Zweifellos beziehen sich diese Werte, über die wir sprechen, −wie wir oben erklärt haben− nicht auf die Seite der Realität von Materien und Formen, die den Körper anspricht, sondern auf die Seite des essenziellen Wissens, die das Wesen anspricht. Diese sind die Werte des essenziellen Wissens, die sich nach unzähligen Prozessen im Gewissensmechanismus erfüllen. Der Beginn dieses Stroms von der "+" Seite zur "−" Seite bewirkt somit, dass sich die gestörte Gleichgewichtslinie auf einem etwas höheren Niveau als das vorherige wiederherstellt. Genauer gesagt wird ein Teil der Werte der Pflicht Komponente unter die Komponenten des irdischen Begehrens gemischt, wodurch auch das Niveau des irdischen Begehrens etwas erhöht wird. Somit erstreckt sich das Niveau des essenziellen Wissens und die Auffassungsgabe des essenziellen Wissens nach oben. Wenn also die Werte des Gewissensmechanismus auf der Seite der Pflicht zunehmen, bewirken die Werte dieser oberen Seite, die zur Seite des irdischen Begehrens hinabfließen, dass sich die Seite des irdischen Begehrens zur Seite der Pflicht hin verschiebt, und die Gleichgewichtslinie zwischen den beiden Seiten steigt zum Wissen des Plans der Pflicht hin an.

Wir möchten festhalten, dass die Anstrengung, die ein Mensch angesichts der Auffassungsgabe der irdischen Werte zu unternehmen hat, sollte die Förderung der auf die Pflicht gerichteten Komponente der Gewissensdualität und die Verminderung der auf das irdische Begehren gerichteten Komponente sein. Denn, wenn Werte zur Komponente der Pflicht hinzugefügt werden, werden die Gewinne des Gewissensgleichgewichts im essenziellen Wesen schnell zunehmen; wenn durch die Verbindung mit der Komponente des irdischen Begehrens die oberen Elemente vernachlässigt werden, wird die Zunahme des essenziellen Wissens durch andere Kanäle, durch langwierige schmerzhafte, mühsame Verfahren und automatisches Voranschreiten verlangsamt.

Um den Entwicklungsweg zu verkürzen und die mühsamen Eingriffsnotwendigkeiten der Gewissensmechanismen so weit wie möglich zu verringern, ist es daher erforderlich, ein Niveau der

Auffassungsgabe zu erreichen, welches zwischen den oberen und unteren Komponenten dieses Mechanismus so schnell wie möglich unterscheiden kann, so dass das Bewusstsein und die Zielstrebigkeit, sich nach oben zu wenden, möglich werden. Daher müssen wir die Auffassungsgabe, deren Bedeutung im Entwicklungsmechanismus mehr als deutlich geworden ist, ausführlicher betrachten.

\*
\* \*

Oben haben wir festgestellt, dass der Mechanismus des Gewissens bei vormenschlichen Wesen aus instinktiven Dualitäten besteht –natürlich auf die primitivste Art und Weise– und dass er seine bewusste Form der menschlichen Stufe erst aus dem menschlichen Leben heraus anzunehmen beginnt. Der Grund ist zweifellos der, dass die Auffassungsgabe ihre Leistungsfähigkeit für das dem Menschen spezifische Niveau erreicht hat. Der Gewissensmechanismus in der menschlichen Phase richtet sich nach den Auffassungsgaben. Die Entwicklung des Gewissensmechanismus unter den Menschen weist verschiedene Stadien auf, von der Stufe der einfachsten Auffassungsgabe bis zur Stufe der höchsten Auffassungsgabe. All dies zeigt, dass die Auffassungsgabe bei der Entwicklung des Gewissensmechanismus in der Menschheit einen sehr wichtigen Stellenwert einnimmt. Genauer gesagt ist die Entwicklung des Gewissens die Entwicklung der Auffassungsgabe. Bei den ersten irdischen Wesen, bei denen die Auffassungsgabe als die einfachsten Instinkte vorhanden ist, gibt es einen diesem Niveau entsprechenden Mechanismus des Gewissens. Zum Beispiel besitzen Pflanzen, die die Menschen als das erstes Wesen der Erde kennen, automatische Instinkte, die den einfachsten Zustand der Auffassungsgabe darstellen. Und das ist natürlich weit entfernt von den Bereichen der menschlichen Auffassungsgaben. Daher kann man sie auch kaum als eine Auffassungsgabe bezeichnen. Aber diese Instinkte stellen für die Wesen jener Stufe eine Auffassungsgabe dar, die für ihre Lebensnotwendigkeiten ausreicht. Konzentrieren wir uns also auf die wahre Bedeutung der Auffassungsgabe!

*
* *

Die Auffassungsgabe ist eine Kraft, die im Materieuniversum die unendlichen Materiesysteme miteinander verbindet. Man darf jedoch bei dieser Definition nicht außer Acht lassen, dass der Ursprung –wie bei jedem anderen Ereignis im Universum auch– dieser Kraft außerhalb des Materieuniversums liegt. Eben mit dieser Kraft werden zwischen den Materien Beziehungen hergestellt. Und aus diesen Beziehungen entstehen die Wesen, die die Seelen im Universum repräsentieren. Auf die gleiche Weise werden mit dieser Kraft durch den Vergleich der Beziehungen zwischen den Plänen, die Entwicklungen und Vervollkommnungen hergestellt. Es gibt große Wahrheiten, die im Zusammenhang mit dem Thema der Auffassungsgabe zum Ausdruck kommen. Um diese Wahrheiten durchdringen zu können, müssen wir über diese Ausdrücke nachdenken.

*
* *

Wir haben bereits erklärt, wie die ersten Elemente der Auffassungsgabe während der erstmaligen Bildung der Wesen zustande kamen. Hier bildeten die Seelen diese Wesen, indem sie die zerstreuten Energien sammelten, die das fortgeschrittene Wasserstoff ausstrahlte. Das Entstehen dieser Wesen aus jenen höheren Energien, die im Grunde jeweils aus Schwingungskomplexen bestehen, bedeutet, dass die Instinkte, die den primitivsten Zustand der Auffassungsgabe darstellen, sich in diesen besagten zerstreuten Energien bereits zu manifestieren beginnen. Hier gibt es auch sekundäre Unterstützungen für die Seelen, die diese Wesen gebildet haben. Denn wie wir bereits erwähnt haben, werden die originalen Einwirkungen vom Moment der Bildung des Wesens an durch Einwirkungen von oben und von den Seiten, die wir als sekundär bezeichnen, ersetzt. Lassen Sie uns dies näher erläutern: Wir haben betont, dass die Auffassungsgabe eine Kraft ist, die Materiesysteme zusammenbringt. Dementsprechend befinden sich in der ersten Formation des Wesens die Wasserstoffatomenergien in einem solchen Entwicklungsstadium, dass die Seelen mit Hilfe der

Sekundäreinwirkungen die Möglichkeit haben, die Instinkte, die der einfachste Zustand der Macht sind, die die Menschen mit dem Symbol der Auffassungsgabe ausdrücken, zu verwenden, indem sie die Positionen der Materie dieser Stufe nutzen. Hiermit haben wir ausreichende Informationen darüber gegeben, wie die Auffassungsgabe angefangen hat.

Das Treibmittel des Wesens ist die Auffassungsgabe. Und das erste gebildete Wesen, hat von Anfang an begonnen, andere einfachere Kombinationen und Systeme der Materie proportional zu der Entwicklung jenes Treibmittels, also der Auffassungsgabe, die in ihm vorhanden ist, miteinander zu verbinden und somit viele neue Kombinationen und Systeme hervorzubringen. Diese Erläuterungen zu der Entstehung und Bedeutung der Auffassungsgabe halten wir für ausreichend und daher werden wir als nächstes ihre Funktion im Gewissensmechanismus betrachten.

Zunächst möchten wir darauf hinweisen, dass die Rolle der Auffassungsgabe im Gewissensmechanismus der Beschaffenheit dieses Mechanismus innewohnt. Denn im Wesentlichen erfolgt die Entstehung und Verknüpfung der Beziehungen zwischen den konträren Komponenten des Gewissensmechanismus durch den Mechanismus der Auffassungsgabe, dies ist sogar eine direkte Funktion der Auffassungsgabe. Natürlich geschieht dieser Vorgang im Moment der ersten Formation des Wesens eher durch die Eingriffe der helfenden Einwirkungen, und allmählich, wenn sich die Auffassungsgabe entwickelt, nehmen diese Eingriffe proportional ab und das Wesen beginnt das Gewissens zu dominieren, und in den fortgeschrittenen Entwicklungszuständen der Auffassungsgabe wird es das Gewissen vollständig beherrschen. Eine gute Einschätzung des Verhältnisses zwischen den Realitäten des Gewissens, die Unterscheidung der emporhebenden Komponenten der Pflicht von denen des irdischen Begehrens, die Etablierung von höheren Komponenten und verstärkenden Systemen und damit die Erhöhung des

Gleichgewichts des Gewissensmechanismus auf höhere Ebenen, all diese Vorgänge sind von der Funktion der Auffassungsgabe abhängig. Je perfekter die Auffassungsgabe ist, desto besser führt sie ihre Funktion aus, und folglich wird es umso einfacher und schneller, dass das Gewissensniveau sich dem Wissen der Pflicht annähert. Zum Beispiel weiß ein Mensch, der eine so weite und umfangreiche Auffassungsgabe hat, jetzt besser, ob er seine Taten und Bemühungen in die Komponente der Pflicht oder die Komponente des irdischen Begehrens umwandeln soll. Und wenn er der positiven Komponente der Pflicht nachkommt, beginnt er einzuschätzen, welche höheren Materiekombinationen und Systeme er zukünftig errichten kann, was bedeutet, dass er sich dem Plan der Pflicht zunehmend mit seiner Auffassungsgabe nähert. Wählt er dagegen das Gegenteil der Pflicht, also die Komponente des irdischen Begehrens, so sieht und begreift er, welche Art von Auflösungen, Depressionen in den Beziehungen höherer Ordnung innerhalb der Struktur des Gewissens auftreten, wenn er nach unten steigt, und welche Werte aus dem Reichtum der Entwicklungskombinationen der Materie verloren gehen. Denn die Beurteilung dieser Vorgänge sind Werke, die im Umfang der Gründermacht der Auffassungsgabe liegen, welche zwischen Materiekombinationen und Systemen wirkt.

In diesem Fall ist die Auffassungsgabe eine so mächtige Kraft, dass sie für sich selbst sowohl ein Führer als auch ein Antreiber ist innerhalb der Technik der Gewissensdualität und in den Stadien der Vorbereitung, die sie während aller Leben auf dem Vorbereitungsweg auf das Wissen der Pflicht durchlaufen wird. Dies bedeutet, dass sie sich unter den anderen Elementen des Materieuniversums in der Position eines der Seele am nächsten liegenden Mittels befindet.

* <br> * *

Jetzt kommen wir zu dem "essenziellen Wissen", das die Mechanismen der Auffassungsgabe und des Gewissens nährt, die auf der Erde bei der Vorbereitung auf den Plan der Pflicht eine so wichtige Rolle spielen. Lassen Sie uns zunächst einmal sagen, dass das essenzielle Wissen, während es die Auffassungsgabe und das Gewissen fördert, selbst auch durch die Auffassungsgabe und das Gewissen bereichert wird.

Das essenzielle Wissen erhöht mit der Auffassungsgabe selbst und auch mit der Unterstützung äußerer Eingriffe seine Werte. Zu dem Punkt, wie die äußeren unterstützenden Eingriffe das essenzielle Wissen stärken, haben wir ja bereits einige Erläuterungen gemacht. Nun möchten wir zu diesen Erläuterungen zurückkehren.

Die Eingriffe, die zur Steigerung des essenziellen Wissens beitragen, erreichen im Rahmen des Gewissens ihre Ziele, indem sie die zahlreichen Zustände und Konditionen verschiedener Materiekombinationen, mit anderen Worten viele Ereignisse, nutzen. Die "Ereignisse" passieren den Filter des groben vergleichenden Wissens und treten aus dem Bewusstsein in das Unbewusste hinein und bleiben dort. Sie sind den Anweisungen des essenziellen Wesens unterstellt. Sie bleiben während dieses irdischen Lebens des Menschen im Unbewussten. Noch sind sie nicht in das Unterbewusstsein übergegangen.

Ereignisse können nicht direkt zu essenziellem Wissen werden. Weil es unter ihnen noch Uneinigkeiten gibt. Diese Ereignisse, die im Bewusstsein auftreten, werden in das Unbewusste verschoben, nachdem ihre "erste vergleichende Auswertung" mit relativ groben materiellen Eindrücken des Unbewusstseins erfolgt ist. Auch wenn sie den Anweisungen des essenziellen Wesens unterstehen, sind sie weder ihr essenzieller Bestandteil noch sind sie zu essenziellem Wissen geworden. Damit diese Erkenntnisse des Unbewusstseins zu essenziellem Wissen werden können, müssen sie sich an das essenzielle Wissen anpassen und den Zustand erreichen, sich an der Synthese des essenziellen Wissens zu beteiligen. Ihre vergleichende Auswertung im Unbewussten wurde jedoch nicht mit dem Wissen des Unterbewusstseins erstellt, sondern mit dem Wissen des Unbewusstseins, das nicht das essenzielle Wissen ist.

Da jeder Kontakt mit der Außenwelt des Wesens unterbrochen wird, nachdem es durch den Tod in das Spatium gelangt, werden diese Informationen mit den Informationen des Unterbewusstseins verglichen, ihre Auswertung wird vom Wesen erfasst und sie werden nach der Auswertung in das Unterbewusstsein übertragen und somit zum Bestand des Wesens. Denn dieser Prozess wird die Informationen des Unterbewusstseins in Übereinstimmung bringen mit den Informationen des Unbewusstseins und sie unter die Synthesen der Informationen des Unterbewusstseins mischen.

Demnach können die Erkenntnisse, die das ganze Leben hindurch im Unbewusstsein blieben, erst mit dem Ereignis des Todes, nachdem sie der "großen Auswertung" unterzogen wurden, seitens den Wesens vertreten werden und somit in das Unterbewusstsein einfließen. Zu der Frage, wie die Information im Unbewusstsein sich ansammeln: Sie sammeln sich an, indem die irdischen Realitäten –ganz gleich, ob sie vom Bewusstsein begriffen wurden oder nicht- in der Schlafphase in grober Weise angesichts des Gewissens dem Mechanismus des vergleichenden Wissens unterworfen und schließlich in das Unbewusstsein verschoben werden.

*
* *

Zusammenfassend lässt sich sagen, dass die Ereignisse, die das Bewusstsein erlebt hat, unabhängig davon, ob sie begriffen wurden oder nicht, durch das vergleichende Wissen im Unbewusstsein abgeschlossen werden und die Schlussfolgerungen bleiben im Unbewusstsein. Dort sind sie noch nicht zu essenziellem Wissen des Wesens geworden und gehören daher nicht zum Unterbewusstsein. Dennoch unterstehen diese Informationen den Anweisungen des Wesens und können gegebenenfalls in das Feld des Bewusstseins hervorgeholt werden. Und sie können erst nach der großen Auswertung nach dem Tod, im Unterbewusstsein in das Gut des essenziellen Wissens einfließen.

Die Quellen und Wege, die das essenzielle Wissen fördern, sind vielfältig. Wir werden einige der Wichtigsten aufzählen: Gemeinschaftliche Konditionen wie "Wissen", "Religion", "Volk", "Familie", Zustände, die diese Konditionen verstärken und schließlich "Channeling", "Inspirationen", Informationen und die daraus hervorgehenden "Ereignisse", die direkt von verpflichteten Wesen in verschiedenen Ebenen an Menschen und Medien gesendet werden; diese sind wirkungsvolle Materialien, die das essenzielle Wissen steigern und das Wesen dem Wissen des Plans der Pflicht näherbringen. Diese werden in den Realitäten der Erde erfahren und gehen nach zahlreichen Ausführungen –wie wir schon erläutert haben– in das essenzielle Wissen des Wesens ein. Lassen Sie uns nun ein wenig das essenzielle Wissen näher betrachten.

Das essenzielle Wissen, das sich seit der primitivsten Periode an aus dem Vergleich und der Beurteilung der aus vergangenen Leben erzielten Errungenschaften mit den vorherigen Errungenschaften ergibt, stellt einige tiefe Eindrücke dar, die das Eigentum des Wesens –nicht des Menschen– sind, die die Menschen nicht begreifen können. Einerseits ermöglichen sie mit ihren verschiedenen Formen von Auffassungsgabe die Vervollkommnung der Seele, der sie dienen und andererseits erweitern sie das Entwicklungsfeld des Wesens, indem sie den Grundstein für neues Wissen legen. Diese Errungenschaften werden in einer Reihe von Positionen innerhalb der Technik der irdischen Auffassungsgabe erzielt. Es ist möglich, diese Positionen unter dem Begriff "Ereignis" zusammenzufassen. Manche dieser Ereignisse erlebt der Mensch selbst und ist der Held dieser Ereignisse. Einige von ihnen erlebt er nicht persönlich, sondern überwacht und beobachtet genau die Konditionen anderer Menschen und Wesen, die sie erleben. So sind die Beziehungen der Ereigniskombinationen, die die Menschen als Zwangsläufigkeit ihres Lebens entweder direkt erleben oder bei anderen Menschen beobachten, die Gesamtheit "des mit der irdischen Auffassungsgabe zum Ausdruck kommenden Wissens"; dies sind Begriffe, die vom essenziellen Wissen zu unterscheiden sind und sie sind Materialien, die bei der Bildung des essenziellen Wissens als Mittel dienen. Dies sind nur Schlussfolgerungen und Eindrücke, die nach den durchlaufenen verschiedenen Mechanismen im Leben des Spatiums nach dem Tod auf das essenzielle Wesen übertragen werden, so werden sie in Form von essenziellem Wissen Eigentum des Wesens.

Eben das Bewusstsein, das wir bereits behandelt haben, sammelt durch die groben Realitäten der Erde beziehungsweise durch die unmittelbare Konfrontation mit diesen Ereignissen weiterhin neue Wissensmaterialien von der Erde. Nachdem wir nun den Unterschied zwischen dem "essenziellen Wissen" und den Ereignissen auf der Erde, die die Menschen als "Wissen" bezeichnen, dargelegt haben, werden wir ohne sie zu verwechseln fortfahren, in dem wir das Wort Wissen in seiner irdischen Bedeutung benutzen.

*
* *

Um den Umgang mit dem irdischen Wissen zu erleichtern, werden wir es mit einem Baum vergleichen; Wissen, das direkt, also durch das Erleben der Ereignisse selbst erzielt wird, bezeichnen wir als "Stammwissen" und das Wissen, das durch die beobachteten Erlebnisse anderer erlangt wird, können wir als "Zweigwissen" bezeichnen; beide sind mächtige Mittel, die je nach ihrer Kapazität zur Entwicklung des essenziellen Wissens führen. Zum Beispiel das Wissen, das ein Kind, das seine Hand ins Feuer gelegt und durch das Empfinden des Schmerzes der Verbrennung selbst erfahren hat, ist für ihn ein "Stammwissen"; das Wissen, das es durch die Beobachtung des Leidens und der Reaktionen, die durch das Verbrennen der Hand eines anderen Kindes, das sein Freund ist, erfährt, stellt für ihn ein "Zweigwissen" dar. Mit diesem Beispiel haben wir erklärt, dass bei der Bildung des essenziellen Wissens das Stammwissen unmittelbarere Ergebnisse liefern kann als das Zweigwissen. Es ist jedoch nicht möglich, dass die Menschen jedes Ereignis selbst erleben und nur direktes Wissen erhalten. Die Mängel, die sich aus dieser Unmöglichkeit ergeben, werden durch das Zweigwissen ergänzt.

* * *

Während die Erkenntnisse das essenzielle Wissen nähren, beziehen sie von einigen unterstützenden Prinzipien Kraft; eine davon ist das Kausalitätsprinzip.

Im Universum vollzieht sich kein Ereignis ohne eine Ursache. Alle Ereignisse des Universums, alle Beziehungen, Einflüsse, Organisationen, Veränderungen, Zerfälle, kurz alle Formationen, Transformationen und Deformationen aller Materiekombinationen; entstehen als Ursache und Wirkung voneinander und sind miteinander verbunden durch die Notwendigkeiten der großen Ursache der Vervollkommnung. Dies ist eine Manifestation des großen Kausalitätsprinzips im Universum. Wir bringen an jeder Stelle dieses Buches immer wieder zum Ausdruck, dass jede Bewegung einer Ursache entspringt und eine Wirkung zufolge hat. Ein Vorkommen ohne Ursache und Wirkung ist undenkbar. Die Mechanismen der Herstellung und des Zerfalls aller Beziehungen im Universum funktionieren nach diesem Prinzip. Kein Ereignis ist herrenlos und unabhängig. Jedes Ereignis ist direkt oder indirekt mit anderen Ereignissen verbunden. Somit ist das gesamte Universum mit all seinen Bestandteilen mit einem großen Netzwerk von Verbindungen verflochten, deren Knotenpunkte die Ursache-Wirkung Zwangsläufigkeiten des Kausalitätsprinzips sind. Jedes Ereignis ist die Wirkung eines übergeordneten und die Ursache eines untergeordneten Ereignisses. Wenn die Ursache eines Ereignisses nicht zu sehen ist, liegt es daran, dass die Ursache dieses Ereignisses noch unbekannt ist.

* * *

Das Kausalitätsprinzip ist eine starke Grundlage für das von der Auffassungsgabe verwendete vergleichende Wissen, das die wichtigste Rolle bei der Umwandlung von Ereignissen in essenzielles Wissen spielt. Nachdem wir das Kausalitätsprinzip kurz beschrieben haben, wäre es sehr hilfreich, die gegenseitigen Zustände zwischen der Auffassungsgabe und dem vergleichenden Wissen zu erläutern.

Das "vergleichende Wissen" ist der Weg der Auffassungsgabe, sich an das Kausalitätsprinzip anzupassen. Die Auffassungsgaben entwickeln sich in dem Maße, wie es ihnen gelingt, sich an das Kausalitätsprinzip des Universums anzupassen. Die dem Kausalitätsprinzip fremden Auffassungsgaben sind nicht in der Lage, die unendlichen Beziehungen zwischen den unendlichen Kombinationen im Universum zu bestimmen und zu würdigen und in diesem Verhältnis verbleiben sie in rückständigen und einfachen Positionen. Einem Kind, das sich nicht bewusst ist, ob seine Hand brennen wird oder nicht, wenn es mit seiner Hand ins Feuer fasst, wird nicht erlaubt, mit dem Feuer zu spielen. Denn seine Auffassungsgabe ist für eine solche Aufgabe noch nicht würdig. Seine Auffassungsgabe hat sich noch nicht genügend an das Kausalitätsprinzip der Beziehungen dieser Materien angepasst. Was diese Anpassung ermöglicht, wird sein vergleichendes Wissen sein. Um das vergleichende Wissen zu erlangen, wird dieses Kind mehrmals die Erfahrung machen, das Feuer mit seiner Hand zu fassen und seine Hand wird jedes Mal verbrennen. Jedes Mal, wenn seine Hand verbrennt, werden in seiner Auffassungsgabe nach und nach eine Reihe von Intuitionen über die Ursachen und Wirkungen der Hand und Feuer Beziehungen auftauchen, und mit Hilfe von vergleichendem Wissen werden diese Intuitionen zu Wissen umgewandelt. Dies erhöht die Auffassungsgabe und folglich den Inhalt des essenziellen Wissens. Diesen Prozess nennen wir "Erfahrung".

*<br>* *

Unsere Erläuterungen machen deutlich, dass das Kausalitätsprinzip und das vergleichende Wissen, die das essenzielle Wissen erhöhen, ihre Funktionen nur über den Weg der Ereignisse erfüllen. Ohne die "Ereignisse" kann weder das Kausalitätsprinzip untersucht noch das vergleichende Wissen verstanden oder diese miteinander verknüpft werden. So ergibt sich daraus die Notwendigkeit, ehe wir mit dem vergleichenden Wissen fortfahren, zuvor die Ereignisse näher zu betrachten.

Eines der wesentlichen Materialien und sogar das an erster Stelle sind die "Ereignisse", um das Wissen und das essenzielle Wissen zu erlangen und infolgedessen die Vervollkommnung zu beschreiten. Es ist notwendig, direkt oder indirekt die Ereignisse zu erleben.

Das Entstehen von Ereignissen hängt von einer Vielzahl von Gründen ab. Die Ereignisse vollziehen sich aber vor allem nach dem Ursache-Wirkung Gesetz. Ob die Ereignisse das essenzielle Wissen hervorbringen können, hängt im Grunde davon ab, in welchem Grad es der Auffassungsgaben gelingt, sich mit der Urteilskraft in deren Ursache-Wirkung Beziehungen zu integrieren. Das Feuer verbrennt die Hand des Kindes, es hat diesen Schmerz gewiss gespürt. Seine Hand ist verbrannt, weil es in das Feuer gefasst hat. Wenn das Kind in der Lage ist, sich über die Ursache-Wirkung Verbindungen zwischen den Ereignissen bewusst zu werden, die im Zusammenhang mit diesem Gefühl der Verbrennung auftreten, ist das Resultat in Bezug auf das essenzielle Wissen unterschiedlich, andernfalls ist es wieder unterschiedlich. Mit anderen Worten, das Wissen wird in dem Maße gebildet und an die Seele reflektiert, wie weit sich die Auffassungsgabe an die Ursache-Wirkung Verbindungen in diesem Ereignis angepasst hat. Die Ereignisse, die das Wissen liefern, werden von den helfenden Wesen proportional zu den Bedürfnissen dieses Wesens angeordnet und vor dem Menschen präsentiert oder aus demselben Grund durch die Einwirkungen der helfenden Wesen, die sie senden werden, von diesem Wesen durchgeführt. Dieses Wesen verursacht diese Ereignisse von sich aus, durch seine eigenen Handlungen. Denn die Anordnung und Reihenfolge dieser Ereignisse, die das Wissen dieser Person vorbereiten, sind vielen individuellen und gemeinschaftlichen Plänen und vielen Vorschriften im Zusammenhang mit der Vervollkommnung unterworfen, und diese Vorschriften können nur von überlegenen Auffassungsgaben und Mächten durchgeführt werden.

Wenn ein Mensch ein gewünschtes Ereignis durchführen soll, aktivieren die helfenden Wesen, zur gegebenen Zeit die Komponenten des irdischen Begehrens seines Gewissens. Sie können ihn aber auch mit Ereignissen außerhalb seiner Wahl konfrontieren und ihn somit zu verschiedenen Handlungen verleiten. Diese sollen die Menschen die schmerzhaften Konsequenzen ihrer durch das irdische Begehren geleiteten Handlungen spüren lassen und die Menschen auf diese Weise an das vergleichende Wissen heranführen, um so Werte für ihr essenzielles Wissen vorzubereiten. Wenn zum Beispiel ein Mensch die Qualen eines Mörders erleiden soll, wenn er diese Erfahrung braucht, wird er mit solchen Ereignissen konfrontiert, gegenüber denen er sich nicht beherrschen kann und einen Menschen tötet. Das heißt, dass ein Ereignis mit einer solch schwerwiegenden Konzequenz, den er persönlich verursacht hat, kein willkürlicher oder zufälliger Vorfall ist. Denn das vergleichende Wissen zu erlangen, die er zur Wiederbelebung der verlangsamten Entwicklungsvorbereitungen benötigt, ist nur in dem Maße möglich, inwieweit er sich bewusstwird, dass er für die Ereignisse sich persönlich als würdig erweisen muss. Das, was dies ermöglichen wird, ist, dass er einen Menschen tötet. Er muss diesen Menschen töten, damit sein Bestand an Wissens und Auffassungsgabe, das bis dahin die Komponente der Pflicht seines Gewissens nicht mehr als die Komponente des irdischen Begehrens wertschätzte oder eher dafür zu schwach war, durch das vergleichende Wissen, das er aufgrund dieses Ereignisses erlangt, genügend Macht gewinnen und sich bereichern kann und nun die Möglichkeit hat, seine Entwicklung zu beschleunigen, indem er seinen Willen auf die Komponente der Pflicht richtet. Angesichts Tausender ähnlicher Bedürfnisse des Wesens werden diese Hilfeleistungen und Eingriffe durchgeführt, um verschiedene Ereignisse hervorzurufen. Menschen, die noch nicht gefestigt genug sind, um sich den oberen Komponenten der Gewissensdualität zu zuwenden, also sich noch nicht von den Einwirkungen des Wissens der niederen Wissensstadien befreien konnten und zu schwach waren, um das Niveau ihrer Gewissensgleichgewichte zu erhöhen, werden durch unterstützende Wesen, die mit ihrer Vervollkommnung berufen sind, mit einer Reihe von solchen Ereignissen konfrontiert, und sie lernen auch wichtige Lektionen aus dem vergleichenden Wissen, das sie unter der Wirkung der Qualen und des Leidens dieser Ereignisse erfahren; jede dieser Lektionen sät die Samen ihres essenziellen Wissens. Auf diese Weise bereitet dieses Wesen seine Auffassungsgabe für die höheren Werte der Realitäten höherer Ebenen vor und macht Fortschritte. Mit anderen Worten, es nähert sich dem Wissen der Pflicht des übermenschlichen Stadiums. Aus diesem Grund haben die Menschen diese schmerzhaften Ereignisse, die sie seit langem als Prüfungen und Bewährungen bezeichnen –ohne ihre Beschaffenheit wirklich zu verstehen–, als einen rettenden Faktor angesehen, was auch richtig ist. Tatsächlich bezeichnen wir die Lektionen, die sich aus den Resultaten dieser Prüfungen oder Bewährungen oder Erlebnissen ergeben, auch als "Erfahrung" oder "Beobachtung". Beides sind Materialien der Vervollkommnung.

Wir sagten, dass sowohl das Kausalitätsprinzip als auch der Ereignisfluss im Lichte dieses Prinzips die Menschen zu einem vergleichenden Wissen führen – indem sie direkt oder indirekt diese Ereignisse erleben. In der Tat tritt das vergleichende Wissen für das Wachsen des essenziellen Wissens als ein sehr wichtiger Faktor hervor.

Die effektivsten Helfer für das vergleichende Wissen sind der

Schmerz und das Leiden. Es sollte beachtet werden, dass das Leiden auch eine wichtige Rolle beim Erwerb von essenziellem Wissen spielt. Es sollte klar erkennbar sein, dass das vergleichende Wissen die Auffassungsgabe und das essenzielle Wissen oft durch das "Leiden" fördert. Die Leiden im Spatium sind wertvolle Hilfsmittel für das vergleichende Wissen, das die Wesen während der Auswertung des Wissens aus dem Unbewusstsein erlangen. Wir werden ein irdisches Beispiel hierfür geben. Dieses Beispiel enthält alle Feinheiten dieses Themas.

Betrachten wir den "sexuellen Egoismus", der die Ursache vieler Prüfungen, vieler Fortschritte und vieler Rückschritte darstellt, der auf der Erde am schwierigsten zu überwinden ist und sich entsprechend seines Grades auf viele Stadien erweitern kann! So stellen wir uns einen Mann vor, der eine Frau nur liebt, um die Begierden des Fleisches, um seine Sinnesfreuden zu befriedigen. Und auf diesem Wege muss er seinen materiellen Egoismus überwinden. Eines Taget hat die Frau, die er liebt, ihn satt, und verliebt sich in einen anderen. Angesichts dieser Prüfung wird dieser Mann seinem irdischen Begehren genug erlegen sein, um seine Geliebte zu töten. Somit setzen sich die Reaktionen, die er zeigen wird, bis zum Ende des Stadiums fort, indem sie sich allmählich verändern. Betrachten wir nun in einem mehr oder weniger fortgeschrittenen Gewissensstadium einen anderen Mann in der gleichen Situation! Seine Geliebte hat ihn verlassen. Und sie liebt nun jemand anderen. Dieser Mann, der im Stadium des Gewissens nach oben voranschreitet, wird das ohne sich zu ärgern akzeptieren und wird vielleicht nicht zögern, sein Bestes zu tun, um dieser Frau in dieser Hinsicht zu helfen. Hier steht der Vergleich von einem Mord und einer Tugend, von Egoismus und Altruismus sich gegenüber. Wenn der Mann, der den Mord begangen hat, nicht in der Lage ist (da er diesen Mord begangen hat, war er nicht in der Lage) mit seiner eigenen Auffassungsgabe an das Wissen dieses Vergleiches zu gelangen, dann wird ihm die Hilfe externer Eingriffe zukommen bis er sich diesem Vergleich bewusstwird. Und nur mit diesem vergleichenden Wissen wird die Lehre eintreten, und der Mann wird in der Lage sein, die Taten und Bemühungen zu leisten, die notwendig sind, um die Egoismus Komponente des irdischen Begehrens zu besiegen. Die Sache ist die: Nehmen wir an er hat diesen Mord mit einem Messer begangen! Nach dem Mord wird er in ein Gefängnis eingesperrt werden. An dieser Stelle möchten wir eine Kette der Vergleichsprüfungen auflisten. Als erstes wird dieser Mann im Gefängnis in einer erzwungenen Vergleichsituation sein durch die Qual, seine sexuellen Wünsche und Freuden nicht befriedigen zu können. Wie ein Kind mit einer vom Feuer verbrannten Hand wird er die ersten bitteren Konsequenzen seiner feuerähnlichen Leidenschaften zu spüren beginnen. Auf diese Weise wird er auf einen Vergleich stoßen, der ihn lehrt, was die Ursache seines Leidens ist. Sagen wir mal, dies hat ihn nicht zur Vernunft gebracht! So wird der Gefangene im Gefängnis altern. Seine Hormone, seine Potenz, seine sexuellen Aktivitäten werden geschwächt und er wird seine sexuelle Funktion nicht mehr ausüben können. In diesem Zustand wird dieser Mann seinen Egoismus, der ausschließlich für sein Fleisch und seine Nerven gilt, nicht mehr spüren können, sondern nur noch davon träumen. Wenn er nicht genug Lehren aus den vorhergehenden Lektionen gezogen, er nicht genug Wissen aus den Ereignissen erhalten hat, so wird ein anderer Gefangener ihn in einen Kampf erstechen oder er wird einen Unfall haben, bei dem ein scharfer Gegenstand wie ein Messer in seinen Körper eindringt. Und dabei wird er heftige materielle Schmerzen erleiden. Dadurch wird das Subjekt unseres Beispiels ganz natürlich in einen harten Vergleichsprozess eintreten. Er ist nicht direkt ein Sklave seines Fleisches, weil ihm die Sexualität fehlt. Er hat diese Realität nun notwendigerweise aufgegeben. Darüber hinaus hat er einen Unfall überlebt, der ihn durch einen Vergleich die Erinnerung an die Prüfung ein Mörder zu sein erleben ließ. Es ist diesem Wesen nicht mehr möglich, in dieser Situation keine Lehre mehr zu ziehen und nicht zu versuchen, Taten und Bemühungen zu leisten, um das notwendige Wissen zu erlangen.

Nun geben wir noch eine objektive Beobachtung des obigen Beispiels: Als ein reicher Mann mittleren Alters sah, dass alle seine Versuche das Interesse eines jungen Mädchens wiederzugewinnen, mit der er eine intime Beziehung hatte, die aber von ihm genug hatte und sich von ihm abgewandt hat, vergeblich waren, wurde er gewalttätig; er stellte ihr nach und als er sie erwischte, stach er mit einem Messer 25-30-mal auf sie ein und streckte sie nieder. Dieser Mann, der nach dem Mord knapp der Todesstrafe entging, wurde in die Abteilung für geistig kranke Straftäter einer Nervenheilanstalt gesperrt, wo er zwölf Jahre verbrachte. Eines Tages wurde er von einem rasenden Geistesgestörten aus der gleichen Abteilung, mit dem er sich sehr gut verstand, während einer mentalen Krise angegriffen und der Geistesgestörte, mit einer Gartenhacke in der Hand, zerfetzte mit 25-30 Hieben seinen Körper und riss ihn zu Boden.

Auch diese Beobachtung zeigt die Reihenfolge aller Vergleiche. Allerdings der Schmerz und das Leiden sowohl des Kindes, das seine Hand im Feuer verbrannt hat, als auch die der Männer, die ihre Geliebten wegen ihrer Leidenschaften getötet haben, und die, einer im Gefängnis, der andere in einer Nervenheilanstalt, durch die Entsprechungen ihrer zuvor begangenen Morde vergolten gestorben sind; der Schmerz und das Leiden, die diese Personen erlebt haben und erleben werden, führen sie allmählich zu einem starken vergleichenden Wissen und dieses Wissen bereitet ihr essenzielles Wissen und ihre Auffassungsgabe vor, die sie benötigen, um die höheren Ebenen zu erreichen.

Demzufolge gehen Wissen und Auffassungsgabe Hand in Hand. So müssen ihre Entwicklungen zusammen betrachtet und erläutert werden. Für die Entwicklung der Auffassungsgaben existieren zwei Wege: Zum einen schreitet sie fort, indem sie die Konditionen des menschlichen Körpers zum Untersuchungsgegenstand macht. Dies bezeichnen wir als "die direkte Entwicklung der Auffassungsgabe". Zum anderen schreitet die

Auffassungsgabe fort, indem sie die Zustände außerhalb des Körpers beobachtet, oder vielmehr indem sie die Ereignisse untersucht, die sie selbst verursacht hat. Dies bezeichnen wir als "die indirekte Entwicklung der Auffassungsgabe". Zu den wichtigsten Faktoren, die für die indirekte Entwicklung der Auffassungsgabe verwendet werden und die die Erfahrungen der Menschen erweitern, gehören die Ereignisse, Handlungen und Werke ihrer Umgebung, die sie selbst verursacht haben und von denen die meisten, durch die Hilfe äußerer Einwirkungen hergestellt werden. Diese Ereignisse erscheinen insbesondere in den ersten Entwicklungsstufen sehr schwierig, mühsam, beschwerlich, quälend und als äußerst langwierig. Sie erzeugen Gefühle, als würden sie nie und nimmer enden. In der Zwischenzeit arbeitet der Mensch hart, kämpft sein ganzes Leben lang mit den verschiedenen Unmöglichkeiten der Natur, um sich mit einem Bissen Nahrung zu versorgen, kämpft mit "Monstern" und Mitmenschen. In diesem Kampf gewinnt er manchmal, meistens wird er besiegt. Er empfindet die Qualen dieser Ereignisse in seinem Selbst, so zieht sich sein gequältes Leben Jahrhunderte lang dahin. Da wir bereits erläutert haben, wie all diese Ereignisse die Auffassungsgabe und das essenzielle Wissen beim Menschen fördern und erhöhen und auf welche Weise sie das Gleichgewicht der Entwicklungsmechanismen auf höhere Ebenen steigern, werden wir hier nicht noch einmal darauf eingehen. Während diese Ereignisse einerseits zu einer Zunahme des essenziellen Wissens führen, regen sie andererseits die Auffassungsgaben an, in die Entwicklungsmechanismen einzugreifen. Dies führt zu neuen Ereignissen, Prüfungen, Erfahrungen und Beobachtungen und damit zu einer allmählichen Beschleunigung des Lauftempos der Auffassungsgabe.

Je mehr die Auffassungsgabe zunimmt, desto deutlicher werden die Bedeutungen der Ereignisse in der Umgebung. Und auf diese Weise beginnen die aus den Materiekombinationen des menschlichen Gehirns stömenden "Vibrationen der Auffassungsgabe", verschiedene Schlussfolgerungen aus diesen unzähligen

Ereignissen zu ziehen und verschiedene Kombinationen aus den Teilchen der Ereignisse zu bilden, woraus dann das "irdische Wissen" entsteht. Mit der Entwicklung der Auffas-sungsgabe wird dieses Wissen umfangreicher und vermehrt sich. Daher ist das Wissen in mehrere Zweige unterteilt: Viele Wissenszweige bilden sich, wie zum Beispiel Kunst, Literatur, Wissenschaft, Medizin, Philosophie, Musik, Malerei, Wirtschaft, Politik, Religion und so weiter. Sie alle sind das Resultat der neuen Materiekombinationen, die die im Entwicklungsmechanismus gesteigerte Auffassungsgabe aus den Materien der Ereignisse gebildet hat. Und natürlich sind diese spezifisch für die Erde und dazu bestimmt auf die Erde beschränkt zu bleiben, um die Gebote und Notwendigkeiten der Vervollkommnung auf der Erde zu erfüllen. Sie vollziehen sich unter den Einwirkungen und der Kontrolle des Plans der Pflicht, der die Erde regiert. In diesem Fall hängt die Erweiterung der essenziellen Auffassungsgabe auf der Erde mit der Komplexitätszunahme und Anreicherung ihrer als Mittel verwendeten gehirngebundenen Positionen und der Bildung neuer Konstitutionen in Richtung hoher feiner Materiezustände zusammen.

Wir haben ja bereits erläutert, dass die Auswirkungen, die die "Materien der Ereignisse" im essenziellen Wesen bewirken, also das essenzielle Wissen durch den Kanal der essenziellen Auffassungsgabe an die Seele reflektiert werden müssen. Aus diesem Grund versucht ein Wesen, das mit dem Bedürfnis nach Vervollkommnung auf die Erde kommt, die Möglichkeiten der irdischen Ereignisse bestmöglich zu nutzen. Diese Nutzung der Auffassungsgabe vollzieht sich sowohl durch die Formänderungen des Körpers als auch durch zahlreiche Änderungen der Materie der Erde, in der der Körper lebt. Wir nannten die erste die direkte und die zweite die indirekte Entwicklung der Auffassungsgabe. Während in den direkten Zuständen die Auffassungsgabe Fortschritte erzielt aufgrund ihrer Ausübungen, in denen sie direkt im Körper Formationen, Transformationen und Deformationen herstellt, erweitert sie sich in indirekten

Zuständen aufgrund ihrer Ausübungen bezüglich der Konsequenzen der unzähligen äußeren Ereignisse, die die Auffassungsgabe wieder selbst durch den Körper herstellt, oder die durch die höheren Verpflichteten organisiert werden.

Alle Formationen im Universum sind auf die Bedürfnisse der Seelen abgestimmt. Transformationen innerhalb der Kriterien erfolgen durch verschiedene Mechanismen. Die Auffassungsgabe, die der feinste Zustand der Materie auf der Erde ist, bereitet sich somit innerhalb dieser verschiedenen Mechanismen direkt und indirekt auf die am besten geeignete Weise vor, in der sie der Seele dienen kann. Daher wirkt und greift sie auf ihren eigenen Körper und durch ihren Körper auch auf die Außenwelt ein. Mit den Entwicklungen, die sie sowohl in ihrem Körper als auch in den externen Materien erzeugt, bewirkt sie auch ihre eigene Entwicklung und die Zunahme ihres essenziellen Wissens. Es sollte nicht vergessen werden, dass sich diese Angelegenheiten durch die zuvor erläuterten Einwirkungen, Mechanismen und der Technik des Dualitätsprinzips vollziehen. Nachdem wir das "Wissen", eine der Komponenten, die die Entwicklung des essenziellen Wissens beschleunigen und nähren, erläutert haben, möchten wir einige Informationen zu der Komponente "Liebe" machen.

Tatsächlich ist die Liebe, die viele Ereignisse und Prüfungen des irdischen Lebens verursacht, eine der stärksten Faktoren, die sowohl bei der Formation des essenziellen Wissens als auch bei der Entwicklung des Gewissens auf direkte und indirekte Weise eine Rolle spielt. Ohne Liebe wären die Wege zur Gewinnung essenziellen Wissens und die Möglichkeiten des Gewissensmechanismus, Schlussfolgerungen in positive oder negative Richtungen zu ziehen, erheblich eingeschränkt und folglich wären die Möglichkeiten für Prüfungen, Erfahrungen, Beobachtungen und vergleichendes Wissen sehr begrenzt. Weil die Liebe sowohl die höheren Komponenten des Gewissens unterstützt und dazu beiträgt, das essenzielle Wissen direkt mit den Ereignissen zu steigern, die sie auf positive Weise erzeugt, also mit einer bewussten Auffassungsgabe; als auch dient sie zur indirekten und automatischen Steigerung des essenziellen Wissens durch vergleichendes Wissen, das sich aus den leidvollen und schmerzhaften Konsequenzen ergibt, die sie verursacht, indem sie bei Bedarf die untere Komponenten des Gewissensmechanismus aktiviert. Zum Beispiel ist die oben erwähnte Liebe, die einen der Menschen ins Gefängnis und den anderen in eine Nervenheilanstalt brachte und durch die Tötung beider Menschen große Qualen verursachte und zu vergleichendem Wissen führte, ein Beispiel für indirekte Entwicklungen mit scheinbar negativen Auswirkungen, die im Grunde auch positiv sind. Zusätzlich zu den beiden vorherigen Beispielen für Liebe geben wir hier ein Beispiel mit positiven Auswirkungen: Ein junger, noch unerfahrener Mann liebt eine Frau mit ehrlicher und tiefer Liebe. Er selbst befindet sich auch auf einem recht fortgeschrittenen Gewissensstadium. Aber die Frau lehnt ihn ab, weil sie die erwünschten überlegenen Eigenschaften an ihm nicht sieht. Der junge Mann beginnt sofort zu arbeiten, um seine überlegenen Qualitäten zu steigern und sich selbst zu verbessern mit der Entschlossenheit die Wertschätzung und das Interesse der Frau zu gewinnen. Zuerst tat er dies mit dem Automatismus der Liebe. Mit seinem zunehmenden Erfolg neigt der Umfang der Liebe dazu, sich zu erweitern und die Bedeutung zu ändern. Aufgrund dessen empfindet er das Bedürfnis sich weiterzubilden, versucht nützliche Werke für die Menschheit zu schaffen. Er beginnt, jeden zu lieben, von jedem geliebt zu werden. Die Liebe wird universalisiert und verliert ihre frühe einfache, einseitige Form innerhalb der unendlichen Facetten eines universalen und umfassenden Interesses. Und so steigert er sein essenzielles Wissen durch die vielen Konsequenzen, denen er auf dem Weg seiner ersten Liebe begegnet ist, und auf der Ebene einer hohen Gewissensbalance wird er zu einem Wesen, das aktiv und auf das Wissen der Pflicht vorbereitet ist.

*
* *

Wenn wir über Liebe sprechen, sollten wir uns nicht immer auf ihre enge Bedeutung konzentrieren. Liebe im engeren Sinne, wie die Menschen sie verstehen, ist ein kleiner, wenn auch wichtiger Teil der großen Rolle des umfassenden Liebesbegriffs, die sie im Entwicklungsmechanismus einnimmt. Das heißt, es gibt endlose Facetten und Formen der Liebe, von der hier die Rede ist. Bei der Erklärung der Rollen der Liebe hinsichtlich dem Gewissensmechanismus oder vielmehr dem Entwicklungsmechanismus ist es notwendig, diese breite Bedeutung hervorzuheben. Nur so kann ihr wahrer Wert für die Vervollkommnung dargestellt werden. Daher möchten wir nun die Liebe in ihrer universalen Bedeutung erläutern!

Liebe ist die Anziehung, die zu etwas empfunden wird. Alles auf der Erde, jede Realität kann je nach Person oder Situation die Menschen und Wesen - in jeder Entwicklungsphase - auf verschiedene Arten anziehen. Daher kann Liebe auf allen Ebenen zu allem empfunden werden. Die Liebe ist eben ein so universales und umfassendes Thema. Sogar die physikochemischen Affinitäten, die die Materien zueinander zeigen, sind vielleicht die materiellste und primitivste Vorbereitung der bei höheren Wesen beobachteten Liebe, was jeweils ein Gebot der spezifischen Bedürfnisse und Pflichten der Wesen in dieser Phase ist. Wenn die Pflanzen Nährstoffe aufnehmen und sich einverleiben, wenn sie der Luft Kohlenstoff und Sauerstoff entziehen und diese ihrem Saft zuführen, und wenn manche sogar sich der Sonne zuwenden, Tiere in sich aufsaugen und verdauen; all dies sind verschiedene instinktartige Manifestationen dieser Anziehung, die für gewöhnlich in physikochemischen Aspekten zu sehen ist.

Diese Zustände der einfachen Anziehung der Liebe, die sich in verschiedenen Mechanismen in den Pflanzen manifestieren, beobachten wir bei den Tieren in weniger materialisierten Situationen, die denen der Menschen näherkommen. Bei der Affinität der Tiere, sei es bei Freundschaften mit ihren Nachkommen, Partnern, Familienmitgliedern, Freunden oder sei es sogar mit Arten außerhalb ihrer eigenen Rasse, ist es manchmal möglich, die Varianten der absoluten Liebe zu beobachten. Was die Menschen betrifft; in diesem Stadium treten die hohen und reichen Manifestationen der Liebe auf, die mit einer sehr breiten Auffassungsgabe empfunden wird.

An dieser Stelle müssen wir das Wesen der Liebe noch ausführlicher erläutern. Damit wir die Beziehung der Liebe zu dem Körper noch klarer erläutern können, wäre es hilfreich, das Wissen bezüglich der Materiekombinationen, die wir am Anfang des Buches mitgeteilt haben, noch einmal zusammenzufassen. Zunächst möchten wir klarstellen, dass die Informationen, die wir hier geben werden, über den Mechanismus der Formation des Elements Liebe im Körper, das als Emotion bezeichnet wird, auch alle Formationen von Emotionen und Leidenschaften umfassen, die im Körper vorkommen und als "spirituell" bezeichnet werden, wie wir zuvor auch erläutert haben. Anhand dieser Informationen ist es möglich, die Formationen aller Emotionen im Körper und ihre Beziehungen zum Körper zu erklären.

Die Liebe, die in den Entwicklungsstadien des Menschen ihre höchste Form findet, besteht aus den Manifestationen der subtilen und höheren Schwingungen und Energien, die von einem sehr subtilen Teil der "Materiekombinationen" des Körpers ausgestrahlt werden. Eine Reihe von Materiekombination und Systemen von solch hoher und feiner Ordnung beginnen sich in bestimmten Teilen des menschlichen Gehirns zu bilden, sowohl aufgrund der Notwendigkeiten und Konsequenzen ihrer eigenen Erfahrungen, mit anderen Worten ihres eigenen essenziellen Wissens und ihrer Planausübungen, als auch als direktes Prüfungsgegenstand aufgrund der Eingriffe von verpflichteten Wesen. Die Schwingungen und Energien, die diese feinen Kombinationen abgeben, erzeugen ein sehr starkes und anziehendes Feld, ein Magnetfeld um diese herum. Es ist jedoch notwendig, sich nicht auf die groben Bedeutungen dieser Worte zu beschränken, also es sollte nicht aus der Bedeutung entnommen werden, dass wir einen gewöhnlichen Magnetfluss meinen. Sie sind viel feiner und von unvergleichlich hoher Natur als die uns bekannten Magnetwellen. Eben dieses Feld zieht viele andere Vibrationen an, die mit ihm sympathisieren können. Ebenso wird es von den Magnetfeldern angezogen, von denen die anderen Schwingungen abhängig sind. Das ist die Bedeutung der Worte, "die Körper lieben sich und werden voneinander geliebt". Solange diese sich aus dem einen oder anderen Grund im Körper gebildeten feinen Materiekombinationen fortbestehen, setzen sich die von ihnen ausgehenden Schwingungen fort. Wenn sie sich ändern, ändert sich auch die Natur und Intensität der Schwingungen entsprechend der Form und dem Grad dieser Änderung. Wenn diese Kombinationen zerfallen, verschwinden auch die Vibrationen. Und die Manifestation der Liebe endet. Es ist bekannt, dass alle diese Vorgänge gemäß den Geboten durch die Einwirkungen von oben geschehen.

Nun lassen Sie uns das Gegenteil denken! Es gibt einen anderen Menschen... Sein Körper bildet auf die gleiche Weise, aber innerhalb anderer Anordnungen, auch feine Materiekombination. Sie sind im Vergleich zu anderen groben physikochemischen Materiekombinationen relativ fein und subtil, aber gröber als die vorherigen Kombinationen der Liebe. Eben die Schwingungen, die diese ausstrahlen, sind Antipathie und Hassschwingungen. So wie sie die Schwingungen des Hasses und der Antipathie aus ihrer Umgebung empfangen, an denen sie interessiert sind, senden sie ihnen die gleichen Schwingungen zurück. Während die sympathischen Ausstrahlungen aus den Körpern der ersteren hervorgehen, breiten sich die antipathischen Schwingungen ständig um die Körper der letzteren aus. Wenn die sympathischen Ausstrahlungen, deren Feinheiten und Kräfte überlegener sind, auf die Materiekombinationen gerichtet werden, die antipathische Ausstrahlungen erzeugen, können diese Vibrationen, die sehr viel stärker sind, diese

Kombinationen auslöschen. Aus diesem Grund sind Liebende und die, die geliebt werden, in einer viel mächtigeren und einflussreicheren Position als die, die Feindschaft und Hass empfinden. Dies sind sehr brauchbare Informationen, die im Entwicklungsprozess auf dem gemeinschaftlichen Weg nützlich sein werden.

*
* *

Da die Liebe in positiver oder negativer Weise verwendet wird, ist sie ein wichtiges Entwicklungsmittel, das das essenzielle Wissen erweitert, indem sie im Gewissensmechanismus eine endlose Vielfalt von Ereignissen verursacht. Und in dieser Hinsicht setzt sie sich fort, wie alle anderen Kräfte des menschlichen Lebens auch, gemäß den Notwendigkeiten, Bedürfnissen und Anforderungen, die eine Verkörperung erfordern, und wenn die Zeit gekommen ist, lösen sie sich auf oder degenerieren. Und aus allen diesen vielen Zuständen speisen die Wesen ihr essenzielles Wissen, profitieren die Seelen.

Auf diese Weise neigt die Liebe mit ihrer höheren Seite entsprechend ihrer Kraft und Natur immer dazu, mit den oberen Komponenten des Gewissens zu sympathisieren, und führt zu einer kontinuierlichen Steigerung der Gleichgewichtslinie. Allerdings sollten die Schwingungen der Liebe nicht durch eine Vielzahl von Gründen, insbesondere durch die starken Ausstrahlungen von einfacheren und groben Kombinationen aufgrund einiger obligatorischer und notwendiger Prüfungs- und Beobachtungsbedürfnisse beeinträchtigt werden. Zum Beispiel könnten Eifersucht, Egoismus, Stolz, Arroganz, Kraftmeierei, Gier nach Geld und Ruhm, sowie viele andere die Liebe vergiftende "grobe Materiekombinationen" sich zu den Kombinationen der Liebe vermischen. Somit beginnen diese Einwirkungen, die aus diesen "groben Materiekombinationen" hervorgehen und sich stetig mit Kraft und Gewalt auf die feinen Liebeskombinationen des Körpers ausrichten, allmählich auf diese Kombinationen der Liebe einzuwirken, ihre oberen Werte teilweise auszulöschen und letztendlich diese Kombinationen zu degenerieren; infolgedessen beginnen die trüben, verworrenen und schweren Energien, die aus diesen Kombinationen hervorgehen, mit den niedrigeren Realitäten sich zu vereinbaren, wie dies in solchen Umständen der Fall ist, und verursachen eine Reihe von schmerzhaften Ereignissen, die durch automatische Verfahren des Gewissensmechanismus abgeschlossen werden.

Die Liebe fließt in den Gewissensmechanismus mit ihren verschiedenen Variationen ein. Denn sie hat viele Seiten, von denen einige auf die Pflichtkomponenten des Gewissens und die anderen auf die Komponenten des irdischen Begehrens bezogen sind. Besonders in den frühen Stadien der Menschheit dominieren die Seiten der Liebe, die mit Egoismus vermischt sind. Die Formen der Liebe, die mit diesen groben Kombinationen vermischt sind, haben wir oben ein bisschen erwähnt. Sie führen zu vielen Schwierigkeiten, Problemen, Leiden und Qualen. Manchmal bringt die Liebe mit ihren reinen und hohen Manifestationen den Menschen direkt zu den höheren Realitäten. Auf dieser Seite von ihr gibt es Manifestationen anderer hoher, feiner Materiekombinationen, die die Entwicklung beschleunigen, wie insbesondere Verzicht, Hingabe, Altruismus, Hilfe, Mitgefühl. Auch dafür haben wir oben ein Beispiel gegeben.

Während die Liebe auf dem positiven Weg, mit ihrer altruistischen Seite, die pflichtorientierten Komponenten des Gewissens stärkt und einen schnellen und bewussten Ablauf im Entwicklungsmechanismus ermöglicht; verlangsamt sie mit ihrer egoistischen Seite, mit der negativen Kraft, die die Komponenten des irdischen Begehrens aktiviert, das Entwicklungstempo und versetzt den Menschen in mühsame, schmerzhafte Bedingungen. Sie bewirkt in beiden Fällen die Zunahme des essenziellen Wissens auf zwei einander konträren Wegen. Zum Beispiel wird mit Liebe, jemandem geholfen, selbstlos gehandelt, um jemanden vom ertrinken zu retten, einer hungrigen Person der Hunger gestillt, Weinenden die Tränen gelindert, und am Ende all dessen kommt eine Erleichterung, ein Gefühl des Friedens und sogar des Glücks. Dies ist wiederum die Manifestation einer schnellen Entwicklung im Bewusstsein. Umgekehrt werden für die Liebe viele Herzen gebrochen, ein Verrat wird bestraft, die Beseitigung des Körpers eines Gegners wird in Betracht gezogen, einem anderen wird Böses angetan, und letztendlich beginnt der Mensch zu zerbrechen, Unruhe und Unbehagen treten ein. Dies äußert den Druck einer verlangsamten Entwicklung, die den Menschen erdrückt. So wie die Kräfte in der ersten Gruppe auf die höheren Komponenten des Gewissensmechanismus ausgerichtet sind, so sind die in der zweiten Gruppe derart niedrigere Faktoren, die die Realitäten des irdischen Begehrens nähren. Menschen können, je nach ihren Entwicklungsstadien, beide besitzen. Und sie führen zu dementsprechenden Konsequenzen.

In diesem Fall; je niedriger die Ebenen sind, umso mehr sind die Materialien und Schwingungen des Egoismus, die sich in diesen Ebenen mit der Liebe vermischen. Umgekehrt; je höher die Entwicklungsstufen in den oberen Gleichgewichtsniveaus sind, desto mehr wird die Komponente der Liebe mit reinen und tugendhaften Schwingungen angereichert. Und dieser Entwicklungszustand kommt schließlich zu einer solchen Position, dass diese tugendhaften Gefühle, die für Menschen empfunden werden, einen sehr umfassenden und hohen Grad erreichen, wie zum Beispiel der Wunsch ihnen zu dienen, ihnen zu helfen, und um jeden Preis ihr Wohlergehen und ihre Entwicklung auf jegliche Art zu unterstützen. Und dann beginnen die Komponenten des irdischen Begehrens und Realitäten des Gewissens, sich vom Egoismus zu entfernen und schlagen die Wege des Altruismus ein. Die Gleichgewichtsniveaus des Gewissensmechanismus werden nunmehr in den hohen und bewussten Bereichen des Altruismus etabliert. Ein solcher Mensch hält es für seine Pflicht und Verpflichtung, jede Art von

Opfer für den Aufstieg anderer zu bringen. Seine Liebe verwandelt sich dann in eine "Liebe zur Pflicht", was ein Zeichen dafür ist, dass er jetzt an der Schwelle des Plans der Pflicht steht.

Das hohe Gleichgewichtsniveau des Gewissensmechanismus, das diese hohen Bereiche erreicht hat, ist der höchste Grad, den die "Schule Erde" für den Menschen bereithält. Ein Mensch, der diesen Grad erreicht hat; wird die Schule Erde mit Auszeichnung absolvieren und die Pflichten mit der höchsten Kraft des essenziellen Wissens, das er auf der Erde erlangt hat, annehmen und sich als ein mächtigeres und glücklicheres Wesen höheren Plänen zuwenden. Nach Erreichen dieser Position, wird es die Gewissensdualität nicht mehr geben, sie wird durch die "Dualität der Pflicht" einer höheren Ordnung ersetzt, und das Wesen wird von diesem Moment an in einen Mechanismus der "wahren und objektiven Vervollkommnung" eintreten. Denn, wie wir später erläutern werden, vollzog sich der Verlauf der Vervollkommnung vor dem Stadium der Pflicht eher unter subjektiven Bedingungen. Dieser Begriff wird bei den Erläuterungen über die Zeit ausführlich behandelt werden.

Um das Verständnis zu erleichtern, halten wir es für nützlich, einige Punkte zu diesem Thema kurz zu wiederholen.

Gewissen, Realität, Auffassungsgabe, Wissen, Liebe, kurz gesagt, alle Werte, die sich auf der Erde manifestieren, bestehen lediglich aus materiellen Erscheinungen, die ihre Form innerhalb der Möglichkeiten der Gehirnsubstanz angenommen haben. Ihr wahrer Wert liegt in der Kraft, die im essenziellen Wesen verborgen ist, und ihre Funktionen erfüllen sich innerhalb der irdischen Möglichkeiten nur, um dem essenziellen Wesen zu dienen. Deshalb sind sie irdische Formen, Zustände und Erscheinungen, die nur auf der Erde gültig sind und sich an der Auffassungsgabe der oberflächigen Zeit messen lassen. Die Werte, die sie im essenziellen Wesen nähren und für deren Entwicklung sie als ein Mittel dienen, sind die wahren Werte, die von den nahezu endlosen Möglichkeiten der Auffassungsgabe der "sphärischen Zeit", der das essenzielle Wesen unterworfen ist, ausgewertet werden; diese Werte zeigen den Vervollkommnungsgrad der Seele im Universum. Diese feinen Kombinationen, die nach der Technik der "sphärischen Zeit oder der Zeit der Auffassungsgabe" ausgewertet werden, können nicht mit der "Auffassungsgabe der oberflächigen Zeit" der Erde definiert und beschrieben werden. Also in allen Informationen, die sich auf den Mechanismus des Gewissens beziehen, sollten Wörter wie "Auffassungsgabe" "Wissen", "Realität", "Komponente", "Liebe" und so weiter, immer innerhalb dieser Begriffe mit ihren eigenen Werten behandelt werden. Zum Beispiel drückt die vorgenannte Seite der Liebe ihre irdischen Werte aus. Ein Mensch, der in der irdischen Zeit denkt, kann zu ihrer den Wesen betreffende Position und Bedeutung angesichts der Zeit der Auffassungsgabe, niemals durchdringen. Genauso ist es für die Menschen nicht möglich, die Kombinationen der Liebe in der subtilen Welt zu begreifen, die der Erde folgen wird und von der Technik der sphärischen Zeit oder der Zeit der Auffassungsgabe abhängig ist. Nur Wesen, die emporsteigend vollständig von ihren Körpern getrennt sind, werden, wenn sie in diese Welt eintreten, in der Lage sein, ihre wahre Bedeutung zu begreifen. Wenn Sie nach den Informationen zur oberflächigen und sphärischen Zeit, die an späterer Stelle ausführlicher erläutert werden, wieder zu diesen Zeilen zurückkehren, wird es Ihnen leichter fallen den Grad des Umfangs der Bedeutung von diesen Schwingungen intuitiv zu erfassen, die mit der sphärischen Zeit Technik fortschreiten und die Äquivalenz der Liebe beim essenziellen Wesen sind im Vergleich zu der menschlichen, von der oberflächigen Auffassungsgabe der Zeit abhängigen Liebe. Und es ist möglich, einen intuitiven Vergleich zwischen dem primitiven Zustand der Liebe angesichts der einseitigen einfachen Auffassungsgabe des Menschen und dem unendlichen Umfang ihrer Eindrücke, die unendliche imaginative Vielseitigkeiten enthalten, in der übermenschlichen Welt, also ihrem herrschaftlichen Zustand, der im essenziellen Wissen strahlt, zu ziehen.

*
* *

Von den Faktoren, die das essenzielle Wissen bereichern, haben wir uns mit dem Wissen und der Liebe befasst. Aber es gibt noch einen weiteren Faktor, der eine wichtige Rolle bei der Entwicklung und Steigerung des essenziellen Wissens spielt, dessen wahren Wert die Menschen noch nicht zu schätzen gewusst haben. Dies sind die Einwirkungen, die auf der Erde von verpflichteten Wesen verschiedener Vervollkommnungsstufen auf die Wesen der Menschen ausgeübt werden. Diese Einwirkungen steigern sowohl die individuellen als auch die gemeinschaftlichen –die im Allgemeinen durch diese Individuen gewonnen werden– Werte des Wissens der Menschen, auf eine Weise und in Formen, die Menschen niemals erahnen können. Die Menschen, die diese Einwirkungen empfangen, bezeichnen wir als Medien.

Für die Menschen bedeutet der Mediumismus, die Sensibilität zu gewinnen, die Einwirkungen und Schwingungen des Universums empfangen zu können. Die wichtigsten Einwirkungen, die mediale Reaktionen auf der Erde hervorrufen, sind höchst intuitive Einwirkungen. Die Medien besitzen in ihrer Natur die Möglichkeit und Kraft, die auf intuitive Weise gesendeten Einwirkungen leicht auszudrücken. Diese Regel gilt auch für die physikalischen Medien. Der Unterschied besteht jedoch darin, dass bei intuitiven Medien die Einwirkungen sehr feine Schwingungen von Kombinationen hoher Auffassungsgaben sind; bei physikalischen Medien sind die Einwirkungen auf eine grobe Materie gerichtet und bilden aufgrund der Reaktionen in diesen groben Materien verschiedene Formationen, Transformationen, Deformationen oder einfachere Bewegungen. Allgemein betrachtet gibt es also zwei Mediumismus Manifestationen, eine intuitive und eine physikalische.

*
* *

Bevor wir beginnen, den Mechanismus des Mediumismus zu erklären, müssen einige vorbereitende Informationen gegeben werden, mit denen wir zunächst anfangen möchten. Zuerst müssen einige Zustände des menschlichen Gehirns erwähnt werden, deren Kenntnis hier erforderlich ist.

Das Gehirn ist ein vorherrschendes Organ des Organismus, das sich aus einer Reihe von Atomen und aus diesen Atomgruppen gebildeten Molekülen mit hohen Funktionen und ihren Bewegungen zusammensetzt. Es gibt überall im menschlichen Körper Zellen. Und alle von ihnen haben spezifische Bewegungsfrequenzen. Je größer die Bewegung einer Zelle ist, desto höher ist die Kraft und Aktivität dieser Zelle. Die Zellen, die im menschlichen Körper am meisten Bewegung haben, sind die Gehirnzellen.

Letztlich aufgrund der Vielzahl dieser Bewegungen können Gehirnzellen Eindrücke von der Erde erhalten. Auch hier sind die Teile mit den höchsten molekularen Bewegungen im Gehirn (die das Zentrum des Bewusstseins darstellen) die fluidsten und mächtigsten Teile. Bewusstseinsbezogene Zentren haben in der Tat entsprechend ihrer hohen Funktionen auch hohe Frequenzen.

Gehirnzellen haben im Normalfall ihre eigenen spezifischen Frequenzen. Diese können sich aus verschiedenen Gründen vermehren. Und wenn sie sich vermehren, nehmen auch ihre Aktivitäten und ihre Kräfte zu. Also die Wesen, die den Medien Einwirkungen senden, steuern ihre Aktivitäten nach Belieben, indem sie die Bewegungen in den Zentren, die sie verwenden möchten, entweder direkt oder durch den Kanal des Bewusstseins steigern.

Lassen sie uns ein Vergleichsbeispiel mit relativen Zahlen angeben: Nehmen wir an, dass die Schwingungen der Moleküle des Bewusstseinszentrums im Normalfall 40.000 pro Sekunde sind; im Trancezustand, also wenn das Medium unter dem

Einfluss eines Wesens steht, steigen diese Frequenzen auf 60-70 Tausend pro Sekunde an. Mit dieser Zunahme der Frequenz im Zentrum des Bewusstseins nimmt auch die dortige Aktivität zu und die Auffassung erweitert sich. Die Erweiterung der Auffassung hängt von der Erhöhung dieser Frequenz ab. Und die Frequenzerhöhung erfolgt in dem Maße, wie es das Wesen, das die Einwirkung sendet, für angemessen hält.

Mit der Zunahme der Bewegungen nimmt die Fähigkeit und die Wahrnehmung des Mediums zu, die Bedeutungen der Einwirkungen, die es vom Wesen erhält, auszudrücken. Die Medien übertragen diese Bedeutungen durch Sprechen, Schreiben oder auf andere Weise an die Außenwelt mit Mitteln, die die Menschen begreifen können. Diese Medien bezeichnen wir als intuitive Medien.

Dann gibt es noch die physikalischen Medien. Hierbei sind die eintreffenden Einwirkungen entweder gröber als die Schwingungen der zu beeinflussenden Materie oder für diese geeignet. Falls sie gröber sind, werden diese Einwirkungen, die das Medium passierend zu dieser Materie gelangen, wie wir bereits erklärt haben, ihre höheren Kombinationen nicht versorgen können, was dazu führt, dass sie diese auslöschen, und dass auf diese Weise die Materie zerfällt; dadurch entsteht das Ereignis, das als Dematerialisierung bezeichnet wird. Enthalten die eintreffenden Einwirkungen hingegen der Struktur der Materie entsprechende Schwingungen, so erhöht sich die Fähigkeit des Mediums, die Materien zu beeinflussen, und somit werden Möglichkeiten für einige Formationen und Manifestationen vorbereitet. Auf diese Weise entstehen zahlreiche physikalische Manifestationen unter verschiedenen Bezeichnungen wie z.B. Materialisierungen, Phantome, Apports, verschiedene Bewegungen und Konditionen der Gegenstände. Die Ereignisse, die Menschen in der Gruppe des physikalischen Mediumismus beobachten, unterliegen diesem Mechanismus; sie entstehen dadurch, dass das Dualitätsprinzip in der Materie durch den

Mechanismus der Wertdifferenzierung ausgeführt wird und somit Zustände wie Bewegungen, Verschiebungen und schließlich der molekularen Dispersion erzeugt werden.

Obwohl es keine genauen Zahlen sind, gibt es ungefähr 90-100 Zentren im Gehirn. Und diese haben 900-1000 Subzentren, also Stationen, die bestimmte Funktionen im Körper haben. Die Einwirkungen also, die vom essenziellen Wesen zum Gehirn kommen, werden vom Bewusstseinszentrum des Gehirns auf diese Zentren und von dort nach Bedarf auf die Subzentren oder Stationen verteilt.

* <br> * *

Nun werden wir über die Mechanismen der Zustände von Schlaf, Traum, Obsession und Mediumismus sprechen, die zuweilen bei den Menschen auftreten. Um jedoch die Grundlagen und Techniken dieser Mechanismen klar erläutern zu können, müssen wir einige einführende Informationen wiederholen. Diese einführenden Informationen betreffen die Verbindungen und Beziehungen zwischen dem Wesen und dem Gehirn.

Wie wir schont erläutert haben, ist das Wesen des Menschen zu sieben Achtel mit dessen Gehirn verbunden. Also sind sieben Teile des Wesens mit dem Gehirn verbunden und ‚ein' Teil ist ungebunden. Der Teil, der mit dem Gehirn verbunden ist, befindet sich in einer Lokalität, die aus bestimmten Gehirnzellen besteht, die wir das "Bewusstseinszentrum" nennen. Das Bewusstseinszentrum kontrolliert die anderen Zentren und diese wiederum die Subzentren. Auf diese Weise wird die Kontrolle des Wesens über den Körper beginnend im Bewusstseinszentrum mit Zentren und Stationen, die stufenweise aufeinander einwirken, fortgesetzt und gewährleistet. So wird die Herrschaft des Wesens über den Körper vom Bewusstseinszentrum aus durch die Zentren und Stationen sichergestellt, die sich nach und nach gegenseitig beeinflussen. Den Teil des menschlichen Wesens, der mit dem Gehirn verbunden ist, haben wir zuvor als Bewusstsein bezeichnet und den unverbundenen Teil als Überbewusstsein. In diesem Fall ist das Bewusstseinszentrum, mit dem das Wesen verbunden ist, eine Lokalität des Gehirns, der aus Molekülen mit den meisten Bewegungen besteht. Der ganze Körper wird von diesem Zentrum aus gesteuert. Das Bewusstseinszentrum steht immer in Verbindung mir der Außenwelt, also mit dem Wesen. Die Abnahme oder Zunahme der Aktivität dieses Zentrums hängt davon ab, ob seine Bewegungen durch die eintreffenden Einwirkungen verringert oder vermehrt werden.

Was den freien Teil des Wesens betrifft, der nicht mit dem Gehirn verbunden ist: Wir hatten es als Überbewusstsein bezeichnet. Es ist notwendig, auch das Überbewusstsein in zwei Bereiche zu teilen. Aber lassen Sie uns sagen, dass das Wesen eine Ganzheit von suptilen Energien ist, die der menschlichen Betrachtung nach keiner Fragmentierung und Spaltung unterworfen werden kann. Daher ist es nicht möglich, ihn wie bei den Materien in Schichten oder in verschachtelt getrennten Teilen zu betrachten, also Lokalitäten können nicht wie im Gehirn bestimmt werden.

Um jedoch einige der Funktionen auszuführen, die wir hier erläutern müssen, ist es erforderlich, solche getrennten Zustände von Aktivitäten des Wesenst mit dem Symbol der Lokalität auszudrücken. Also die Aufteilungen, die wir hier machen, die Namen, die wir vergeben, beziehen sich auf die Zustände, die diese Funktionen zum Ausdruck bringen. Sonst gibt es eigentlich keine getrennten, geteilten Teile, Stücke, Lokalitäten im Wesen. Um Irrtüme zu vermeiden, wollen wir diese Situation anhand eines Beispiels erläutern. Obwohl dieses Beispiel im Vergleich zu der Kondition des Wesens, den wir beschreiben möchten, sehr grob ist und wieder eine Realität unserer Erde darstellt, wird es dennoch dazu beitragen, das, was wir oben sagen möchten, etwas leichter zu erfassen: Stellen wir uns ein bestimmtes Volumen Wasserstoff vor, das angesammelt in der Leere steht, ohne auseinanderzufallen! Diese Masse setzt sich aus vielen Wasserstoffatomen zusammen. Teilen wir diese Atome nun in mehrere Gruppen getrennter Charaktere ein, und zwar in Bezug auf einige der Tätigkeiten, deren Verrichtung wir annehmen! Somit hat jede Gruppe eine verschiedene Funktion. Zum Beispiel besteht die Funktion einer Gruppe von Atomen darin, Lichtschwingungen zu erfassen, die Funktion einer anderen Gruppe von Atomen ist für die Wärmeschwingungen bestimmt, die Funktion wieder einer anderen Gruppe von Atomen besteht darin, elektrische Schwingungen zu entdecken! Somit befinden sich die drei Arten von Atomcharakteren, deren Funktionen getrennt sind, in dieser Wasserstoffansammlung in einem durcheinandergewürfelten Zustand und sie sind nicht an getrennten Orten zu Gruppen zusammengefasst. Somit sind diese Atome, die keine eigenen Lokalitäten besitzen, dennoch in ihren Funktionen vollständig voneinander getrennt. Aber das Wesen, von dem wir sprechen, zeigt keine materielle Kondition, wie eine Ansammlung von Wasserstoffatomen. Auch wenn es nicht ganz richtig ist, dieses Beispiel zu verwenden, ist es dennoch möglich, mehr oder weniger eine Intuition daraus zu gewinnen. Denn aus den Informationen zum Wesen, die wir bisher gegeben haben, geht hervor, dass selbst die Vorstellung unangebracht ist bezüglich des Wesen an einen bestimmten Ort, an eine bestimmte Masse zu denken. So existieren im Wesen, das keinen getrennten Lokalisierungen unterworfen werden kann, für uns unbegreifliche Einwirkungskomplexitäten, die unterschiedliche Funktionen innehaben.

Somit haben wir zum Ausdruck gebracht, dass das Überbewusstsein, also der freie Bereich des Wesens, der nicht an den Körper gebunden ist, in zwei Teile oder vielmehr zwei getrennte funktionale Seiten unterteilt ist. Der erste Teil ist der Bereich, den wir als höheres Bewusstsein bezeichnen. Dies ist die nach außen offene Seite der Seele. Die Einwirkungen, die von der Seele des Wesens kommen, werden von diesem Teil des Wesens empfangen. Ebenso steigen die Einwirkungen, die von oben und den umgebenden Wesen kommen, auf diesen Teil hinab.

Der zweite Teil des Überbewusstseins ist das Unterbewusstsein. Dies ist wieder hinsichtlich der Funktion die geschlossene Seite des Wesens. In den Bereich des Unterbewusstseins dringen keine äußeren Einwirkungen ein. Er selbst sendet auch keine Einwirkungen nach außen. Dies ist jedoch das Lager der Errungenschaften des Wesens, die sich durch das gesamte Universum ansammeln. Daher sind alle Eindrücke vergangener Leben im Unterbewusstsein vorhanden, wo das essenzielle Wissen erhalten bleibt. Hier können, wie bereits erwähnt, nur die Verdienste eintreten, die zum Eigen des essenziellen Wesens, die zum essenziellen Wissen geworden sind.

Das höhere Bewusstsein und das Unterbewusstsein stehen in Verbindung mit dem Bewusstsein. Sie können sich untereinander austauschen. Aber die Verbindung zwischen dem Bewusstsein und dem Unterbewusstsein wie auch dem höheren Bewusstsein, kurz, dem Überbewusstsein kann nicht direkt erfolgen. Es gibt nämlich noch einen vermittelnden Bereich, der eine Brückenfunktion ausübt, den wir als das Unbewusstsein bezeichnen. Das heißt, das Unbewusstsein ist ein drittes Funktionsfeld des Wesens, das für den gegenseitigen Austausch zwischen dem Bewusstsein und dem Überbewusstsein als Mittel dient. Allerdings besitzt das Unbewusstsein noch eine weitere Funktion: Die Eindrücke der Informationen, die von der Außenwelt, der irdischen Umgebung und dem Alltagsleben in das Bewusstsein eingehen und noch nicht zu essenziellem Wissen geworden sind, werden in diesem Bereich, also im Unbewusstsein gesammelt und bis zum Tod dort aufbewahrt. Damit ist der Bereich (selbstverständlich sollte deutlich geworden sein, was wir mit "Bereich" meinen) des Unbewusstseins auch der Wissensspeicher des Bewusstseins. So kann das Bewusstsein bei Bedarf die notwendigen Materialien aus diesem Unbewusstsein entnehmen und sie verwenden, ohne in das Unterbewusstsein einzudringen. Dies sind die Schlussfolgerungen des letzten irdischen Lebens des Wesens, also der Informationen bezüglich des Lebens des Menschen, das er gegenwärtig lebt. Diese Informationen werden, wie bereits erläutert, nach einer vergleichenden Auswertung ins Unbewusstsein verschoben; und es ist das Gewissen, das diese Auswertung durchführt.

Wie zuvor gesagt, wird das Wissen des Unbewusstseins nach dem Tod durch das Wesen einer großen vergleichenden Auswertung mit dem Wissen des Unterbewusstseins unterzogen, und dann erst in essenzielles Wissen umgewandelt und in das Unterbewusstsein eingegliedert. Ereignisse, die im täglichen Leben im Bereich des Bewusstseins auftreten, werden während des Schlafs in diesen Bereich des Unbewusstseins übertragen. Ohnehin sind die Bereiche des Unbewusstseins und des Bewusstseins sehr eng beieinander und stehen oft in einer Beziehung.

*
* *

Nachdem wir diese Aufteilung bezüglich der Funktionen erklärt haben, wollen wir erklären, auf welche Weise die übliche Wahrnehmung im Lichte dieser Informationen stattfindet!

Wenn ein Mensch ein äußeres Objekt betrachtet, beispielsweise einen Stift, werden die Vibrationen dieses Stiftes von den Punkten rund um das visuelle System übertragen und gelangen über bestimmte Stationen zum Sehzentrum. Und wenn sie von dort in das Bewusstseinszentrum reflektiert werden, entsteht die "erste materielle Wahrnehmung". Diese Wahrnehmung ist die irdische Wahrnehmung, die zu den Aktivitäten der oberflächigen Zeit gehört, denen auch das Gehirn unterliegt. Diese Einwirkung gelangt vom Bewusstsein über den Kanal des Unbewusstseins in das höhere Bewusstsein, wo eine Wahrnehmung entsteht, die dort außerhalb der irdischen Realität dem Wesen zugehörig ist und die die Menschen nicht verstehen können. Das Wesen wird innerhalb einer umfassenden Wahrnehmung über diesen Stift informiert.

Lassen Sie uns wiederholen: Die materielle Wahrnehmung, die im Bewusstsein auftritt, ist nicht dasselbe wie die "subtile Wahrnehmung", die beim Wesen auftritt. Die Beschaffenheiten dieser Wahrnehmungen werden entweder dichter oder subtiler, entsprechend den Materieumfeldern, von denen sie gebildet werden, wie z.B. die relativ dichten Umfelder des Bewusstseins und im Gegensatz dazu die sehr fluiden des höheren Bewusstseins. Die Wahrnehmung, die mit dem Bewusstsein verbunden ist, ist nicht so umfassend und komplex wie die des Wesens; sondern wird abgestimmt auf die materielle Struktur des Bewusstseinszentrums in grober Weise gebildet.

Das obige Beispiel für die Wahrnehmung des Stiftes ist ein einfaches Schema. Der Weg, über den wir sprechen, ist möglicherweise viel komplizierter. Auch andere relevante Zentren und Stationen können sich an dieser Reise der Einwirkungen beteiligen. Darüber hinaus können auch einige Einwirkungen aus dem Unbewusstsein beitreten. Diese nehmen zahlreicher Anforderungen zufolge unzählige Positionen ein.

*
* *

Nun erläutern wir den Schlaf. Damit Wahrnehmung stattfinden kann, muss das Bewusstseinszentrum frei sein und eine so hohe Frequenz aufweisen, dass es die Eindrücke, die es in sich trägt, hervorrufen kann. In dem Zustand des Menschen, den wir als wach bezeichnen, ist das Bewusstsein ständig mit dem höheren Bewusstsein in Verbindung. Zum anderen steht es auch gegenüber den Zentren in einem offenen Zustand. Mit anderen Worten, es steht auch in Verbindung mit den Zentren. In diesem Fall nimmt es auch die aus der Umgebung eintreffenden Einwirkungen auf. Zusammengefasst, ist das Bewusstsein im Wachzustand einerseits mit dem Wesen und andererseits mit seiner Umgebung, also dem irdischen Leben, in Verbindung. Somit empfängt es sowohl von oben, aus dem Überbewusstsein, als auch von unten, von der Erde Einwirkungen. Auf diese Weise beherrscht es das gesamte Nervensystem und über diesen den Organismus. Mit anderen Worten, es regiert den Körper gemäß den Geboten, die aus dem Überbewusstsein eintreffen. Wir haben bereits erläutert, dass es das Bewusstseinszentrum ist, das den Körper direkt kontrolliert. Das Wesen nutzt den Körper durch die Verwendung dieses Zentrums.

Im Schlaf werden die Verbindungen einiger Zentren zur Außenwelt unterbrochen. Diese Zentren, einschließlich des

Bewusstseins, verbinden sich mit dem Unbewusstsein. Nunmehr sind diese Zentren nicht mehr mit der Erde, sondern mit dem Überbewusstsein verbunden. Dies bezeichnen wir als die "Introversion der Zentren". Und die Introversion dieser Zentren, die für diesen Moment gegenüber der Außenwelt nicht empfindlich sind, bildet den sogenannten Schlafzustand. Somit sind diese Zentren gegenüber der Außenwelt unbeweglich und passiv, während sie gegenüber dem Überbewusstsein in einer beweglichen und aktiven Kondition sind. Da das Bewusstsein und die beteiligten Zentren zu dieser Zeit von den Bindungen der Außenwelt befreit sind, machen sie in aller Ruhe mit dem vergleichenden Wissen des Unbewusstseins im Rahmen des Gewissens ihre ersten Auswertungen, um die Schlussfolgerungen ihrer täglichen Verdienste an das Unbewusstsein weiterzuleiten. Diese Schlussfolgerungen werden dort im Unbewusstsein bleiben. Da diese vom essenziellen Wesen noch nicht mit dem essenziellen Wissen verglichen wurden, besteht eine Unstimmigkeit zwischen ihnen und dem essenziellen Wissen. Daher können diese Informationen nicht in die Synthese des essenziellen Wissens im Unterbewusstsein mit einbezogen werden. Sie bleiben im Unbewusstsein, im bewusstseinsnahen Funktionsbereich des Wesens. Ihre Anhäufung hier dauert, wie wir bereits sagten, bis zum Moment des Todes an.

Das heißt also, dass die Zentren, die während des Schlafs inaktiv und passiv für die Umgebung zu sein scheinen, wichtige Aufgaben im Inneren ausführen. Aber ihre Aktivitäten sind nicht nach außen, sondern nach innen gerichtet. Und all ihre Beschäftigung besteht darin, alltägliche Ereignisse an das Unbewusstsein zu übertragen. Um diesen Prozess auf zweckmäßige Weise durchführen zu können, sollten sie sich von der Umwelt abkoppeln und angesichts des täglichen Lebens zur Ruhe kommen, mit anderen Worten die Kondition, die wir als Schlaf bezeichnen, muss eintreten.

*
* *

Nun wird es leichter fallen, den Mechanismus der Träume zu erklären. Die Träume entstehen auf zwei Arten, das heißt sie entstehen durch den Eingriff zweier Einwirkungsquellen: Eine von diesen sind die Einwirkungen, die von unten, von der Umgebung eintreffen; die andere sind die Einwirkungen, die aus dem Überbewusstsein kommen.

Untersuchen wir zunächst die Einwirkungen aus der Umgebung: Nehmen wir an, dass der Fuß eines schlafenden Menschen sanft mit einer Feder gestreichelt wird, aber nicht stark genug, um ihn aufzuwecken! Die dadurch entstehenden Schwingungen wecken das Zentrum, das den Fuß betrifft, zwar nicht, aber sie stören es. Denn in diesem Moment ist es mit seiner eigenen Angelegenheit beschäftigt, und will sich daher nicht mit dieser Einwirkung aus der Umgebung auseinandersetzen. Daher überträgt es diese Einwirkung vom Fuß wie von seiner Schulter abschüttelnd sofort auf das Unterbewusstsein durch den Kanal des Unbewusstseins, mit dem er in Verbindung steht. Es ist zwar auch eine Bewegung, dass dieses Zentrum, das ansonsten gegenüber der Umgebung unbeweglich ist, eine Einwirkung von dort auf diese Weise überträgt, aber für diese Einwirkung, die so leicht ist, dass sie ihn von außen nicht weckt, kann es dennoch eine Bewegung zeigen, die klein genug ist, um diese Aufgabe zu erledigen. So zum Beispiel, wenn die Einwirkung ein wenig verstärkt wird, werden diese Bewegungen zunehmen und die zunehmenden Bewegungsfrequenzen des Zentrums gegenüber der Umgebung wird es sofort zwingen, sich von innen nach außen zu wenden und aufzuwachen.

Nun nehmen wir an, dass er nicht aufgewacht ist, und fahren fort! Wenn die Einwirkung aus dem Fuß schließlich das Unterbewusstsein erreicht, ergreift sie sich zufällig irgendwelche der unendlich vielen Eindrücke, die für sie angemessen sind, und beginnt diese zu aktivieren. Damit wird im Unterbewusstsein automatisch ein unkontrollierter Imaginationsprozess ausgelöst. Es ist eine Regel, dass jede Bewegung im Gehirn direkt oder über andere Kanäle in das Bewusstseinszentrum reflektiert wird. Diese reflektierten Einwirkungen sind jedoch manchmal zu schwach, um im Bewusstsein Eindrücke hervorzurufen. In diesem Fall erfüllt das Bewusstseinszentrum seine Pflicht ohne es wahrzunehmen. So werden die Bilder, die im Unterbewusstsein entstehen, durch den Kanal des Unbewusstseins an das Bewusstsein reflektiert. Wenn diese reflektierten Eindrücke stark genug sind, um das Bewusstsein zu aktivieren, so nimmt die Frequenz des Bewusstseins in dem Maße zu, dass es diese Bilder der Umgebung aufnimmt und sie wahrnimmt; gleichzeitig wacht es auf. In diesem Moment beginnt das Träumen. Wenn die Schwingungen des Unterbewusstseins nicht genug Bewegung in den Molekülen des Zentrums, die den Bewusstseinsbereich bilden, hervorrufen, setzt das Zentrum des Bewusstseins seine eigene Beschäftigung fort und befasst sich nicht mit diesen Bildern; so entsteht auch kein Traum. Wir möchten noch ergänzen, dass die Bilder, die vom Unterbewusstsein zum Bewusstsein reflektiert werden, vom Bewusstsein in materieller Form wahrgenommen werden, das heißt so weit wie möglich in Übereinstimmung mit der irdischen Realität. Folglich ist ein Traum nicht etwas, das man sieht. Er ist eine Art Imagination. Da das Entstehen dieses Ereignisses, also von dem Erwachen des Fußes an, der gegenseitige Austausch zwischen dem Bewusstsein und dem Überbewusstsein, in Sekundenbruchteilen geschieht, dauert ein Traum auch nur einen kurzen Augenblick. Nicht jeder Mensch, dessen Fuß mit einer Feder berührt wird, wird unbedingt träumen. Zum Beispiel kann das Zentrum, das mit dem Fuß verbunden ist, so in seine Beschäftigung vertieft sein, dass diese Einwirkungen am Fuß es möglicherweise nicht aktivieren werden. Ebenso können die Schwingungen aus dem Unterbewusstsein, eventuell nicht stark genug sein, um das Bewusstsein zu aktivieren... In diesem Fall entsteht kein Traum.

*\
\* \*

Nun möchten wir die Mechanismen der Träume betrachten, deren Ursachen oberhalb, im höheren Bewusstsein liegen! Wenn ein Wesen zu irgendeinem Zweck einen Menschen träumen lassen möchte, so schickt es an das höhere Bewusstseinsfeld des Wesens, dem der Mensch unterworfen ist, bestimmte Schwingungen bezüglich des Traums, den er haben soll. Diese Einwirkungen, die in das höhere Bewusstsein gesendet werden, werden mit dem Kanal des Unbewusstseins an das Bewusstsein weitergeleitet, und erhöhen die Frequenzen der Moleküle des Zentrums, das das Bewusstsein ausmacht. Diese Situation erzeugt die Wahrnehmung der Eindrücke bezüglich der ankommenden Schwingungen im Bewusstsein. Und dies vollzieht sich folgendermaßen: Zu dieser Zeit ist das Bewusstsein im Wesentlichen dem Unbewusstsein zugewandt. Da die Einwirkungen von oben zweckmäßig sind, wurde jede von ihnen so abgestimmt, dass sie den gewünschten Eindruck vermittelt, der im Unterbewusstsein vorhanden ist. Hauptsächlich führen diese abgestimmten Einwirkungen, die das mit dem Unbewusstsein in Verbindung stehende Bewusstsein erreichen, dazu, dass das Bewusstsein die gewünschten Eindrücke vom Unbewusstsein erhält. Und im Bewusstsein entsteht die Wahrnehmung der Bilder, die aus dem Unbewusstsein kommen. So gewährleistet das Wesen, das den Traum erzeugen will, entsprechend der Mengen an unzähligen Materialien im Unbewusstsein, mit den abgestimmten Einwirkungen, die es sendet, dass die gewünschten Ergebnisse –über den oben erläuterten Weg– in den Bereich des Bewusstseins gebracht werden. Folglich entstehen solche Träume wieder durch Imagination. Mehr oder weniger erfahrene Menschen können leicht unterschieden, ob ein Traum von oben oder von unten erzeugt wurde. Diejenigen, die von unten erzeugt werden, sind wirr, vage und schwach. Diejenigen, die aus dem Unbewusstsein kommen, sind ordentlicher, spezifischer, lebhafter und liefern tiefere Eindrücke.

*
* *

In diesem Mechanismus ist zu sehen, dass es in der zweiten Gruppe, also den Träumen, die aus den Einwirkungen von oben resultieren, gezieltere Anordnungen gibt, die das Bewusstsein ansprechen. Diese zielen darauf ab, den Menschen einige Dinge beizubringen. Diese Träume werden aus verschiedenen Gründen erzeugt, z. B. um einige Phasen zukünftiger Fälle mitzuteilen, die gemäß bestimmten Geboten mitgeteilt werden müssen, um vor irgendeiner Situation zu warnen oder um die Intuition einiger notwendiger Informationen zu vermitteln. Es gibt jedoch keine Bewegung im Universum, die möglicherweise außerhalb der Kontrolle und den Anweisungen der Unität liegt. Jede Regung von einer einzigen Bewegung bis hin zu allen Bewegungen des Universums unterliegen dem Befehl der Unität. Daher sollte nicht angenommen werden, dass wir sagen wollen, dass dies leere und nutzlose Dinge sind, wenn wir Worte wie "zufällig, zusammenhanglos" verwenden bezüglich der Träume, die von unten kommen. Es gibt keine nutzlosen, bedeutungslosen, vergeblichen Bewegungen und Abläufe im Universum. Unsere Verwendung der obigen Ausdrücke über Träume, die von unten kommen, ist relativ zu den Träumen, die mit den Wirkungen des höheren Bewusstseins verbunden sind. Ansonsten haben auch die Träume aus der Umgebung spezifische Wege, die sie verfolgen. Auch diese treten auf einer anderen Weise geordnet und geplant auf. Tatsächlich werden viele Dinge gelernt und gewonnen, wenn wir uns auf sie konzentrieren.

So werden in den Träumen, die durch die Einwirkungen von oben entstehen, Materialien des Unbewusstseins als Bilder verwendet. Andererseits in denen, die durch die Einwirkungen der Umgebung entstehen, stammen die Bilder aus den dem Unterbewusstsein entnommenen Materialien. Wenn das Wesen jedoch, das den Traum erzeugen will, es für notwendig hält, um seinen Zweck zu verwirklichen, wird es nicht nur das Wissen aus dem Unbewusstsein in Bezug auf dieses irdische Leben nutzen, sondern auch das Wissen über vergangene Leben aus dem Unterbewusstsein. Natürlich sind die Bilder, die auf diese Weise dem

Unterbewusstsein entnommen werden, nicht wie die Bilder, die durch die Einwirkungen der Umgebung in provisorischen Ansammlungen aufgenommen wurden, sondern sie sind geordneter und organisierter. Nach der Bereitstellung dieser Informationen wird es einfacher, den Mechanismus des Mediumismus zu erklären.

*
* *

Der Mediumismus entsteht durch wechselseitige Einwirkungen, also durch den Austausch von Schwingungen. Demnach müssen die Schwingungen, die von den Wesen ausgesandt werden, mit der Struktur des Mediums übereinstimmen.

In jeder der im Universum vorhandenen Welten sind die Bedingungen der Materie natürlich unterschiedlich. Verkörperte Lebewesen sind immer eine abgestufte Formation der materiellen Bedingungen der Sphäre, auf der sie sich befinden. Jede von ihnen besitzt ein eigenes Magnetfeld. Da die ankommenden Schwingungen in jedem Zustand und jeder Kondition die ihnen am nächsten kommenden Formen der Materie finden müssen, ist es notwendig, die Schwingungen, die auf die Struktur der Medien auf der Erde einwirken sollen, entsprechend ihren Magnetfeldern einzustellen.

Es gibt viele Einwirkungsbereiche in der Umgebung unserer Erde, die sich von der Dichte bis ins Fluide erstrecken. Sie umgeben die Erde, als wären sie ineinander verschlungene Sphären. Hierbei handelt es sich jeweils um Einwirkungsbereiche, die verpflichteten Wesen gehören. Die intensivste Einwirkungszone ist der Bereich, der der Oberfläche der Erde am nächsten liegt. Und er gehört relativ rückständigeren Wesen. Es ist jedoch erforderlich, diese Bereiche so zu behandeln, als ob sie nicht miteinander verflochten wären, und sie nicht als irdischen Raum auffassen. An dieser Stelle möchten wir an das zuvor angeführte, die Funktionen in der Wasserstoffmasse betreffende Beispiel erinnern. Demnach ist die Erde von Einwirkungsbereichen umgeben, die von der Grobheit zur Feinheit sich immer weiter von der Erde entfernen.

*
* *

Jede Einwirkung, die von einer außerirdischen Quelle auf einen Menschen auf der Erde eingehen wird, ist von einer anderen Feinheit als die Struktur dieses Menschen. In dieser Kondition können sie nicht miteinander sympathisieren. Daher kann die Einwirkung nicht auf diesen Menschen so wie sie ist eingehen. Sie muss, bis sie einen Menschen erreicht, nachgiebiger werden, einen Teil ihrer Intensität aufgeben und zu einer Kondition kommen, der von dem Menschen angenommen und absorbiert werden kann. Dazu muss sie eine Reihe von Umwandlungen durchlaufen, einige Filter passieren, und gröber werden. Eben diese Veränderungen werden in den oben erwähnten Umgebungen durchgeführt. Somit ist jeder Einwirkungsbereich, der diese Transformationen liefert, eine Transformationsstation, also ein Transformator, für die eingehenden Einwirkungen.

*
* *

Je größer die Entfernung des Wesens ist, das auf einen Menschen einwirkt, also je größer der Unterschied der Vervollkommnung zwischen ihnen ist, desto größer ist die Anzahl der Transformationsbereiche oder Transformatorstationen, die die Einwirkungen passieren werden, bis sie diesen Menschen erreichen. Umgekehrt, je näher das Einwirkungen sendende Wesen und der empfangende Mensch sind, also je mehr das Wesen und das Medium sich in ihrer Fluidität gleichen, desto weniger wird die Anzahl der Transformatorstationen sein.

Wesen, die der Erde am nächsten und weniger entwickelt sind, können direkt mit einigen Medien kommunizieren, mit denen sie möglicherweise in Kontakt kommen können, ohne eine Transformatorstation zu passieren. Denn ihre Magnetfelder sind in einer so nahen Kondition, dass sie sich ohne Transformation berühren können. Wenn zum Beispiel einige Menschen aufgrund ihrer Prüfungen und Bewährungen unter der Kontrolle von solch einfachen Wesen sein müssen, lassen die verpflichteten Wesen solche niedrigeren Wesen diese Menschen heimsuchen. So entstehen Obsessionen, und ohne Zwischenstationen kann das einfache Wesen, der Obsessor, seine Einwirkungen direkt an diesen Menschen senden. Jedenfalls haben solche einfachen Wesen, also Obsessoren nicht die Macht, irgendwelche Transformatoren zu benutzen. Denn auch dies ist eine Sache der Vervollkommnung. Ihre Auffassungsgaben sind hierfür nicht passend. Sie haften sich automatisch an die passenden Menschen. Manchmal stellen diese Obsessoren einen der Erde am nächsten und groben Transformationsbereich dar, das von hohen Wesen als Station benutzt wird.

*
* *

Zunächst werden wir den Verbindungsmechanismus eines hochrangigen verpflichteten Wesens mit einem Medium erläutern, der die höchste Form des Mediumismus darstellt.

Eine Einwirkung, die von dem verpflichteten Wesen aufsteigt, und Schwingungen beinhaltet, die bestimmte Bedeutungen und Eindrücke im Medium wecken können, beginnt sich auf das für diese Arbeit gewählte Medium zuzubewegen. Wie gesagt, nachdem sie viele Transformatorstationen passiert hat, erreicht sie das Medium und tritt in Kontakt mit dem höheren Bewusstsein seines Wesens. Als wir über die Verbindung von Wesen mit anderen Wesen und mit ihren eigenen Seelen sprachen, haben wir bereits erwähnt, dass ihr Feld des höheren Bewusstseins offen ist und sie dieses Feld kontaktieren. Die Einwirkungen, die das höhere Bewusstsein erreichen, werden von dort sofort durch den Kanal des Unbewusstseins, je nach welche Fähigkeit oder welche Funktion des Mediums auch immer benötigt wird, in das Zentrum weitergeleitet, das für diese Funktion zuständig ist.

Es ist eine Regel, dass die Einwirkungen, die das Gehirn erreichen, die Bewegungen der Moleküle erhöhen, aus denen die Gehirnzentren bestehen. Sie verstärken ihre üblichen Schwingungsfrequenzen, was bedeutet, dass sich ihre Fähigkeiten und Kräfte im gleichen Maße erhöhen. Wenn das Medium beispielsweise die ankommenden Schwingungen mit Worten an seine Umgebung übermitteln muss, gelangen die Einwirkungen aus dem höheren Bewusstsein über den Kanal des Unbewusstseins direkt zu den sprachbezogenen Zentren und aktivieren diese. Diese Einwirkungen werden an die Eindrücke angepasst, die in ihnen geweckt werden sollen. Da jede Einwirkung, die in das Gehirn eintritt, direkt oder auf andere Weise im Bewusstseinszentrum reflektiert werden muss, wird diese Einwirkung, die aus dem höheren Bewusstsein in das Sprachzentrum geleitet wird, gleichzeitig auch in das Bewusstseinszentrum übertragen. Die Einwirkungen, die auf das Bewusstsein übertragen werden, erhöhen die Schwingungsfrequenzen der Moleküle im Zentrum, die das Bewusstsein darstellen, und verleiten dieses Zentrum entsprechend ihren inklusiven Zwecken zur Aktivität. So schickt das Bewusstsein, das die Einwirkungen erhalten hat, sie über den Kanal des Unbewusstseins zurück ins höhere Bewusstsein. Der Zweck, die Einwirkungen hier an das höhere Bewusstsein zu senden, besteht darin, zu überprüfen, ob sie im Zentrum angekommen sind. Tatsächlich ist es nicht das Wesen des Mediums, das diese Überprüfung durchführt, es ist wieder das verpflichtete Wesen, das diese Einwirkung gesendet hat; aber es erscheint so, als ob es von dem Wesen des Mediums durchgeführt wird.

Nachdem am Ende der Überprüfung beurteilt wurde, ob die Einwirkung, die das Sprachzentrum erreicht hat, richtig oder falsch ist, wird dieses Urteil durch den Kanal des Unbewusstseins wieder an das Bewusstsein übermittelt. Je nach der Richtigkeit oder Falschheit des Urteils erteilt das Bewusstsein dem Zentrum, das unter seiner Herrschaft steht, die Anweisung, es zu tun oder nicht zu tun. Das Zentrum handelt erst nach dem Erhalt dieser Anweisung; wenn es den Befehl "Tu es!" erhalten hat, wird es das Medium zum Sprechen bringen, indem es auf die notwendigen Organe einwirkt. Unterdessen überträgt das Medium die Bedeutungen der empfangenen Einwirkungen in Worte und entnimmt die erforderlichen Wörter und Bilder dem Unbewusstsein, aus den Erkenntnissen und Eindrücken des jeweiligen Lebens. Es besteht keine Notwendigkeit, das Unterbewusstsein sofort mit einzubeziehen. Wenn es jedoch notwendig ist, einige Eindrücke aus früheren Leben zu entnehmen, die der Art des Channelings entsprechen, dann wird das Sprachzentrum erneut durch den Kanal des Unbewusstseins diese Informationen aus dem Material des Unterbewusstseins entnehmen und verwenden.

Da die Einwirkung, nachdem sie aus dem höheren Bewusstsein das Sprachzentrum erreicht hat, erst dann in Worte gefasst und übermittelt werden kann, wenn sie erneut vom Wesen überprüft wurde, sollte dieses Zentrum, erst nach dem Ergebnis der Überprüfung in Aktion treten. Obwohl es hier so aussieht, als ob das Sprachzentrum darauf warten würde, gibt es hier im Grunde genommen kein Warten. Denn es dauert nur ein paar Sekunden, bis die notwendigen Vorgänge abgeschlossen sind, um die Einwirkung vom Sprachzentrum auf die Sprachorgane zu übertragen. Dabei dauert es nur eine kurze Zeit, eine Zehntelsekunde, bis die Einwirkung vom Bewusstsein durch den Kanal des Unbewusstseins auf das höhere Bewusstsein übergeht, dort überprüft wird und anschließend durch den Kanal des Unterbewusstseins wieder zum Bewusstsein zurückkehrt, und schließlich das Befehl zum Sprachzentrum gelangt. Daher muss das Sprachzentrum nicht lange auf das Ergebnis der Überprüfung warten. Denn noch während die Einwirkung auf das Sprachzentrum übergeht, ist die Überprüfung bereits über die oben genannten Wege durchgeführt und beendet. Wie in diesem Mechanismus zu sehen ist; gibt es keinen großen Unterschied zwischen dem Mechanismus der Träume, die mit den zuvor erwähnten oberen Einwirkungen entstehen, und dem Mechanismus dieser derart hohen Verbindungen. Der Unterschied besteht jedoch darin, dass dieser Prozess lebhafter ist und einem Überprüfungsmechanismus unterzogen wird.

Hier kann das Channeling Wesen, das die Benachrichtigung erteilt, wie oben erwähnt, sich an das Unterbewusstsein wenden und die dortigen Materialien bei Bedarf auch nutzen. Diese Materialien des Unterbewusstseins werden im entsprechenden Zentrum in Wörter übersetzt und kommen aus dem Mund des Mediums. Die dazugehörigen Eindrücke müssen im Bewusstsein nicht entstehen. Da diese Eindrücke zu früheren Leben gehören, sind sie im Bewusstsein ohnehin nicht gegenwärtig. Während sie durch den Kanal des Unbewusstseins auf dem Weg zu den relevanten Zentren sind, kommen sie auch am Bewusstsein vorbei, wenn sie diesen passieren, ohne dort die Wahrnehmungszellen zu aktivieren, wird die Wahrnehmung des Bewusstseinszentrums hinsichtlich ihrer Eindrücke nicht erweckt und der Mensch kann sie nicht wahrnehmen. In diesem Fall spricht man von einer automatischen Übertragung.

In einer kontrollierten Verbindung kann es aus irgendeinem Grund Channelig Mitteilungen geben, deren Bedeutungen nicht in der Wahrnehmung des Mediums reflektiert werden sollen. Obwohl diese Channeling Mitteilungen vom Bewusstseinszentrum zur Kontrolle an das höhere Bewusstsein reflektiert werden, wird auf folgende Weise gewährleistet, dass die Wahrnehmung im Bewusstsein nicht entsteht: Das Bewusstseinszentrum ist sehr kompliziert. Es ist aus Molekülen konstituiert, die aus atomaren Kombinationen verschiedener Frequenzen zusammengesetzt sind. Ein Teil dieser Molekülgruppen sind für die Wahrnehmung bestimmt, ein anderer Teil wiederum betrifft nicht die menschliche Wahrnehmung, sondern lediglich die steuernden Schwingungen des Bewusstseinszentrums, die sich auf andere Zentren konzentrieren, also die Schwingungen, die diese in Bewegung setzen. Wenn also bei den Tätigkeiten, die durch das Bewusstsein in einigen Zentren durchgeführt werden sollen, gewünscht wird, dass das Medium diese Tätigkeiten nicht wahrnimmt, so sind die Frequenzen der Einwirkungen, die zum Bewusstseinszentrum gelangen, keine Stimulanz für die Teile der Wahrnehmung des Bewusstseins; sondern sie sind nur in der Lage, Gruppen von Molekülen zu stimulieren, die mit Verwaltungsarbeiten zusammenhängen. Das Bewusstseinszentrum handelt dann nur, um sicherzustellen, dass diese Zentren entsprechend der Bedeutung der Schwingungen, die zu den jeweiligen Zentren kommen, in Aktion treten; da aber das Wahrnehmungszentrum nicht aktiv ist, wird der Mensch diese Tätigkeit nicht wahrnehmen. In diesem Fall sprechen wir von "automatischen Channeling Mitteilungen" oder "automatischen Aktivitäten". Wenn alle Gruppen im Bewusstseinszentrum, also alle Wahrnehmungsmoleküle, ebenfalls aktiviert sind, übernimmt das Bewusstsein sowie die Aufgabe der Steuerung, ebenso wie es "in seinem menschlichen Zustand" wahrnimmt, was es tut. In diesem Fall sprechen wir von "bewussten Verbindungen".

Wenn das mitteilende Wesen bei kontrollierten Verbindungen die Bedeutung der Channeling Mitteilung an die menschliche Wahrnehmung nicht reflektieren möchte, sendet es Schwingungen mit einer solchen Menge und einem solchen Wert aus, dass diese nicht in der Lage sind, die "molekularen Gruppen der Wahrnehmung" im Bewusstseinszentrum zu aktivieren. Nur die anderen Zentren des Bewusstseinszentrums aktivieren die "Gruppen von antreibenden und steuernden Molekülen" und sorgen damit dafür, dass sich in diesen Zentren die Bedeutungen der gegebenen Channeling Mitteilungen bilden. Während das Bewusstseinszentrum diese Anweisung an die Zentren weitergibt, weiß die Wahrnehmung des "menschlichen Zustands" nichts über diese Dinge Bescheid. Denn die Moleküle dieses Teils des Zentrums sind nicht aktiv. Die steuernden Bewusstseinsmoleküle sind jedoch beladen mit den Bedeutungen dieser ins Zentrum reflektierten und zur Kontrolle nach oben geschickten Schwingungen. Somit erfolgt eine unbewusste Kontrolle über den oben genannten Kanal. Das heißt, der Unterschied zwischen bewussten und unbewussten Kontrollen liegt darin; dass die Eindrücke beim Ersteren die molekularen Gruppen der Wahrnehmung im Bewusstsein aktivieren, und dass sie beim Letzteren diese Gruppen nicht aktivieren.

*
\* \*

Wenn wir, abgesehen von den Medien der großen Pflicht, bezüglich der Vervollkommnung der Individuen oder kleinen Gemeinschaften die gewöhnlichen Verbindungen der vermittelnden Wesen und der Medien betrachten: So ähnelt die Situation im Wesentlichen der vorherigen. Der Unterschied besteht darin, dass es hier keinen Kontrollmechanismus gibt. Mit anderen Worten, das Wesen untersucht nicht, ob die von ihm auf das Medium gesendeten Schwingungen korrekt übertragen wurden oder nicht. Es beschränkt sich lediglich darauf, seine Schwingungen in das höhere Bewusstsein des Mediums zu senden. Auf welche Weise das Medium diese empfängt oder weiterleitet, ist für ihn uninteressant. Das Wesen, das diese Channeling Mitteilung macht, wird jedoch von den höheren Wesen kontrolliert.

Die Einwirkungen, die von diesem Wesen auf das höhere Bewusstsein des Mediums eingehen, abhängig vom Mechanismus der "ersten, führenden und dirigierenden Einwirkungen", den wir zuvor im Abschnitt zum Thema Einwirkungen erläutert haben, durchströmen je nach Abstand zum Medium mehrere Stationen, steigen in den höheren Bewusstseinsbereich des Mediums ab und treten in Verbindung mit diesem Bereich. Die Einwirkungen gelangen vom höheren Bewusstsein durch den Kanal des Unbewusstseins zum Zentrum, dem Sprachzentrum, dem die Organe unterworfen sind, die diese Einwirkungen in die Umgebung weitertragen werden. Gleichzeitig werden sie auch an das Bewusstseinszentrum reflektiert. Wenn die Eindrücke der Bilder, die im Sprachzentrum belebt werden und dem Unterbewusstsein entstammen sollen, nicht in der Lage sind, in der Wahrnehmung reflektiert zu werden, während sie aus dem Unterbewusstsein durch den Kanal des Unbewusstseins entnommen werden, sind diese Schwingungen auch nicht in der Lage, die Zellen der Wahrnehmungsmoleküle des Bewusstseins zu aktivieren. In diesem Fall kann der Mensch sie nicht wahrnehmen. In einem solchen Fall sprechen wir wieder von einer automatischen Verbindung. Da jedoch jedes Zentrum immer unter der Leitung und dem Befehl des Bewusstseinszentrums steht, kann kein Zentrum in Aktion treten, solange keine Befehle von ihm kommen. Das Bewusstseinszentrum empfängt diese Einwirkungen, die seine Wahrnehmungsmoleküle nicht erwecken, und sendet diesen Einwirkungen gehorchend die notwendigen Befehle an die entsprechenden Zentren. Gelegentlich sind die Einwirkungen in der Lage die Eindrücke der Bedeutungen, die sie innehaben, in den Wahrnehmungszellen des Bewusstseins zu wecken, das heißt sie sind in der Kondition sich an die Frequenzen der Wahrnehmungsmoleküle des Bewusstseinszentrums anzupassen und sie zu aktivieren. Somit tritt das Medium seiner Sache bewusst in Aktion. Indessen findet diese Aktivität bei den meisten Channelings bewusst statt.

Es ist hier zu sehen, dass das Bewusstseinszentrum nicht wie zuvor einem Kontrollmechanismus unterworfen ist, um dem Ausführungszentrum den Befehl "Tu es" zu erteilen; die Bedeutungen, die vom Wesen kommen, werden vom Zentrum durchgeführt, ohne dass untersucht wird, ob sie angemessen sind oder nicht. Daher können sich in solchen Verbindungen abgesehen von den Eindrücken, die aus dem Unbewusstsein empfangen werden, manchmal auch Eindrücke aus dem Unterbewusstsein zwischen die Channeling Mitteilungen vermischen, und da diese keiner Kontrolle unterliegen, kann es zu Situationen führen, in denen manchmal die Bedeutung der Channeling Mitteilung verändert, verzerrt, degeneriert wird oder das Gegenteil von dem mitgeteilt wird, was das Wesen ausdrücken möchte. Das häufige oder seltene Auftreten dieser Situationen hängt von den Fähigkeiten der Medien, dem Grad der Macht des mitteilenden Wesens und den Konstitutions- und Umweltbedingungen der Medien ab. Denn es ist zu beachten, dass die bewussten oder automatischen Gedanken und Wünsche der Assistenten, die bei der Sitzung während des Channelings anwesend sind, die Medien beeinflussen, auch wenn die Assistenten selbst dies nicht wollen. Dies vollzieht sich folgendermaßen: Diese Einwirkung kann keineswegs auf das höhere Bewusstsein des Mediums übergehen und die Channeling Mitteilung auf diese Weise verzerren, sie kann jedoch den Bewusstseinsbereich leicht beeinflussen, indem sie den Kanal des Unbewusstseins vom Medium nutzt, der in diesem Moment für das Bewusstsein offen ist, und mehr oder weniger Trübungen im Bewusstsein erzeugen. Abhängig von der Intensität und den Arten dieser Einwirkungen aus der Umgebung kann die im Bewusstsein auftretende Trübung den Fluss der Einwirkungen aus dem höheren Bewusstsein erschweren. Denn der Verbindungsbereich von dem Unbewusstsein, das mit den Einwirkungen des höheren Bewusstseins beladen ist, und dem Bewusstsein, kommt in den Zustand, der mehr oder weniger durch die Einwirkungen aus der Umgebung abgedeckt wird. In diesem Fall veranlassen die Zentren, die einerseits Einwirkungen aus dem Unterbewusstsein und andererseits verwirrende und erstaunliche Einwirkungen aus dem getrübten Bewusstsein erhalten, dass das Medium beginnt, seltsame Worte zu sagen.

Alle diese Situationen sind nicht zweck- und sinnlos, sondern sie stellen wiederum eine Menge von Zuständen dar, die von verpflichteten Wesen eingerichtet wurden, um die Erfahrung der Medien und der Menschen in ihrer Umgebung zu steigern. Es gibt hier zahlreiche Faktoren, wie z. B. die Entwicklung der Aufmerksamkeit der Assistenten und Medien, sowie ihrer Taten, Bemühungen und Fähigkeiten; die Prüfung ihrer guten oder schlechten Absichten; die Messung des Grades ihrer Entschlossenheit, Ausdauer und ihres Mutes anhand ihrer Haltung angesichts der daraus resultierenden Irrtümer.

Für ein besseres Verständnis der "automatischen Verbindung" finden wir es nützlich, ihren Mechanismus kurz zu wiederholen. Jede Schwingung, die das Gehirn erreicht, muss entweder direkt oder über andere Kanäle in das Bewusstseinszentrum reflektiert werden. Da das Wesen durch das Bewusstseinszentrum mit dem menschlichen Körper verbunden ist, ist es das Bewusstseinszentrum, das das gesamte Gehirn, das Nervensystem und damit den Körper regiert. Daher können im Organismus nur Tätigkeiten durchgeführt werden, die von ihm genehmigt wurden. Andernfalls, also wenn jede Einwirkung, ohne auf das Bewusstsein zurückzugreifen, die Zentren direkt zu nutzen versuchen würde, würde dies nicht nur die Freiheit des Wesens verletzen, sondern auch die Ganzheit eines gesamten Organismus stören, wie zum Beispiel die Auflösung dieser Ganzheit; so würde eine Situation entstehen, die die Anforderungen nicht einhält und die Ordnung wäre gestört. Daher muss jede äußere Einwirkung, die diese oder jene Aktivität im Organismus ausführen möchte, sich so bewegen, dass sie die Ganzheit des Organismus nicht beeinträchtigt. Daher muss jede Einwirkung, die dort eintritt, die Zustimmung des Bewusstseins einholen. Dies bedeutet, dass die von außen gesendeten und vom Organismus durchgeführten Einwirkungen, unabhängig davon, ob sie wahrgenommen werden oder nicht, mit Sicherheit vom Bewusstseinszentrum genehmigt worden sein müssen. Obwohl die Einwirkungen, die die Medien auf der übergeordneten, mittleren und untergeordneten Ebene erreichen, ins Bewusstsein reflektiert werden, sind die Eindrücke der Bedeutungen, die sie innehaben, manchmal nicht in der Lage im Bewusstsein –wie wir zuvor erwähnten– die Wahrnehmungsmoleküle zu aktivieren. Die Einwirkungen dieses Charakters führen lediglich dazu, dass die zuständigen Zentren die Arbeiten, die benötigt werden, durch das Bewusstseinszentrum ausführen, ohne von der normalen menschlichen Wahrnehmung des Mediums beeinflusst zu werden. Mit anderen Worten, das Bewusstseinszentrum gibt den notwendigen Ausführungszentren unter den Einwirkungen, die es erhält, –ohne menschliche Wahrnehmung– positive oder negative Anweisungen für die Ausführung dieser Arbeit. Gemäß dieser Anweisung wandeln die Zentren die von oberhalb eintreffenden Einwirkungen, die zahlreiche Kanäle passiert und dabei Bedeutungen erworben haben, in ihre eigenen Channeling Mittel um, und reflektieren diese auf ihre Umgebung. Dies geschieht auf folgende Weise: Wie wir oben schon festgestellt haben, ist das

Bewusstsein der Bereich des Wesens, der zu sieben Achtel mit dem Gehirn verbunden ist. Daher ist das Bewusstsein in der Ganzheit des Wesens miteingeschlossen. Es besetzt jedoch bestimmte Gruppen von Molekülen der Gehirnzellen, die das menschliche Leben betreffen. Diese Moleküle liegen in Gruppen vor. Einige dieser Gruppen bilden die menschliche Wahrnehmung, während andere Gruppen im Zusammenhang mit der Verwaltung der Gehirnzentren gemäß den Anweisungen des Wesens Aufgaben ausführen. Die hier erwähnte Wahrnehmung ist daher eine Wahrnehmung des menschlichen Gehirns oder vielmehr des Menschen. Dies sollte nicht mit der Wahrnehmung verwechselt werden, die beim essenziellen Wesen entsteht. In diesem Fall bedeutet das Fehlen der Wahrnehmung in den Wahrnehmungszellen des Bewusstseinszentrums im Gehirn nicht, dass die Einwirkungen, die zum Bewusstseinszentrums kommen, auch nicht im essenzielle Wesen wahrgenommen werden können. Ein automatisches, also ein den Wahrnehmungsmolekülen im Bewusstseinszentrum und damit den Menschen verborgenes Ereignis, wird von dem essenziellen Wesen wahrgenomen. Der automatische Charakter ist folgender: die Einwirkungen, die von außerhalb auf das Gehirn einwirken und unbedingt auf die Befehle des Bewusstseinszentrums durch die Ausführungszentren warten müssen, btreffen entweder die Wahrnehmungszellen der Molekülgruppen, die das Bewusstseinszentrum bilden, oder betreffen diese nicht, und dies ist von den Geboten abhängig. Wenn sie betroffen sind, übt das Zentrum des Bewusstseins seine Aktivitäten bewusst auf andere Zentren aus; das heißt, es weiß "in seinem menschlichen Zustand", was es tut. Wenn die eintreffenden Einwirkungen die Wahrnehmungsmoleküle nicht betreffen, fungiert das Bewusstseinszentrum auf die gleiche Weise als Führungskraft, weiß jedoch "in seinem menschlichen Zustand" nicht, was es tut; das höhere Bewusstsein des Wesens hingegen ist sich dieser Angelegenheiten durch seine eigene Wahrnehmung wieder bewusst und leitet mit dieser Wahrnehmung das Bewusstseinszentrum. Somit haben wir die Bedeutung der Informationen aus einem anderen Aspekt bekräftigt, die wir bereits darüber gegeben haben, dass die menschliche Wahrnehmung und die Wahrnehmung des essenziellen Wesens nicht dasselbe sind.

Es gibt verschiedene Gründe für die automatische Übermittlung von Channeling Mitteilungen. Zum Beispiel möchte ein hohes Wesen einige der Bedeutungen der Channeling Mitteilung vor dem Medium verbergen. Daher sendet es seine Einwirkungen an das Bewusstseinszentrum, ohne die Wahrnehmungszellen im Bewusstseinszentrum zu berühren. Das Bewusstseinszentrum genehmigt die Channeling Mitteilung dann automatisch, ohne deren Bedeutung zu verstehen, und weist das Sprachzentrum an, entsprechend zu handeln. Es sei daran erinnert, dass die Eindrücke im Bewusstsein hauptsächlich aus dem Wissen des Unbewusstseins stammen. Da indessen das Bewusstsein insbesondere im Zustand der Trance immer in Verbindung mit dem Unbewusstsein steht; werden die Eindrücke im Bewusstsein nicht geweckt, was bedeutet, dass diese Informationen, die aus dem Unbewusstsein in die Zentren bezogen werden, seine quantitativen Werte nicht in dem Maße aktiviert haben, dass sie im Bewusstsein gewecket werden können. Werden diese Werte im ausreichenden Maße an die Wahrnehmungsmoleküle im Bewusstsein gesendet, beginnen durch die dort entstehenden Bewegungen Eindrücke zu erwachen und das Bewusstsein beginnt bewusst zu handeln.

Auch hier bewegt sich, wie bei manchen Verbindungen von niedrigem Niveau, ein einfaches Wesen automatisch, ohne die Konditionen des Wesens des Mediums zu berücksichtigen, und unabhängig davon, ob diese Eindrücke im Bewusstseinszentrum geweckt werden, oder nicht, und erwartet nur, dass das Bewusstsein die gewünschte Wirkung in den Zentren erzeugt. Deshalb erwachen auch hier keine Eindrücke der Bedeutungen, die die gesendeten Einwirkungen innehaben, und das Bewusstsein bewegt sich automatisch.

Manchmal sind die Konstitution des Mediums und die

Kondition des Bewusstseinszentrums nicht geeignet, um durch die eintreffenden Einwirkungen Eindrücke im Bewusstseinszentrum hervorzurufen. Nur mit dem aus dem Bewusstsein hervorgehenden Eindruck, der mit der zu erledigenden Angelegenheit zusammenhängt, erteilt das Bewusstseinszentrum den zugehörigen Zentren Befehle. Es lässt sie diese Angelegenheit erledigen. Manchmal sind die eintreffenden Einwirkungen nicht in der Lage, diese Eindrücke zu wecken. Zusammenfassend arbeitet das Bewusstseinszentrum aus einer Reihe ähnlicher Gründe nur mit Eindrücken hinsichtlich der Ausführung der eintreffenden Einwirkungen, ohne dass die Bedeutungen der Eindrücke im Bewusstsein geweckt werden. In diesem Fall zeigt sich der automatische Charakter des Mediumismus. Wir wiederholen, dass alle diese Zustände unter der Kontrolle überragender Wesen nach höheren Geboten und Pflichten stattfinden. Es gibt nichts Beliebiges und Zufälliges.

Nun gehen wir zu dem Obsessionsmechanismus über, der die gröbste der Verbindungen ist. Die Technik kommt der vorherigen sehr nahe. Als Charakter einer niedrigeren Verbindung wird jedoch die Freiheit des sich in der Obsession befindenden Wesens, je nach Schwere der Obsession mehr oder weniger während der Verbindung aufgehoben. In manchen intensiven Graden der Obsession gerät der sich in der Obsession befindende Mensch in einen Zustand, als ob er überhaupt keine Kontrolle mehr über sich selbst hätte. Er wird zum Spielzeug in den Händen eines sehr einfachen Wesens, der als Obsessor bezeichnet wird. Die Obsession vollzieht sich unter dem folgenden Mechanismus:

Zunähst muss das Wesen, der die Obsession durchführen wird, sehr rückständig und in engster Kondition zu den dichten menschlichen Schichten der Erde sein. Aufgrund zahlreicher Gründe wie beispielsweise die Vervollkommnung eines Menschen, die Zunahme seiner Erfahrungen, der Erwerb von vergleichendem Wissen, und durch die Zustimmung und Genehmigung der höheren Gebote beginnt ein durch und durch egoistisches einfaches Wesen, das eine eingeengte Auffassungsgabe und übermäßige Leidenschaften besitzt, seine groben Einwirkungen auf das höhere Bewusstsein des Menschen auszusenden. Hierzu besteht, wie bereits erwähnt, weder eine Möglichkeit noch eine Notwendigkeit, dass die Einwirkung Transformatorumgebungen durchläuft. Das Wesen sendet seine Einwirkungen direkt in das höhere Bewusstsein. Zunächst steht das höhere Bewusstsein nicht unter seiner Herrschaft. Aber wenn seine grobe und intensive Einwirkung vom höheren Bewusstsein über den Kanal des Unbewusstseins zum Bereich des Bewusstseins gelangt, besetzt es diesen Bereich. Und so beherrscht es das Bewusstsein vollkommen. Wenn diese Herrschaft weiter voranschreitet, gelangt sie bis zum höheren Bewusstsein und schließlich besetzt das Wesen, das der Obsessor ist, den Bereich des höheren Bewusstseins vollständig und ersetzte ihn durch sich selbst. Nun sind die Einwirkungen, die vom essenziellen Wesen des Menschen kommen, fast abgeschnitten und anstelle des essenziellen Wesens beginnen die Einwirkungen von dem Obsessor Wesen zu kommen. So wendet sich das Bewusstsein, dessen Aufmeksamkeit zum höheren Bewusstsein abgenommen hat, dem Unterbewusstsein zu; es nimmt alle Befehle vom Obsessor entgegen, der den Platz des höheren Bewusstseins eingenommen hat. Und da der Obsessor in diesem Moment den gesamten Bereich des höheren Bewusstseins eingenommen hat, beginnt der sich in der Obsession befindende Mensch, den Obsessor als sein eigenes Wesen wahrzunehmen. Der Obsessor, der das Bewusstseinszentrum zu beeinflussen beginnt, verbindet somit auch das Bewusstseinszentrum mit dem Unterbewusstsein. Hier tritt ein Zustand auf, der dem Zustand der Träume ähnlich ist, die mit den Einwirkungen aus der Umgebung einhergehen, deren Mechanismus wir bereits erwähnt haben. Mit anderen Worten, der sich in der Obsession befindende Mensch, beginnt in einem seltsamen Leben mit unlogischen und unpassenden Imaginationen zu leben, die zufällig nach den Launen des Obsessor Wesens aus dem Wissen des Unterbewusstseins geformt werden. So betrachtet er sich in der Identität eines anderen Wesens. Infolgedessen ist das Bewusstsein nur mit den Bildern, die im Unterbewusstsein gebildet wurden, und den leidenschaftlichen, unwissenden und egoistischen Einwirkungen, die aus dem höheren Bewusstsein kommen und dem Obsessor gehören sowie seiner niedrigeren Natur entsprechen, konfrontiert; und der sich in der Obsession befindende Mensch verliert in diesen konfusen Situationen seine Identität, also er fühlt sich in unterschiedlichen Zuständen. Da zu dieser Zeit der Obsessor sowohl das Bewusstsein als auch das Unterbewusstsein dieses Menschen verwendet, sammelt er diese Bilder nach seiner eigenen Laune und Fähigkeiten und erweckt im Bewusstsein die Eindrücke, die seinen Neigungen angemessen sind. Da das Zentrum des Bewusstseins die Eindrücke immer vom Obsessor erhält, entstammt seine Wahrnehmungsidentität auch aus dem Kanal des Obsessors. Daher sieht der Mensch alles aus dem Blickwinkel des Obsessors und hat keine Wahrnehmung, die zu seinem eigenen Wesen gehört. Wenn der Obsessor diese Eindrücke überhaupt nicht in sein Bewusstsein reflektiert, dann weiß er nichts und handelt lediglich als ein Automat. Obendrein überlässt er mit dem oben erwähnten Mechanismus seinen Willen vollständig dem Obsessor, und der Obsessor lenkt sein Bewusstsein, wohin er will, und verwendet es, wie er will, ohne irgendetwas in seine Wahrnehmung zu reflektieren.

Wir werden nun ein paar Dinge über das Einwirkungsschema eines Hypnotiseurs auf das Subjekt sagen, das mehr oder weniger dem Obsessionsmechanismus entspricht.

Egal wie mächtig ein Mensch ist, solange er sich innerhalb der begrenzten Möglichkeiten seines Körpers befindet, kann er das höhere Bewusstsein eines anderen Menschen nicht direkt kontrollieren, wie ein Obsessor, der außerhalb mehr oder weniger in einem freien Zustand ist. Der Hypnotiseur jedoch unterbricht von unterhalb her den Kontakt zwischen dem Unbewusstsein und dem höheren Bewusstsein des Subjekts durch einige Einwirkungen, die er auf verschiedene Weise aussendet – ohne den Mechanismus hierfür selbst zu kennen. Wenn die Einwirkungen, die vom höheren Bewusstsein ausgehen sollten, aufhören, beginnt er, seine eigenen Einwirkungen an das Bewusstsein zu senden. Hier kommen die fremden Einwirkungen nicht wie in der Obsession aus dem höheren Bewusstsein; sondern sie kommen vom Hypnotiseur durch den Kanal des Unbewusstseins direkt zum Bewusstsein. Wie man sieht, ist aus technischer Sicht der Unterschied zwischen diesen beiden sehr gering. Sobald dieser Mechanismus errichtet ist, beginnt das Subjekt unter den Einwirkungen des Hypnotiseurs zu handeln. Wenn der Hypnotiseur keine Einwirkungen sendet, die Eindrücke in seinem Bewusstseinsbereich hervorrufen, bewegt sich das Subjekt völlig unbewusst und automatisch. Da jedoch diese Einwirkungen, also die Bedeutungen der Suggestionen des Hypnotiseurs, im Unbewusstsein vorhanden sind, können diese Bedeutungen oder Eindrücke bei Bedarf im Bewusstsein reflektiert werden.

*
* *

Wir finden es nützlich, über einige der Verbindungen zu sprechen, die als "Inspiration" bezeichnet werden und die in der Wissenschaft, Kunst und Philosophie zu Manifestationen führen, die die Menschen als Genialität und Kreativität bezeichnen. Hierbei handelt es sich nicht um Einwirkungen, die dem großen Plan der Pflicht unterliegen, sondern um Einwirkungen, die von vermittelnden Verpflichteten wie die Schutz- und Hilfswesen gesendet werden, die den Menschen in ihren individuellen oder einigen gemeinschaftlichen Positionen helfen möchten, und die dem oben erwähnten gewöhnlichen Verbindungsmechanismus im mittleren Niveau unterliegen. Hier besteht auch keine Notwendigkeit für eine Trance. Dies liegt daran, dass die Trance nur erzeugt wird, um in einem schlafnahen Zustand die Bewegungen der Gehirnzentren gegenüber der Umgebung zu reduzieren, um die Einwirkungen aus der Umgebung während dem Verlauf eines langen Channelings zu eliminieren. Bei den Inspirationen hingegen gibt es keine langfristigen Einwirkungen. Sie kommen für eine sehr kurze Dauer ähnlich eines Augenblicks und mit Unterbrechungen.

* <br>* *

Das Wissen, das die Verpflichtetn der Erde über die Medien übermitteln, führt in der Regel zu sehr großen Bewegungen im Zusammenhang mit den gemeinschaftlichen Plänen. Manchmal steigen die hohen Wesen des Plans der Pflicht, unter sehr besonderen Umständen pesönlich auf die Erde hinab, um eine große Bewegung unter den Menschen zu erwecken und sie zu einer Massenbewegungen zu verleiten, um den Menschen im Rahmen allgemeiner und gemeinschaftlicher Anordnungen, Vorschriften und Verfahren das bildende Wissen zu vermitteln, zusammenfassend um eine rasche Entwicklung auf der Erde zu gewährleisten; sie sind dabei sowohl in der Position als Führer als auch in der Position als Wegweiser tätig. Diese mächtigen Wesen haben mit den religiösen Institutionen, die sie gegründet haben, große und kollektive Revolutionen auf der ganzen Erde ausgelöst, um das höhere Wissen zu verbreiten, das sie aus dem hohen Plan der Pflicht erhalten, mit dem sie in ständigem Kontakt stehen.

So ermöglichen die großen Religionen, die innerhalb der gemeinschftlichen Pläne etabliert wurden und starke Einflüsse zeigten, durch ihre soliden und einheitlichen Auflagen, dass die Gewissen, ein hohes Niveau erreicht haben.

Religionen sind durch solche Aspekte eines der Mittel, die die Menschen auf den Plan der Pflicht vorbereiten. Religionen haben die gegenwärtige erhabene und hoch entwickelte Position der Erde geschaffen und die ersten gemeinschaftlichen Vorbereitungen für die künftige große "Übergangsperiode" auf der Erde getroffen; und indem jede von ihnen in ihrer eigenen Struktur auf die verschiedenen und unterschiedlichen Bedürfnisse, Notwendigkeiten und Gebote ihrer Zeit reagierte, zeigten sie den

Menschen die geeignetsten Wege, sich auf den Plan der Pflicht vorzubereiten.

Jede Religion hat, entsprechend dem jeweiligen Zeitalter und seiner Notwendigkeiten, die Menschen auf den großen himmlischen Weg geführt, indem sie die Menschen mit tiefen Intuitionen, die sie in Anweisungen, Beispielen, Symbolen und Informationen vermittelte, aus der Dunkelheit der Unwissenheit befreit hat. Alle Religionen haben den Menschen geholfen, innerhalb der Zulässigkeit der spezifischen Erfordernisse dieser Zeit, die Linie der Realitätsbalancen ihrer Gewissensmechanismen auf die höchsten Ebenen der Möglichkeiten ihrer Auffassungsgabe zu heben.

Um zu predigen und den Menschen die Pflichten zu lehren, die eine etablierte Religion auferlegt, und um die erste Konformität der Menschen zu diesen Anweisungen zu ermöglichen, erfährt ein verpflichtetes Wesen aus dem hohen Plan der Pflicht, wie wir bereits erwähnt haben, eine Verkörperung auf der Erde und mischt sich unter die Menschen; diese verkörperten Verpflichteten bezeichnen die Menschen als Prophet oder Erlöser.

Die Menschen, die auf die Welt kommen, um sich auf den Plan der Pflicht vorzubereiten, werden nicht allein gelassen. Wenn dies der Fall wäre, hätten die Menschen ihre heutigen hoch entwickelten Positionen nicht erreichen können. Deshalb steigen ebenso wie die Individuen auch die gemeinschaftlichen Situationen immer unter der Kontrolle und Überwachung des hohen Plans der Pflicht empor. Es gibt große Verpflichtete im Universum, die für diese Aufgabe verantwortlich sind.

Insbesondere als sich ihre Auffassungsgaben erweiterten, begannen die Menschen, sich über die engen physikochemischen Regeln der groben Materien, in denen sie lebten, hinaus zu erstrecken, und kämpften ständig darum, die Gründe für ihre Existenz mit Intuitionen und Instinkten herauszufinden, welche aus ihrem essenziellen Wissen in ihr Bewusstsein eindrangen, und die sich darauf bezogen, dass es einige Gesetze und Ordnungen geben könnte, die auf einer erweiterten und breiteren Auffassungsgabe beruhen. Das erste, was sie beschäftigte, war die Frage, wer das, was sie um sich herum sahen, erschaffen hat, und schließlich von wem sie selbst erschaffen wurden und von wem ihre Schicksale bestimmt werden. Daher ist der Gottesbegriff die erste kraftvolle Widerspiegelung eines Bedürfnisses, das sich mithilfe von oberen Schwingungen aus dem essenziellen Wesen der Menschen losgelöst hat und in ihren Auffassungsgaben aufgetreten ist. Sobald ihre Auffassungsgaben anfingen sich zu entwickeln, begannen die Menschen, nach einem Gott zu suchen. Anfangs befanden sich ihre Bedürfnisse jedoch in einer einfachen Position entsprechend ihren wertmäßig noch schwachen Auffassungsgaben. Daher konnten sie keine fortgeschrittene Fähigkeit entwickeln, als ihren Gott innerhalb der begrenzten Möglichkeiten der fünf Sinne zu suchen. Die Intuitionen, die die helfenden Wesen schickten, um ihre Bedürfnisse zu befriedigen, waren mit Symbolen möglich, die nur die fünf Sinne des Menschen ansprechen konnten. Die Menschen hatten die erforderliche Ebene der Auffassungsgabe noch nicht erreicht, um die wahre Bedeutung dieser Symbole begreifen zu können. Daher wurden den Menschen die Intuitionen für himmlische Konzepte nur dadurch gegeben, indem sie mit den Dingen symbolisiert wurden, die sie als die "mächtigsten" in ihrer Umgebung kannten. Zum Beispiel in den frühen Zeiten stellte das Symbol der Sonne Gott dar; ein großer Fluss, der ein Land kultivierte, war ebenso ein solches Symbol. Für die einfachen Auffassungsgaben dieser frühen Zeit reichten diese Symbole für eine Weile aus. Zunehmend aber haben die Auffassungsgaben an Wert gewonnen, und die menschlichen Auffassungsgaben, deren Werte mit hohen, feinen Materiekombinationen zunahmen, waren mit diesen Symbolen nicht mehr zu befriedigen. Infolgedessen kamen verpflichtete Wesen aus dem Plan der Pflicht auf die Erde und gründeten die Buchreligionen auf der Erde, um den Menschen das himmlische Wissen zu vermitteln. Jede dieser Religionen vervollständigte die unvollständigen Seiten menschlicher Gemeinschaften. Mit diesen heiligen Schriften wurden die Bedeutungen der Symbole etwas näher erläutert. So wurden den Menschen die nach "dem großen Plan der Vorsehung" vorgezeichneten Wege gezeigt, um die Menschheit in einen weiterentwickelten Zustand zu bringen.

Jede Religion lehrte die Menschen alle Dinge, die sie wissen mussten, und sie erfüllten ihre Pflichten perfekt innerhanb der äußersten Möglichkeitsgrenzen der menschlichen Realität bis zu den höchsten Grenzen der Intuition, die die Auffassungsgaben erreichen können.

Zuerst brachten die Religionen die Menschen mit verschiedenen Formen der Andachtsübung und Verpflichtungen automatisch in verschiedene Positionen, welche sie auf die Disziplin bei der Umsetzung der Intuition der Pflicht vorbereiten. Indem sie die Menschen lehrten, einander zu lieben, zeigten sie auch durch direkte Befehle die Richtung der großen Vorbereitungen auf dem Weg zur Pflicht. Sie durchdrangen sie mit allen Arten von Bewegungen, die notwendig waren, damit ihre Gewissen sich immer wieder ihrer höheren Realität zuwandten, indem sie ihnen verschiedene Wege der Tugend zeigten, und durch verschiede Auflagen stellten sie sicher, dass die Menschen die leuchtenden Möglichkeiten der Vorbereitung auf die Intuition der Pflicht erreichen.

Zusammenfassend haben die Religionen die Menschen näher an die Schwelle der großen "Übergangsperiode" der Erde gebracht, die im Anbruch ist. Wenn es keine Religionen gäbe, wäre die Menschheit weit unter dieser Stufe, auf der sie sich heute befindet. Somit haben die verpflichtetn Wesen ihre Pflichten erfolgreich erfüllt, um sicherzustellen, dass die Menschen auf den Plan der Pflicht vorbereitet sind.

Auch wenn die Menschen von den "frühen Zeiten" zu den "mittleren Zeiten" aufgerückt waren, waren sie in den Perioden der Religionsgründung hinsichtlich ihrer Auffassungsgabe noch nicht ausreichend ausgestattet. Daher konnten die Religionen, die alle aus derselben Quelle, also aus dem Plan der Pflicht entstammen, und alle die gleichen großen Wahrheiten verfolgen, diese Wahrheiten zu verschiedenen Zeiten in einer Vielzahl von Formen nur auf einer Weise weitergeben, welche die Menschen auch begreifen konnten. Daher konnten die Propheten und Erlöser die notwendigen Wahrheiten unter den Menschen nur so verbreiten, indem sie Symbole verwendeten. Daher sind alle großen religiösen Bücher voller mächtiger Symbole, die die Intuition der Wahrheit in sich tragen und ihrer Zeit entsprechend berechnet und aufgestellt wurden. Zum Beispiel ist das Symbol der Apokalypse einer von ihnen; es äußert eine große Wahrheit, die die nahe "Übergangsperiode" der Erde oder das Ende dieses Erdzyklus bedeutet. In der gleichen Weise sind die Begriffe Himmel und Hölle jeweils Symbole mancher tiefwurzelnden Wahrheiten, die gemäß den hohen Geboten durch den Plan der Pflicht aufgestellt und –um ausreichend Intuitionen für die Auffassungsgaben zu vermitteln– der Erde aus der Hand der Verpflichteten übergeben wurden. Jede Form der Andachtsübung wurde nach den Erfordernissen der jeweiligen Zeit, den Lebensbedingungen, dem Entwicklungsstand der Menschen und dem Gleichgewichtsniveau ihrer Gewissensmechanismen genauestens errechnet und den Menschen auferlegt, und auf diese Weise wurden mit einer automatischen Anordnung Vorbereitungen getroffen, damit sich die Menschen an die oberen Komponenten des Gewissens zuwenden und so für den oberen Plan einen geeigneten Zustand erlangen, dem sie sich heute nähern.

Dabei haben die Religionen unzählige Tugenden befohlen wie die Liebe, Mitgefühl, Hilfsbereitschaft, Vergebung, Toleranz, Verzicht, Opferbereitschaft, Güte, Gerechtigkeit, Ehrlichkeit und einige Verpflichtungen gegenüber ihren Mitbürgern und sogar denjenigen, die nicht zu ihnen gehören, und so weiter; umgekehrt haben sie unzählige Niederträchtigkeiten verboten wie den Egoismus, Hass, Neid, Feindseligkeit, Rache, Übel, Lüge, Heuchelei, Raub, Diebstahl, Mord und so weiter; somit haben sie die Menschen manchmal in einem automatischen, manchmal in einem halbbewussten Licht, auf die Pläne der hohen Auffassungsgabe vorbereitet.

Aber im Laufe der Zeit hat sich die Entwicklung dieser Auffassungsgaben zum oberen Plan hin so gesteigert, dass das Bedürfnis die Intuitionen zu begreifen, die die Religionen mit Symbolen vermitteln, und deren Bedeutung zu entdecken, bei den Menschen stärker hervortrat. Dies sollte als einer der Erfolge dieser Religionen betrachtet werden. Heutzutage sehnen sich die Menschen sehr nach möglichst klaren Informationen über die hohen Intuitionen, die diese Symbole in ihnen hervorgerufen haben. Jedoch gelingt es nur zwei oder drei Prozent der Menschen, diese Bedeutungen aus den mächtigen Symbolen zu entnehmen, die die religiösen Bücher erfolgreich untergebracht haben.

Aber die hohen Verpflichteten, die ihre Anweisungen immer vom himmlischen Plan erhalten, haben die heutigen Sehnsüchte und hohen Bedürfnisse der Menschen erkannt. Und dieses Buch ist ein Geschenk an die Erde von "dem Teil des großen Plans der Pflicht, der für die Erde zuständig ist". Es enthält die Informationen, nach denen die wissensdurstigen Menschen intensiv suchen und auf die sie warten, um ihre fortschrittlichere Vervollkommnung zu beginnen. Entsprechend der Zeit und den Notwendigkeiten wurden die Intuitionen der hohen Wahrheiten in den Büchern der Religionen mit kraftvollen Symbolen angegeben, die für die Menschen ausreichend waren; und in diesem Buch werden klare Informationen über die Wahrheiten, deren vorangehende Intuitionen bereits gegeben wurden, und auch die Intuitionen bezüglich der kommenden überirdischen Welten geschrieben, die zum Umbruch der Erde führen werden; und diese werden die "letzte Realität" der heutigen Erde am Rande des großen Umbruchs sein.

*
* *

Die Eingriffe der verpflichteten Wesen, die auf der Erde große religiöse Institutionen gegründet und viele andere gemeinschaftliche Situationen hervorgebracht haben und nun in den "letzten Zeiten" immer deutlicher hervortreten, waren in der ersten Periode der Menschheit noch nicht so offensichtlich und umfassend. Denn in der ersten Periode brauchte die Menschheit für ihre sich neu entwickelnden Auffassungsgaben keine solch großen gemeinschaftlichen Vervollkommnungen. Die ersten Menschen, deren Auffassungsgaben sich noch in der automatischen Ebene der Intuition befand, führten eher ein individuelles Leben. Die kleinen Gemeinschaften unterdessen, denen man begegnete, unterschieden sich völlig von den heutigen anerkannten Konzepten der großen kollektiven Gemeinschaften. Die unbeständigen Gemeinschaften jener Zeit bildeten sich aufgrund Bedürfnisse, die aus einigen einfachen instinktiven Intuitionen hervorgingen, wie Sorge um die Hungersnot, instiktive Angst und geschlechtsspezifische Bedürfnisse. In diesen einfachen Entwicklungsstadien war das umfassende gemeinschaftliche Leben der Menschen noch nicht etabliert. Dies war das Ergebnis davon, dass ihren Auffassungsgaben die Fähigkeit fehlte, eine solche Situation hervorzubringen. Das heißt, in den Auffassungsgaben existierten die erforderlichen Fähigkeiten zur Versammlung, Gründung und Verwaltung noch nicht genug, um Einzelpersonen zusammenzubringen und gemeinsame Aktivitäten für ein bestimmtes Ziel zu etablieren, und um sie zu leiten. Aus diesem Grund mussten diese ersten Menschen, deren Gleichgewichtsniveaus ihrer Gewissensdualität immer in den Bereichen des irdischen Begehrens hergestellt wurden, sich viele Male in den unteren Realitäten winden. Denn die ersten Menschen, die gerade angefangen hatten, die automatischen Abläufe der unteren Ebene der Menschen zu verlassen, hatten noch nicht die Möglichkeiten, "mit ihren Auffassungsgaben direkt in ihre Körper einzugreifen", welche ihnen in Zukunft durch die weitgehenden Freiheiten gewährt werden. Wenn dies immer der Fall gewesen wäre, wäre es nicht möglich gewesen, dass die Gleichgewichtsniveaus in ihrer Entwicklung von selbst in die oberen Ebenen aufsteigen. Zu diesem Zweck haben die Notwendigkeiten und Zwangsläufigkeiten der individuellen Eingriffe, die von außen in die Auffassungsgaben der Menschen einwirken, für eine Weile fortbestanden, um sicherzustellen, dass die Gleichgewichtsniveaus der ersten Entwicklungen nach oben befördert werden. Je mehr die Auffassungsgaben sich sammeln, also je mehr sie im menschlichen Leben durch Erfahrungen umfangreicher werden, natürlich nehmen auch ihre Freiheiten zu; desto mehr neigen die externen Eingriffe dazu, die Möglichkeiten der Auffassungsgaben zu steigern, damit diese vielmehr selbst in ihre eigenen Entwicklungsmechanismen eingreifen können.

*
* *

Wir haben bereits gesagt, dass zu Beginn des menschlichen Lebens "der Eingriff der Auffassungsgaben auf sich selbst" nur durch externe Eingriffe und Unterstützungen möglich sein kann. In diesen ersten Perioden ist alles automatisch und unbewusst. Deshalb haben die Menschen dies als "Instinkt" bezeichnet. In den ersten Zeiten gab es immer die Eingriffe der oberen gemeinschaftlichen Pläne auf die Menschen. Aber hier sollte der Begriff "Eingriff" nicht falsch verstanden werden. Mit Eingriff ist das Leiten, Organisieren und Programmieren gemeint. Die noch extremeren Eingriffe gelten nicht für die menschliche Phase. Die "Instinkte" sind in der Auffassungsgabe der klassische Ausdruck dieser externen Schwingungen der ersten Zeiten. Diese Instinkte müssen von den schwereren und gröberen Automatismen der Tiere getrennt betrachtet werden. Denn zwischen diesen beiden Automatismen gibt es große Unterschiede in der Beschaffenheit. In der Tat gibt es solche Unterschiede auch zwischen den Automatismen der Pflanzen und den Automatismen der Tiere.

Je feiner die Auffassungsgaben werden, desto mehr beginnen diese Instinkte allmählich reichere Charaktere anzunehmen und in die Form und den Zustand einzutreten, die die Menschen als "Intuition" bezeichnen. Der Beginn der Periode der Intuition auf der Erde ist hinsichtlich der allgemeinen Werte mehr oder weniger gleichwertig. Die Lücken und Unzulänglichkeiten, die die Instinkte nicht füllen konnten, begannen sich allmählich mit der Entstehung der Intuition zu füllen, und die Symmetrie der gemeinschaftlichen Pläne der höheren Welten und das hierfür vorbereitende soziale Leben wurden auf der Erde etabliert. Während dieser Etablierung, parallel zu den Entwicklungen der Auffassungsgaben und gleichzeitig abhängig von deren Ergebnissen, traten die Spaltung des Ganzen, die Fragmentierung, die Organisationen und das Bedürfnis eines Organisators hevor. Mit zunehmender Bereicherung der Beschaffenheit, des Bedürfnisses und der Notwendigkeit verschwanden die Ähnlichkeiten zwischen den Körpern der ersten Perioden und die Ähnlichkeit der Instinkte, die durch den Mangel an Inhalten in den Auffassungsgaben verursacht wurden, und die unterschiedlichen Situationen, die durch die Entwicklung entstanden sind, traten in den Körpern nicht mehr wie zuvor als kleine Nuancen, sondern als große Wertdifferenzen auf.

Ab dem Zeitpunkt dieser sozialen Formationen haben individuelle und kollektive Gemeinschaften, wieder im automatischsten Sinne, für das menschliche Leben begonnen; in Bezug auf verschiedene Wertmaßstäbe haben einige Individuen die Führung dieser Gemeinschaften übernommen: Wie die Führung des irdischen Begehrens, die Führung des Gewissenstadiums und die Führung der großen und allgemeinen Entwicklungsperioden, die zu bestimmten Zeiten erreicht wurden.

Eben diese Notwendigkeit hat dazu geführt, dass einige Menschen sensitive Verbindungsfähigkeiten erworben haben, und so sind starke Medien hevorgegangen, und bestimmte Übergangsstadien haben stattgefunden und intuitive Vorbereitungspläne für die Pflicht, mit einer Intuition von Wissen, Konzeption und Ausdehnung in Richtung der höheren Pfade des Universums haben begonnen; und schliesslich haben in der jüngeren

Vergangenheit diese Pläne ihre am weitesten entwickelte Form angenommen, und die Intuitionen sind in den Gemeinden als stärkere Symbole und Reformen aufgetreten.

Während dieser kurzen und allgemeinen Erläuterungen zu der irdischen Entwicklung der Auffassungsgabe, haben wir auch allgemeine Informationen darüber gegeben, wie und auf welche Weise Gemeinschaften sich gebildet haben.

Jede der Gemeinschften auf der Erde sind auf die Notwendigkeiten zurückzuführen, die aufgrund der Vorbereitung auf den großen Plan der Pflicht entstanden sind. Und die Informationen, die wir gerade gegeben haben, haben aufgezeigt, dass die Auffassungsgabe auf sich allein gestellt die gewünschten Entwicklungen nicht erzielen kann. Die Menschen können niemals im Laufe ihres gesamten irdischen Lebens alleine leben und sich entwickeln.

Die Rassen, Nationen, Gemeinschaften, Gesellschaften, Familien, die auf der Erde existieren, sind alle die Folgen der oben beschriebenen Notwendigkeiten und Bedürfnisse. Betrachten wir zuerst die Rassen!

In Anlehnung an die Gebote, die durch die Unität eingeströmt werden, sind mit der Genehmigung und den Einwirkungen der hohen Verpflichteten entsprechend den sozialen, natürlichen und geografischen Bedingungen der Erde in den Konstitutionen und Auffassungsgaben der Menschen eine Reihe von Differenzierungen und Gruppierungen entstanden. Auch in den Grundzügen verschiedener Formationen, Transformationen und Deformationen, die die Auffassungsgaben in ihren Körpern vorgenommen haben, sind einige gemeinsame gruppenspezifische Qualitäts- und Charaktermerkmale zu differenzieren. Die Auffassungsgaben, die sich so in bestimmten Gruppen zusammengefunden haben, weisen die somatischen und psychischen (beide sind dasselbe und stellen Konzepte der verschiedenen Manifestationen des Körpers dar) Merkmale der Gruppe auf, in der sie versammelt sind, und eben diese bilden die Rassen.

Diese Information zeigt, dass die Aufteilung der Menschen in Rassen das Ergebnis der "indirekten Einwirkungen" ist, die ihre Auffassungsgaben auf ihre Körper ausüben. Mit anderen Worten sind die Rassenunterschiede vielmehr Zustände, die sich aus Veränderungen im Körper durch die Einwirkungen aus der Umgebung und der Ereignisse in der Umgebung ergeben, und nicht durch den Einfluss der Auffassungsgabe, die den Körper direkt mit den Einwirkungen des Wesens beeinflusst. Rassenunterschiede sind demzufolge die Konsequenz der Notwendigkeit, dass die Menschen ihren Entwicklungsbedürfnissen entsprechend unter der einen oder anderen Bedingung auf die Erde gekommen sind und auf die eine oder andere Weise diese Bedingungen nutzen müssen. So wie zwei Menschen aus der weißen und der schwarzen Rasse, die mit bestimmten Vervollkommnungsbedürfnissen geboren wurden, durch ihre Hautfarbe unterschiedliche Merkmale aufweisen, zeigen dieselben Menschen gemäß den gleichen Geboten abhängig von ihren Körpern mehr oder weniger unterschiedliche psychische Handlungen und Reaktionen.

Kurz gesagt, alle Menschen, ob weiß oder schwarz, gelb oder rot; Sie gehen denselben Weg, Schulter an Schulter, überwinden dieselben Steigungen, dieselben Hindernisse mit denselben Schwierigkeiten, auf dasselbe Ziel zu. Und diese Reise ist für alle da; sie ist niemandes Monopol oder Privileg. Unabhängig davon, welcher Verlauf für ihre Entwicklung erforderlich ist, muss jedes Wesen diesen Verlauf einhalten. Die Wege, die heute begehen werden müssen, sind weiß gestrichen, bei Bedarf können sie gelb gestrichen werden, wieder bei Bedarf können sie auch schwarz und rot sein. Daher haben die Hautfarben, die eine Rassendiskriminierung der Menschen verursachen, und einige der Merkmale, die diese Hautfarben begleiten, keinen Wert, um eine wahre Trennung auszudrücken. Dies sind einfache

Materialien der temporären Entwicklung, die auf den zu begehenden Wegen verwendet werden müssen. Und sie sind die Notwendigkeit eines zwangsläufig kollektiven Marschs auf dem Vorbereitungsweg zur Pflicht.

Mit dieser Notwendigkeit bilden sich infolge der Entwicklungen bewusstere und systematischere Gemeinschaften. An der Spitze dieser Gemeinschaften steht die nationale oder staatliche Gemeinschaft.

Wir haben bereits darauf hingewiesen, dass bestimmte Pflichten und Aufgaben im Universum von verpflichteten Wesen in einer Reihe von Gruppen und Kadern ausgeführt werden und dass diese Gruppen über verschiedene Seiten miteinander verbunden sind, wodurch ein System von Organisationen bis zur Unität aufgebaut wird. Diese Systeme, die sicherstellen, dass die Pläne der Pflicht in Übereinstimmung mit den Prinzipien des Universums ausgeführt werden, spielen eine wichtige Rolle bei den Entwicklungs- und Vervollkommnungsplänen aller Wesen.

Das menschliche Leben ist von unten an die letzte Stufe, die die Symmetrie des Organisationssystems darstellt und deren Intuition vorbereitet. Daher müssen im menschlichen Leben die Vorbereitungen betreffend die Intuitionen und auch ein wenig das Wissen des Plans der Pflicht abgeschlossen sein. Die erste und letzte Pflicht der Menschheit auf der Erde besteht darin, die vorbereitenden Gebote des Plans der Pflicht zu erfüllen. Ohnehin halten die Menschen zwangsläufig diese Gebote in allen Stufen der Vervollkommnung durch die Eingriffe der oberen helfenden Einwirkungen ein, von der ersten unbewusstesten Stufe bis hin zur höchsten Stufe des Bewusstseins, des Bewusstseins der Pflichtintuition. Dieses Einhalten wird entweder durch komplett automatischen Mechanismen oder durch Mechanismen innerhalb mehr oder weniger leuchtenden Intuitionen erreicht. Diese halbbewussten oder unbewussten Automatismen besitzen verschiedene technische Möglichkeiten, um die Menschen auf ihre Pläne der Pflicht vorzubereiten. Eine dieser technischen Möglichkeiten besteht darin, dass Menschen kollektiv in der nationalen oder staatlichen Gemeinschaft leben.

Eine Nation oder ein Staat ist vor allem eine große Gemeinschaft, die unter Menschen gegründet wurde. Diese große Menschenmenge, die sich zu gemeinsamen Zwecken zusammengetan hat, unterliegt einem regelmäßigen, programmierten, organisierten und mühsamen Arbeitsmechanismus, die auf bestimmte Ziele ausgerichtet ist. Dieser Mechanismus steht im Einklang mit der großen Ordnung und in völliger Harmonie mit dem Vormarsch der Erde.

Die Gemeinschaft der Nation setzt sich aus vielen untergeordneten Gemeinschaften zusammen. Diese untergeordneten Formationen sind direkt und indirekt miteinander verbunden. So steht beispielsweise an dessen Spitze ein Anführer. Es gibt administrative Mechanismen, die in einer hierarchischen Reihenfolge von ihm abhängen. In diesen Mechanismen schreiten diejenigen, die regieren, und diejenigen, die regiert werden, aneinander gebunden in einer verketteten Anordnung fort. Alle Aktivitäten dieses Mechanismus, die dem Schein nach auf materielle Ziele gerichtet sind, zielen eigentlich darauf ab, die Menschen auf höhere Pläne vorzubereiten, welche die Symmetrie für diese Gemeinschaft sind; und diese Vorbereitung ist wiederum die Vorbereitung auf die Intuitionen der Pflicht. Daher ist es möglich in den Tätigkeiten, die innerhalb dieser Gemeinschaft ausgeführt werden, die Entwürfe der Vorbereitung auf den Plan der Pflicht zu finden. Alles, was die Menschen in einer nationalen oder staatlichen Gemeinschaft –gemäß ihrer eigenen Auffassung– als "Pflicht" bezeichnen, ist nur ein Vorbereitungsmaterial für die Intuition der Pflicht. Als Ergebnis dieser Vorbereitung werden die Menschen mittels dieser

Materialien in der Lage sein, sich durch große Taten und Bemühungen das wahre Wissen der Pflicht anzueignen.

Kurz gesagt, Nationen oder Staaten sind jeweils soziale Formationen, die auf der Erde unter der Aufsicht von hohen leitenden Verpflichteten gegründet wurden, die die Menschen auf den großen Plan der Pflicht vorbereiten.

Keine Nation auf der Erde ist von anderen getrennt und allein. Sie alle sind durch direkte oder indirekte Verbindungen auf dem Weg zu demselben Ziel miteinander verbunden. Diese Formationen führen die Menschen zu den Punkten, auf die der Plan der überirdischen Pflicht abzielt, und werden in großer Harmonie von gleicher Hand angetrieben und verwaltet. Die Wesen des Plans der Pflicht führen diese Arbeit mit vollem Verantwortungsbewusstsein aus. Eben diese verpflichteten Wesen versuchen mit verschiedenen Mitteln sicherzustellen, dass andere Gemeinschaften, Organisationen, Familien und Einzelpersonen innerhalb der Organisation der Nation und des Staates ihre eigene Arbeit ordnungsgemäß und ehrlich ausführen. Jegliche unangemessene Aktivität, die in einem Teil, oder durch ein Individuum, einer Gemeinschaft stattfindet, kann je nach Umstand und Wichtigkeit mehr oder weniger starke Erschütterungen in der gesamten Gemeinschaft verursachen. Daher bilden die Gruppen, die innerhalb der Gemeinschaft vorangeschritten sind, von diesen Gemeinschaften getrennte Gruppen. Während diese fortgeschrittenen und abgespalteten Teile der großen Gemeinschaft andere fortschrittlichere Positionen bilden, ist die Koordination und Zusammenarbeit zwischen den in der großen Gemeinschaft verbliebenen Individuen gestört. Die Individuen können den Bedürfnissen und gemeinsamen Zielen dieser Gemeinschaft nicht mehr folgen. Die Struktur dieser Nation oder dieses Staates beginnt zusammenzubrechen und zu degenerieren, und die Individuen setzen sich zum Ziel, nur für sich selbst und nicht für die Gemeinschaft zu arbeiten. Schließlich verschwindet diese große Gemeinschaft und überlässt ihren Platz einer fortgeschritteneren kollektiven Gemeinschaft, einer Nation oder einem Staat. Diese Situation ist ein Gebot der Vervollkommnung und die Harmonie der Weltordnung.

*
* *

Innerhalb einer Nation gibt es verschiedene Aktivitäten, die die Individuen auf die Intuition der Pflicht vorbereiten. Während einige davon unter einfacheren und bequemeren Bedingungen hergestellt werden, treten die meisten unter mühsamen, anstrengenden und belastenden Bedingungen auf. So kann einer beispielsweise mit geringem Aufwand ein Leben in Wohlstand führen, und jemand anderer schwerste Arbeiten verrichten, z. B. in einem Bergwerk arbeiten und trotzdem nur sein Leben fristen. Während sich der eine von jeder Form der Verantwortung als befreit betrachten, fühlt sich der andere unter den schwersten Verantwortungen zerschlagen. Einige von ihnen treten als Führungskraft an die Spitze. Andere von ihnen werden als Beherrschte mitgeschleift. All dies besteht aus verschiedenen Lebensstilen, die zu den natürlichen Funktionen einer staatlichen und nationalen Organisation gehören, und die die Menschen, jede auf einer anderen Weise, durch verschiedene Anwendungen auf die Intuitionen des wahren Plans der Pflicht vorbereiten. Darunter sind zu zählen, z. B. das Schulleben, Arbeitsleben, Büroleben, Militärleben, das feine Gesellschaftsleben, Leben im öffentlichen Dienst, politisches Leben, Familienleben usw. Aber jenseits ihrer anfänglich scheinbaren materiellen Ziele und Anliegen verbirgt sich ein großer, gemeinsamer Zweck, der darin besteht, innerhalb der Gemeinschaft jedes einzelne Individuum, über diese chaotischen und mühsamen Wege auf eine überlegene Intuition, auf "die Intuition des Wissens der Pflicht", vorzubereiten. Daher erwartet die Gemeinschaft der Nation, dass jeder Einzelne von Anfang bis zum Ende seine Pflicht mit großer Treue, guten Willens, ohne der Egoismus Komponente des irdischen Begehrens zu verfallen, erfüllt, und sein Handeln mit seinen Aufgaben gegenüber der großen Gemeinschaft der Menschen in Einklang bringt. Die Individuen dieser Nation profitieren dabei von den großen Vorteilen der Ziele, die die Gemeinschaft verfolgt. Und nähern sich den leuchtenden und lukrativen Wegen des zukünftigen Plans der Pflicht mit großer Macht und Geschwindigkeit. Wenn umgekehrt die Individuen der Nation sich nur um ihr eigenes Leben sorgen und gegenüber anderen Menschen egoistisch handeln, indem sie ihre persönlichen Interessen in den Vordergrund stellen und ihre Pflichten missbrauchen, verpassen sie zuallererst die Gelegenheit, die hohen Gewinne zu erzielen, die ihnen durch die Geburt in diesem Land entstehen würden. Und deshalb sind sie in der Egoismus Komponente ihres irdischen Begehrens in den unteren Ebenen des Gewissensgleichgewichts gefangen und sind gezwungen, die Erde frustriert zu verlassen, in dem bedürftigen Zustand einige neue schmerzhafte Verkörperungen zu erfahren. Denn es ist ausgeschlossen, dass sie mit ihren Positionen, die auf den unteren Ebenen des irdischen Begehrens festsitzen, sich dem Plan der Pflicht nähern können. Wir wiederholen: Die Errichtung der Nationen, die sich dem Anschein nach auf einige materielle Erfordernisse der Erde ausgerichtet hat, zielt in Wirklichkeit darauf ab, die Wege zu fortgeschrittenen Leben vorzubereiten, die die Grenzen der Erde überschreiten und in einer anderen und höheren Auffassungsgabe der Zeit fortführen werden. Mit anderen Worten, diese Organisationen haben eine weitaus überlegenere und umfassendere Rolle als ihr offensichtlicher Zweck auf der Erde. Daher verlangsamt die Vernachlässigung des wirklichen Ziels durch das Festhalten an diesen materiellen Seiten, die eine der zwingenden Notwendigkeiten des irdischen Lebens zu sein scheinen, das Tempo des Gewissensmechanismus und verzögert die Dinge.

Die wahre Intuition zu erlangen, unter den Nationen auf dasselbe Ziel ausgerichtet zu sein, bedeutet, der würdigen Reise dieses Ziels beigetreten zu sein.

Nachdem die Auffassungsgaben diese Entwicklungsgrade erreicht haben, ist es eine Notwendigkeit, ebenso wie die Auffassungsgaben der kleinen Organisationen sich vereinigen je höher sie in den Plänen der Pflicht aufsteigen, und sich zu größeren Organisationen umwandeln, dass sich die kleinen Nationen im Lichte der Vervollkommnung zusammenschließen und größere Gemeinschaften bilden, um somit größere und umfassendere Taten zu vollbringen und sich rasch dem gemeinsamen Ziel zu nähern; auf diese Weise erreicht die aus kleinen Gemeinschaften bestehende große Weltgemeinschaft ein hohes und solides menschliches Bewusstsein und erlangt die Würdigkeit, eine angemessenere Symmetrie des Plans der Pflicht zu sein. Diese werden als starke Vorstöße zu den großen gemeinschftlichen Plänen betrachtet, die von Menschen, die sich ihrer eigentlichen Pflicht bewusstgeworden sind, unternommen werden.

Die Aktivitäten der Nationen auf dem Weg der Entwicklung vollziehen sich automatisch, halbbewusst und bewusst, und werden von Aktivitäten, vieler anderer, körperloser Verpflichteter begleitet. Diese verpflichteten Organe sind Organe einer übergeordneten Organisation, von denen jedes sich den Aktivitäten der Individuen und Gruppen verpflichtet hat, die auf der Erde die Gemeinschaften bilden, welche wir als Nation oder Staat bezeichnen. Demnach stammen die Disziplin der Leistung und die unfehlbare Ordnung und Regelungen der Pflicht innerhalb einer Nation, aus einem überirdischen System, an das diese Nation oder dieser Staat gebunden ist. Dies ist zweifellos entsprechend dem Grad der Würdigkeit eingestellt, die die Nation mit allen ihren Individuen erlangt hat.

Solange die Nationen bemüht sind, aufzusteigen, ohne die wahren Ziele ihrer Formation zu verlieren, und wenn sie sich für diese Absicht anstrengen, werden diese Einstellungen zunehmen; proportional dazu nehmen auch die Automatismen der Vervollkommnung zu. Zusammenfassend sind die Systeme, an die die Nationen gebunden sind, ein kleines Element der umfangreicheren, miteinander verbundenen großen Organisationen der Pflicht im Universum. Eben diese Elemente nehmen entsprechend den Entwicklungserfordernissen einer Nation oder eines Staates verschiedene Formen auf der Erde an. Das Ziel hierbei ist es, wie bei allen Mitteln der Erde, die Menschen durch nationale und staatliche Gemeinschaften auf automatische, halbbewusste und bewusste Weise auf die Intuitionen des Plans der Pflicht kollektiv vorzubereiten. Ein Staat oder eine Nation, die sich vollständig an diese Vorbereitung angepasst hat, wird somit ihre Pflicht erfüllt und die Menschen mit Würde auf den überirdischen Plan der Pflicht ausgebildet haben.

Alle Gemeinschaften sind für die Entwicklung der Individuen bestimmt. Es ist jedoch nicht richtig, die Gemeinschaften von den Individuen wie mit einem Messerschnitt zu trennen. Denn die Gemeinschaften auf der Erde sind die ersten vorbereitenden Übungen der großen Organisationssysteme. Das Ziel der Organisationssysteme ist es, zur Vereinheitlichung, zur Vereinigung zu gelangen. Daher können Individuen in dieser Hinsicht nicht vom Gemeinschaftsbegriff getrennt werden. Um dies besser erklären zu können, müssen wir die wechselseitigen Funktionen individueller und gemeinschaftlicher Pläne ein wenig erörtern.

Was ist der individuelle Plan?.. Ein Körper ist die Vervollkommnungseinheit des Wesens. Dem Prinzip der Vorsehung entsprechend besitzt er einen einzigen Plan. Jedem Körper ist ein Plan zugeordnet, der entsprechend den Vervollkommnungsgeboten der Seele, der der Körper unterworfen ist, ausgearbeitet ist. Ein Plan bedeutet nicht, dass dieser ein grober und enger Rahmen ist. Er hat immer ein breites Bewegungsspektrum im Gleichmaß zu den Möglickeiten, die die Gebote erfordern. Das Prinzip dieses Plans hängt von der Vervollkommnung der Seele ab, der der Körper unterworfen ist, sowie von dem Grad der

Vervollkommnung, den Kadern auf dem Vervollkommnungsweg, den Bedingungen, den Möglichkeiten, zusammengefasst, von allen Geboten der Vervollkommnung.

Was ist der gemeinschaftliche Plan?.. Das Universum ist kein materielles Feld, in dem sich Individuen im freien Lauf vervollkommnen. Es ist die Gesamtheit der Gebote, der Regelungen, der Anordnungen in einem extrem tiefen und hohen Mechanismus, die durch hohe Prinzipien errichtet wurde, mir anderen Worten es ist die Unität selbst, die wir nicht begreifen können, die wir nur mit Mühe erahnen können und werden. Das Universum ist der Ausdruck der himmlischen Ordnung. Obwohl jedes Individuum, jeder Körper einen individuellen Plan hat, ist er immer auf die Situationen anderer Einheiten abgestimmt, also auf die Situationen der anderen Körper angesichts ihres eigenen Plans. Die Vervollkommnung vollzieht sich im gemeinschaftlichen Plan. Andernfalls wäre die Rede von Ordnung und Harmonie ausgeschloßen.

*
* *

In bestimmten Umfeldern oder Sphären bestimmter Welten sind die Körper immer mit ihren Situationen einander gegenübergestellt. Diese Begegnung impliziert auch, dass die durch die höheren Prinzipien organisierten individuellen Pläne von einer anderen mechanischen Front aus gesteuert werden. Alle diese Arbeiten, diese Ordnungen und Vorkehrungen werden innerhalb der Organisationssysteme der hohen Pläne der Pflicht durch die Verarbeitung der verpflichteten Wesen durchgeführt.

Darüber hinaus gibt es viele Umstände, die von den Körpern in ihrem Leben der Bewährung durch die Verbindungen miteinander geschaffen werden, und dies ist ein Ausdruck der Vorbereitung auf das Überweltliche, auf den Plan der Pflicht. Zusammenfassend besteht über dem individuellen Plan ein gemeinschaftlichen Plan. Der gemeinschaftliche Plan ist ein komplexer Plan, der zwar einen Zweck verfolgt, aber auch die individuellen Pläne mit einem sekundären Mechanismus anpasst.

Diese Anpassungen vollziehen sich unter den Einwirkungen und der Kontrolle des Plans der Pflicht gemäß den Anweisungen der Unität. Mit anderen Worten, in den unendlichen Kombinationen des Lebens, die geschaffen werden durch die unzähligen Einwirkungen, die aus den verschiedenen Ebenen des Plans der Pflicht auf den gemeinschaftlichen Plan, in dem sie leben, einfliessen, finden die Individuen ihre eigenen Bereiche der Bewährung, Prüfung und Entwicklung. Wenn die Einwirkungen des Individuums stärker werden, die Entwicklung sich beschleunigt, die Auffassungsgabe reift, so werden auch die gemeinschaftlichen Situationen, die den Plan des Individuums betreffen, angepasst.

Der hier zu berücksichtigende Punkt ist: Nicht für ein einzelnes Individuum wird eine gemeinschaftliche Situation vorbereitet, sondern für jedes Individuum des gemeinschaftlichen Kaders. Betrachten wir als ein sehr grobes Beispiel einen gemeinschaftlichen Plan von einhundert Individuen! Für das Individuum "a" kommen die Situationen von neunundneunzig Individuen infrage. Indessen für "b" der gleichen hundert Personen kommen die Situation der anderen neunundneunzig Personen, zu denen auch "a" gehört, infrage. Ebenso werden für "c" die Situationen von neunundneunzig Personen, zu denen auch "a" und "b" gehören, angepasst. Mit anderen Worten, neunundneunzig Personen werden nicht für eine Person mobilisiert. Durch extrem feine Regelungen der Verpflichteten werden diese hundert Personen füreinander verpflichtet. Aber die Vervollkommnungsgrade dieser hundert Personen sind natürlich nicht gleich. Das Bedürfnis und Vervollkommnungsgebot eines jeden ändert sich mit dem gleichen feinen Mechanismus. Die Situation von "a" gegenüber neunundneunzig Personen ist nicht die gleiche wie die von "b". Auch die Situation gegenüber der Materie ändert sich in diesem gemeinschaftlichen Plan für jeden Einzelnen. All dies geschieht durch "quantitative Veränderungen" in den Materiekombinationen und Körpern, die durch die von verpflichteten Wesen aufgrund ihrer Pflicht gesendeten Einwirkungen hervorgerufen werden. Individuen, die von diesen Mechanismen hier nichts wissen, glauben, dass sie in einer Reihe mysteriöser Ereignisse verwickelt sind, die sie sich nicht erklären können. Während jemand im Verhältnis zu der Kombination quantitativer Veränderungen, die abhängig von den Geboten des Plans auftreten, arm ist, ist ein anderer hingegen infolge auf einen bestimmten Grad festgelegter Beträge mittelständig, wieder ein anderer ist reich, der eine ist kultiviert, der andere ist unwissend, der eine ist ein Fahrer, der andere ist ein Musiker, wieder ein anderer ist ein Straßenkehrer, der eine ist glücklich, der andere ist unglücklich, der eine ist gut, der andere ist schlecht, der eine ist anfällig, der andere ist solide, temperamentvoll, mürrisch, egoistisch oder altruistisch und alle anderen Situationen; alle entstehen in den Zeit- und Raumkadern, um die Gebote der Entwicklungen gemäß dem originalen Prinzip zu erfüllen, durch den Kanal der aus der Unität einströmenden Einwirkungen, mithilfe der Technik der individuellen und gemeinschaftlichen quantitativen Veränderungen; wobei "die quantitativen Veränderungen der Materien", die demselben Mechanismus unterworfen sind, entsprechend den obigen Situationen angepasst werden. Wenn dieses Wissens zwischen den Einwirkungen und den Wesen ausgebreitet wird, ist es möglich, höhere Intuitionen zu erreichen. Eben dies sind die Ziele, die jenseits der von den Menschen wahrgenommenen "scheinbaren Ziele" der Gemeinschaften verborgen sind.

Wir haben bereits erwähnt, dass es viele solche gemeinschaftlichen Pläne, also Gemeinschaften gibt, innerhalb einer nationalen Gemeinschaft. Wir haben auch berichtet, dass die scheinbar voneinander abhängigen Situationen dieser Gemeinschaften, die auch so erscheinen sollen, in Wirklichkeit den Funktionen der Organisationen der Pflicht unterliegen. Entsprechend diesen Informationen müssen wir auch eine kleine Familiengemeinschaft, die in einer Nation, einer großen Gemeinschaft mit den gleichen Notwendigkeiten gegründet wurde, unter diesem Licht betrachten.

In ihrer wahren Bedeutung ist die Familie eine ordentliche und regelmäßige Gesellschaftseinheit, die die reichsten Materialien für die Ausübungen der Wesen, die für ihre Entwicklung auf die Erde gekommen sind, vorbereitet und eine starke Grundlage für diese Ausübungen bildet. Und die Gesamtheit von diesen ist die Gemeinschaft der Menschheit. Die Familie ist eines der besten Mittel, um die Menschen auf den Plan der Pflicht vorzubereiten. Die großen Bedeutungen, die die Gemeinschaft der Menschheit anstrebt, lassen sich mit dem Reichtum aller Entwicklungsmaterialien in einer kleinen Familiengemeinschaft zusammenfassen. Diese Tatsache zeigt, wie wichtig eine Familieninstitution bei der Vorbereitung der Menschheit auf den Plan der Pflicht ist.

Tatsächlich gibt es auf der Erde kein oberes und unteres Element der Vervollkommnung, keine Vorbereitung, die außerhalb des Umfangs und der Notwendigkeiten des Wissens der Familie liegt. Die Struktur einer Familie wurde ohnehin auf eine Art und Weise festgelegt, die den gesamten Reichtum des im menschlichen Leben verfügbaren Materials der Vervollkommnung zusammenführt. Sicherlich hat jeder im Gleichmaß seiner Bedürfnisse ein solches Elternhaus erfahren und von den Vorteilen dieses Elternhauses profitiert.

Die einfachsten und primitivsten Vorbereitungen auf eine Familiengemeinschaft beginnen in der Tierwelt und sogar bereits in der Pflanzenwelt. Die primitivste Form dieser Vorbereitung ist das Geschlecht. Das Geschlecht ist der Knotenpunkt vieler Mechanismen. Einer dieser Knotenpunkte ist die Institution der Familie. Das Geschlecht ist auch ein Knotenpunkt vieler schmerzhafter, süßer Ereignisse, Glücksgefühle, Katastrophen, Qualen, kurz gesagt, vieler Entwicklungselemente auf der Erde. Zusammenfassend ist das Geschlecht ein Element, das die Entwicklungsmechanismen der Erde von verschiedenen Seiten aus aktiviert. Der Gewissensmechanismus, der sich sowohl an die Pflicht als auch an das irdische Begehren richtet, wird auf verschiedene Weisen von der Realität des Geschlechts beeinflusst. Das Geschlecht kann zu vielen tugendhaften, erhebenden Gelegenheiten führen, es kann aber auch die Türen von Katastrophen, Leiden, Qualen, Gräbern und psychiatrischen Einrichtungen öffnen. Das erste mächtige vorbereitende Element des Familienlebens ist der Geschlechterautomatismus. Daher beinhaltet es den Schlüssel zu vielen Prüfungen. Eine mit dem Schlüssel des Geschlechts eröffnete Familieninstitution bereitet durch all ihre Notwendigkeiten und Erfordernissen die Menschen, auch wenn über automatische Wege, auf die Intuitonen der Verantwortung und der Pflicht vor; und diese Vorbereitung ist für die Menschen eine der perfektesten Vorgänge auf dem Weg der Vervollkommnung.

Welche Entwicklungsmaterialien werden den Menschen vom Familienleben zur Verfügung gestellt, welches ein so mächtiges Werkzeug für den Mechanismus der Vorbereitung auf die Pflicht darstellt?

Die Antwort auf diese Frage kann auch aus den Informationen abgeleitet werden, die wir kurz zuvor über den gemeinschaftlichen Plan gegeben haben. Wie aus diesen Informationen hervorgeht, sind die Entwicklungselemente, die die Familieninstitution vorbereitet –wie manche vielleicht denken werden– nicht unbedingt in der Beschaffenheit die Menschen glücklich und zufrieden zu stimmen und ihr irdisches Begehren zu befriedigen. Im Gegenteil, viele von ihnen zeigen langweilige, mühsame, verzweifelte, traurige, schmerzhafte, qualvolle und manchmal sogar peinigende Charaktere. Tatsächlich ist die stärkste und vorteilhafteste Seite der Familieninstitution ihr zäher, rauer und strenger Aspekt. Wer die Ereignisse einer gegründeten Familie vom ersten Moment an bis zum letzten Tag sorgfältig untersucht, wird tiefe Intuitionen und Kenntnisse in dieser Hinsicht gewinnen. Noch bevor die Familie gegründet wird, liefern die Ereignisse vor der Gründung die Resultate, die von der

Funktionsweise des Familienmechanismus erwartet werden: Auch, wenn im Fall eines Zusammenkommens zweier Menschen beiderlei Geschlechts, im ersten Schritt einige Annehmlichkeiten beider zu beobachten sind, ist es möglich, dass viele Schwierigkeiten auftreten und sogar viele Unmöglichkeiten entstehen, die dann jeder Einzelne von ihnen jeweils für sich selbst überwinden muss. Und für beide Seiten ist jede dieser Situationen Gegenstand von Prüfungen und Beobachtungen. Sie führen dazu, dass ihr essenzielles Wissen sich vermehrt, wie wir zuvor erklärt haben. Zum Beispiel können in der Zwischenzeit Verstimmungen, Ärgernisse, Diskussionen, Kämpfe und sogar Morde auftreten. Dies sind zu Beginn einer Familie schmerzhafte, aber wirkungsvolle Vervollkommnungsmaterialien auf einem als negativ geltenden Wege.

Nach der Gründung der Familie, entstehen viele weitere Probleme, wie zum Beispiel das Problem des Lebensunterhalts, das Problem des miteinander Auskommens der Ehepartner, das Problem der Anpassung an die Ehebedingungen und so weiter. Sie bürden sowohl dem Mann als auch der Frau jeweils verschiedene Lasten, Pflichten und Aufgaben auf. Sie gehen entweder siegreich oder besiegt aus diesen Kämpfen hervor und erzielen in beiden Fällen entsprechend den scheinbar erfolgreichen oder erfolglosen Situationen der Prüfungen eine Menge bitterer, süßer Ergebnisse, und gewinnen dementsprechend ihre Geschwindigkeit auf dem Weg zur Intuition der Pflicht.

Schließlich werden Kinder geboren. Deren Wachstum, Krankheiten, Gesundheit, Todesfälle, Unfälle, Leiden usw. bieten Beobachtungen für Mutter und Vater, manchmal auf den Wegen der Freude und manchmal des Kummers. Wenn sie die Auffassungsgabe erlangt haben, all diese Erfahrungen erfolgreich zu überstehen, wird der Frieden, den sie indessen empfinden werden, sie über positive und glückliche Wege empor tragen. Der Schmerz und die Frustration infolge erfolgloser und inkompetenter Prüfungen, die sie unter ihrer Ansicht nach negativen

Bedingungen erleiden werden, werden dennoch gewährleisten, dass sie über einen anderen Weg, ebenfalls vorankommen.

Danach die Verantwortungsgefühle der Eltern gegenüber Themen wie die Erziehung und Ausbildung der Kinder, das Großziehen zum Guten oder Schlechtem, ebenso die unzähligen Konsequenzen und Resultate der Verhaltensweisen der heranwachsenden Kinder gegenüber ihren Eltern und anderen Familienmitgliedern, werden der Reihe nach durchlaufen als Gegenstand endloser Prüfungen und Erfahrung, die unterschiedliche Charaktere für die Familienmitglieder beinhalten. Alle Ereignisse des Familienlebens, die eine Quelle der Angst oder der Freude auf scheinbar entgegengesetzten Wegen sind, geben den Menschen im Grunde genommen die Intuition für den großen Plan der Pflicht.

Kurz gesagt, eine glücklich erscheinende Familie, eine unglücklich erscheinende Familie, eine Familie, die ein katastrophales Leben durchlebt, eine still oder laut lebende Familie, kurz gesagt, alle Familien, die unterschiedlichen Lebensbedingungen unterliegen, aber an die Bedürfnisse des Einzelnen angepasst und auf ihre Entwicklung ausgerichtet sind, sind ein mächtiges Mittel zum Aufstieg. Dieses kostbare Mittel bietet mit all seinen Freuden, seinem Glück, seinem Schmerz und seinen Katastrophen einen der perfektesten Grundlagen für die Vorbereitungsausübungen der Intuitionen, die für den Plan der Pflicht, der das Ziel der Menschen ist, erforderlich sind, und bereitet alle Möglichkeiten für diese Ausübungen vor. Dort wird Liebe geboren, dort geht die Liebe verloren, Geburten, Todesfälle, Trennungen und Wiedervereinigungen folgen aufeinander. Sie alle werden mit der Freude und dem Kummer, die sie hervorbringen, zu einem reichen Entwicklungsmaterial.

Genauso wie eine Mutter, die sich über ihr neugeborenes Kind freut, aufsteigt, macht eine Mutter, die Tränen für ihr verstorbenes Kind vergießt, in ihrer Situation ebenso große Fortschritte. Allerdings möchten wir folgenden Punkt noch einmal in

Erinnerung rufen: Alle diese Situationen in der Familie, ihr Voranschreiten auf dem Weg der Entwicklung, ihr Vormarsch, ihre Haltung unterliegen vollends der Unterstützung und der Kontrolle der verpflichteten Wesen.

Die Familie ermöglicht die einfachsten und automatischsten Übungen auf der Erde, um sich auf das Konzept der Vereinigung vorzubereiten, das die vollständige Form der Vervollkommnung gegen Ende des Universums zum Ausdruck bringt. Wie so oft sind Gesichts- und Charakterähnlichkeiten zwischen Ehepartnern Ausdruck einer Synthese zwischen den Magnetfeldern der Körper, die sich als eine der Notwendigkeiten der Familiengemeinschaft bildet, und darauf hindeutet, dass sich die Wesen einander nähern. Je besser die Synthese dieser Magnetfelder ist, desto perfekter ist der Zusammenhalt innerhalb der Familie, und umso näher kommt die Familie ihrem wahren Ziel.

*
* *

Wir sagten, dass die Wesen auf die Erde herabkommen, um in den irdischen Materien auf die benötigten Materialien zu treffen und von ihnen zu profitieren.

Von allen Sphären unseres Sonnensystems ist die Erde eines, auf der die meisten Entwicklungsmaterialien vorkommen. Diese Materialien sollten nach verschiedenen Bedürfnissen geordnet und angeordnet und für die Ausführungen der Menschen in einen nützlichen Zustand gebracht sein. Die Wesen des Plans der Pflicht, die mit diesen Aufgaben beauftragt wurden, üben ihre Aufgaben ihrem Würdigkeits- und Machtgrad entsprechend innerhalb verschiedener Pflichtorganisationen aus, die der Erde zugeteilt wurden. Natürlich sollten wir nicht vergessen, dass dies entsprechend den von oben kommenden Anweisungen sein muss.

Mit diesen Unterstützungen werden viele Anordnungen, Regelungen und Formationen geschaffen, die der Entwicklung der irdischen Wesen und auch der Menschen mit einer inzwischen umfassenderen Position förderlich sind. Zum Beispiel das Auftreten natürlicher Phänomene innerhalb einer bestimmten Ordnung, politische, wirtschaftliche, wissenschaftliche Konditionen, die sich über die gesamte Erde erstrecken, und die inzwischen etablierten Nationen, Staaten, Stämme, Gemeinschaften zusammen mit ihren untergeordneten Institutionen; all diese werden immer von den verpflichteten Organen der großen Organisationen, die den Anweisungen der Unität unterliegen, angetrieben und verwaltet. Demzufolge hängt die Antreibung und Verwaltung aller Gemeinschaften auf der Erde, wie die der Nationen, Staaten, Familien, von oberhalb ab. Und der Zweck dieser Verbindungen ist es, den Wesen, also den Menschen, die auf die Erde gekommen sind, um sich auf die Intuition des Plans der Pflicht vorzubereiten und die Würdigkeit für diesen Plan zu erlangen, zu helfen ihre Ziele zu erreichen. Tatsächlich zieht jeder Mensch, zumeist automatisch und halbbewusst, endlose Vorteile aus den unendlichen Möglichkeiten dieser Institutionen auf der Erde, entweder auf direkten oder indirekten Wegen, also indem sie selbst in ihren Erfordernissen leben, oder indem sie andere beobachtet, die in diesen Erfordernissen leben. Wir haben hier bereits die Bedeutung des Wortes automatisch erklärt. Die Menschen profitieren nicht immer von diesen Gemeinschaften, indem sie ihre wahren Ziele erkennen. Die Menschen schließen sich diesen Gesellschaften entsprechend den Realitäten und Werten der Erde an, aber fast immer nur mit dem Wunsch und der Leidenschft, die Voteile zu erlangen, die sie ihnen bieten werden, und mit diesem Anspruch arbeiten sie mit Herz und Seele in diesen Gemeinschaften. Und die Vielfalt dieser Wünsche hängt von der Qualität und Quantität der Einheiten des irdischen Begehrens jedes Menschen ab. Diese Qualitäten und Quantitäten gehen manchmal runter bis auf die weit untenliegenden Ebenen des Egoismus. Zum Beispiel kann eine große Banditenbande gegründet werden. Aber mit Gleichgewichten der Dualität, die sich an die höheren Ebenen des Gewissensmechanismus angepasst haben, können diese Wünsche auch sehr edle und hohe Manifestationen zeigen. Zum Beispiel können mit einem reinen Liebesinstinkt alle Belastungen einer Familie bereitwillig in Kauf genommen werden. Aber im Gegensatz zu diesen ersichtlichen Gefühlen von vorübergehenden materiellen Voteilen möchte fast niemand die großen Werte all dieser Institutionen sehen und darüber nachdenken; Institutionen, die die Menschen manchmal auf süßen, manchmal auf sehr schmerzhaften und mühsamen Wegen zu hohen und wahren Gewinnen führen werden.

\*
\* \*

Wie alles auf der Erde ist die Nation, der Staat, die Familieninstitutionen nicht das Ziel, sondern das Mittel. Die wahren Ziele dieser Mittel sind nicht, wie es zunächst scheint, die sehr vergänglichen materiellen Gewinne und Realitäten der Erde, die nicht einmal im geringsten über die Erde hinaus getragen werden können, sondern der Erwerb des essenziellen Wissens, das nach den Verfahren entsteht, denen im Gewissensmechanismus die vielen bitteren oder süßen Ereignisse ausgesetzt sein werden, denen die Menschen, während sie den Gedanken "Ich will in diesen Realitäten leben, ich will diese Gewinne erzielen" verfolgen, gegenüberstehen werden.

An dieser Stelle haben wir somit noch einmal das Verhältnis zwischen dem Gewissensmechanismus und der Bereicherung des essenziellen Wissens festgestellt. Wir werden diese Informationen nun zusammenfassend wiederholen, sodass die Auffassungen keine dunkle und vage Seite aufweisen.

Die von der irdischen Auffassungsgabe ausgewerteten Realitäten des Gewissens sind nicht das essenzielle Wissen des Wesens. Hierbei handelt es sich um die Erscheinungen der Materiepositionen, die innerhalb der Dualität der Pflicht und des irdischen Begehrens gemäß den Geboten der Verkörperung des Wesens in groben Materialien verschiedene Formen einnehmen.

Diese Realitäten folgen nicht notwendigerweise in jedem Menschen der gleichen Reihenfolge, sondern sind nach Bedürfnissen und Notwendigkeiten geordnet. Das vergleichende Wissen, die aus den Ereignissen erhalten wird, die sich aus den Kollisionen dieser gegensätzlichen Elemente ergeben, wird hier durch den Kanal der Auffassungsgabe die "Werte" des essenziellen Wissens vom Wesen erhöhen und diese Werte werden als "Vervollkommnungsmaß" der Seele innerhalb der "Formationen der Auffassungsgaben" an ihn reflektiert. Dieser Zustand zeigt in knapper Weise die Positionen der sich ständig verändernden Realitäten im Gewissensmechanismus und die Rollen all dieser Mechanismen zur Bereicherung des essenziellen Wissens, und schließlich zeigen sie die Essenz der Dienste, die das Wesen für die Vervollkommnung der Seele leistet. Während diese Realitäten, die den Gewissensmechanismus bedienen, einerseits das essenzielle Wissen erhöhen, können sie sich andererseits auch zu höheren Realitäten hin verlagern, indem sie ihre Kraft und ihren Antrieb aus dem essenziellen Wissen entnehmen. Das heißt, während die Realitäten, die vom Gehirn abhängig sind, die "Komplexe der feinen Materikombinationen" der Auffassungsgabe des essenziellen Wesens bereichern; befördern die vom essenziellen Wesen an das Gehirn reflektierten leuchtenden Lichter, die Gewissensgleichgewichte auf eine höhere Ebene. Wenn das essenzielle Wissen zunimmt, erhöhen die Bemühungen des Gewissens auf dem Weg zum Wissen der Pflicht somit auch das Niveau des irdischen Begehrens. Und es kommt ein Moment, in dem sich die Distanz zwischen der Pflicht und dem irdischen Begehren in der Nähe des Plans der Pflicht verkürzt. Und so wird es einfacher, dass die Auffassungsgabe sich der Seite der Pflicht zuwendet. Was den Plan der Pflicht betrifft, so verschwindet die Dualität des Gewissens von dort an. Stattdessen beginnt eine andere Dualität der Vervollkommnung unterschiedlicher Natur, die mit großen Funktionen der Pflicht voranschreitet. Und diese Dualität begleitet das Wesen bis zur Unität.

*
* *

Die Menschen, die die intensivsten Momente dieser Auseinandersetzung darstellen, insbesondere die auf der mittleren Ebene der Menschheit, leben konstant in einer Atmosphäre, die zwischen Ruhe und Unruhe schwankt. Diese Zustände fallen mit den deutlich auftretenden Situationen des Gleichgewichts und des Ungleichgewichts der Gewissenselemente zusammen. Diese Ruhe versetzt den Menschen im Maße seiner Auffassungsgabe in einen Zustand der Zufriedenheit. Aufgrund dessen denkt er, dass seine Probleme gelöst wären. Sobald jedoch gemäß den Geboten und den auftretenden Bedürfnissen des essenziellen Wesens die Gleichgewichtslinie des Gewissens nach oben oder unten hin gestört wird, ist ihm die gute Laune verdorben. Das Gefühl, dass die alte Realität angesichts einer neuen Realität kurz vor dem Zusammenbruch ist, quält ihn. Diese Qual nimmt mit dem Grad der Gleichgewichtsstörung zu. Dieser Zustand weist gemäß jeder Periode, jeder Stufe verschiedene Merkmale und Formen auf. Gelegentlich, besonders in den weniger fortgeschrittenen Stadien, tritt er als wahre Reue auf. Diese Formen der Qual treten häufiger auf, wenn die Gleichgewichte sich nach unten verlagern. In den fortgeschrittenen Entwicklungsgraden des Wesens treten solche Qualen nicht auf, es treten jedoch verschiedene Zustände und Formen von Verwirrungen auf, die nicht als weniger wichtige Unruhen angesehen werden. Alle diese Zuständer der Unruhe oder Qualen führen dazu, dass die Gewissensrealitäten auf höheren Ebenen ins Gleichgewicht kommen und damit zu einer Zunahme das essenziellen Wissens, und zu der Annäherung der Menschen an die vorbestimmten Pläne der Pflicht.

Deshalb ist es notwendig sich zu bemühen, die Verwirrungen, die auf die verarbeiteten und erfüllten Realitäten der gegenwärtigen Stufe folgen, baldmöglichst zu überwinden und höhere Realitäten zu erreichen, sodass die erworbenen höheren

Würdigkeiten zur rechten Zeit beginnen ihre Funktionen auszuführen, und infolgedessen der normale Vormarsch auf dem Entwicklungsweg des essenziellen Wissens ohne Unterbrechung sich fortsetzen kann. Wenn ein Mensch auf irgendeine Unruhe, Verwirrung oder Qual stößt, oder sein Gewissen durch die Funken irgendeiner Reue zu leiden beginnt, muss dieser Mensch sich sofort sammeln, seine Auffassungsgabe zwischen den Komponenten seines Gewissens kursieren lassen und sich dessen oberer Komponente zuwenden, die er bis dahin nicht beachtet hat, er muss beginnen, der oberen Komponente mit seinen Wünschen Werte zuzusenden; andererseits sollte er seine Wünsche, Gewohnheiten und Begierden bezüglich der unteren Realität in den Hintergrund drängen und sie nicht mit neuen Werten füttern, und vor allem muss er hierfür die notwendigen Taten und Bemühungen aufbringen. Während er dies tut, beginnt sich das Gewissensgleichgewicht allmählich auf höheren Ebenen zu etablieren. Und wenn sich auch dies verwirklicht hat, wird die neu entstandene Freude über die größere Ruhe und das Glück alle früheren Sorgen und Unruhen weggefegt haben. Die Informationen jedoch, die sie dem essenziellen Wesen beigetragen haben, werden als eine reiche Entwicklungsladung diesen Menschen an die höheren Vervollkommnungspläne noch näherbringen; und tatsächlich ist die zunehmende Ruhe im Menschen das Ergebnis dieses Zustands.

Einige Fragen könnten in den Sinn kommen, wie z. B. "Warum ist die Komponente des irdischen Begehrens überhaupt nötig?", oder vielmehr, "Wäre es nicht möglich, höhere Realitäten zu erlangen und das essenzielle Wissen zu steigern und dementsprechend die Vorbereitungen auf die Pflicht durchzuführen, auch ohne die Dualität der Pflicht und des irdischen Begehrens, die sich im menschlichen Leben zeigt?" Die Antwort liegt bereits in den vorherigen Informationen. Wir möchten sie an dieser Stelle erläutern!

Wir sagten, dass die Informationen, die der Vervollkommnung der Seele dienen werden, zuvor zu essenziellem Wissen werden müssen, das heißt, sie müssen das essenzielle Eigentum des Wesens sein. Und dies ist, wie wir bereits erwähnt haben, ein Zustand, der nur erreicht werden kann, wenn das Wesen innerhalb der Ereignisse ständig Erfahrungen sammelt, und viele Taten und Bemühungen leistet. Mit anderen Worten, das Wesen wird mittels des Körpers nach den Auseinandersetzungen und Ausübungen, die angesichts der positiven und negativen Seiten der Weltereignisse mit diesen ausgeführt werden müssen, einige Schlussfolgerungen ziehen, eben diese Ergebnisse liefern das essenzielle Wissen. Im Grunde dienen die sich wiederholenden Verkörperungen der Menschen dazu, dass sie sowohl den süßen als auch den bitteren endlosen Manifestationen der Ereignisse begegnen können. Der Grund dafür ist die Steigerung des essenziellen Wissens. Aber hier tritt eine weitere Notwendigkeit in Erscheinung: Wenn es keine Faktoren gäbe, die auf die Möglichkeiten und Gelegenheiten abzielen innerhalb der Ereignisse Erfahrungen zu sammeln und sich mit diesen auseinanderzusetzen, gäbe es keine Notwendigkeit für solche mühsamen Ereignisse, die die Taten und Bemühungen aktivieren. Und wenn Menschen auf dem Weg der Vervollkommnung durch Prozesse, die sie sich nicht verdient haben, befördert werden könnten, so könnte es sein, dass sie in bestimmten Bewegungen gefangen sind und unbewusst dahintreiben. Aber die Informationen, die wir zuvor gegeben haben, zeigen, dass für die Menschen ein solcher Vervollkommnungsprozess nicht möglich sein kann. Dies liegt daran, dass solche Fortschritte, die vollständig wie eine Maschine funktionieren und für die die Auffassungsgabe und Freiheit der Wesen irrelevant sind, nur –wie wir bereits erklärt haben– dem mechanischen Vervollkommnungsprinzip unterliegen können, das in einer dunklen, ewig währenden Gefangenschaft im ersten Stadium des Universums sich vollzieht, wo die Wesen noch keine Auffassungsgabe und keine Macht haben. Und das größte Ergebnis, das die Vervollkommnung unter diesem Prinzip für die

Wesen liefert, ist; wie wir bereits erklärt haben, dass das Wasserstoffatom seine Würdigkeitsposition nicht überschreiten kann, in der es noch keine Auffassungsgabe besitzt und noch nicht die Kraft erlangt hat, sich aus der Gefangenschaft zu befreien, und gezwungen ist, sich nur an die mechanischen Bewegungen anzupassen.

Wenn die Wesen in Ereignisse eingebracht werden, deren Anspruch sie sich nicht verdient haben, können sie aus diesen keine der menschlichen Phase würdigen Vorteile erzielen. Denn in diesem Fall ist es ihnen nicht möglich, beim Eintreten dieser Ereignisse ihre Ursachen und Folgen zu bestimmen und einzuschätzen, um daraus vergleichendes Wissen zu erlangen; und wenn kein vergleichendes Wissen verfügbar ist, kann sich kein essenzielles Wissen bilden und die von der Menschheit erwartete Vervollkommnung kann sich nicht erfüllen. Was auch immer passiert, Ereignisse unbekannter Ursache und Wirkung sind für Menschen sinn- und zwecklos. Es sind jedoch die Schlussfolgerungen, –die einem im Rahmen des Kausalitätsprinzips durch vergleichendes Wissen bewusst werden–, die sich daraus ergeben, ob man aus den verdienten bitteren oder süßen Ereignissen mit Sieg oder Niederlage hervorgeht, die das essenzielle Wissen bilden, das ein Element der Vervollkommnung ist.

Dies bedeutet, dass die Menschen die Ereignisse verdient haben müssen, die an die Bedürfnisse ihrer Vervollkommnung angepasst sind; so, dass sie Dank dem Bewusstsein dieser Verdienste das vergleichende Wissen finden können, welches sie zu Schlussfolgerungen führen wird, während sie in diesen Ereignissen Erfahrungen sammeln und die Möglichkeit erlangen, ihre Auswertungen vorzunehmen. Ein Kind, das nicht weiß, warum es geschlagen wird, kann davon nicht richtig profitieren. Wenn er von den Schlägen nicht profitieren kann, kann er das Kriterium seines Zustands nicht einschätzen und wird sich nicht bemühen, seine Haltung und Handlungen zu korrigieren. Damit es von diesen Schlägen profitieren kann, ist es notwendig, ihn darauf aufmerksam zu machen, und dafür muss ihm erklärt werden, aufgrund welcher seiner schwachen Seiten es die Schläge verdient. Dies ist möglich, indem seine im Hintergrund lauernden schwachen Seiten aktiviert und aufgedeckt werden. Darüber hinaus spielt dieser Mechanismus der Taten und Bemühungen eine Rolle bei der Umsetzung des Plans der Vorsehung, über den wir später berichten werden. Diese Informationen erklären, warum die Einheiten des irdischen Begehrens, die zu schwierigen und harten Konsequenzen führen, den Komponenten der Pflicht gegenübergestellt sind, und warum die verpflichteten Wesen diese Situationen verursachen.

In diesem Fall besteht der Bedarf an einem Mechanismus der Konfrontation zwischen Pflicht und irdischem Begehren. Irdisches Begehren ist daher eine wertvolle Komponente auf dem Weg der Entwicklung.

*
* *

Es ist keine sinnlose und unnötige Sache, dass im Entwicklungsmechanismus das irdische Begehren der Komponente der Pflicht gegenübergestellt wird. Das irdische Begehren ist in ihrer Ganzheit und in ihren Einheiten ein ausgezeichnetes und grundlegendes Mittel, um Taten und Bemühungen anzutreiben und, wie wir bereits sagten, die Menschen zu vergleichendem Wissen zu verleiten. Der Vervollkommnungsmechanismus wird seine zunehmende Geschwindigkeit im Laufe der verschiedenen Leben aus den scheinbar negativen Kräften dieser Komponente des irdischen Begehrens erhalten. Besäße Holz keine Widerstandskraft, so bedurfte es keiner Axt. Das irdische Begehren ist wie die Widerstandskraft dieses Holzes. Die Axt hingegen symbolisiert die Taten und Bemühungen der Auseinandersetzungen, die geführt werden, um das irdische Begehren zu besiegen. Demnach besteht ohne das irdische Begehren auch keine Notwendigkeit für Auseinandersetzungen, Taten und Bemühungen. Und ohne diese sind unwürdige und von selbst eintretende Vervollkommnungen zu erwarten, und wie wir gerade erklärt haben, ist so etwas nicht möglich. Daher muss es das irdische Begehren geben, damit die Taten und Bemühungen, um zu den oberen Elementen zu gelangen, ihren Bereich der Verwirklichung finden können. Diese Taten und Bemühungen sind grundlegende Prozesse, die es ermöglichen, das Wissen zukünftiger Stadien bereitzustellen und dieses zum Eigen des essenziellen Wesens zu machen.

*
* *

Nun geben wir Ihnen Informationen über die Position des Menschen, der sich innerhalb der Konfrontation der Einheiten des irdischen Begehrens und der Vorbereitung auf die Pflicht abmüht, in Bezug auf die Erde, in der er als Individuum lebt.

Ein Mensch ist die Ganzheit von Kombinationen, die aus Materieeinheiten bestehen, und ist einem Wesen zugeordnet, das Ausdruck und Mittel der Vervollkommnung einer Seele im Universum ist. Also der Körper ist ein materielles Mittel, das auf der Erde in den Dienst eines Wesens gestellt wurde, und den das Wesen gemäß seinen eigenen Entwicklungsanforderungen verwenden kann. Das Wesen macht sich die grobe materielle Kondition des Körpers, der unter seiner Herrschaft und in seinem Dienst steht, zunutze, und wirkt durch ihn auf die irdischen Materien ein. Diese Ereignisse finden gemäß der Realität der "oberflächigen Zeit" statt, der der Körper unterworfen ist. Andererseits werden die Einwirkungen der Materien, die von der Auffassungsgabe der "sphärischen Zeit" ausgewertet werden, über die Auffassungsgabe des Wesens an die Seele reflektiert. So werden die Vervollkommnungsbedürfnisse der Seele erfüllt.

Auf den Körper, den das Wesen für seine Prüfungen, Erfahrungen, Beobachtungen, kurz gesagt, für alle Bedürfnisse, die Gebote seines Plans sind, verwendet, kommen Millionen von Einwirkungen als Unterstützung von außen und natürlich nur durch den Kanal dieses Wesens. Diese Einwirkungen können von sehr hohen Ebenen ausgehen, sowie von Plänen und Ebenen verschiedener Vervollkommnungsstadien, um Konsequenzen von verschiedenartiger Intensität und Kraft auszulösen.

Alle diese Einwirkungen, die den Körper erreichen, um die Anforderungen des vorgezeichneten Vorsehungsplans des Wesens bezüglich des körperlichen Lebens auf der Erde zu erfüllen, stehen immer unter der Kontrolle und Überwachung der oberen Pläne. Daher ist keine dieser Einwirkungen, von der kleinsten bis zur größten, weder sinn- und bedeutungslos noch unnötig. Jede von diesen weist Bedingungen auf, die mit dem zuvor erwähnten Gewissensmechanismus zusammenhängen, und sie werden im Organismus angepasst. Diese Anpassung erfolgt innerhalb der Harmonie der Gebote und Notwendigkeiten des irdischen Plans des Wesens.

*
* *

Der Körper ist ein Organismus. Daher gibt es Zellen, Organe und Systeme, aus denen er besteht. Alle diese Einheiten sind einander unterworfen und systematisieren sich so, dass sie die Gesamtheit des körperlichen Organismus bilden, und dessen Organisator ist das Gehirn, das den Körper dominiert. Aber dieses Gehirn ist zudem vom wahren Wesen abhängig. Kleinere Organismen, die einen körperlichen Organismus bilden, besitzen auch ein Wesen, also einen Organisator, der viel einfacher ist als der des Menschen; und diese dienen in ihren eigenen Maßstäben der Vervollkommnung relativ einfacherer Seelen. Demnach stehen alle Zustände des menschlichen Körpers, unter der Verantwortung dieses Wesens, das den Körper dominiert.

Nachdem die Wesen die Körper so gut wie möglich benutzt haben, also nachdem sie von ihnen alle möglichen Vorteile erhalten haben, benutzen sie diese Körper nicht mehr und unterbrechen den Kontakt mit dem Gehirn, das diese antreibt und verwaltet; dies nennen wir den Tod.

*
* *

Ein Wesen baut mit Hilfe höherer Wesen einen Körper auf und benutzt ihn, solange der Körper ihm von Nutzen ist; dafür dominiert es mit Hilfe des Gehirns alle Teile dieses Körpers und erfüllt so über den Kanal dieses Körpers seine materiellen Bedürfnisse.

In Bezug auf die Grundlage gibt es insofern keinen Unterschied zwischen der Verwendung dieses Körpers durch ein Wesen, das gerade erst in der Lage ist, einen menschlichen Körper zu verwalten, und der Antreibung und Verwaltung eines Systems seitens eines Wesens, das ein aus Materie und Wesengemeinschaften bestehendes großes Sonnensystem verwaltet. Zwischen ihnen bestehen nur Unterschiede bezüglich der Vervollkommnung, Umfangsbreite und Komplexität. Demnach; welche Bedeutungen die Einwirkungen des Wesens eines Menschen auf einen Körper auch haben, haben die Einwirkungen eines verpflichteten Wesens auf ein Sonnensystem die gleichen Bedeutungen in einer umfassenderen und komplexeren Weise.

Wenn ein Mensch geboren wird, hat das Wesen bereits einen bestimmten Entwicklungsstand erreicht. Entsprechend diesem bestimmten Entwicklungsstand wird es bestimmte Aufgaben auf der Erde zu erledigen haben. Die Ausführung dieser Aufgaben ist seine Pflicht, die diese Periode seines irdischen Lebens betrifft. Dieser Mensch lebt auf der Erde nur für die Verwirklichung des irdischen Ausführungsplans, den das Wesen, das ihn besitzt, mit den anderen Verpflichteten vorbereitet hat, bevor es auf die Erde hinabstieg. Daher hat dieses Wesen, bevor es auf die Erde kam, die Dinge, die getan werden sollen, geplant, ist das Risiko eingegangen und versprach, diese zu tun. Da er dies versprochen hat und sein Abstieg auf die Erde für die Ausführung seines Versprechens ist; so muss es nach dem Eintreffen auf der Erde sein Versprechen einhalten und seine Pflicht erfüllen, das heißt den geplanten Ausführungsplan umsetzen. Denn es ist obligatorisch, die Aufgaben durchzuführen, die mit der Genehmigung des Plans der Pflicht vereinbart wurden. So werden die festgelegten Aufgaben in der Harmonie des Gleichgewichts des Gewissensmechanismus ausgeführt.

Ein Wesen, das aufgrund bestimmter Bedürfnisse einen Körper erlangt hat, beginnt auf einer seinem Entwicklungszustand entsprechenden Ebene des Gewissensgleichgewichts auf der Erde zu leben, und entsprechend seinem Plan nimmt es in verschiedenen gemeinschaftlichen Situationen seinen Platz ein. Keine dieser Ankünfte und Ansiedlungen sind willkürlich oder zufällig.

Die Erstellung eines individuellen Plans ist auch keine einfache Aufgabe. Wie wir bereits sagten, hat es zahlreiche Beziehungen zu den gemeinschaftlichen Plänen, in denen es leben wird. Diese werden immer berücksichtigt. Zum Beispiel, zu welcher Nation, zu welcher Religion, zu welcher Gemeinde mit welchen Bräuchen und Traditionen soll dieses Wesen zugehören, welche Tendenzen, Verdienste, Wünsche, Stärken soll es haben, von welchen Familien und Individuen mit welchem Entwicklungsstand, soll es abstammen, und gemäß welchen gemeinsamen Bedürfnissen soll es mit ihnen gemeinschaftliche Pläne etablieren; all diese wurden bereits zuvor und natürlich immer mit der Hilfe der verpflichteten Wesen entsprechend den Entwicklungsbedürfnissen des Wesens fein kalkuliert, arrangiert, zusammen vereinbart und geplant. Dies ist der Plan, der auf der Erde umgesetzt werden soll. Das Wesen bereitet sich darauf vor, in seine durch diesen Plan festgelegte Umgebung auf der Erde hinabzusteigen. Während dieser Vorbereitung werden mit den Wesen der Körper, die Mutter und Vater dieses Wesens sein werden, Besprechungen geführt, um nach ihren Entscheidungen zu fragen, und ihre Entscheidungen werden ebenfalls berücksichtigt. Und wenn nach diesen Entscheidungen Verbesserungen und Änderungen an den individuellen, sozialen und sogar wirtschaftlichen Bedingungen der Körper, die die Eltern sein werden, vorgenommen werden müssen, werden diese Angelegenheiten ebenfalls geregelt. Das heißt, je nach den Gästen, die sie unter sich aufnehmen werden, werden auch ihre Bedingungen durch die verpflichteten Wesen in die Wege geleitet. Kurz gesagt, alles wird geregelt.

Beim Abstieg eines Wesens auf die Erde arbeiten verschiedene Verpflichtete. Die Körper in der Welt, die mit diesem Wesen in Beziehung stehen, beteiligen sich normalerweise automatisch an diesen Vorbereitungen. Mutter, Vater, Verwandte, Hebamme, Arzt, Krankenhaus, Pflegeheim, Waisenhaus, Schule, Gemeinde, Staat, kurz gesagt, viele Körper aus nah und fern; werden für das nahe und ferne Leben des Wesens, das auf die Erde hinabsteigen wird, auf verschiedene Arten unwissentlich verpflichtet. Sie erledigen diese Pflichten oft automatisch. Eben durch die automatischen Taten und Bemühungen, die für die Erfüllung dieser automatischen Aufgaben aufgewendet werden, werden die Menschen in den zuvor erwähnten Institutionen und Gemeinschaften, also in einem gemeinschaftlichen Plan, versuchen die Intuition des großen Plans der Pflicht zu erlangen.

Ein Wesen, das einen Körper besitzt, der im Rahmen eines derart fein berechneten Plans durch die Tätigkeit und Mühe vieler Verpflichteter geschaffen wurde, wird natürlich an den Individuen des gemeinschftlichen Plans, dem es angehört, verschuldet sein. Und es hat sich zu diesen Schulden verpflichtet, noch bevor es auf die Welt kam. Wenn es dennoch eines Tags sein Versprechen, das es den Vorbereitern und Unterstützern gab, vergessen sollte, seine Entscheidungen widerrufen und seine Schulden leugnen, Faulheit bei der Umsetzung seines Plans zeigen, ja sogar versuchen sollte Selbstmord zu begehen, so wird es einen den Intuitionen der Pflicht sehr widersprüchlichen und fernen Schritt gemacht haben!... Eine Handlung, die der Intuition der Pflicht so sehr widerspricht, ist die unterste Ebene des irdischen Begehrens dieses Lebens und ihre Verantwortung ist schwer, egal wie automatisch sie ist. Der Automatismus dieser schweren Verantwortung äußert sich in schwerem Leid und quälenden Reaktionen. Einen solchen Menschen kann lediglich das mühsame vergleichende Wissen dieses schweren Automatismus in halbbewussten Situationen vorantreiben.

Der Körper dient einem Wesen und wird zum Symbol dieses Wesens in den groben irdischen Materien. Genauso wie in einem tieferen Sinne das Wesen das Symbol der Seele ist... Also vom Körper auf der Erde bis hin zu der Seele weckt diese Beziehung zwischen Körper, Wesen und Seele, die sich voneinander unterscheiden, die Annahme, dass sich eine Seele im Körper befindet.

Um der individuellen Vervollkommnung eines als Mensch auf die Erde gekommenen Wesens zu folgen, lassen Sie uns weit zurückgreifen und uns ein Stadium vorstellen, in dem es keine Vervollkommnung und keine Entwicklung im Universum gibt! Wir werden hier ein symbolisches Projektionsschema verwenden, um Ihnen die Intuition darüber geben zu können, durch welche Faktoren die Entwicklung voranschreitet. Wir möchten wiederholen, dass das Schema, das wir hier verwenden werden, nur dazu dient, eine Intuition über diese Wahrheiten zu vermitteln.

Wir haben bereits das hohe Prinzip, das sowohl die Seelen als auch die Universen beherrscht, erwähnt, zu dem wir zuvor auch erklärt haben, dass wir über dessen Beschaffenheit nichts sagen können. Dieses hohe Prinzip ist ein Prinzip, das wir nicht kennen können, das unendlich ist und außerhalb aller Konzepte von Bedeutung und Beschaffenheit liegt. Mit diesem Projektorsymbol werden wir lediglich die Intuition der Kraft vermitteln, die auf unser Universum gerichtet ist unter den auf die unendlichen Universen und Seelen gerichteten Kräfte dieses Prinzips. Aber dieser Projektor wird nicht das originale Prinzip selbst sein, das die Universen und Seelen beherrscht. Er ist eine seiner Kräfte, die sich nur auf unser Universum bezieht, das heißt auf die Beziehung zwischen dem Materieuniversum und den Seelen. Dies kann nur soweit erläutert werden.

Der Zustand oder Aspekt des originalen Prinzips in unserem Universum, den wir mit dem Wort "Kraft" symbolisieren, das nicht ausreicht, um selbst die einfachen Bewegungen unserer Erde zu erklären, kann natürlich nicht mit der gewöhnlichen Bedeutung eines solchen Wortes ausgedrückt werden. Denn nicht nur dieses Wort, es gibt in unserem gesamten Universum keine Bewegung, kein Wort, keine Bedeutung oder kein Bild, um diese Situation auszudrücken. Da wir jedoch ausweglos sind, isolieren wir sie von ihren bekannten Bedeutungen und drücken die "Front" des originalen Prinzips gegenüber unserem Universum und den Seelen, die dort ihre Übungen ausführen werden (selbst diese Ausdrücke sind unfähige Symbole die Grundlagen zu erläutern) mit dem Wort "Kraft" aus. Demnach werden wir mit diesem Symbol und wieder mit einer symbolischen Formulierung die "Kraft" erklären; sie ist die Summe der Gebote des originalen Prinzips, welche darauf gerichtet sind alle materiellen Möglichkeiten, die den Vervollkommnungsbedürfnissen der Seelen in unserem Universum entsprechen, an diese Bedürfnisse anzupassen. Lassen Sie uns dies etwas näher erläutern: In dieser Kraft des originalen Prinzips sind sowohl die Bedingungen der Seelen, die hinsichtlich ihrer Bedürfnisse bezüglich der unendlichen Universen nur unser Universum betreffen –die wir mit dem Begriff Vervollkommnung symbolisieren–, miteingeschlossen, als auch alle diesen Bedürfnissen entsprechenden materiellen Möglichkeiten unseres Universums. Eben die Verwirklichung des Ziels dieser Kraft des originalen Prinzipes, die die Bedürfnisse der Seelen und alle Möglichkeiten der Universumsmaterie einschließt, um einen Zustand der Einheit herzustellen, indem die Bedürfnisse der Seele mit den Möglichkeiten der Materie vereint werden; beschreibt die letzte und höchste Erklärung der Bedeutung, die wir mit dem Wort "Vervollkommnung" ausdrücken. Diese Intuition betrifft das Bedürfnis der Seelen, welches sich auf unser Materieuniversum bezieht, das nur eines der unendlichen Universen ist. Es gibt hier kein Wort über andere Universen.

\*
\* \*

Nun beginnen wir, das Voranschreiten der Vervollkommnung im Universum mit dem Konzept des Projektors zu verfolgen, den wir als ein mächtiges Symbol angegeben haben. Das Licht dieses Projektors repräsentiert die zuvor erwähnte Kraft oder die Gebote des originalen Prinzips. Die Quelle dieses Lichts ist auch nicht das originale Prinzip selbst. Es ist nur seine Kraft, die auf das Universum gerichtet ist. In dieser Hinsicht ist es notwendig, sich mit dieser Intuition zufrieden zu geben und nicht darüberhinaus zu gehen. Ansonsten würden die Menschen nur in große und ergebnislose Verwirrungen verfallen, die unlösbar sind. Das Licht, das aus der Quelle kommt, deren Intuition wir oben vermittelt haben, steigt in Form eines Kegels auf die Substanz des Universums, die originale Materie herab, die in dem Moment noch träge, amorph und passiv ist. Die Spitze des Lichts ist in dieser Kraft und die Grundfläche ist in der originalen Materie. Es sei daran erinnert, dass in diesem Licht sowohl die Bedürfnisse der Seelen als auch alle Möglichkeiten, die angesichts dieser Bedürfnisse in der Materie auftreten werden, miteingeschlossen sind. Und diese Bedürfnisse und Möglichkeiten werden sich nur in diesem Licht vereinigen und die Vervollkommnung wird stattfinden. Wir nennen diese vollziehenden Kräfte des Lichts "Gebote". Dies bedeutet, dass die Front, die zu unserem Universum gehört, dieses je nach Universum eine andere Front und Position aufweisenden "Gebotes", die Kraft selbst ist, die zum originalen Prinzips gehört, und die darauf gerichtet ist, die Vereinigung der Bedürfnisse der Seelen mit den materiellen Möglichkeiten zu vollenden.

Der erste Ort, auf den dieses Licht des Projektors in unserem Universum hinabsteigt, ist der amorphe Zustand der originalen Materie. Es ist notwendig, zu versuchen, diese Aussagen intuitiv zu erfassen, ohne im Rahmen des irdischen Raumkonzepts zu denken. Ansonsten gibt es weder einen Ort noch eine Entfernung. Diese Bilder werden nur erwähnt, um eine Intuition bezüglich der die Menschen ansprechende Front der großen Wahrheit zu vermitteln.

Der Bereich, auf den der Lichtkegel in der amorphen Materie zuerst fällt, wird sofort erhellt. Diese Helligkeit in der Grundfläche des Lichtkegels, die sich in der originalen Materie befindet, bedeutet, dass die Bedürfnisse der ersten Seelen, die mit der Ausübung beginnen werden, sich mit den Möglichkeiten der Materie in diesem Kontaktbereich begegnet sind. Hier ist die Grundfläche noch nicht sehr hell und befindet sich weit weg von der Spitze des Kegels. Deshalb nennen wir diesen Bereich ein "dunkles" Stadium. Der Zustand in diesem Bereich ist folgender: Im letzten Bereich des Lichts, der mit der Materie in Kontakt kommt, also in der Grundfläche des Kegels, wird angesichts der dort inklusiven Bedürfnisse der Seelen die träge Materie aktiviert, und mit dieser Bewegung beginnt das mechanische Vervollkommnungsprinzip der Seelen zu funktionieren.

Sobald dies geschehen ist, also nachdem die ersten Möglichkeiten der amorphen Materie sich manifestiert habe, wird der vom Licht des Projektors beleuchtete Bereich, also die Grundfläche des Kegels, noch heller beleuchtet. Gleichzeitig steigt die Grundfläche langsam nach oben und der Abstand zwischen der Spitze des Kegels und der Grundfläche beginnt sich zu verkürzen. Es sollte aber nicht vergessen werden, dass diese Distanz nicht als eine in Kilometern messbare Länge zu betrachten ist, und dass diese Symbole sind.

Mit der Zuname der Manifestationen der Möglichkeiten wird die Grundfläche des Kegels immer heller beleuchtet und nähert sich weiter der Spitze zu. Dies bedeutet, dass sich die Möglichkeiten der Materie immer mehr manifestieren und die umfangreicheren Bedürfnisse der Seelen, die diese Manifestationen verursachen, immer mehr erfüllt werden und dass die Entwicklungen zunehmen und die Bereiche immer heller beleuchtet werden.

Auf diese Weise entsteht das erste mechanische Vervollkommnungsprinzip im Universum, das sogenannte "Sub-Wasserstoffstadium", das wir zuvor als langanhaltendes und dunkles Feld beschrieben haben.

Die Grundfläche des Lichtkegels steigt bis zum Anfangsbereich des "Wasserstoffstadiums" auf. Von nun an werden die Seelen, wie wir bereits erklärt haben, an die Materie gebunden. In diesem Stadium beginnen die ersten passiven und mechanischen Ausführungen der Seelen, um sich an die monotonen, mechanischen, aber innerhalb einer sehr langen Zeit sehr langsam komplizierter werdenden Bewegungen der Materie anzupassen. Deshalb nennen wir dieses Stadium auch das "passive Anpassungsstadium" der Vervollkommnung. In diesem Stadium werden die Seelen in der Passivität der Gefangenschaft dahintreibend für eine Ewigkeit langen Zeit sich nur an die Bewegungen der Materie gewöhnen. Die Grundfläche des Lichtkegels ist hier wieder etwas heller geworden und hat sich der Spitze genähert.

*
* *

Während die Grundfläche des Kegels immer heller wird, steigt sie weiter auf bis zum "Wesen-Stadium" des Wasserstoffatoms. Von da an beginnt das Prinzip der Entwicklung in der Materie durch die ersten einfachen aktiven Verhaltensweisen der Seelen. Es gibt hier sowohl eine primitive Aktivität der Seelen als auch ein Prinzip des Automatismus, das diese Aktivität unter sehr strenger Kontrolle hält und unterstützt. Der Lichtkegel, der danach weiter aufsteigt, erreicht dann das Stadium, in dem die Pflanzenkörper gebildet werden, welches die Wesen auf die Intuitionen vorbereitet, die das erste Schimmern der Auffassungsgabe sind. Bei den Pflanzen beginnen die Ausführungen des Übergangs auf die ersten primitiven Intuitionen. In diesem Stadium wird die Grenze der Freiheit –obwohl immer noch sehr eingeschränkt– leicht erweitert und der Automatismus der

Intuition beginnt. Wenn sich die Grundfläche des Kegels immer weiter erhöht, werden diese Automatismen der Intuition, indem sie an Umfang gewinnen, sich zu Intuitionen der Tiere verwandeln. Die Entwicklung bei Tieren ist etwas schneller als bei Pflanzen. Wenn die Grundfläche des Kegels vom tierischen Stadium zum menschlichen Stadium ansteigt, beginnen bei den Tieren die ersten Vorbereitungen einiger Eigenschaften der menschlichen Auffassungsgabe aufzutreten, und einige den menschlichen Fähigkeiten ähnliche Konditionen und Zustände sind zu beobachten.

*\* \* \**

Indem die Grundfläche des Lichtkegels immer heller wird und immer höher steigt, wird sie das menschliche Stadium der Wasserstoffwelt erreichen, wo die Auffassungsgaben beginnen. Von nun an beginnt ein halbbewusstes, subjektives Vervollkommnungsstadium der Vorbereitung des Plans der Pflicht, wobei dieser Bereich ziemlich hell beleuchtet ist. Wenn sich die Grundfläche des Lichtkegels seiner Spitze nähert, werden die Auffassungsgaben heller beleuchtet, die Vorbereitungen auf das Stadium, die ab dem Plan der Pflicht beginnen wird, schreiten fort, und schließlich steigt die Grundfläche des Kegels bis an das Stadium des Plans der Pflicht auf, das übermenschlich und jenseits der Wasserstoffwelt liegt. Wenn die Grundfläche des Lichtkegels dieses Stadium erreicht, ist das Feld nun hell beleuchtet. Ab hier manifestieren sich die Gebote sehr deutlich. Auf diese Weise können sich die Auffassungsgaben schnell an die Gebote anpassen. Von hier an werden die Verhaltensweisen der Seelen beginnen sich mit den Geboten zu vereinen. Die Wesen waren bis jetzt nur in der Lage, der Grundfläche des Lichtkegels durch verschiedene Mechanismen zu folgen, indem sie nach oben geradezu gedrängt und gezogen wurden. Danach beginnen die Wesen, dank der Würdigkeiten der Vereinigung der Auffassungsgaben mit den Geboten, die Strahlen des Lichtkegels mit ihrer eigenen Auffassungsgabe zu erklimmen und aktiv der Spitze entgegen hinaufzuklettern. Dies geschieht so schnell, wie sich die Auffassungsgaben an die Gebote anpassen können, also wie schnell sie sich mit ihnen vereinigen können. Deshalb nennen wir das Voranschreiten hier auch das Stadium der "aktiven Anpassung" der Vervollkommnung. Die Vervollkommnung in diesem Stadium hat im Vergleich zum vorherigen Stadium einen objektiven Charakter. Die Intuition dieses Konzepts wird besser erfasst werden, wenn wir später das Thema der Zeit etwas näher erläutern.

*<br>* *

Ausgehend vom Plan der Pflicht ist die Entfernung, die die Wesen zurücklegen müssen, die mit zunehmendem Kraftfpotenzial von der Grundfläche des Lichtkegels bis zur Spitze zu steigen begonnen haben, immer noch sehr groß. Obwohl der Abstand von der Grundfläche zur Spitze des Lichtkegels, der auf die originale Materie hinabsteigt, ab dem Plan der Pflicht im Vergleich zum Abstand in seinem ersten Stadium erheblich verkürzt ist, besteht dennoch zwischen der Grundfläche und der Spitze, die sich in den ersten Ebenen des Stadiums der Pflicht befinden, ein nahezu unendlich großer Abstand.

Die im Plan der Pflicht bereits hell beleuchtete Grundfläche des Lichtkegels erhöht jedoch von nun an ihre Helligkeit sehr schnell und ihre Aufstiegsgeschwindigkeit nach oben wird mit den vorherigen unvergleichbar schneller. Dieses Stadium ist ein wahres Vervollkommnungsstadium. Wie bereits gesagt, ab diesem Stadium werden die zunehmend heller beleuchteten Bereiche des Lichtkegels, je mehr sie der Spitze entgegen aufsteigen, die Anpassung der Verhaltenweisen und Auffassungsgaben der Seelen an die Gebote des Universums beschleunigen. Und je mehr sie sich der Spitze nähern, wird sich das Vereinigungsfeld im gleichen Maße ausdehnen.

Während sich die Vereinigungsbereiche der Auffassungsgaben der Seelen und der Gebote immer weiter erweitern und voranschreiten, wird die Grundfläche des Lichtkegels schließlich zu einem derartigen Punkt gelangen; wo alle Gebote und alle Auffassungsgaben der Seelen in Bezug auf dieses Universum zu einer vollständigen Einheit geworden sind, und so vollendet die Grundfläche des Kegels, der die Spitze erreicht hat, ihre Reise in diesem einzigen leuchtenden Lichtpunkt. Dieser einzelne leuchtende Lichtpunkt, an dem alle Verhaltensweisen, Auffassungsgaben, Möglichkeiten, Einwirkungen und kurz alle Gebote sich vereinigen, ist die Einheit der Auffassungsgaben, was wir die Unität nennen. Dies ist das gesamte Universum. Sie hat nur ein einziges Magnetfeld, welches das einzige Magnetfeld des Universums ist. An diesem Punkt gibt es keine Trennung und Unterschiede. Dort ist alles vereint. Hier gibt es nur noch eine einzige Auffassungsgabe, ein einziges Verhalten, ein einziges Gebot, kurz gesagt, ein einziges Universum. Eben dieser Punkt drückt die Realisierung der Vervollkommnung im Universum aus.

* <br> * *

Um die Möglichkeit eines schwerwiegenden Fehlers zu vermeiden, muss Folgendes erwähnt werden: Die Spitze des Lichtkegels ist, wie wir bereits sagten, nicht das originale Prinzip selbst. Sie ist eine seiner Kräfte, die nur für unser Universum bestimmt ist, und nicht für alle Universen. Ebenso sind die Verhaltensweisen der Seelen nicht die Seelen selbst. Sie sind das Auftreten ihrer Bedürfnisse, die nur mit dem Materieuniversum zusammenhängen, und nicht mit allen Universen. Die Unität als einen Zustand zu betrachten, in dem das originale Prinzip, die Materie und die Seelen vereinigt sind, wäre daher der größte Fehler. Den Grund dafür haben wir auch bereits erläutert. Die Gesamtheit hier beginnt und endet nur durch die seelischen Verhaltensweisen und der Gebote, die sich um das Konzept des Materieuniversums konzentrieren. Aber die endlosen Ereignisse jenseits von ihnen führen fort.

* <br> * *

Hier wurde deutlich erklärt, dass der Lichtkegel das Universum selbst ist. Und das Universum existiert nur mit diesem Lichtkegel, mit den originalen Geboten. Ohne die Strahlen dieses Kegels ist ein einzelner Punkt des Universums sofort dazu verdammt, in Dunkelheit zu verfallen, amorph zu werden, mit anderen Worten, gemäß der Betrachtungsweise der Menschen ist er dazu verurteilt vernichtet zu werden. Es gibt kein Teilchen im Universum, das vom Umfang und der Einkreisung der originalen Einwirkungen ausgeschlossen ist, welche aus der Unität einströmen. Diejenigen, die diese Informationen erhalten, werden in der Intuition bekräftigt sein bezüglich der Wahrheit; "Jede Bewegung im Universum ist nur unter der Kontrolle und Genehmigung der Unität möglich".

Nachdem allgemein und symbolisch erklärt wurde, wie sich das Universum unter dem originalen Kraftlichtkegel entwickelt, ist es notwendig, die Vervollkommnung eines Individuums von Beginn der Menschheit an innerhalb seines breiteren Kaders zu erklären.

Das Stadium der Menschheit ist ein Zwischenplan, der halbbewusste und subjektive Vorbereitungen gewährleistet zwischen den mehr oder weniger passiven Entwicklungsstadien und zukünftigen aktiven und wahren Vervollkommnungsplänen. Und in Hinsicht seiner vorbereitenden Position ist dies von großer Bedeutung. Nach dem Stadium der Menschheit beginnt das Stadium der Pflicht. Da die Auffassungsgaben in der Menschheit noch nicht mit dem Wissen der Pflicht erleuchtet sind, beginnen aktive Anpassungen des Plans der Pflicht nicht im menschlichen Leben. Denn im Stadium der Menschheit hat noch kein Verhalten der Seelen die Kraft erlangt, eine absolute Einheit mit irgendeinem Gebot zu bilden. Die Menschen sind noch nicht in der Lage, den Lichtkegel mit eigener Kraft hinaufzuklettern wie es im oberen Plan der Fall ist. Die Menschheit hat jedoch nun die Schwelle des Stadiums der Pflicht erreicht, in dem der bewusste

Aufstieg beginnt, und hat begonnen, sich direkt auf dieses Stadium vorzubereiten. Daher ist es nun an der Zeit, sich mit den notwendigen Fragen der menschlichen Entwicklung zu befassen.

*<br>* *

Wie wir später in den Erläuterungen zum Thema Zeit und Raum erörtern werden, sollte das "Leben des Menschen" von Anfang bis zum Ende als ein einziges Leben behandelt werden, obwohl es zahlreiche Verkörperungen enthält. Während dieser Zeit wird es viele Stufen der menschlichen Entwicklung geben. Die Grenzen jeder Stufe sind von bestimmten Realitäten gezogen. Daher hat jeder Mensch in seinem Leben verschiedene Realitäten, die spezifisch für ihn, für seine Stufen sind. Die Realitätsunterschiede von Menschen auf verschiedenen Realitätsebenen, sind bei Menschen, deren Entwicklungsstadien einander nahestehen, kleiner. Je entfernter die Ebenen voneinander sind, desto größer werden die Unterschiede.

Wenn wir den ersten Menschen betrachten: Was bei ihm im Vergleich zu den anderen Vervollkommnungsstadien auffallend ist, ist, dass ein Automatismus, der aus dem Mangel an Auffassungsgabe entsteht, dominierend zu sein scheint. Meistens kann er bei seinen Tätigkeiten keine weitere Kraft aufweisen, als höchstens in einer halbbewussten oder ganz unbewussten Position zu sein. Diese Situation kann in zahlreichen Umständen bis zu den sehr fortgeschrittenen Stufen der Menschheit fortwähren. Und die ganze Menschheit hindurch wird ein "vollständiges sich bewusst sein" dennoch nicht etabliert sein. Wir haben bereits gesagt, dass das Ziel all dieser Automatismen darin besteht, die Menschen auf das Wissen und das Bewusstsein der Pflicht vorzubereiten.

*<br>* *

Die Wesen, die den menschlichen Körper benutzen, nutzen auf der Erde die Möglichkeiten und Bedingungen der Umgebung, in der sie ihren Körper benutzen, und leben somit innerhalb unzähliger von diesen Bedingungen abhängiger Ereignisse. Denn diese Ereignisse werden die Menschen auf die Intuition der Pflicht vorbereiten. Die natürliche und übliche Disziplin des Plans der Pflicht wird durch zahlreiche Ausübungen erlernt, die angesichts der harten und groben Aspekte dieser Ereignisse durchgeführt werden. Also, damit nützliche Ereignisse eintreten können, brauchen die Menschen andere Wesen, mit anderen Worten gemeinschaftliche Positionen. Diese gemeinschaftlichen Positionen umfassen aber nicht nur Menschen, sondern auch Tiere und sogar Pflanzen. Und diese Kondition ist eine Notwendigkeit; mit anderen Worten, sie ist ein Gebot der Notwendigkeit, sich stufenweise vorzubereiten, indem man sich innerhalb eines großen Kaders von Wesen auf der Erde gegenseitig ausbildet. Das objektivste Beispiel hierfür sind die Körperzellen. Die Menschen leben mit diesen primitiven Wesen in einem breiten gemeinschaftlichen Plan eng beieinander, wobei ihre Vorsehung voneinander abhängig ist. So wie beispielsweise die Zellen, die das Herz eines Menschen bilden, für ihre Entwicklung den Körper dieses Menschen benötigen, so benötigt auch der Körper jenes Menschen diese Zellen für sein eigenes Überleben. So wie die Krankheit des einen den anderen beeinflusst, so sorgt die Gesundheit beider für das allgemeine Wohlbefinden. Demnach sind die gemeinschaftlichen Leben zwischen all diesen Wesen nicht sinn- und bedeutungslos.

Der gemeinschaftliche Plan ist eine Synthese von individuellen Plänen, die aufeinander aufbauend und unbemerkt voneinander Kräfte aufnehmend Seite an Seite zusammenarbeiten, um ihre Entwicklungsbedürfnisse im Rahmen ihrer eigenen Möglichkeiten zu erfüllen; dies ist eine Notwendigkeit für den Automatismus der Entwicklung im menschlichen Leben.

Neben ihren gemeinschaftlichen Plänen mit kleineren Wesen gibt es auch wichtigere und bewusstere Pläne, die die Menschen mit ihren Mitmenschen und sogar mit einigen körperlosen Wesen errichten. Alle diese gemeinschaftlichen Pläne sind die Notwendigkeit der Entwicklung. Denn wie gesagt, die menschliche Entwicklung ist nur durch die Durchführung der Vorbereitungsausübungen der Intuition der Pflicht möglich, um in den Plan der Pflicht aufzusteigen. Im großen Plan der Pflicht gibt es jedoch zuallererst volle Koordination und Kooperation. Das heißt, zwischen den Organisationen in diesem Plan besteht entsprechend ihren Gruppen eine völlige Vereinigung, und eine untrennbare Zusammenarbeit bei all ihren Aktivitäten. Dies ist eine unfehlbare Grundlage dieses Plans. In einer Situation, wo alleine gearbeitet wird, ist es jedoch nicht möglich, eine Vorbereitungsausübung mit solch einer intensiven Koordinierung und Zusammenarbeit durchzuführen. In diesem Fall könnten keinerlei Vorbereitungen auf den Plan der Pflicht getroffen werden, da dieser in einer kollektiven Aktivität voranschreitet.

Wie wir bereits im Zusammenhang mit den Themen Nation, Familie und gemeinschaftliche Pläne gesagt haben, setzen sich die großen und kleinen Gemeinschaften auf der ganzen Erde aus Menschen zusammen, die sich um gemeinsame Ziele bemühen. Eine absolute Zusammenarbeit, die im Plan der Pflicht selbstverständlich ist –und als ideal für die Erde angesehen wird, deren Bedeutung sogar unbekannt bleibt–, also eine Vereinigung, die sich an bestimmten Punkten bewusst gebildet hat, ist in den irdischen Gemeinschaften nicht vorhanden, aber abgesehen davon gibt es eine Bemühung für die Vorbereitung und das Dahintreiben in die Richtung dieses Ideals beim Menschen, ohne es zu wissen; und das ist in diesem Stadium die Notwendigkeit des Bedürfnisses, das als Vervollkommnung bezeichnet wird. Dieser Zustand verläuft automatisch. Tatsächlich gibt es kaum eine Gemeinschaft auf der Erde, die mit einem wahren Bewusstsein der Pflicht aufgebaut ist, und die sich aus Individuen zusammensetzt, die die Macht erlangt haben, wie ein einzelnes Individuum jedes Ziel zu verfolgen. Alle diese Gemeinschaften mit ihren völlig unterschiedlichen Automatismen, die häufig die verschiedenen irdischen Begehren anregen, sorgen jedoch für den Appetit, den Wunsch und die Bemühungen der Menschen, energisch zusammenzuarbeiten. Das eigentliche Ziel, das hier verborgen bleibt, ist, dass die Menschen sich darauf vorbereiten, in völliger Vereinigung die Bedeutung der Verpflichtung zur Zusammenarbeit mit dem Bewusstsein und dem Wissen der wahren Pflicht intuitiv zu erfassen, und dass sie hierfür die Ausübungen mit Hilfe dieser Automatismen machen.

Mitglieder einer Familie, Kinder, die zur Schule gehen, Arbeiter in einer Fabrik, Soldaten, die in einer Kaserne ausgebildet werden, Beamte, die in einer Behörde arbeiten, Diplomaten, die bei einer Sitzung Entscheidungen treffen, Patienten, die in einem Krankenhaus behandelt werden und die behandelnden Ärzte, Bürger, die eine Nation bilden, kurz gesagt, alle der zahlreichen Gemeinschaften der Menschen; sind starke und mitreißende Mittel, die durch ihren automatischen Charakter die Ausübungen gewährleisten, welche die hohen Intuitionen des großen Plans der Pflicht vorbereiten.

Jeder Mensch gehört zu einem oder mehreren gemeinschaftlichen Plänen. Diese Angehörigkeiten werden manchmal freiwillig erworben, doch oft sind sie erzwungen. Diese erzwungenen Zuordnungen sind wieder auf hohe Ziele ausgerichtet. Tatsächlich sind die Menschen Freiwillige für dieses Dahintreiben in dem Bestreben ihr Leben zu retten. Einige von ihnen verbringen ihr Leben aufgrund ihrer Hingabe zum irdischen Begehren in einer Nervenheilanstalt, einige sind in einem Gefängnis eingesperrt, einige werden ihr ganzes Leben lang schuften müssen, um ihr tägliches Brot zu verdienen, zum Beispiel unter den schwersten Lebensbedingungen eines Bergwerks... All diese sind dafür da, die Intuitionen des Wissens der Pflicht zu erlangen, mit anderen Worten, um in die Lage zu kommen, seine Auffassungsgabe an das himmlische Gebot anpassen und mit diesem harmonieren zu können. Je tatkräftiger und bemühter der Mensch dies tut und je erfolgreicher er ist, desto schneller und sicherer nähert er sich dem Plan der Pflicht und desto schneller wird er die Qualen und schweren Phasen des irdischen Lebens hinter sich lassen. Wenn er dies nicht tut, und stattdessen ständig seinem irdischen Begehren unterliegt, sich nicht bemüht, es zu bekämpfen, sich nach niederen Gefühlen und einfachen Gedanken richtet, und wenn er die Erde eher als ein Mittel zur Befriedigung seiner irdischen Begehren statt ein Mittel zur Ausübung seines Plans ansieht, dementsprechen handelt und somit die Gebote seines Plans missachtet, dann sehen die Dinge ganz anders aus. In diesem Fall werden seine grundsätzlich automatischen gemeinschaftlichen Pläne, Vorbereitungen und Lebensbedingungen auf eine Bahn geleitet, die seine Handlungsweisen verbessen soll. Dies geschieht durch die verpflichteten Helfer. Dieser Mensch wird angesichts seiner Lebensbedingungen, die plötzlich stirnrunzelnd saure Gesichter machen, erkennen, ohne den Grund zu verstehen, dass er begonnen hat, in sehr schwierige Situationen zu geraten, alles beginnt schiefzugehen, materielle, moralische Sorgen, Leiden folgen aufeinander. Er weiß immer noch nicht, woher dies alles herrührt, und verfällt dem Überdruss. Er versucht die Schuld ständig auf die Vorherbestimmung, das Schicksal, die Gesellschaft, die Menschheit, auf den einen oder den anderen zu schieben. Der Entwicklungsmechanismus, der in Übereinstimmung mit dem Plan, der seinen Bedingungen und Bewegungen entspricht, unfehlbar ist, kümmert sich nicht im Geringsten um seine Unruhen, und arbeitet weiter auf seine Weise. Wenn er immer noch nicht zur Vernunft kommt und seine Auffassungsgabe nicht anstrengen will, so wird es um ihn herum immer düsterer, die Unannehmlichkeiten nehmen weiter zu, bis sie ihn schließlich zur Auflehnung treiben. Aber diese Auflehnung steuert die ganze Sache noch mehr in eine Sackgasse, so landet er schließlich in einem Gefängnis, einem Krankenhaus, einer Nervenklinik, einem Grab oder in einem der härtesten, anstrengendsten Lebensumstände wie diese. Bei all diesen Ereignissen handelt es sich um die Umsetzung der Entscheidungen, die der Plan der Pflicht für die Aufgaben getroffen hat, die für die momentbezogene Vervollkommnung erforderlich sind, die dieser Mensch durch seine eigene Auffassungsgabe nicht durchführen kann, und die er durch die verpflichteten Wesen ausführen soll.

Also was die Menschen tun müssen, um die Erde, dieses Zwischenumfeld, die voller Schmerzen und Leiden ist, so schnell wie möglich erfolgreich zu verlassen, ist zu versuchen, die Realitäten, die mit dem Altruismus und der Pflichtliebe des Gewissensmechanismus verbunden sind, zu verinnerlichen, und sich durch ihre eigene Auffassungsgabe von den starken Bindungen der egoistischen Wünsche und dem Appetit, die sie aufgrund der Zwänge des irdischen Begehrens nicht aufgeben wollen, zu befreien. Der Erfolg hängt jedoch von der Tatkraft und den Bemühungen ab, die man mit Verzicht, Hingabe und der Liebe zur Pflicht leistet.

Wir geben ein globales Kriterium an, das die Sicherheit und den Erfolg der Ausrichtung der Anstrengungen gewährleistet, die in diesem Kampf geleistet werden sollten. Diese Informationen erleichtern die Unterscheidung zwischen den Begriffen Gut und Böse. Das Gute ist der Begriff der höheren Realitäten des Gewissens, und das Böse ist der Begriff der niedrigeren Realitäten. Wenn diese Begriffe gut voneinander unterschieden werden können, wird es den Auffassungsgaben leichtfallen, den Gang des Gewissens zu organisieren. "Jegliche Tätigkeit, die durchgeführt wird, sollte weder nach unten noch nach oben schaden zufügen." Das ist der Maßstab. Wenn Sie zum Beispiel der unteren Seite etwas Gutes tun, ist es etwas Schlechtes unterdessen der oberen Seite Schaden zuzufügen. Ebenso, etwas Gutes für die obere Seite zu tun und dabei der unteren Seite zu schaden, ist wiederum etwas Schlechtes, und beide dieser Situationen müssen in den Waagschalen des Gewissens zur Verantwortung gezogen werden.

Wenn tatsächlich diejenigen, deren Auffassungsgaben mehr oder weniger fortgeschritten sind, ihre Tätigkeiten in diesem Rahmen betrachten, werden erkennen, dass wenn etwas Gutes getan wird, ganz gleich ob nach oben oder nach unten, und sollte es das wahre Gute sein, so schadet es auch der anderen Seite nicht. Aber wenn die Tätigkeit, die für eine Seite geleistet wird, der anderen Seite schadet, ist dies für keine der Seiten etwas wahres Gutes. Ein Mensch zum Beispiel, der ein Kind aus den Händen eines Vaters –in dem Glauben etwas Gutes zu tun– rettet, der sein Kind schlägt, um ihm das Stehlen auszutreiben, dieser Mensch wird dadurch das Kind in seinen schlechten Launen ermutigen, und oberflächlich betrachtet sieht es vielleicht so aus, als hätte er dem Kind, also der unteren Seite, etwas Gutes getan, aber indem er die Pflicht des Vaters, also der oberen Seite, zunichtegemacht hat, wird er ihm Schaden zugefügt haben. Daher ist diese Handlung im Grunde für das Kind genauso schlecht wie für den Vater.

Wenn es einem Menschen gelingt, vorsichtig vorzugehen und das Schlechte zu meiden, wäre alles in bester Ordnung! So wird er schnell aufsteigen. Wenn ihm dies nicht gelingt, werden die Möglichkeiten und Vorkehrungen, deren Beispiele wir bereits erläutert haben, die diesen Erfolg mit automatischen Mitteln ermöglichen, mit der Hilfe der Verpflichteten ihm vorgesetzt.

So werden in einem Leben von ständigem Auf und Ab die Möglichkeiten des Körpers auf verschiedene Weise ausgeschöpft. Schließlich wird der Körper krank, alt und unbrauchbar. Das Wesen ist gezwungen, seine Entwicklung in Umgebungen fortzusetzen, deren Möglichkeiten die Qualifikationsgrenze dieser Körper übersteigen. In diesem Fall wird der alte Körper wieder mithilfe der Verpflichteten verlassen. Das Wesen wird in die Bedingungen der nächsthöheren Stufe befördert. Aus diesem Grund verlässt das Wesen die Erde mit dem Ereignis des Todes. Von diesem Moment an, also in den ersten Momenten des Übergangs zum Spatium, werden alle sekundären Einwirkungen seiner Umgebung, mit Ausnahme der Einwirkungen, die es von seiner eigenen Seele empfängt, unterbrochen. Dieses Wesen wird im isolierten Zustand in seinem eigenen Wesen ganz allein gelassen. Dieser Zustand ähnelt einer Situation, in der ein Mensch in einem Raum eingeschlossen ist und alle Sinnesorgane entfernt wurden, sodass dieser gegen alles, selbst gegen seinen eigenen Körper empfindungslos wird. Wir sagen "ähnelt"; denn das Leben im Spatium stellt eine viel tiefere und innerliche Einsamkeit dar. Demzufolge stellt das Leben im Spatium für die Wesen keinen Raum dar. Ihr Raum in dem Moment ist also nur ihr eigenes Wesen. Daher ist es für das Wesen im ersten Moment des Übergangs nicht möglich, mit der Erde, dem Überirdischen oder um sich herum mit anderen Wesen wie er selbst in Kontakt zu treten, zu sprechen oder zu verkehren. Alle Beziehungen zur seiner Umgebung sind unterbrochen. Dies hat sowohl natürliche Ursachen, die dem schweren Egoismus entstammen, in dem sich das Wesen befindet, als auch andere Notwendigkeiten, die wir im Folgenden kurz erläutern werden. Dieser Zustand wird nach einer für das Spatium erforderlichen Zeitspanne durch die aus der Umgebung allmählich eintreffenden Einwirkungen beseitigt, und das Wesen beginnt, seine Umgebung und Identität und seine Bedürfnisse aufgrund seiner durch die Einwirkungen geweckten Auffassungsgabe zu erkennen.

Nach dem Tod ist das Wesen natürlich befreit, aber wenn es noch nicht alle vorbereitenden Ausübungen für den Plan der Pflicht auf der Erde abgeschlossen hat, so gilt das menschliche Stadium für ihn als noch nicht abgeschlossen. Daher ist dieses Wesen, obwohl es vom Körper getrennt ist, wieder im Rang eines Menschen. Denn egal was passiert, um seine unvollendeten Ausübungen zu beenden, muss er wieder auf die Erde zurückkehren. Und bis es die vorbereitenden Ausübungen dort beendet, wird seine Heimstätte die Erde sein; die Menschheit im gemeinschaftlichen Plan!..

So ist das Wesen des Menschen, das dorthin übergegangen ist, also gestorben und von allen Einwirkungen isoliert ist, gezwungen eine Weile im Spatium zu verbringen. Dafür gibt es einen wichtigen Grund: Sobald ein Wesen die Ausübung seines Plans im irdischen Leben gemacht hat, hat es das Bedürfnis die Verdienste, die es während dieser Ausübung gewonnen hat, auszuwerten, um diese vollständig zu verdauen und zu verinnerlichen. Dafür muss er sich eine geraume Zeit in die Zurückgezogenheit begeben, zu seinem eigenen essenziellen Wissen zurückkehren, also das Wissen des letzten irdischen Lebens mit seinem alten Wissen vergleichen und eine Auswertung vornehmen. Wie wir bereits sagten, die Menschen sammeln ihre Verdienste, die sie auf der Erde erlangt haben, indem sie sie während des Schlafs in ihr Unbewusstsein verschieben. Auf diese Weise kann das Wesen nach dem Tod durch die Unterbrechung seiner Beziehungen zur Umgebung in einen vollständigen Isolationszustand eintreten, und so die erforderlichen Verfahren einleiten, um diese Informationen mit Leichtigkeit zu verdauen. Das Leben im Spatium ist somit ein tiefgreifender und gründlicher Moment der Kontrolle und Auswertung für das Wesen. Und einer der Gründe für die als Tod bezeichneten Unterbrechungen "des menschlichen Lebens, das während des gesamten Zyklus der Erde fortwährt", besteht darin, diese Gelegenheit zu bieten.

Hier werden die perfektesten Ausführungen des vergleichenden Wissens durchgeführt. Denn das Wesen wird in diesem Moment durch Realitäten der Umgebung nicht gestört, und der Gewissensmechanismus, der ungehindert arbeitet, findet die Gelegenheit und Möglichkeit, bittere oder süße Vergleiche zu ziehen zwischen allen gesammelten Informationen und ihre Schlussfolgerungen an das essenzielle Wesen weiterzugeben.

Um diesen Prozess zu unterstützen, werden alle äußeren Einwirkungen zum Zeitpunkt des Todes unterbrochen. Es werden keinerlei Einwirkungen auf ihn gesendet, die seine Auffassungsgabe beschäftigen und nach außen lenken könnten. Die Verpflichteten verhindern dies. Dennoch befindet es sich noch immer unter der vollen Kontrolle des Plans der Pflicht. Falls es für seine Auswertung und Kontrolle als erforderlich erachtet wird, dass es einige Einwirkungen von unten empfängt, so kann dies nur mit der Erlaubnis und Kontrolle der Verpflichteten geschehen. Also, zum Beispiel kann der verstorbene "X." seinen Freund "A.", der noch auf der Erde lebt, nicht nach Belieben kontaktieren. Nach sehr feinen Berechnungen im Bezug auf die Auswertungs- und Kontrollaktivitäten von "X.", wird hierfür eine Erlaubnis entweder erteilt oder nicht erteilt. Wenn dies nicht erlaubt ist, kann keine Macht bewirken, dass es einen Kontakt zu Menschen herstellt.

Ein Wesen, das ins Spatium übergegangen ist, kann zunächst auch keinen Kontakt mit anderen Wesen seinesgleichen aufnehmen. Durch die obigen Aufzeichnungen ist dies ebenfalls genehmigungspflichtig. Denn dort gibt es nichts Willkürliches. Alles findet unter der berechnet geplanten Kontrolle des Plans der Pflicht statt. So wie die kleinsten Bedürfnisse und Notwendigkeiten zu Lebzeiten berechnet werden, so werden die Gebote der erforderlichen Angelegenheiten nach dem Tod ebenso erfüllt.

Wenn das Wesen, das ins Spatium übergegangen ist, keine Einwirkungen mehr von der Erde und der Umgebung empfängt, bleiben es zwangsweise mit den Eindrücken der in ihm vorhandenen Bilder allein und beginnt diese zu durchleben. Dieser Zustand ist wie ein sehr tiefer und kraftvoller Traum. Jedoch ist diese Erfahrung nicht zum Vergnügen, aber auch nicht um zu leiden. Selbst wenn zwischenzeitlich Vergnügen und Qualen entstehen, besteht der wahre Zweck darin, die auf der Erde erlangten Verdienste –durch das vergleichende Wissen– dem Wesen zu eigen zu machen. Dort arbeitet der Entwicklungsmechanismus unter der Kontrolle des Plans der Pflicht in voller Freiheit, und drängt das Wesen durch das meistens qualvolle vergleichende Wissen zu erzwungenen Synthesen und Analysen. Da es währendessen keine Einwirkungen aus der Umgebung gibt, die die Wirksamkeit des Vergleichs mildern könnten, werden die schmerzhaften Gefühle, die aus dem Vergleich hervorgehen, um das Tausendfache als auf der Erde zunehmen und dem Wesen Qualen bereiten. Und das Wissen kann nur durch solch eine heftige Abrechnung verinnerlicht und zu essenziellem Wissen werden. Somit werden alle Schlussfolgerungen gezogen. In dieser Abrechnung nennen wir dies den Zustand der "Verwirrung" des Wesens, da sehr überraschende Positionen für das Wesen entstehen können. Diese Kontrolle und Auswertung verläuft, wie wir bereits sagten, nicht immer und sogar oft nicht in Ruhe und Gelassenheit: Besonders in den ersten Perioden des Übergangs geht es oft mit Zuständen der Unruhe, heftiger Qualen, des Leidens und starker Verwirrungen einher. Je nach den Erfordernissen und Geboten der Auswertung und Kontrolle können auch mehr oder weniger angenehme Zustände auftreten. Manchmal sind sie so turbulent, dass sie Höllenqualen erleiden lassen.

Nachdem das Wesen somit im Spatium viele Verwirrungen durchlebt, seine Verdienste ausgewertet und das Wissen verdaut hat, beginnen helfende Einwirkungen von oben wieder auf das Wesen einzuwirken. Es empfängt auch Einwirkungen aus der Umgebung. Dank alledem wird er die Verwirrung los, erkennt sich selbst und seine Umgebung und beginnt mit seiner erweiterten Auffassungsgabe über die Zukunft nachzudenken. Er schätzt den Grad seiner Verdienste und Verluste ab und beginnt das Bedürfnis zu verspüren, auf die Erde zurückzukehren, um seine Versäumnisse nachzuholen. Wenn dieses Bedürfnis erfüllt werden soll, bereiten sich die Verpflichteten, die dies zu beurteilen haben, umgehend vor, ihm durch Anweisungen von oben zu helfen. Und sie beginnen zusammen mit dem Wesen den individuellen und gemeinschaftlichen Plan, der für ihn auf der Erde der notwendigste und nützlichste sein wird, zu bearbeiten und zu organisieren. Denn es hat begriffen, dass die Erlösung nur durch die Umsetzung dieses Plans erreicht werden kann. Daher verspricht es, diesem Plan auf der Erde treu zu bleiben und mit diesem Versprechen erfährt es auf der Erde eine Verkörperung, wie wir zuvor erläutert haben. Da es nach der Verkörperung wieder der Herrschaft der "oberflächigen Zeit" unterliegen wird, werden die Reichtümer der Auffassungsgabe der "sphärischen Zeit" wieder aufgehoben. Und sie werden alle in das Unterbewusstsein verschoben. Die Auffassungsgabe, die der oberflächigen Zeit unterliegt, beginnt unter neuen Bedingungen auf der Erde zu leben. So werden während der Umsetzung des Plans auf der Erde die verbleibenden Eindrücke aus dem Spatium und die Hilfe der Verpflichteten die Umsetzung dieses Plans unterstützen und anleiten.

So folgen die Leben aufeinander, und indem jedes Mal, wenn ein Mensch ankommt, das essenzielle Wissen und die Auffassungsgabe zunehmen, werden die Möglichkeiten und Notwendigkeiten der Realitäten im Gewissensmechanismus sich nach oben zu verschieben auch zunehmen. Da die Gewissengleichgewichte nunmehr beginnen in den oberen Ebenen hergestellt zu werden, werden die bitteren Seiten der Auswertung im Spatium nach dem Tod allmählich verschwinden. Hier gibt es eine Regel: Je ausgedehnter die Auffassungsgaben werden, desto kürzer wird die Isolationsdauer im Spatium. Denn die Auswertungsverfahren, die dort durchgeführt werden müssen, werden desto schneller erledigt.

Ein Mensch, der auf der Erde lebt, muss zuallererst wissen, was seine Pflicht ist, worauf er sich vorbereitet, woher er kommt und wohin er geht, und insbesondere, wie er sich nach dem soeben beschriebenen Konzept von Gut-Böse zu verhalten hat. Und solange er diese Dinge nicht weiß, besteht ohnehin weder eine Notwendigkeit noch eine Möglichkeit sich noch höher auf den Plan der Pflicht zu begeben. Denn solange er in dieser Position bleibt, gibt es für ihn keine Tätigkeit, die er im Plan der Pflicht erledigen könnte. Dafür muss er sich auf die Gebote des oberen Plans vorbereiten und viele Male in den verschiedenen Gliedern der Verkörperungskette auf die Erde kommen und gehen. Es kann nicht angenommen werden, dass ein Mensch, dessen Auffassungsgabe selbst bei der Ausführung der einfachsten Tätigkeiten auf automatischerweise arbeitet, in der Lage sein könnte, am Ende einer 50-60-jährigen irdischen Verkörperung sofort die Beziehungen von universellen Ereignissen und Materiekombinationen angesichts des Kausalitätsprinzips und der hohen Gebote zu verstehen, und dass er den notwendigen Auffassungsgabenumfang erreichen könnte, um die großen Prozesse der gigantischen Welten im vollen Bewusstsein seiner Verantwortungen anzutreiben und zu verwalten. Nachdem wir gesehen haben, wie die Auffassungsgabe selbst eines der fleißigsten Menschen während eines ganzen Lebens im langsamsten Ameisenschritt sich entwickelt, ist es ein Fehler zu glauben, dass es in einigen wenigen Leben auf der Erde möglich sein könnte, eine solche universelle Auffassungsgabe zu erreichen. Die volle Würdigkeit des Wissens der Pflicht zu erlangen ist für das Wesen demnach erst dann möglich, nachdem es über Zehntausende von Jahren auf der Erde die Glieder der Lebenskette im menschlichen Körper verbracht und abgeschlossen hat.

Nach diesen Informationen ist es recht einfach zu begreifen, dass für die Menschen auf der Erde keinerlei Pflichtverantwortung besteht. Denn mit den Realitäten, die von der Auffassungsgabe der oberflächigen Zeit auf der Erde abhängen, kann die auf unveränderlichen Wahrheiten basierende Ordnung des Universums nicht verwaltet werden. Damit die Menschen die Möglichkeit erhalten, sich an solch großartigen Tätigkeiten zu beteiligen, müssen sie die oben beschriebenen Vorbereitungsphasen durchlaufen. Der perfekte Mechanismus, der ihnen dabei hilft, ist der Gewissensmechanismus.

Die Verlagerung des Gewissensmechanismus nach oben bedeutet, dass sich sein Gleichgewichtsniveau zunehmend auf Niveaus einstellt, die nahe daran sind, die notwendigen Qualitäten zu erwerben, um diese großen Verpflichtungen zu erfüllen. Das heißt, das Gleichgewicht zwischen den beiden entgegengesetzten Komponenten wird im Bereich der Realitäten, die sich in der Nähe des Plans der Pflicht befinden, errichtet, und daher bestehen die entgegengesetzten Komponenten aus Materialien, die wiederum eine Nähe zu den Geboten der Pflicht aufweisen. Der Gegensatz tritt hier also nicht in Form von abgrundtiefen Konflikten auf, wie in den unteren Stadien, sondern in Form eines harmonischen Vorgangs, der auf die gegenseitige Unterstützung und auf die Vereinbarung abzielt. In der Tat bedeutet die Vollendung der menschlichen Periode, dass der Gegensatz zwischen den Komponenten der Gewissensdualität aufgehoben wird. Zum Beispiel ein Gewissensmechanismus, der im unteren Bereich zwischen den Gefühlen "der Vergebung oder Tötung eines Menschen, der seinen Vater getötet hat" im Widerspruch steht, weist im oberen Bereich eine Dualität auf in der Form wie "den einen oder anderen Weg oder die Art und Weise zu wählen, um das Leid, das derselbe Mörder durch diese böse Tat ohnehin schon empfindet, so weit wie möglich zu lindern"; dies ist eine mehr oder weniger angenehme Aktivität einer bewussteren Vorbereitung auf das Wissen der Pflicht und stellt für den Menschen keinen anstrengenden Gegensatz dar.

Religiöse und moralische Institutionen haben diese ersten Gewissensströme der Vorbereitung auf den Plan der Pflicht erläutert und sie in einigen regulären Sanktionen zusammengefasst. Diese ersten Gewissensströme wurden von diesen Institutionen in der Dualität von Tugenden und Laster gehandhabt, und diese Sanktionen richteten die Menschheit automatisch auf die Tugenden, die die obere Konträre des Gewissens bilden. Das Symbol des Paradieses, das den Guten versprochen wurde, und das Symbol der Hölle für die Bösen sind die mächtigsten und zutreffendsten Sanktionen dieses Automatismus.

Wir sagten, dass die Symbole des Paradieses und der Hölle zutreffend sind. Tatsächlich sind alle Vorgänge in der unteren Gewissensebene der Laster, die wir als Egoismus bezeichnen, in der das Gleichgewichtsniveau hergestellt wird, mit allen Arten von Qualen und Leiden verbunden, die selbst mit dem Begriff der Hölle nur schwer auszudrücken sind. Andererseits umfassen die auf höheren Ebenen hergestellten Gleichgewichtsniveaus der Gewissensdualität die Gefühle des Glücks und der Freude durch den Verzicht, die Hingabe, die Liebe und insbesondere die Liebe zur Pflicht, die mit dem Symbol des Paradieses ausgedrückt werden sollen.

\*
\* \*

Die oberen Ebenen des Gewissens gehen mit dem Verzicht und der Hingabe einher. Daher können sie nicht mit den Leidenschaften der unteren Ebenen erreicht werden. Die oberen Ebenen, die mit solchen Egoismen nicht im Geringsten was zu tun haben, sind die Stufen, die dem Wissen der Pflicht am nächsten kommen. Der Begriff der Entlohnung, der in den unteren Ebenen als Arbeitsvoraussetzung erwartet wird, ist somit durch die Realität des "freiwilligen Engagement ohne Entgelt" ersetzt worden, die auf der Liebe zur Pflicht beruht. Sogar die persönlichen Vorteile, die in den unteren Ebenen mit Leidenschaft verfolgt werden, können für diejenigen in den oberen Ebenen eine Quelle des Leidens sein. Ein Wesen, das sich von der Haltung seine materiellen Vorteile sicherzustellen und diese sich sogar zum Lebensziel zu setzen, entfernt und die Macht erlagt, seine Arbeit mit der Absicht zu tun, den Menschen in seiner Umgebung mit Leib und Seele zu dienen, hat die Reife erreicht, von den oberen Ebenen der irdischen Grenzen in die Bereiche der Pflicht überzugehen. Und wenn es zu diesem Grad kommt, und nachdem es eine entsprechende Pflicht erfüllt hat, die ihm durch den Plan der Pflicht aufgetragen wurde, geht es direkt zum Plan der Pflicht über.

Es gibt jedoch einen Zwischenplan für die Menschen, die die

"Schule Erde" abgeschlossen, aber noch keine Pflicht erhalten haben, den wir als eine halbsubtile Welt bezeichnen. Sobald sie diesen Zwischenplan überschritten haben, werden die Wesen die ersten Ebenen des großen Plans der Pflicht erreichen und ihre eigentliche Vervollkommnung beginnen.

Die Menge an Lebensspannen, die eine menschliche Auffassungsgabe durchlaufen muss, um die obere Grenze des Stadiums der Menschheit zu erreichen, ist ein Tatbestand, der auf einen Durchschnitt von 500-700 Verkörperungen begrenzt ist, obwohl es aufgrund vieler Freiheiten und Prüfungen nicht mit Sicherheit gesagt werden kann. Der Umstand, dass diese Zahl nicht mit Sicherheit angegeben werden kann, ist ganz natürlich. In der Tat ist es aufgrund der Notwendigkeiten der Vorsehung nicht einmal möglich zu sagen, wie lange eine einzelne Lebensspanne des Menschen dauern wird, obwohl dies arrangiert und geplant ist. Aus den gleichen Gründen ist es nicht möglich vorauszusagen, zu welchem Zeitpunkt die Menschen bei der Umsetzung ihrer Pläne welche Entwicklungsstadien erreichen werden. Da hier die Tatkraft und Bemühungen des Wesens als Folge einiger ihm eingeräumter Freiheiten ihm selbst überlassen sind, können sich die Konsequenzen dieser Tatkraft und Bemühungen, die entsprechend dem Plan der Vorsehung ermessen werden, immer ändern, was wiederum diese Unmöglichkeit verursacht.

Wir haben bereits gesagt, dass die Zeitskala jenseits der Erde und in den höheren Plänen nicht mit der irdischen Zeit übereinstimmt und dass es große Unterschiede zwischen ihnen gibt. In der Tat kann die Zeitskala und Auffassungsgabe des Plans, der mit der Verwaltung der Erde verpflichtet ist, nicht mit der Auffassungsgabe der einfachen Zeit der Erde verglichen werden. So können beispielsweise in einer Zeitspanne der überirdischen Zeitskala, die unserem Maßstab nach lediglich eine Sekunde beträgt, alle langfristigen Begebenheiten Platz finden, für die auf der Erde Jahrhunderte nicht ausreichen würden. Ein Beispiel dafür, das zwar sehr einfach und grob ist, aber den Menschen hierfür die Intuition vermitteln kann, sind die Träume. Dies ist insbesondere auch bei einem Ertrinkenden der Fall, der in seinen letzten Sekunden alle Phasen seines Lebens bis ins feinste Detail durchlebt. Folgender Punkt sollte jedoch nicht vergessen werden; die für die Erde spezifische Auffassungsgabe der Zeit ist für die Erde nicht unvollständig, fehlerhaft und ungenügend. Der Wert der irdischen Zeit für die Erde ist vollständig und perfekt. Das heißt, die für die Erde spezifische Auffassungsgabe der Zeit ist für die Erde der reale Maßstab hinsichtlich der Entwicklung der irdischen Materie. Und während sie die Techniken und Mechanismen der Erde erlernen, ist es für die Menschen unnötig und sogar schädlich, die für die Erde spezifische Auffassungsgabe der Zeit mit den "Zeitformen", die das Universum umfassen, zu vergleichen. Denn der große Unterschied zwischen ihnen würde es unmöglich machen, die einfache Architektur der Erde zu begreifen, die einen nahezu vernachlässigbaren kleinen Teil des enormen Universumsmechanismus ausmacht, und würde die Realitäten der Erde beiseite fegen. Daher ist es bei der Untersuchung der Faktoren und Mechanismen, die der Erde eine Entwicklungsrichtung gegeben haben, im Hinblick auf die Objektivität und Klarheit des irdischen Wissens besser, die für die Erde spezifische Auffassungsgabe der Zeit zu berücksichtigen. Und dies ist auch eine Notwendigkeit der Entwicklungsgebote der Erde.

Es ist immer daran zu denken, dass die Erweiterung des Zeitbegriffs und die Entwicklung der Auffassungsgaben Hand in Hand gehen. Mit anderen Worten, die Errichtung der "hohen Auffassungsgabe der Zeit" ist nur möglich, wenn die Entwicklung bestimmte Ebenen überschritten hat. In den höheren Welten gibt es Zeitkonditionen, die die Auffassungsgaben dieser Welten ansprechen.

\*
\* \*

Eine der wichtigen Eigenschaften der Zeit, die der irdischen Auffassungsgabe entspricht, ist, dass sie mit den Punkten von einem "Anfang" und einem "Ende" begrenzt sein muss. Mit anderen Worten, trotz der Gedanken bezüglich der "Ewigkeit", über die manchmal im irdischen Leben die Rede ist, besteht ein Bedürfnis nach der Relativität der Start- und Endpunkte bei der durch Ausführungen bewirkten Ausbildung und Entwicklung der irdischen Auffassungsgabe; dieses Bedürfnis entspricht auch der "Zeitform", die auf der Erde gültig ist und die die irdische Auffassungsgabe anspricht. In diesem Fall ist die Tatsache, dass jede Realität an einem bestimmten Punkt beginnt und an einem bestimmten Punkt endet, ein Ausdruck der Zeit, der nur auf der Erde gültig und nur für die irdische Auffassungsgabe geformt ist. Mit diesen Informationen möchten wir erklären, dass es im Grunde keine Situationen gibt, die auf diese Weise beginnen und enden. Das Werden und Voranschreiten aller Welten fließen kontinuierlich in Richtung der von den Geboten bestimmten Ziele. Diese Abläufe bilden die Manifestationsgrundlage für einen relativen Anfangs- und Endbegriff, der sich nur nach den Auffassungsgaben der durchlaufenen Etappen und den Zeitmaßen, die entsprechend diesen Auffassungsgaben bewertet werden, richtet. Mit anderen Worten, die Zeitkonzepte auf der Erde, die als "hier hat es angefangen, hier wird es enden" oder "es ist beendet" anerkannt werden, basieren auf Messungen, die nur nach der irdischen Auffassungsgabe geformt wurden. Für höhere Auffassungsgaben tragen die Bedeutungen von diesem Anfang und Ende nicht die Werte, die sich die Menschen darunter vorstellen. Sie enthalten in den Möglichkeiten der Zeit der hohen Auffassungsgabe völlig unterschiedliche Bedeutungen. Daher ist es nicht möglich, die Ereignisse der höheren Welten mit der irdischen Auffassungsgabe zu begreifen. Das Maß der irdischen Zeit, das für die Realitäten der Erde vollkommen ausreichend ist, ist im Vergleich zu den Auffassungsgaben der Zeit höherer Welten sehr einfach. Aus diesem Grund sind die

"Realitäten", die von der irdischen Zeit abhängen, äußerst unergiebig im Vergleich zu den "Wahrheiten" der höheren Welten.

* <br> * *

Was die Ursache der Unergiebigkeit der irdischen Zeit angeht: Wir sagten bereits, dass die Zeit mit der Auffassungsgabe verbunden ist. Je mehr die Auffassungsgaben an Umfang gewinnen, desto umfassender wird das Zeitsystem dem sie unterliegen. Der erweiterte Umfang der Auffassungsgaben bedeutet indessen, dass sie mehr Werte erhalten und ihre Werte zunehmen. Die Zeit, der die Auffassungsgabe der Menschenwelt unterworfen ist, deren Werte sich fast in denselben Kadern befinden, ist ein einfaches System. Die Einfachheit dieses Systems beruht auf der Notwendigkeit, einen Fokus, einen bestimmten Anfang und eine "Vergangenheit, Gegenwart und Zukunft" Modalität zu haben. Diese Kondition ist die Notwendigkeit der Einfachheit der irdischen Materien und der Einfachheit der Auffassungsgabe, die mit ihr verbunden ist.

In der Auffassungsgabe der irdischen Zeit gibt es eine Begrenztheit. Es besteht in der irdischen Zeit die Zwangsläufigkeit, dass bestimmte Punkte als Perioden in regelmäßigen Abständen aufeinanderfolgen. Ebenso hat jede Realität einen Anfangs- und einen Endpunkt. Die hohe Auffassungsgabe der Zeit hingegen zeigt in dieser Hinsicht große Unterschiede. Und diese Unterschiede sind zweifellos die Konsequenz und das Gebot der Tatsache, dass die Werte der Auffassungsgabe dieser Zeit sehr reich und umfassend sind als die der einfachen Zeit. Diese Auffassungsgabe besitzt solch eine große Vielfalt an feinen Materiekombinationen, dass die von ihnen ausgehenden Schwingungen ein Zeitmaß erreicht haben, das durch eine derart große Geschwindigkeit und Reichweite gekennzeichnet ist, dass es mit einfachen Auffassungsgaben nicht zu vergleichen ist. Was diese Auffassungsgaben betrifft, müssen die "vergangenen, gegenwärtigen, zukünftigen" Modalitäten im

Zeitstrom nicht in eine Richtung nacheinander einer Reihenfolge folgen, wie es bei den einfachen Auffassungsgaben der Fall ist. In der hohen Auffassungsgabe sind alle diese "vergangenen, gegenwärtigen und zukünftigen" Modalitäten als eine Gesamtheit zu einer einzigen Formation gebunden. Aber dieses "Einswerden" weist Formen mit unendlichen Seiten auf. Mit anderen Worten, in diesem "Einswerden", das einen Moment bedeutet, sind unendliche Zeitbegriffe in alle Richtungen versammelt.

Dies muss objektiver erklärt werden. Damit einige Themen besser verstanden werden können, ist es erforderlich zu versuchen, die Realität der Zeit so intensiv wie möglich intuitiv zu erfassen. Um dies zu erleichtern, möchten wir das Thema Zeit anhand Schemata und Grafiken betrachten:

Die einfache Zeit, die dem Verständnis der drei Dimensionen unterworfen ist, bezeichnen wir als "oberflächige Zeit". Denn der Verlauf dieser Zeit bewegt sich in Form von spiralförmigen Kreisen, die auf einer Oberfläche in einer Richtung gezogen werden, wie in der unteren Abbildung gezeigt wird.

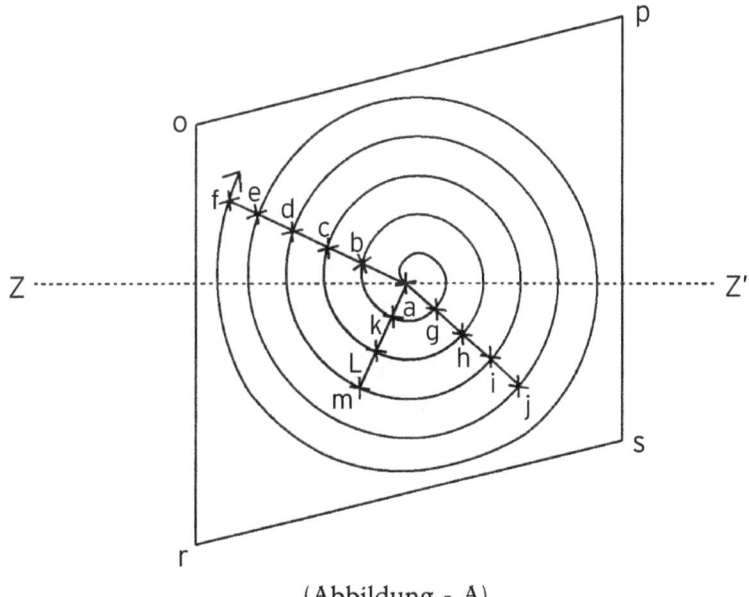

(Abbildung - A)

Wir möchten folgendes betonen; diese Abbildung ist nur eine erstellte Grafik zur Erläuterung des Zeitbegriffs und soll sicherstellen, dass die einfache Zeit objektiv nachvollzogen werden kann.

Wie in der Abbildung zu sehen ist, verläuft die oberflächige Zeit nicht auf einer geraden Linie. Um einen Punkt auf einer langen Linie dreht sie sich spiralförmig und führt auf einer Oberfläche, die senkrecht zu dieser Linie steht, Umdrehungen durch. In dieser Abbildung gibt es eine "o-p-s-r" Oberfläche, auf der die gerade Linie Z-Z' vertikal durch den Punkt "a" verläuft. Diese Oberfläche ist genau senkrecht zur Linie Z-Z'. Auf dieser Oberfläche befindet sich eine Spirale, die ausgehend vom Punkt "a" gezogen ist. Da diese Spirale beim ziehen senkrecht zur Z-Z' Linie verläuft, bewegt sie sich unabhängig von der Länge der Spirale nicht über eine Strecke entlang der Z-Z' Linie, es werden nur Umdrehungen um den Punkt "a" der Linie ausgeführt. Dies ist der Weg der "Auffassungsgabe der oberflächigen Zeit". Die Z-Z' Linie ist die "originale Zeit", die das Universum umspannt. Zu beachten ist auch, dass es sich bei dieser originalen Zeit nicht um die sphärische Zeit handelt, die für die obere Welt spezifisch ist, über die wir in Kürze sprechen werden. Dies ist die Entstehung des "Suprauniversum-Zeitprinzips" im Universum, das alle Realitäten der Zeit in den Welten umfasst und unser Universum von einem Ende zum anderen durchquert. Wir werden vorerst nicht weiter darauf eingehen.

Bestimmen wir im Verlauf dieser Spirale den Punkt "a" als den Moment, in dem ein Mensch geboren wird, und den Punkt "f" als den Moment, in dem er stirbt! Betrachten wir in seiner Entwicklung von der Geburt bis zum Tod eine fortlaufende Kondition wie zum Beispiel eine Fähigkeit! Wie in der Abbildung zu sehen ist, bewegt sich diese Fähigkeit von Punkt "a" nach Punkt "f", während sie auf ihrem Weg die Spiralkreise, auf die sie trifft, an den Punkten "b, c, d, e, f" nacheinander passiert. Die Abbildung zeigt deutlich, dass jeder dieser Punkte eine Periode auf dem Verlauf der Spirale bildet. Beispielsweise wird zwischen "a" und "b" ein Kreis abgeschlossen. Es folgt jedoch sofort ein größerer zweiter "b-c" Kreis und ein dritter "c-d" Kreis. So folgen sich die Kreise immer größer werdend bis schließlich zu dem "e-f" Kreis. Jedes Einzelne von diesen bildet eine Periode, also einen Zyklus innerhalb einer Lebensspanne. Und diese Perioden folgen in einer bestimmten Reihenfolge nacheinander. Hier bilden die Begriffe der vergangenen, der gegenwärtigen und der zukünftigen Periode eine Grundlage, was eine Notwendigkeit der Auffassungsgabe der oberflächigen Zeit ist.

Einige Fähigkeiten im Leben entwickeln sich im Laufe des ganzen Lebens hindurch weiter, wie diese "a-f" Linie. Das gilt aber nicht für alle Fähigkeiten. Wie in der Abbildung zu sehen ist, hat sich die Entwicklung von Fähigkeit "a-j" in allen vier Lebensperioden fortgesetzt und blieb dann dort stehen. Die Entwicklung der Fähigkeit "a-m" hat kürzer gedauert und konnte sich nur drei Perioden fortsetzen. Es gibt auch Entwicklungen von Fähigkeiten, die noch kürzer andauern, wie zum Beispiel die Zeitspanne von nur einer Periode. In einem menschlichen Leben sind also nicht alle Fähigkeiten gleichermaßen entwickelt.

Wir werden nun die "Auffassungsgabe der hohen Zeit" erklären. Auch wenn wir dies wieder mit einer Abbildung erklären werden, ist es notwendig, die Intuition beim Betrachten der Abbildung erheblich anzustrengen, um eine solche Auffassungsgabe intuitiv erfassen zu können, die auf der Erde nicht existiert. Hier ist es notwendig, die Imagination zu nutzen und zu versuchen, die vorgetragenen Begriffe imaginativ intuitiv zu erfassen, und wenn sie beharrlich überdenkt werden, können sehr wertvolle Intuitionen gewonnen werden.

Die Auffassungsgabe der hohen Zeit bezeichnen wir als die "Auffassungsgabe der sphärischen Zeit" oder auch die "umfassende Zeit". Die Auffassungsgabe der hohen Zeit ist kein einfaches System, das sich wie im vorherigen Fall auf einer Oberfläche und in Spiralperioden in eine Richtung dreht. Dies ist eine Zeitkomplexität, die in der Gesamtheit einer Sphäre in alle Richtungen fließt. Dies ist das Konzept des Zeitflusses, der sich vom Mittelpunkt der Sphäre aus in unendliche Richtungen zu jedem der unendlichen peripheren Punkte bewegt, und entsprechend diesen Richtungen über einen unendlichen Umfang verfügt. Die untere (Abbildung-B) ist ein Querschnitt einer Sphäre.

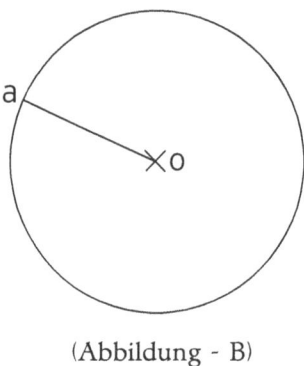

(Abbildung - B)

Also, er ist wie einer der Schnittflächen einer ausgefüllten Sphäre, beispielsweise einer Kugel, die entstehen, nachdem die Kugel mit einem Messer exakt in der Mitte in zwei gleiche Teile geteilt wird; wie der Abbildung zu entnehmen ist, besteht dieser Querschnitt aus einer kreisförmigen Oberfläche; die Linie "o-a" ist der Radius dieses Kreises. Es besteht nun die Möglichkeit, dass auf dieser Oberfläche eine Auffassungsgabe des oberflächigen Zeitflusses existiert, welcher sich in Spiralperioden um das vorherige Zentrum "o" dreht; was auch natürlich wäre. Dies bedeutet, dass in einem einzigen Querschnitt dieser Kugel eine Auffassungsgabe der oberflächigen Zeit existiert. Dies ist eine Wertigkeit, die ausreicht, um auf der Erde alle Realitäten eines menschlichen Lebens zu umfassen. Aber stellen Sie sich diesen Querschnitt nicht in der Kugel oder auf Papier vor, sondern in ihrer Phantasie, also imaginieren Sie ihn! Andere Querschnitte können von anderen Seiten der Kugel, ohne seine Position zu ändern, erhalten werden; vorausgesetzt, sie verlaufen immer durch den Mittelpunkt. Und so werden unendliche imaginäre

Querschnitte erhalten. Je schärfer unser Messer, je perfekter unsere Technik und je größer unsere Imagination ist, desto öfter können wir diese Kugel aus verschiedenen Richtungen in zwei Hälften teilen. Da die Position der Kugel konstant bleibt, stimmen die Richtungen der Spiralen, die die einfache Zeit auf diesen endlosen Oberflächen anzeigen, nicht überein; es entstehen oberflächige Zeitspiralen in unendlichen Richtungen. Innerhalb einer Sphäre gibt es also derart viele separate Möglichkeiten der oberflächigen Zeit, dass wir sie als unendlich bezeichnen würden. In dem Moment, wenn wir all diese getrennten Auffassungsgaben der Zeit vereinen und imaginativ zu einem "Einswerden" verbinden, beleben wir die Auffassungsgabe der sphärischen Zeit. Wir bezeichnen dies auch kurz als "umfassende Zeit". Wenn ein Mensch, der auf der Erde lebt, seine Auffassungsgabe in einem bestimmten Moment, innerhalb der auf nur einer einzigen Oberfläche verlaufenden Zeit nutzen kann, kann ein Wesen, das in einem überirdischen Plan lebt, im gleichen Moment seine Auffassungsgabe in der umfassenden Zeit nutzen, die nahezu das unendlichfache dieser Auffassungsgabe ist. Dieser Zustand kann auf der Erde natürlich nur durch Imagination intuitiv erfasst werden.

Diese Informationen lehren uns, dass die umfassende Zeit einen weitreichenden Umfang hat, der mit der oberflächigen Zeit nicht zu vergleichen ist. Demnach kann sich der Mensch bei der Auffassungsgabe der oberflächigen Zeit in einem bestimmten Moment nur in eine Richtung bewegen. Denn er ist mit all seiner Auffassungsgabe, seinen Handlungen und Bewegungen den Erfordernissen der oberflächigen Zeit unterworfen, und ist verpflichtet, einer einzigen Anordnung innerhalb der Konzepte von "Vergangenheit, Gegenwart und Zukunft" zu folgen. Und er wird sicherlich an der Abfolge der Perioden einer Spirale teilnehmen. Denn seine materielle Kondition ist nicht geeignet um dies zu überschreiten. Ein Wesen, das der umfassenden Zeit unterliegt, hat jedoch die Möglichkeit, die Begriffe "Vergangenheit, Gegenwart und Zukunft", die in unendliche Richtungen verlaufen, in einem "Einswerden" zu verbinden und diese im selben Moment zu erleben. Denn das subtile Materieumfeld, in dem es sich befindet, ermöglicht es ihm mühelos, auf allen Oberflächen einer Sphäre gleichzeitig zu leben.

Um das Wissen über die oberflächigen und umfassenden Zeiten zu vervollständigen, müssen wir diese beiden Auffassungsgaben der Zeit im Verhältnis zur originalen Zeit im Universum miteinander vergleichend erklären. Wir werden diese Informationen wieder anhand von Abbildungen vortragen.

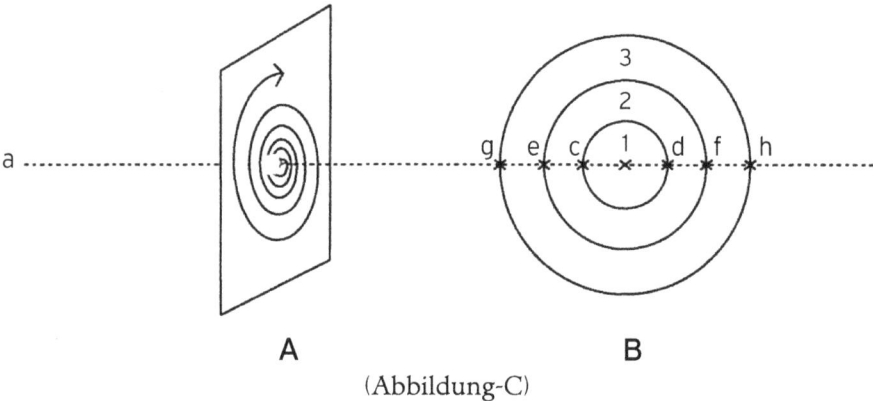

(Abbildung-C)

In der Abbildung "C" ist die Linie "a-b" die originale Zeit, die das Universum durchquert. Die Abbildung "A" stellt auf der originalen Zeit den Fluss der oberflächigen Zeit dar und die Abbildung "B" zeigt die sphärische Zeit. Die oberflächige Zeit dreht sich, wie in der Abbildung gezeigt, um einen Punkt "x" des originalen Zeitflusses und bildet periodische Spiralen. Diese Spirale, egal wie viele Perioden sie hat, verlässt den "x" Punkt der originalen Zeit nicht, sondern erstreckt sich immer an gleicher Stelle. Demnach gibt es in der Zeitrealität "A", die eine Lebensspanne anzeigt, keinen Verlauf und keinen Fluss entlang der originalen Zeit. Es gibt jedoch die Ausführung der Realitäten eines einzelnen "x" Punkts auf der originalen Zeit; dies kann in mehreren Perioden oder allen Perioden der oberflächigen Zeit fortgesetzt werden, wie in den vorherigen Abbildungen gezeigt.

Betrachten wir die Abbildung "B", so ist hier der Querschnitt drei verschachtelter Kugeln mit den gleichen Mittelpunkten dargestellt, die mit den Nummern 1, 2, 3 angegeben sind. Diese Kugeln sollten nicht als drei ineinander verschlungene Kugeln betrachtet werden. Dies zeigt die drei Stadien der ersten Kugel, also der kleinsten Kugel in der Mitte, die sich in alle Richtungen ausdehnt. Denn die Entwicklung der sphärischen Zeit vollzieht sich nicht in Form einer Spirale, die sich auf einer Oberfläche in eine einzige Richtung verlängert oder verkürzt, sondern ausgehend von der Mitte durch die gleichzeitige Expansion der Kugel in all ihre Richtungen, also indem sie größer wird. Zum Beispiel repräsentiert die Kugel "1" ein Stadium der kleinsten Zustände der Kugel. Die Kugel "2" ist ein ausgedehntes fortgeschrittenes Stadium von ihr und die Kugel "3" ist das breiteste Stadium. So entwickelt sich also die umfassende Zeit. Wenn diese Entwicklung auf dem originalen Zeitfluss "a-b" mit der oberflächigen Zeit verglichen wird, ist zu sehen, dass die umfassende Zeit, also die sphärische Zeit im Zustand der ersten Kugel das "c-d" Segment im originalen Zeitfluss einschließt. Wenn diese "Auffassungsgabe der Kugel" sich entwickelt und ihre Größe der Nummer "2" erreicht, dehnt sie sich auf dem originalen Zeitfluss aus und schließt das Segment "e-f" ein, und wenn sie sich dann noch mehr ausdehnt und den Zustand der Kugel Nummer "3" erreicht, schließt sie auf dem originalen Zeitfluss das Segment "g-h" ein. Während also die Entwicklung der Auffassungsgabe der oberflächigen Zeit nicht auf dem originalen Zeitfluss verläuft, sondern sich auf einem einzigen Punkt vollzieht, wird jeder Moment der Entwicklung der Auffassungsgabe der sphärischen Zeit von einem Verlauf auf dem originalen Zeitfluss begleitet. Aus diesem Grund beginnt die wahre Vervollkommnung erst mit dem überirdischen Plan der Pflicht, in dem die umfassende Zeit vorherrscht. In der Tat; ein Resultat, das als Gebot des irdischen Lebens nur mit enormen Bemühungen zu erreicht ist, kann in überirdischen Welten nur mit der kleinsten Bemühung um das Millionenfache erreicht werden.

\*
\* \*

Nachdem wir anhand von Abbildungen die Zeit mehr oder weniger mühelos erläutert haben, müssen wir auch den damit verbundenen Raum erörtern. Denn ohne Raum ist die Existenz von Zeit, also ihre Manifestation in den Welten, nicht möglich. Damit sich der originale Zeitfluss in den Welten manifestieren kann, ist das Konzept des Raums erforderlich, das der Struktur dieser Welten entspricht. Mit anderen Worten, die Erklärung des Zeitmechanismus hängt von der materiellen Umgebung und den Variationen der Materie ab. Wenn dem so ist, ist in den Welten die Manifestation weder der Zeit noch des Raums möglich, solange die Konzepte von Zeit und Raum nicht kombiniert werden. Wir werden diese Wahrheit im weiteren Verlauf klarer erklären. Da die oberflächige und die umfassende Zeit durch große Unterschiede voneinander getrennt sind, wie wir oben erklärt haben, müssen die irdischen und überirdischen Räume, die eng mit ihren Auffassungsgaben der Zeit verbunden sind, genauso unterschiedlich voneinander sein.

\*
\* \*

Nun möchten wir den Raum der sphärischen Zeit erklären! Der Raum ist Ausdruck der Notwendigkeit, verschiedene Elemente der Materie zu lokalisieren. Wir möchten diese Aussage im Hinblick auf beide Zeitrealitäten erklären! Zuvor muss betont werden, dass das Thema Raum einfacher zu begreifen ist, wenn die folgenden Erläuterungen, anstatt durch die Anwendung auf irgendeinen Gegenstand, durch die Imagination betrachtet werden wie beschrieben.

Zunächst erklären wir den Raum in der oberflächigen Zeit! Damit sich Perioden in der oberflächigen Zeit bilden können, müssen drei Bedingungen erfüllt sein: Erstens, eine materielle "Umgebung" (diese Umgebung ist kein Raum), um den Fluss der Zeit und den Lauf der Perioden zu fixieren; zweitens "Bewegung" für die Bildung dieser Perioden und den Fluss der Zeit; und drittens, das Verbinden der Bewegung an diese

Umgebung, um das Auftreten der Bewegung und die Fixierung der Perioden zu ermessen. Und dies ist der Raum für die oberflächige Zeit.

Daher muss der "Raum der oberflächigen Zeit", nach dem Zusammenführen der obigen Bedingungen, wie folgt definiert und akzeptiert werden: Die Verbindung einer materiellen Umgebung mit einer Bewegung, um die Fließrichtung dieser Bewegung in Spiralrichtung sowie die Anfangs- und Endpunkte bestimmter Perioden zu bestimmen und zu ermessen; diese Verbindung bildet den Raum der oberflächigen Zeit. Der hier erwähnte Begriff "Umgebung" ist kein Raum, sondern er bezieht sich nur auf die nicht lokalisierten Materieelemente. Das heißt, es gibt Materieelemente, aber sie haben keine Lokalisierungen, also keine Positionen, die zueinander proportioniert werden können. Damit diese Lokalisierung stattfinden und der Raum gebildet werden kann, müssen diese Elemente, wie oben erwähnt, mit irgendeiner "Bewegung" verbunden werden. Dies ist eine solche "Kondition", die, wie wir später erklären werden, die Manifestationen von zwei großen Prinzipien darstellt, die mit dem originalen Prinzip verbunden sind und gemäß den verschiedenen Welten des Universums in Erscheinung treten und diese Welten mit all ihren Ereignissen, Realitäten und Auffassungsgaben an sich selbst anpassen.

Wir definieren den Raum der oberflächigen Zeit im Vergleich mit einem Körper folgendermaßen: Die Verbindung der Körperbewegungen mit der Materie und der Wert der Materie in diesen Verbindungen schafft die Gesamtheit des Raums. Wir werden diese Aussage, die schwer zu begreifen scheint, mit einem Beispiel erläutern: Stellen Sie sich einen Stein vor, der in die Luft geworfen wird! Erstens gibt es hier die Bewegung des Steins und den Periodencharakter, der durch den Anfangs- und Endpunkt dieser Bewegung ausgedrückt werden kann; dies ist die erste Bedingung. Danach besteht ein Bedarf an einer "Umgebung" in der Luft, die dazu dient, die Bewegung und Periodenpunkte zu fixieren und zu ermessen; dies ist die zweite Bedingung.

Schließlich haben diese Bewegung und die Periodenpunkte einen Vergleich oder eine Verbindung zur Umgebung; dies ist die dritte Bedingung. Die Bewegung des Steins in der Leere, die sich durch diese drei Bedingungen manifestiert, bildet den Raum, der für die Auffassungsgabe der oberflächigen Zeit spezifisch ist.

Dies bedeutet, dass angesichts der Auffassungsgabe eines Körpers, die Umgebung, die die Bewegungsperioden, also ihre Anfangs- und Endpunkte fixiert, indem sie sich mit den Bewegungen dieses Körpers verbindet, einen Raum darstellt. Diese Umgebung schließt alle Materien ein. Der Raum gegenüber dem Körper, den wir als eine Lokalisierung der Materie betrachten: Dieser Raum ist mit seinem Gestein, seinem Land, seinen Pferden, Kutschen, Flugzeugen und Menschen eine ganze Lokalisierung. Der Raum wird mit endlosen Nuancen eingestuft, wie z. B. als ein Quadratmeter Land, auf dem ein Mensch steht, der Weltraum, zu dem er aufblickt, die Stadt, das Land, der Kontinent und die Erde. Hier gibt es unendlich viele Möglichkeiten des Raums.

*
* *

Selbst mit der stärksten Vorstellungskraft wird es für die Menschen nicht so einfach sein, den "Raum der umfassenden Zeit", die im Vergleich zum "Raum der Auffassungsgabe der oberflächigen Zeit" über unendlich viele Möglichkeiten verfügt, intuitiv zu erfassen, geschweige denn zu begreifen. Dennoch werden wir auch hierfür die Intuitionen vermitteln. Es ist jedoch wichtig, die Vorstellungskraft intensiv einzusetzen und zu versuchen, von Intuitionen auszugehen.

Zunächst möchten wir betonen, dass es nach der irdischen Auffassungsgabe eine solche Realität des Raums nicht gibt. Deshalb sollte nicht versucht werden, die Erläuterungen, die hier vorgetragen werden, sich anhand irdischer Materien vorzustellen. Wie wir sagten, kann die Intuition von diesem Raum nur in der Fantasie belebt werden. Aber wir müssen auch betonen, dass die Vorstellungskraft, also die Imagination eine sehr subtile Umgebung von Materie ist. Daher ist der Raum, der in der Imagination belebt wird, eine reale und wahre Wertigkeit.

Stellen Sie sich zunächst eine imaginäre Sphäre vor! Imaginieren Sie, wie zuvor beschrieben, eine oberflächige Zeit und einen Raum, der durch diese Zeit vorhanden ist, welche auf einer einzigen Oberfläche dieser Sphäre existieren, also stellen Sie es sich in ihrer Phantasie vor! Dies sind eine einfache Zeit und ein einfacher Raum mit einer einzigen Richtung. Nachdem Sie sich diese einfache Zeit und diesen Raum vorgestellt haben, stellen Sie sich eine andere einfache Zeit und einen Raum wie diesen vor, die zweite aber mit einer anderen Richtung! Stellen Sie sich also die dritte, fünfte, hundertste, tausendste, millionste und endlose "einfache Zeit und Räume" getrennt voneinander vor, jeweils mit einer anderen Richtung! Solange sie getrennt voneinander imaginiert werden, bleiben sie alle jeweils als eine oberflächige Zeit und Raum. Es ist jedoch notwendig, sie mit einer starken intuitiven Aktivität zu synthetisieren. Daher sind diese unendlichen Zeitflüsse in unendliche Richtungen und die unendlichen Umgebungen, die diese Flüsse in einer imaginär animierten Sphäre fixieren und verbinden, als "eine einzige Zeit und ein einziger Raum" zu betrachten! In diesem Fall gibt es eine einzige Zeit, die gleichzeitig in unendliche Richtungen fließt, und ein einziger Raum ergibt sich aus dem Konzept der unendlichen Umgebung, die diese Flüsse durch Vergleichen dieser unendlichen Richtungen fixiert, und dies ist der sphärische Raum. Denn dieser Raum gewährleistet den Fluss der Zeit innerhalb der Sphäre. Die Umgebung hier ist imaginär. Tatsächlich ist sie eine Umgebung, die nur aus sehr subtilen Materien der Vorstellungskraft besteht, die die Bewegungsabläufe verbinden kann, die solche unendlichen Richtungen und Periodencharaktere ausdrücken. Anderenfalls ist dieser Zustand mit den groben Materien der Erde nicht möglich.

Das heißt, die Gesamtheit dieser Bewegungen und Umgebungen, einschließlich der Imagination selbst, die die unendlichen Umgebungen –welche die unendlichen Bewegungen in einer Sphäre mit den Flüssen in unendliche Richtungen und den Perioden vergleichend fixieren- in einer Sphäre zu einem "Einswerden" verbindet; bildet den umfassenden oder sphärischen Raum.

Um diese Vorstellungskraft erlangen zu können, ist es notwendig, sich ziemlich anzustrengen und nachzudenken. Mit mehr oder weniger Mühe wird hier jedoch eine starke Intuition erreicht. Dieser hohe Zeit- und Raummechanismus, der für die in einer groben Umgebung lebenden Menschen mit den irdischen Materien nicht realisierbar ist, kann dennoch von vielen Menschen, wie bereits erwähnt, nur mit den sehr subtilen Materialien der Imagination bis zu einem gewissen Maß realisiert werden. Aber für die Wesen in den höheren Welten, die subtiler sind als die subtilen Umgebungen in der menschlichen Vorstellungskraft, ist das Leben in dieser Realität der hohen umfassenden Zeit und des umfassenden Raums eine natürliche und sogar notwendige Kondition.

Wir haben bereits erwähnt, dass die oberflächige Zeit auf der originalen Zeit keine Strecke zurücklegt und dass die umfassende Zeit in der originalen Zeit fortschreitet. Wir werden nun den Wert dieses Wissens in der Vervollkommnung der Wesen nutzen und erklären, was die Entwicklung eines Menschen, der in der oberflächigen Zeit lebt und auf der Stelle tritt, und was der Fortschritt eines Wesens, das in der sphärischen Zeit lebt und in der originalen Zeit voranschreitet, bedeuten, und wie ihre Konsequenzen im Entwicklungsmechanismus auftreten werden.

Obwohl die oben angegebenen Informationen zu Zeit und Raum eindeutig die "oberflächigen und umfassenden Zeiten und Räume" erklärt haben, sind weitere Erläuterungen erforderlich, um die Lösungen der oben genannten Probleme aus diesen Informationen zu entnehmen. Wenn die folgenden Abbildungen sorgfältig studiert werden, kann auch dieser wichtige Punkt leicht begriffen werden.

In einem gesamten menschlichen Leben gibt es ein Entwicklungsfeld mit unendlichen Fronten, den das Wesen durchlaufen muss. Und dieses Entwicklungsfeld ist festgesetzt und begrenzt. Denn es hat innerhalb seiner eigenen Realität einen Anfang und ein Ende. Wir geben dieses Feld mit dem Abstand zwischen der "AB" Parallele an. (Abbildung-D)

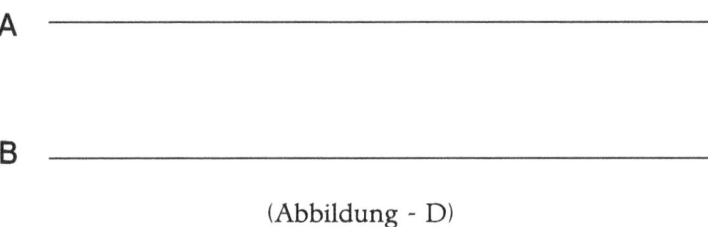

(Abbildung - D)

Hier gibt es einen Anfangs- und einen Endpunkt dieses für die Auffassungsgabe der oberflächigen Zeit obligatorischen Entwicklungsfeldes. Der Anfang ist die Linie "c-d" im Feld zwischen den "AB" Parallelen, und das Ende ist die Linie "g-f", die durch den Punkt "e" führt. (Abbildung-E)

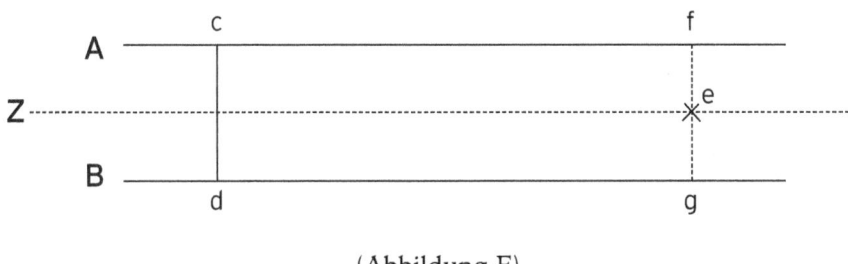

(Abbildung-E)

Alle menschlichen Fähigkeiten und Konditionen, die entwickelt werden müssen, um die Menschheit auf den höheren Plan, also auf den Plan der Pflicht, in dem die umfassende Zeit vorherrscht, vorzubereiten, beginnen an der "c-d" Grenze und enden an der "f-g" Grenze und füllen das Feld "c-d-g-f". Dies zeigt das gesamte Stadium des irdischen Lebens, vom ersten Leben des Menschen auf der Erde bis zu seinem letzten Leben nach unzähligen Verkörperungen mit dem er die Erde abschließt. Die Linie "Z" ist die originale Zeit, und der Punkt "e" ist ein Moment, der in dieser Zeit verzeichnet wurde. Demnach beinhaltet dieser Moment, der auf der originalen Zeit verzeichnet wurde, die Summe der vorbereitenden Fähigkeiten eines Menschen, die während des gesamten menschlichen Lebens entwickeln werden und reifen müssen. Die Vorbereitung eines Menschen vom Anfang bis zum Ende des gesamten menschlichen Stadiums in der Welt wird sich in diesem einen Moment auf dem Fluss der originalen Zeit entwickeln. Natürlich sollte das Feld "c-d-g-f", das wir in der Abbildung gezeichnet haben, senkrecht zur "Z" Linie sich vorgestellt werden und diese Linie nur am "e" Punkt schneiden. Dieser Punkt "e" ist ein Punkt, an dem das Wesen des Menschen seine Entwicklung beginnt und den er nachdem die Fähigkeiten, die in ihm vorhanden sind und entwickelt werden müssen, gereift sind, in einem bestimmten Moment der originalen Zeit wieder erreichen wird. Mit anderen Worten, die Vervollkommnung des Wesens als Mensch beginnt an diesem Punkt der originalen Zeit und endet an diesem Punkt. Und bis dieses Stadium abgeschlossen ist, gibt es kein Voranschreiten auf der originalen Zeit. Eben deshalb haben wir die Vervollkommnung im menschlichen Stadium als die subjektive Vervollkommnungsperiode bezeichnet. Denn solange das Feld "c-d-f-g", welches das gesamte Entwicklungs-stadium der Menschen darstellt, nicht durchquert ist, wird das "e" Moment auf der originalen Zeit "Z" nicht fließen. Hier ist die Menschheit in ihren eigenen Fähigkeiten eingeschlossen und beschäftigt sich nur damit, diese auf den höheren Plan vorzubereiten. Dieses Gebiet zu verlassen und in ein objektives Vervollkommnungsprinzip einzutreten, ist ihr nur dann möglich, wenn sie alle Anforderungen des Stadiums "c-d-g-f" erfüllt hat.

So werden die vielen Verkörperungen, die unzähligen Lebensbedingungen und Vervollkommnungsmaterialien, die die Menschheit von Anfang bis Ende durchläuft, sich immer in diesem "c-d-g-f" Feld vollziehen. In der Zwischenzeit wird dieses

Feld jedoch ausgehend von der Grenze "c-d", die am weitesten vom Punkt "e" entfernt ist und die primitivsten Stufen der Menschheit darstellt, allmählich in Richtung der Grenze "g-f" ausgefüllt und dieses Ausfüllen erfolgt durch verschiedene Verkörperungen. In symbolischer Weise nehmen wir jede Verkörperung als Dreieck an und erklären, wie dieses Feld mit diesen Dreiecken gefüllt wird und wie ein Mensch von den rückständigsten Ebenen bis zur letzten Ebene "g-f" gelangt. (Abbildung-F)

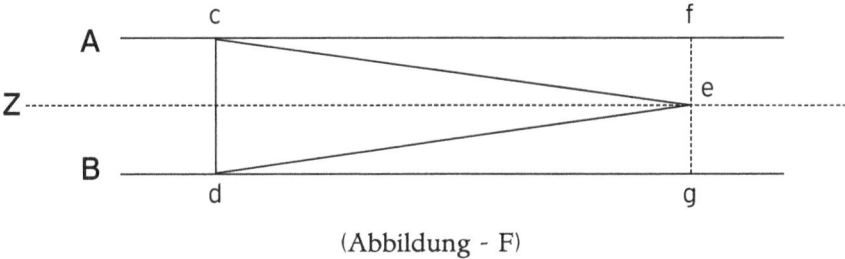

(Abbildung - F)

Die Basis des Dreiecks beginnt an der Linie "c-d" auf der Parallele "AB" und nähert sich allmählich dem Punkt "e", also der Spitze, um dieses Feld zu schließen. Dies wird sich vollziehen, indem andere Dreiecke periodisch hinzugefügt werden, deren Spitzen immer am Punkt "e" sind. Jedes dieser Dreiecke repräsentiert ein verkörpertes Leben. Somit nähert sich die Linie "c-d" der Linie "g-f", indem sie bei jeder Verkörperung Periode um Periode auf der "AB" Parallele vorankommt, und die Linie "c-d" fällt schließlich mit der Linie "g-f" zusammen. Dies bedeutet, dass ein Mensch alle seine Fähigkeiten des menschlichen Stadiums entwickelt hat, die Entwicklung erfordern, und alle Vorbereitungen abgeschlossen hat und nun in der Lage ist, von Punkt "e" aus auf der originalen Zeit voranzuschreiten. Wir möchten diese Informationen anhand der Grafik etwas näher erläutern:

Da alles "menschliche Leben" an dem Punkt "e" stattfindet, der ein Moment des originalen Zeitflusses ist, vollziehen sich alle Lebensperioden des Menschen, also die Geburten und

Todesfälle, an diesem Punkt. Es gibt jedoch Zwangsläufigkeit, die von diesem Punkt, den Geboten dieses Moments abhängen und das Entwicklungsfeld eines menschlichen Stadiums ausfüllen; dies sind die Seiten der Menschheit, die vorbereitet werden müssen, um in der originalen Zeit von Punkt "e" aus voranschreiten zu können. Und dies ist symbolisch durch das Feld "c-d-g-f" gekennzeichnet. Die gröbsten und primitivsten Konditionen dieser Zwangsläufigkeiten sind an der von Punkt "e", dem Ende der Entwicklung, am weitesten entfernte "c-d" Grenze. Nähert sich diese Grenze dem Punkt "e", wird das Feld enger, die Vorbereitungen entwickeln sich und die Gebote des "e" Punkts werden erfüllt. Mit anderen Worten, der Prozess der Vollendung der gewünschten Angelegenheiten, damit der Mensch von dem Punkt "e" aus beginnen kann sich zu bewegen, schreitet voran. Wenn sich die Linie "c-d" schließlich genau auf der Linie "g-f" befindet, also wenn die Linie, die die Basis des letzten Dreiecks darstellen soll, sich mit dem Punkt "e", der auf der originalen Zeit liegt, überschneidet, sind alle Gebote erfüllt und das Feld ist vollständig erfasst und gereinigt. Anhand dieser Grafik, die wir als Diagramm des menschlichen Lebens angeführt haben, erklären wir nun, wie diese "cd" Linie in jedem Fluss des menschlichen Lebens mit Perioden, Lebensspannen, Stufen oder Sprüngen (die alle dasselbe sind) sich auf der "AB" Parallele verschiebt und sich an die "gf" Linie nähert und wie die Gebote des menschlichen Stadiums erfüllt werden.

Wir möchten zunächst die Grafik des ersten Menschen auf der Welt beschreiben: Dieser Mensch ist ein Wesen, dessen menschliche Gaben und Fähigkeiten auf dem primitivsten Stand sind. Daher sind seine Konditionen, die entwickelt werden müssen, an der entferntesten Stelle von der "g-f" Linie, die der ideale Punkt des Entwicklungsfelds ist, und dies ist die "c-d" Grenze. Dieser Mensch ist immer noch damit beschäftigt, die Fähigkeiten der ersten Menschen zu entwickeln. Daher wird sein Leben von der "c-d" Linie aus beginnen. Um die Grafik zu vervollständigen, wollen wir die Punkte "c" und "d" jeweils durch eine Linie mit dem Punkt "e" verbinden. Das entstandene "c-d-e" Dreieck ist die Grafik vom ersten Verkörperungszustand des ersten einfachen Menschen.

Gehen wir nun zum zweiten Leben dieses Menschen über (Abbildung-G). Seine Entwicklungslinie wird auf der "AB" Parallele, an der "e" Seite der "c-d" Linie und an den Punkten, die am nächsten zu dieser Linie liegen beginnen. Um es in der Grafik noch deutlicher zu machen, zeigen wir diese Punkte etwas entfernter mit der "i-j" Linie.

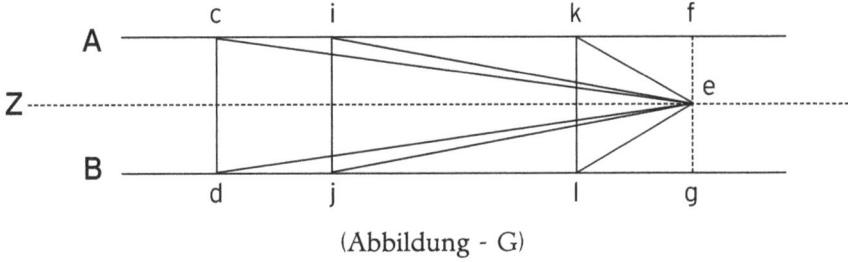

(Abbildung - G)

Auf diese Weise wird das Dreieck "i-j-e" als die Grafik des zweiten Lebens gebildet. Die Basen der Dreiecke, die nach dem 3., 5., 10., 50. usw. Leben des Menschen entstehen werden, werden auf der Entwicklungsparallele "AB" sich allmählich der "f-g" Linie nähern und schließlich die "k-l" Punkte erreichen. In diesem Fall sind die "c-d-l-k" Bereiche des "c-d-g-f" Feldes komplett durchlebt und die Vorbereitungen in diesen Bereichen abgeschlossen, aber die "k-e-f" und "l-g-e" Felder sind noch nicht abgeschlossen. Und schließlich kommt ein Moment, an dem dieser Mensch alle Gebote des Punktes "e" bezüglich der Menschheit auf dem Fluss der originalen Zeit verwirklicht hat; mit anderen Worten, hat dieses Wesen alle Fähigkeiten bezüglich des Stadiums der Menschheit entwickelt und die Vorbereitungen abgeschlossen. In diesem Fall wird die Basis des Dreiecks genau mit der "f-g" Linie zusammenfallen und die Leben des Menschen in der Welt werden beendet sein.

Beachten Sie, dass in dieser Grafik die "c-d" Linie, die erste primitive Entwicklungsgrenze im "c-d-g-f" Feld, welches das gesamte Stadium der menschlichen Entwicklung zeigt, sich aufgrund der menschlichen Entwicklung auf der "AB" Parallele schrittweise zur "f-g" Linie verschiebt, und während sie sich verschiebt, wachsen die Bereiche dieses Feldes, die erfahren wurden und deren Entwicklung abgeschlossen ist, und die Bereiche, die sich noch nicht entwickelt haben, werden kleiner. Und schließlich, wenn die Entwicklung des gesamten Feldes abgeschlossen ist, fällt die "c-d" Linie, die Anfangsgrenze des Feldes, mit der "f-g" Linie, der Grenze der letzten Etappe auf dem Punkt der originalen Zeit, zusammen. Und somit werden alle Gebote bezüglich des Stadiums der Menschheit des "e" Punktes, der ein Moment der originalen Zeit ist, erfüllt.

Wenn die Entwicklung der Menschheit an diesem Punkt angelangt ist, werden die Realitäten der Auffassungsgabe der oberflächigen Zeit beendet sein; die "wahre Vervollkommnung" wird in den höheren Plänen der Pflicht, im umfassenden Raum fortgesetzt werden; und das Wesen des Menschen wird befreit sein vom Prozess der "subjektiven Vervollkommnung", wird eintreten in einen Fluss "objektiver Vervollkommnung", die auf der originalen Zeit fortschreitet.

Wir möchten auf einige wichtige Punkte hinweisen, die mit der Grafik der Entwicklung der oberflächigen Zeit leicht zu begreifen sind: In der Entwicklung der oberflächigen Zeit bleibt die Parallele der Entwicklung während des gesamten Stadiums der Menschheit unverändert. Dieses Stadium ist das Entwicklungsfeld für die Vorbereitung des Wesens, begrenzt durch die Gebote des Punktes "e", der ein Moment im Fluss der originalen Zeit ist. In diesem Zusammenhang ist es ein subjektives Vervollkommnungsstadium. Innerhalb dieses Feldes wird jede Periode der Verkörperung in Form von Sprüngen zueinander addiert. Diese Sprünge überschreiten aber an keinem Punkt die Entwicklungsparallele. Erläutern wir dies anhand der Grafik: Jedes neue Dreieck wird dem alten Dreieck hinzugefügt und fügt einige der

Vorbereitungen, die im Entwicklungsfeld abgeschlossen werden müssen, zum vorherigen Dreieck hinzu. Somit gibt es keine Unterbrechungen in der Entwicklung. Die Perioden werden in aller Ruhe aneinander hinzugefügt.

Also auf der Grundlage der originalen Zeit drückt die Tatsache, dass sich ein Mensch während der gesamten Menschheit mit seinen eigenen Vorbereitungen beschäftigt, indem er sich in seinen eigenen vorbereitenden Kader einschließt, seine subjektive Vervollkommnung aus; und dass die vielen Verkörperungen nur dazu bestimmt sind, das Stadium der Menschheit zu vollenden, erfordert, dass all diese körperlichen Leben als ein einziges Leben betrachtet werden. Mit anderen Worten, alle Verkörperungen einer Entwicklungsperiode in der gesamten Menschheitsphase, sind nichts Anderes als die Zwangsläufigkeiten eines einzelnen Lebens. Und diese Zwangsläufigkeiten sind zur Erfüllung der Gebote des Punktes "e", der ein Moment in der originalen Zeit ist.

Nun werden wir den Verlauf der Vervollkommnung in der umfassen Zeit mit einer anderen Grafik erklären. Das auffälligste Merkmal dabei ist, dass jeder Vervollkommnungsfluss des Wesens immer von dem Fortschritt auf der ursprünglichen Zeit begleitet ist. Wenn es aus seiner eigenen Welt herauskommt, in der er sich zurückgezogen hatte, wird es die Würdigkeit erlangen, sich an die Erfordernisse des Flusses der originalen Zeit anzupassen und innerhalb der Organisationssysteme den Zustand einer objektiven und aktiven Vervollkommnung einzunehmen.

Zuvor hatten wir erläutert, dass sich die Zeit in der sphärischen Zeit in alle Richtungen ausdehnt. Die seit Beginn der Entwicklung der umfassenden Zeit auftretenden Ausdehnungsunterschiede zeichnen nicht nur Fortschritte in der originalen Zeit auf, sondern folgen auch einem raschen und unbegrenzten Entwicklungsfortschritt. Mit anderen Worten, die Entwicklungslinien verlaufen hier nicht parallel, sie entfernen sich ständig voneinander, indem sie sich ausdehnen.

Um dies mit einer Grafik zu erklären, nehmen wir vier Kugeln unterschiedlicher Größe, die ineinander verschachtelt sind (Abbildung-H):

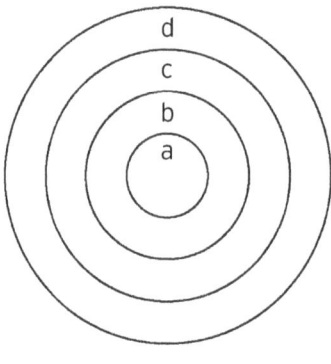

(Abbildung - H)

Wenn diese vier ineinander konzentrisch verschachtelten Kugeln zentriert in der Mitte in zwei Teile geschnitten werden, und der Querschnitt einer dieser Hälften betrachtet wird, sind, wie in der Grafik ersichtlich, vier separate Abschnitte zu sehen, von denen jeder zu einer Kugel gehört. Diese Abschnitte bilden den Zustand "a, b, c, d" von der Mitte zur Peripherie. Jedes von diesen ist eines von den vier Stadien der Größe einer Kugel, also der kleinsten Kugel in der Mitte, die allmählich größer wird. Mit anderen Worten, die "b, c, d" Größen sind aufgrund der Vergrößerung und Ausdehnung der Kugel "a" in der Mitte entstanden. So ist die "a" Kugel immer größer geworden und hat die "d" Größe erreicht. Um nun innerhalb dieser Ausdehnung der Kugel einen Vergleich dieser Abschnitte zu machen, halten wir den kleinsten Abschnitt "a" fest, der in der obigen Grafik der kleinste Abschnitt ist, und entfernen von ihm den größten Abschnitt "d" wie beim Ausziehen eines Kamerabalgs! Daraus entsteht ein Kegel. Die Grundfläche dieses Kegels ist der Querschnitt der größten und äußersten Kugel "d". Am Scheitel, also an der spitzen Seite befindet sich die kleinste Kugel "a". (Abbildung-I) Die "b, c" Schichten dazwischen sind die Querschnitte der ineinander verschachtelten Kugeln unterschiedlicher Größen.

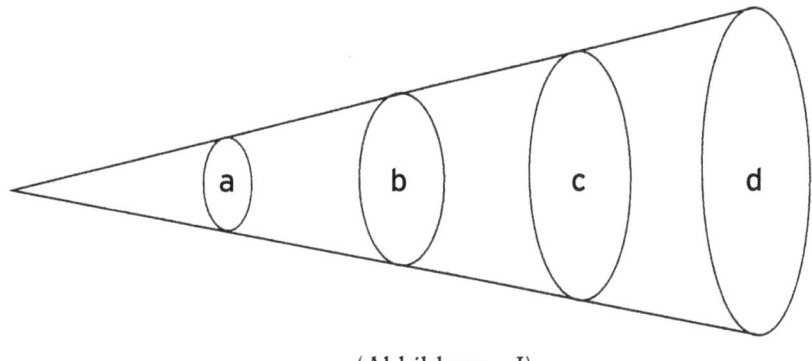

(Abbildung - I)

Hier zeigen die Breitenunterschiede zwischen den Abschnitten "a, b, c, d" im Kegel die zueinander relativen Entwicklungswerte der umfassenden Zeit. Wir haben bereits erläutert, dass jeder Abschnitt hier tatsächlich eine der verschiedenen Breiten einer Kugel darstellt, die sich nach und nach öffnet und ausdehnt. Hier zeigt die Breite eines Abschnitts im Vergleich zum vorherigen Abschnitt die für den Moment spezifische Amplitude der Kugelentwicklung. Somit drückt die folgende Grafik die Entwicklungsbreite jedes Abschnitts aus, welche seiner eigenen Kapazität entspricht. (Abbildung-K). Der Breitenunterschied gibt hier auch die zurückgelegte Strecke auf der originalen Zeit während der Entwicklung an.

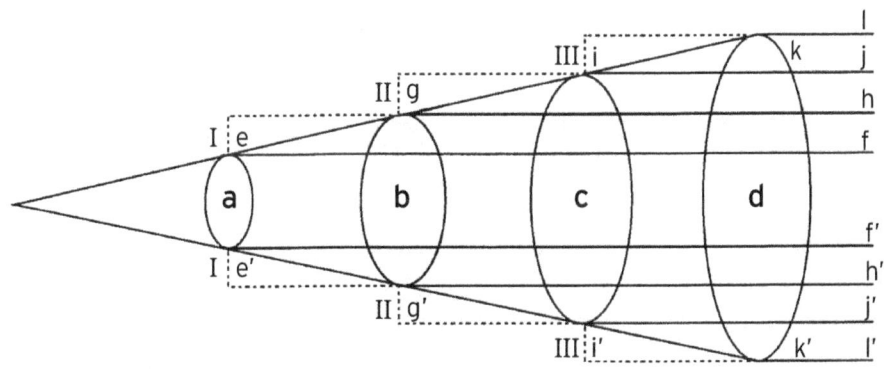

(Abbildung - K)

Zum Beispiel gibt die "e-f" und "e'-f'" Parallele den Entwicklungsgrad für die Kugel "a" an. Die nachfolgende "g-h" und "g'-h'" Parallele gibt den Entwicklungsgrad für die Kugel "b" an. Der Abstand "I" zwischen diesen beiden Parallelen zeigt den Entwicklungsunterschied zwischen den beiden Entwicklungsstadien sowie die zurückgelegte Strecke auf der originalen Zeit. Wie die Entwicklungsfelder "i-j" und "i'-j'" und "k-l" und "k'-l'" entsprechend der Ausdehnung der Kugeln "c" und "d" größer werden und sich ausdehnen, und wie sich zwischen ihnen die Unterschiede "II" und "III" hinsichtlich der Entwicklungs- und Zeitflüsse bilden, sind in der Grafik ebenfalls leicht zu erkennen.

Der hier verwendete Ausdruck "Entwicklungsunterschied" hat folgende Bedeutung: Wir haben bereits erwähnt, dass die Auffassungsgaben seit Anbeginn des Plans der Pflicht anfangen sich an die Gebote anzupassen, und somit wird durch die Anpassung der Auffassungsgaben an die Gebote des originalen Prinzips bezüglich aller Beziehungen zwischen Seele und Universum die Richtung zur Einheit eingeschlagen, und schließlich wird die Unität erreicht. Und aufgrund dessen wird das Vervollkommnungsstadium, die vom Plan der Pflicht ausgehend beginnt, als das "Stadium der aktiven Anpassung" bezeichnet. Und so haben wir nun mit der grafischen Erläuterung der sphärischen Zeit auch diese Wahrheit aufgezeigt. Denn dieser Unterschied, der zwischen den beiden Entwicklungsstadien der Kugeln erscheint und die, als der Fortschritt auf der originalen Zeit bezeichnet wird, ist tatsächlich nichts anderes als die Ausdehnung dieses "Anpassungsfeldes". Jedoch hat diese Entwicklung der Kugel natürlich ein Ende, und das ist das Ende des Universums. Tatsächlich geht die Zunahme dieser Entwicklungen mit der Erweiterung des wahren Anpassungsfeldes im Universum einher. Das Ende der Erweiterung des Anpassungsfeldes ist die Verwirklichung der Einheit der Auffassungsgaben, die wir als die Unität bezeichnen.

Wir möchten daran erinnern, dass es im Verlauf der oberflächigen Zeitrealitäten keine solche Entwicklung gibt, das heißt, es gibt keine Fortschritte auf der originalen Zeit, was das Voranschreiten zur Unität bedeutet. Die kontinuierliche Ausdehnung der Entwicklungslinien wie hier ist bei der Entwicklung der oberflächigen Zeit nicht der Fall. Dort werden nur Vorbereitungen getroffen, um innerhalb eines bestimmten Feldes, alle Gebote eines sich auf der originalen Zeit befindenden Punktes zu erfüllen.

Diese beiden Grafiken, sowohl die der oberflächigen als auch die der sphärischen Zeiten, zeigen, dass es in der sphärischen Zeit, keine Entwicklungsart gibt, die sich mit einem Kontinuum in Form der Verknüpfung von Sprüngen innerhalb eines bestimmten Feldes fortsetzt, wie in der oberflächlichen Zeit. In dieser Zeit gibt es auch keine separaten Perioden, wie in der vorherigen. Im Gegenteil, es gibt neue Entwicklungsfelder, die kontinuierlich erweitert werden. Mit anderen Worten, es gibt hier keine periodischen vorwärts Bewegungen in einem begrenzten Feld, gefangen in einem einzigen Moment der originalen Zeit, sondern Bereiche der Expansion, des Fortschritts und der Entwicklung in der Unendlichkeit, die bis an die Grenzen des Universums reichen. Und dieses Voranschreiten findet schließlich in der Unität sein Ende. Und somit haben wir die Bedeutung der zuvor erwähnten Aussage, dass "die wahre Vervollkommnung mit der Auffassungabe der sphärischen Zeit beginnt", ausführlicher erläutert.

Jetzt ist es an der Zeit, ein sehr wichtiges Thema zu erläutern. In diesem Thema geht es um die Beschaffenheit des Raumes, der die Zeitformen bildet, indem er die auf die Welten bezogenen Positionen der originalen Zeit, welche entsprechend den originalen Geboten im Universum voranschreitet, mit den materiellen Umgebungen in jenen Welten, anpasst und verbindet. Einerseits gibt es "Bewegungen", welche die Zeitform hervorbringen, und andererseits gibt es eine "materielle Umgebung", die mit diesen Bewegungen verbunden werden muss, damit die Auffassungsgabe der Zeit entstehen kann. Wenn jedoch die dritte Bedingung, die wir in den Beziehungen von Zeit und Raum erwähnt haben, nicht gegeben ist, nämlich "die Verbindung dieser Umgebung mit den Bewegungen der Zeit", kann der Raum nicht errichtet werden und die Manifestation der Zeitform ist nicht möglich. Hier spielt also ein wichtiger Faktor eine fundamentale Rolle im Mechanismus des Universums. Der Faktor, der die vorhandene Materieumgebung mit den Bewegungen der Zeitform verbindet, um hier den spezifischen Raum einer Welt zu bilden und die Zeitform zu bestimmen, ist das hohe "Prinzip des Schicksals", welches jenseits des Universums dem originalen Prinzip unterworfen ist; und dessen Gebote, die im Universum als "Mechanismus des Schicksals" erscheinen, strömen durch die Unität zusammen mit den originalen Geboten und der originalen Zeit in das Universum hinein und verbreiten sich. Kurz gesagt, der "Raum" ist das Erscheinen von "Schicksal" in den Welten und im Universum. Mit anderen Worten, der Raum in einer Welt, der durch die Verbindung der materiellen Umgebung mit den Bewegungen der Zeit entsteht, ist die Manifestation des Schicksals in dieser Welt.

Das Schicksal ist also der Fluss des Schicksalsprinzips im Universum, der die Zeit der jeweiligen Welten mit den Materieumfeldern verbindet und auf diese Weise für diese Welt die spezifischen Formen von Zeit und Raum hervorbringt; und der durch die Verwendung der Zeit unter den Richtlinien der originalen Gebote arbeitet und von ihnen abhängt. Das Schicksal manifestiert sich in den Welten entsprechend den Möglichkeiten dieser Welten. Zum Beispiel ist der "Raum der oberflächigen Zeit" in der Wasserstoffwelt die Manifestation des Schicksals, die für diese Welt spezifisch ist.

Das Schicksal, das sich aus der Unität ausbreitet und die originalen Gebote in das gesamte Universum überträgt, erzeugt also, indem es die Zeit verwendet, die ebenfalls von den originalen

Geboten abhängt, alle Formationen, Deformationen und Transformationen der Welten. Wir haben jetzt festgestellt, dass alle Formationen, Transformationen und Deformationen, die die Wesen gemäß ihren Bedürfnissen in den Materien als automatisch, halbbewusst und bewusst erzeugen, nur entsprechend den Richtlinien, die aus der Unität eingeströmt werden, und durch die Hilfe, Einflussnahme und Kontrolle der Wesen, die in den Kadern des originalen Prinzips und den Prinzipien des Schicksals und der Zeit verpflichtet sind, gebildet werden können.

Dieses Wissen vermittelt den Menschen die Intuition über die wahre Rolle des Schicksals und der Zeit im Universum. Wenn es kein Schicksal und keine Zeit gäbe, die von der Unität kommen, würde die technische Aktivität der unendlichen Transformationen und Formationen der Situationen der Universumselemente ihren Fokus verlieren, deren Auftreten angesichts jedes Verhaltens und jeder Würdigkeit der Seelen entsprechend den Geboten des originalen Prinzips erforderlich ist. Der Faktor, der durch die Gebote hinsichtlich der Vervollkommnung der Seelen, die vom originalen Prinzip bestimmt werden, den Würdigkeitsgrad der Seelen hinsichtlich dieser Gebote beurteilt und bewertet, ist das Schicksal. Mit anderen Worten, das technische Element der originalen Gebote im Universum ist das Schicksal. Das Schicksal erledigt diese Funktion mit Hilfe der Komponente Zeit und verwendet sie als Maßstab. Wir möchten diesen Mechanismus anhand eines groben Beispiels erklären und verdeutlichen:

Es gibt eine Schule. Diese Schule hat bestimmte Klassen. Es gibt auch einen hohen Dienstposten, der die Besetzung der Klassen in dieser Schule festlegt und die Zuordnung der Schüler in bestimmte Klassen entsprechend bestimmten Würdigkeiten beurteilt. Wenn nun ein Schüler von der ersten Klasse dieser Schule beginnt und ohne geprüft zu werden alle Klassen automatisch überspringt und die Schule verlässt, wird er diese Schule nicht beendet haben. Aus diesem Grund muss der Schüler, jedes Jahr und sogar einige Male im Jahr, erneut von Beamten, die durch den Dienstposten autorisiert wurden, untersucht und beurteilt werden, eine sogenannte Prüfung ablegen und sich einer sehr strengen und sorgfältigen Überprüfung unterziehen; zusammenfassend ist es notwendig, zu überprüfen, ob er die Würdigkeit für das Soll der Schule erlang hat, das für diesen Moment vorgesehen war. Wenn das Kind aufgrund dieser Prüfung nachweisen kann, dass es die Lektionen seiner Klasse gelernt und somit das Recht hat, die Kurse zu absolvieren, hat es die Prüfung bestanden und die Würdigkeit erlangt in die obere Klasse versetzt zu werden und die Schule zu beenden. Andernfalls verbleibt es in der Klasse, die seiner Würdigkeit und seinem Wissensgrad am besten entspricht, und unterliegt einer entsprechenden Aus- und Weiterbildung. Mit anderen Worten gibt es in dieser Schule keine Klausel, die vorschreibt, wie lange die Schüler in dieser oder jener Klasse bleiben müssen, um nach dieser Zeitspanne die Klasse automatisch zu überspringen und die Schule zu beenden. Genauso ist das Leben. Das originale Prinzip, das wir als den höchsten und zuständigen Dienstposten bezeichnen, hat das Programm der Schule Erde organisiert. Hiervon kann auch nicht um Haaresbreite abgewichen werden. In Übereinstimmung mit diesem Programm jedoch müssen die Schüler, also die Menschen, arbeiten und sich bemühen, um in die dortigen Klassen befördert zu werden, und müssen in der Lage sein, sich für die Klassen und Grade, welche ihnen an der Schule Erde proportional zu ihren Bemühungen zugeteilt werden, als würdig zu erweisen und dies auch zu beweisen. Damit werden die Menschen in die Klassen befördert, denen sie würdig sind; diejenigen hingegen, die aufgrund von Faulheit und Unfähigkeit die Würdigkeit ihrer Position nicht beweisen können, werden dementsprechenden Verfahren, also ihrem Würdigkeitsgrad entsprechenden Verfahren unterzogen. Dies erfordert zwei Bedingungen: Die eine ist die Freiheit der Tatkraft und Bemühungen, die erforderlich ist, damit die Menschen ihre Würdigkeit unter Beweis stellen können; und die andere ist das Vorhandensein eines Faktors, der diese Würdigkeit bewertet, deren Eignungsgrad mit den originalen Geboten ermisst und je nachdem angesichts dieser Gebote für dieses Wesen die am besten geeigneten und würdigsten Zustände und Konditionen der Materie vorbereitet und organisiert.

Dieser technische Faktor, der die Ausführung der originalen Gebote ordnungsgemäß gewährleistet und die Grade und Maße der Übereinstimmung zwischen den Wesen und den originalen Geboten bewertet und bestimmt, ist der Mechanismus des Schicksals im Universum.

Das Schicksalsprinzip, das sich über dem Universum befindet und vom originalen Prinzip abhängt und sich im Universum als der Mechanismus des Schicksals manifestiert, erzeugt also innerhalb der Welten entsprechend den Möglichkeiten dieser Welten Schicksalserscheinungen, und deren Erscheinung in den Welten sind die unendlichen Zustände und Konditionen des Raumes. Der Mechanismus des Schicksals im Universum ist somit die Manifestation des hohen Schicksalsprinzips, das den Grad und das Maß der Würdigkeit der Wesen angesichts der originalen Gebote bewertet und bestimmt und die materiellen Möglichkeiten der Wesen im Fluss des Universums entsprechend dieser Würdigkeit organisiert. Natürlich ist es mit der Auffassung und den Ansichten unserer Welt nicht möglich zu bestimmen und zu beschreiben, wie das Schicksal, das in unserer Welt in bestimmten Raumformen auftritt, sich in anderen Welten manifestiert. Allerdings möchten wir zum Ausdruck bringen, dass sich, wenn diese Manifestationen von den Plänen der Pflicht zur Unität aufsteigen, ihre in unserer Welt gültige Funktion, natürlich proportional zu ihrem Umfang, ändert. Was die Unität betrifft, drückt sie einen Zustand der Einheit aus, der mit allen Geboten, Auffassungsgaben, Möglichkeiten und Kondition vereinigt ist.

*
* *

Hier gibt es einen Punkt, der erklärt werden muss: Der Mechanismus des Schicksals geht, während er seine Funktion im Universum ausübt, mit dem Prinzip der Zeit einher, das dem originalen Prinzip unterliegt. Der Kondition des Zeitprinzips im Universum ist die "originale Zeit". Und während die originale Zeit verschiedene Welten durchläuft, hat sie Manifestationen entsprechend diesen Welten. Wir haben kurz zuvor eine davon als die Auffassungsgabe der oberflächigen Zeit erklärt, die spezifisch für die Erde ist, und die andere als die umfassende Zeit, die für die überirdischen Welten spezifisch ist. So kann der Schicksalsmechanismus seine Funktion in der Welt nur zusammen mit der originalen Zeit erfüllen. Mit anderen Worten, der Mechanismus des Schicksals nutzt die Zeit als Maß für die Auswertung und technische Formulierung des originalen Prinzips.

Der Zeitmechanismus ist sowohl notwendig als auch obligatorisch. Er ist notwendig; denn bei der Verwirklichung dessen, was das originale Prinzip als Grenze und Essenz bestimmt hat, ist das Kriterium und Maß des Schicksalsprinzips die Zeit. Wenn es keine Zeit gibt, bleibt das Schicksalsprinzip ohne Maßstab und kann seine technische Funktion nicht erfüllen.

Er ist obligatorisch; denn wenn es die auswertende Eigenschaft des Mechanismus der Zeit nicht gibt, gibt es keine Harmonie im Mechanismus des Schicksals, und folglich keine Verbindung zwischen dem originalen Prinzip und den Plänen der Pflicht und Vervollkommnung und keine Übereinkunft zwischen diesen Prinzipien und der Formations- und Flussordnung der Pläne und Welten; und schließlich wird die Bestimmung und Bewertung der Wertdifferenzierungen unmöglich; und somit bleibt die Quantität und anschließend die Qualität ohne Ordnung; und in diesem Fall verlieren alle Ausführungen ihren Fokus.

*
* *

Wir hatten die Manifestation des originalen Zeitflusses auf der Erde als die oberflächige Zeit genannt. Auf der anderen Seite haben wir gesagt, dass auf der Erde die Manifestation des Schicksals, das durch das gesamte Universum fließt und für jede Welt spezifische Erscheinungen aufweist, die Raumformen sind. Also der Raum, der auf der Erde von der Zeit nicht getrennt ist und der durch die Zeit sein Maß an Wert und Anpassung findet, ist die Konsequenz der Funktion des Schicksalsprinzips auf der Erde. Mit diesen Informationen haben wir die Manifestation des Schicksals in Form des Raumes erklärt, der auf der Erde zusammen mit dem Zeitmechanismus in Erscheinung tritt. Und wir haben klar hervorgehoben, dass alle Realitäten, die mit der Zeit und dem Raum existieren, die Notwendigkeiten einiger Gebote bezüglich der Grade sind, welche die Menschen durch ihre Tatkraft und Bemühungen auf der Grundlage der Freiheit erlangen oder denen sie sich als würdig erweisen können; diese Notwendigkeiten der Gebote, werden ebenfalls an der Zeit und dem Raum gemessen, mit anderen Worten, sie werden von den Wesen, die in den Zeit- und Raumkadern verpflichtet sind, bewertet.

Denn es ist eine Tatsache, dass die Ausführungen der originalen Gebote und alle mit diesen Geboten verbundenen Mechanismen im Universum obligatorische Verpflichtungen sind, die von den Verpflichteten der Organisationen, die in den "Kadern der originalen Gebote, der originalen Zeit und des Schicksalsmechanismus" tätig sind, erfüllt werden müssen. Und die Einwirkungen der Schicksals- und Zeitmechanismen, die von der Unität einströmen und sich mit den originalen Einwirkungen im Universum ausbreiten, finden ihre Ausführungsgrundlage durch die universellen Aktivitäten der großen Pläne der Pflicht, welche in den Kadern, die diese Mechanismen ausführen, verpflichtet sind. Und alle Elemente dieser Kader sind mächtige Wesen, die am richtigen Platz angesiedelt und sich ihrer Pflichten voll und ganz bewusst sind.

*
* *

Nach diesen Informationen über Zeit und Raum wird klar, was es bedeutet, wenn auf der Erde in irgendeiner Angelegenheit gesagt wird, "das ist die Vorsehung dieses Menschen", das bedeutet nämlich, dass "für diesen Menschen in dieser Angelegenheit die von bestimmten Zeiten anhängenden Zusammenkünfte und Verbindungen aller Kombinationen der Materie, die die Ereignisse hervorrufen, an denen er beteiligt ist, sich zu diesem Zeitpunkt auf diese Weise manifestieren"; und diejenigen, die die Definition des Raumes gut verstanden haben, begreifen, dass dies bedeutet, dass auch "die entsprechenden Räume um diesen Menschen herum geschaffen wurden".

Ebenso bedeutet der Ausdruck "das Schicksal hat ihm nicht geholfen", dass in einer ihn betreffender Angelegenheit die Materiekombinationen, die erwartet wurden, auf unterschiedliche Weise und nicht wie erwartet aufgetreten sind; und dies würde wiederum bedeuten, dass der Raum um diese Angelegenheit mit anderen Materieformen und Positionen aufgebaut worden ist als die erwünschten. Kurz gesagt, jeder Zustand und jede Form der Materie, jede Position der Ereignisse, die den Raum ausdrücken, ist eine Manifestation des Schicksals. Die Umgebung, die für die Bewegung eines Menschen, der seine Hand bewegt, eine Grundlage bietet, ist ein Raum und die Manifestation des Schicksals. Für einen gehenden Menschen ist der Boden, auf den er tritt, ein Raum und für einen Menschen, der den Himmel mit seinen Sternen, Wolken, Farben, in seiner gesamten Erscheinung und Position betrachtet, ist der Himmel ein Raum und die Manifestation des Schicksals. Für einen Menschen, der seine Aufmerksamkeit auf irgendeinen Punkt seines Körpers richtet, ist dieser Punkt ein Raum und die Manifestation des Schicksals. Für einen Menschen, der denkt, ist seine Vorstellungskraft ein Raum; die Auffassungsgabe, die Beziehungen zwischen den Ereignissen herstellt, ist ein Raum und die Manifestation des Schicksals. Zusammenfassend ist alles, was im Universum erscheint, jedes Wesen, der Mensch selbst, ein Raum, und all diese sind in ihren eigenen Welten, eine Manifestation des Schicksals. Denn die Formungen von all diesen, die verschiedene Art und Weisen, mit denen sie sich untereinander verbinden, die Analysen und Synthesen, denen sie in Form von unzähligen Kombinationen unterworfen sind, mit anderen Worten, die Entstehung aller Ereignisse und Materiezustände sind die verschiedenen Varianten des Raumes; und diese vollziehen sich innerhalb der Funktion des Schicksalsmechanismus.

Aufgrund ihrer Freiheit befinden sich die Wesen ständig in Prüfungen. Ihr Verhalten angesichts dieser Prüfungen, ihre positiven oder negativen Reaktionen, zusammenfassend, ihre Erfolge und Misserfolge führen zu Materiekombinationen, die vom Schicksal bewertet und errichtet werden, also zu der Entstehung der unendlichen Zustände und Konditionen der Räume; und die Wesen leben entsprechend ihrem Würdigkeitsgrad in verschiedenen Situationen dieser Ereignisse. Also alle Ereignisse und alle Materiekombinationen, die die Ereignisse hervorbringen, sind jeweils Räume, welche die Erscheinungsformen des Schicksalsmechanismus sind. Zusammenfassend lässt sich sagen; die Wesen, deren Grad anhand ihrer Taten und Handlungen bewertet wird, werden, nachdem sie Auswertungsprozessen unterzogen wurden, organisiert und an Formen gebunden, um sie an die Konditionen der originalen Gebote anzupassen; was bedeutet, dass der Schicksalsmechanismus unter der Verwendung der originalen Zeit entsprechend den originalen Geboten verschiedene "Materie- und Ereignisformen und Anordnungen" hervorbringt.

Nach diesen Informationen ist es nicht richtig, mit Sicherheit und konkreten Angaben über die Zukunft der Menschen auf der Erde zu sprechen, die noch nicht in den Plan der Pflicht eingetreten sind, und deren Konditionen bis hin zur kleinsten Bewegung Gegenstand von Prüfungen sind. Denn nach der Art und Weise, wie sie ihre Freiheit nutzen, bestimmen die Menschen selbst ihre Umgebung und ihre Räume, also kurz, das Voranschreiten ihres "Schicksals". Aussagen über die Zukunft können unter bestimmten Bedingungen nur in den Plänen der Pflicht gemacht werden, in denen die Wahrheiten sich realisieren. Endgültige Urteile über die Zukunft auf der Erde zu fällen würde die Ablehnung der Freiheitsautorität aller Menschen bedeuten. Sogar eine kleine Ameise, die von einem Punkt aus freigelassen wird, damit sie zu einem anderen Punkt gehen kann, wird entweder mit einer gleichmäßigen Geschwindigkeit in einer bestimmten Zeit diesen Punkt erreichen, oder sie wird trödeln, vielleicht links oder rechts abbiegen und so den Weg verlängern, oder sie wird, wenn sie möchte, ganz umkehren und ihren Weg komplett ändern. All dies bestimmt die Form ihrer Ergebnisse, also ihre Schicksale. Diese oben gegebenen Informationen reichen aus, um zu erklären, dass die Kräfte der originalen Gebote –von denen wir annehmen, dass sie mit dem Symbol des Projektorlichts in das Universum einfallen–, die die Seelen und die Materien umfassen und zu denen auch der Schicksals-mechanismus und die originale Zeit zählen, bei der Realisierung der originalen Gebote eine sehr wichtige Rolle spielen.

Nun werden wir einige Informationen über das Voranschreiten nach dem Eintritt in das Stadium der Pflicht geben.

Der Plan der Pflicht ist eine Etappe, in der die Vervollkommnung mit einer "klaren Wahrnehmung" fortgesetzt werden kann. Die bis zum Plan der Pflicht automatisch und halbbewusst laufenden Entwicklungen, betreten ab hier ein "ganz bewusstes" Stadium. Die klare Bedeutung davon ist folgende: Die Auffassungsgaben der Wesen haben begonnen, sich an die Strahlenbündel des Lichtkegels aus eigener Kraft anzupassen, welche sie, wie zuvor erwähnt, in diesem Plan hinaufklettern. Aus diesem Grund bezeichnen wir das Stadium der Pflicht auch als das Stadium, in dem die "aktiven Anpassungen" beginnen.

Während dieses Stadiums werden sich auch die Anpassungsfelder der Auffassungsgaben zu den Geboten erweitern, mit anderen Worten, je mehr die Auffassungsgaben sich vervollkommnen, werden sie innerhalb dem Fluss der originalen Zeit sich an die himmlischen Gebote der Seelen- und Universumsbeziehungen in größerem Umfang anpassen. Anders ausgedrückt vereinigen sich alle Auffassungsgaben mit diesen Geboten und folglich miteinander; und dies nennen wir den Zustand der Vereinigung, also der Einheit. Die Vereinigung in diesen frühen Phasen des Plans der Pflicht ist jedoch noch lange nicht "ganz" abgeschlossen, aber ihre Verwirklichung hat begonnen. Da wir zum Beispiel die unendlichen Gebote des originalen Prinzips bezüglich der Beziehungen zwischen den Bedürfnissen der Seelen und den Möglichkeiten der Substanz des Universums als unendlichen Wert akzeptieren, wie zum Beispiel die Anzahl "n", so haben in diesen frühen Phasen der Pflicht sich die Auffassungsgaben der Wesen, die sich in dieser Phase befinden, nur im geringen Maße an diesen Wert anpassen können. Und an welche Gebote die Auffassungsgabe sich anpasst, also mit welchen Geboten sie eine Vereinigung eingeht, dort wird sie zur Wahrheit. Und dieses Wesen bildet einen Teil der dortigen Harmonie. Und dies bedeutet, sich der Harmonie anzuschließen, "von der Harmonie zu sein". Diese Information erklärt auch die Bedeutung der Aussage, dass der Plan der Pflicht ein Plan der Verwirklichung, der Realisierung ist. Mit dem Beginn dieses Plans sind die Auffassungsgaben auf dem Weg, die Wahrheiten des Universums mit immer größerer Macht zu durchdringen. Mit anderen Worten, sie erweitern allmählich ihren Umfang innerhalb der Harmonie dieser Wahrheiten.

Wiederum erklärt diese Information noch eine andere große Wahrheit: Verschiedene Wesen, die mit den gleichen Geboten eine vollständige Übereinstimmung erreicht haben, haben an diesem Punkt auch einen Zustand der Vereinigung miteinander erreicht. Daher gibt es auf verschiedenen Ebenen des Plans der Pflicht verschiedene Gruppen der Pflicht, die in bestimmten

Geboten sich vereinigt und den Zustand der Vereinigung erreicht haben. Unter ihnen gibt es keine Realitätsunterschiede wie auf der Erde. Denn tatsächlich befinden sie sich in einem Zustand der Übereinstimmung mit den Wahrheiten. Dort gibt es keine "Realitäten", sondern "Wahrheiten".

Dennoch wiederholen wir, dass diese Übereinstimmung nicht auf einmal den gesamten Plan der Pflicht abdeckt. Die "vollständige und ganze" Übereinstimmung ist nur in der Unität möglich; und diese ist im Hinblick auf die frühen Phasen des Plans der Pflicht noch nahezu unendlich weit entfernt.

In der Unität gibt es keine Realität mehr. Die originalen Gebote, die der Fluss der originalen Prinzipien im Universum sind, der Schicksalsmechanismus und die originale Zeit, die die Flüsse der Prinzipien des Schicksals und der Zeit im Universum sind, vereinigen sich mit den dortigen Auffassungsgaben und bringen zusammen die Einheit hervor. Sie ist die Wahrheit selbst. Sie ist die letzte Grenze des Universums und der Ausdruck der Verwirklichung der Vervollkommnung. Die gesamte Verwaltung des Universums ist nur durch die von hier aus einströmenden und sich ausbreitenden Einwirkungen möglich.

Von den ersten Phasen des Plans der Pflicht an wird auch das Durchschreiten der Pfade, die sich bis zur Unität erstrecken und endlos erscheinen, durch sehr komplizierte Mechanismen gewährleistet. Um dies besser erklären zu können, kehren wir zu dem Moment zurück, in dem sich die Lichtgrundfläche im Projektorsymbol in den ersten Phasen des Plans der Pflicht befindet! Die Wesen haben begonnen, nach oben zur Spitze des Lichtkegels hinaufzuklettern. Wir haben erwähnt, dass hier die Auffassungsgaben sich mit bestimmten Geboten vereinen und an diesen Vereinigungspunkten zu einem einzigen Wesen werden. Ein solcher Zustand ist in einer Welt unterhalb des Plans der Pflicht, beispielsweise auf der Erde, nicht vorhanden. Da es für die Menschen nicht möglich ist, irgendeine Wahrheit in ihrer vollen Bedeutung zu erreichen, lebt die Menschheit nur in den Relativitäten der Wahrheit, also in den Realitäten. Aus diesem Grund gibt es auf der Erde genauso viele Realitäten wie Auffassungsgaben. Denn auf der Erde gibt es nicht die Wahrheit selbst, sondern die verschiedenen und relativen Erscheinungen der Wahrheit, die sich je nach den verschiedenen Kapazitäten der Auffassungsgaben unterscheiden. Alles, was nach seiner eigenen Kapazität ausgewertet werden kann, jede Auffassungsgabe, wird natürlich unterschiedlich sein. Aus diesem Grund ist an keinem Punkt auf der Erde eine vollständige Übereinstimmung und Vereinigung der Auffassungsgaben möglich. Dies beginnt erst ab dem Plan der Pflicht.

Diese Vereinigungen, die im Plan der Pflicht beginnen, erlegen den Wesen eine Reihe von Aufgaben und Pflichten auf und weisen ihnen je nach dem Umfang ihrer Anpassungsfelder bestimmte Verpflichtungen zu. Entsprechend dem Würdigkeitsgrad, den sie während der Erfüllung dieser Verpflichtungen erlangen werden, werden sie ihre Anpassungsfelder weiter ausdehnen und im Rahmen der breiten Möglichkeiten der umfassenden Zeit und des umfassenden Raums auf die oberen Grade des Plans der Pflicht aufsteigen, die zur Unität nach oben führen. Diese Verpflichtungen der Wesen sind jedoch keine Dinge, die gegeben oder erhalten werden können, wie es in den unteren Plänen in den Sinn kommen könnten. Denn die Übereinstimmung mit der Wahrheit bedeutet im Grunde genommen die Vereinigung mit ihr; und die wahre Bedeutung dessen, was wir als Verpflichtung bezeichnen, ergibt sich aus dieser Vereinigung. Wenn also die Wesen in den Ebenen der Pflicht aufsteigen, nehmen auch ihre Pflichten automatisch unter dem Mechanismus der Vorsehung zu. Im Plan der Pflicht werden den Wesen die Verpflichtungen nicht auferlegt; solange sie die Würdigkeiten ihrer Verpflichtungen angesichts des Mechanismus der Vorsehung steigern. Als solche sind auch die dortigen Wesen nicht vollständig frei von Prüfungen.

*
\* \*

Nun möchten wir erläutern, wie diese Verpflichtungswürdigkeiten entstehen: Wir haben gesagt, dass die Wesen im Materieuniversum unter den Geboten des Schicksalsmechanismus den ersten Schritt zu ihrer Vereinigung der Auffassungsgaben im Plan der Pflicht beginnen; und dies haben wir bezeichnet, als "das Gelangen der Auffassungsgaben zu den Geboten und Wahrheiten, ihre Realisierung". Die Notwendigkeit, die zur Pflicht Verpflichtung des Wesens führt, ergibt sich aus dieser "Realisierung". Diese Realisierungen werden durch den Mechanismus der umfassenden Zeit ausgeführt. Die Verpflichteten unterliegen ohnehin den Bedingungen der umfassenden Zeit und des umfassenden Raumes.

Da die Realisierung, die wir mit dem Projektorsymbol zum Ausdruck gebracht haben, die Anpassung der Auffassungsgaben an die originalen Gebote bedeutet, beginnen die ersten Realisierungen in den ersten Ebenen des Plans der Pflicht, steigen allmählich auf und erreichen ihren höchsten Umfang in der Unität. Demnach bedeutet das Hinaufklettern der Wesen an dem Strahlenbündel des Lichts des originalen Prinzips, das auf das Universum hinabsteigt, die Anpassung ihrer Auffassungsgaben an alle Gebote, die im Umfang dieser Strahlenbündel existieren, und dass sie in ihre Harmonie eindringen und sich immer mehr in diese Harmonie integrieren. Wenn dieses Aufsteigen an den Grenzen der Möglichkeiten des Universums ankommt, die wir als die Unität bezeichnen, dann hat die Auffassungsgabe dieses Wesens sich an alle in diesem Lichtbündel enthaltenen Gebote angepasst, ist "vollständig" von dieser Harmonie geworden und folglich eine Position eingenommen, in dem sie die Teile und die Gesamtheit des Universums beherrscht. Das heißt, sie wird in diese große Vereinigung integriert, als wäre sie das Universum selbst geworden. Demzufolge werden die Wesen ab der ersten Stufe des Plans der Pflicht, also während sie allmählich auf dem Licht des originalen Prinzips aufsteigen, im Grade ihrer

Anpassung, den sie bis zu ihrem Standpunkt, in dem sie sich befinden, erreicht haben, eine dominierende Position über die Teile des Universums einnehmen, und diese Dominanz wird innerhalb der Unität sich vervollständigen.

Was die Entstehung dieser Verpflichtungen betrifft: Die "realisierten Auffassungsgaben" sind mit dieser Realisierung bereits in die Ausführungen der Wahrheiten eingetreten. Und jede dieser Ausführungen ist eine Verpflichtung. Somit führt die Ausführung bestimmter Wahrheiten notwendigerweise zur Zusammenarbeit bestimmter Auffassungsgaben. Ab diesem Zeitpunkt sind eine Reihe von Kadern und Organisationssystemen erforderlich. Deshalb müssen wir hier über Kadern sprechen. Es ist eine Tatsache, dass es im Universum keine Position gibt, die ohne das Bedürfnis, die Notwendigkeit der Vervollkommnung und des Schicksalsmechanismus möglich wäre. So etwas wie Willkür gibt es nicht. Dieses Prinzip gilt für alle Gruppen, alle Verbindungen, alle Kader und ist unveränderlich. Daher sind die Kader, die zwangsläufigen Konsequenzen der Organisationssysteme, die an die hohen Gebote, die im Universum die Ausführung alles "Werdens und Fließens" bewirken, gebunden sind und im universellen Mechanismus verpflichtet werden müssen. Jedes Organisationssystem wird gemäß dem Kader errichtet und umgesetzt, in welchem es arbeiten soll. In diesem Fall sollte die Errichtung der Kader im Einklang mit den Grundprinzipien, den Hauptmechanismen, erfolgen. Zum Beispiel wird das Funktionieren des zuvor erwähnten Schicksalsmechanismus durch die Aktivitäten der in bestimmten Kadern eingerichteten Organisationssysteme geregelt.

Entsprechend den Geboten, die von der Unität eingeströmt werden, gibt es im Universum drei Hauptkader.

1- Die Kader, Pläne und Techniken der Wesen, die im Kader des originalen Prinzips verpflichtet sind.

2- Die Kader und Techniken der Wesen, die zum Kader der Schicksalsmechanismen gehören.

3- Die Pläne und Techniken der Wesen, die zum Kader der originalen Zeit gehören. Und die Umstände, die für all diese die spezifischen Realitäten gewährleisten können.

Verbunden mit diesen drei Hauptkader gibt es unzählige Organisationen, die die Gebote für die Vervollkommnung der Seelen im Universum bis ins kleinste Detail ausführen, und große Organisationssysteme, die mit hierarchischen Anordnungen aus den Verbindungen dieser Organisationen hervorgehen. Sie alle setzen sich zusammen aus Wesen, die von den ersten Phasen des Plans der Pflicht an bis zur Unität bei der Verwirklichung der unzähligen Aufgaben im Universum verpflichtet wurden oder sich verpflichtet haben; und diese verpflichteten Wesen erfüllen ihre Pflichten innerhalb ihrer Organisationen gemäß den aus der Unität kommenden Prinzipien und Anweisungen der drei oben aufgeführten allgemeinen und koordinierten Kader der Pflicht ohne auch nur eine Haaresbreite davon abzuweichen. Diese Pflichten sind zahllose Aufgaben verschiedener Welten. Beispielsweise gibt es Pflichten, die von unzähligen und miteinander verbundenen Organisationen durchgeführt werden, wie etwa die für die Erde spezifischen Stationen der Zeit, Stationen zur Verwaltung der Aktivitäten von groben Bewegungen, Stationen zur Verwaltung von Vervollkommnungsplänen Einzelner und Kleingruppen und schließlich immer größer werdende Stationen mit wachsendem Umfang zur Leitung und Verwaltung allgemeiner Vervollkommnungssprünge, Pläne und Materietransformationen der Massen mit breiteren Ausmaßen. Zu den Pflichten einer großen Organisation aus dem hohen Plan der Pflicht, die an den großen Transformationsaktivitäten der heutigen Erde verpflichtet ist, zählen auch die Aktivitäten zur Erstellung dieses Buches, die unter anderem eine ihrer

Tätigkeiten bezüglich der Welttransformation ist. Auf diese Weise nehmen die Wesen in den immer umfassender werdenden Tätigkeiten des Universums innerhalb eines Systems von Organisationen, eines Prinzips der Koordination und Zusammenarbeit und einer hierarchischen Reihenfolge, Positionen ein, die proportional zur Pflicht der Würdigkeit der Pflicht angemessen sind. Dieses Voranschreiten setzt sich also in einer Ordnung, Vorrichtung und Harmonie fort bis zur Unität, wo sich die "Vervollkommnung" realisiert, die durch ihren Ausdruck in unserem Universum intuitiv wahrgenommen wird.

Wir haben erläutert, dass die Organisationssysteme ab dem Plan der Pflicht errichtet werden. Auch haben wir gesagt, dass die erste Organisation in den ersten Phasen des Plans der Pflicht beginnt. Nun ist es erforderlich, die notwendigen Informationen über die erstmalige Gründung der Organisationen zu geben.

Zuvor wurde erwähnt, dass die Menschen, die die Erde beendet haben, nicht direkt in den Plan der Pflicht übergehen können, sondern erst für eine Weile in einer halbsubtilen Zwischenwelt bleiben werden. Denn bevor die Menschen in den Plan der Pflicht übergehen können, müssen sie einige Aspekte ihres Lebens ordnen, die sie auf der Erde zum Beispiel nach den Anforderungen der heutigen Bedingungen der Erde nicht vervollständigt haben, und dies ist nur möglich, wenn sie eine Zeit lang in dieser halbsubtilen Zwischenwelt leben.

Was die halbsubtile Welt betrifft, dort enden alle irdischen Bedingungen und Realitäten, jedoch beginnen neue Konditionen, die auf die Pflicht vorbereiten und die fehlenden Seiten des Menschen ergänzen. Diese fehlende Seite des Menschen ist die wahre Seite der Liebe, die dort entstehen wird, die die Menschen auf der Erde intuitiv wahrgenommen haben aber nicht erkennen konnten. Er ist ein Plan der Liebe.

In diesem Plan hat das Pflichtbewusstsein des Plans der Pflicht noch nicht begonnen, aber innerhalb der Ausführungen und

Pflichten der dortigen Liebe, deren Qualitäten die Menschen nicht kennen, gibt es Elemente, durch die sich die Würdigkeiten für das Pflichtbewusstsein nach und nach bilden. Natürlich unterliegen diese Vorbereitungen dort der Technik der umfassenden Zeit, die über der Auffassungsgabe der einfachen Zeit liegt.

Nachdem die in die halbsubtile Welt übergegangenen Wesen einige Zeit dort verbracht und ihre Ausübungen ausreichend ausgeführt haben, beginnen sie allmählich, in Dreier- und Fünfergruppen die ersten Ausübungen, welche die Gebote des Plans der Pflicht betreffen, durchzuführen. Der einzige Punkt, den die Menschen auf der Erde über die Verbindungen in diesen Gruppierungen intuitiv erfassen können, ist das Konzept, dass die Liebe verschiedene Varianten haben wird, die sich in Richtung der Pflicht verlagern. Aber die Menschen auf der Erde können weder diese Liebe noch ihre Varianten in ihren wahren Bedeutungen begreifen.

Die Wesen, die in ihren kleinen Gruppen die letzten Vorbereitungsausführungen für den Eintritt in den Plan der Pflicht durchführen, werden in aller Stille, unmerklich und mit einem sehr sanften Fluss in die ersten Phasen des Plans der Pflicht überführt, und werden sofort den Pflichten der ersten Phasen des Plans der Pflicht zugewiesen. Sie werden dort nun zu verpflichteten Wesen des Plans der Pflicht, und durch den Anpassungsmechanismus, den wir oben ausführlich erläutert haben, behalten sie ihre kleine Gruppe bei und fungieren als ein einziges Individuum. Da es dort keine Übergänge gibt wie auf der Erde, in denen man stirbt und wiedergeboren wird, vollzieht sich dieser Übergang, wie wir schon sagten, bei Wachzustand und mit sehr sanften Eindrücken. In der halbsubtilen Welt gibt es keinen "Tod". Denn die Feinheit der dortigen Materien erfordert keine solchen intensiven Transformationen. Dennoch sind diese Konditionen nur in der groben Materiewelt gültige Notwendigkeiten, die zu unserer Erde gehören.

*
* *

Im Plan der Pflicht kommt eine Einzigartigkeit, also eine Aktivität als einzelnes Individuum nicht in Frage. Dort arbeiten nur die Gruppen. Aber jede Gruppe wird als ein einzelnes Individuum betrachtet. Das heißt, jedes Individuum in einer Gruppe ist die Gruppe selbst und die Gruppe ist ein einzelnes Individuum. Daher bedeutet es, wenn im Plan der Pflicht einem verpflichteten Wesen beispielsweise irgendeine Aufgabe zugewiesen wird, dass diese Aufgabe der gesamten Gruppe, dem es angehört, zugewiesen ist. Dies liegt daran, dass alle Auffassungsgaben in dieser Gruppe sich als eine einzige Auffassungsgabe auf diese Pflicht konzentrieren. Deshalb gibt es hier keine getrennten Identitäten. Dies ist eine der Eigenschaften der Kollektivität des Plans der Pflicht, die auf der Erde unbekannt und nicht auszuführen ist. In seltenen Fällen übernimmt beispielsweise ein mit großer Pflicht geborenes einzelnes verkörpertes verpflichtetes Wesen die Pflicht, eine weltweite Bewegung zu schaffen, und solange es auf der Erde ist, ist es von seinem Plan getrennt, und ist einzeln. Aber es wird nicht nur von einem Wesen aus seinem Plan unterstützt, sondern von den ganzen eine Einheit bildenden Organen der Organisation, der dieses Wesen angehört.

*
* *

Wir sagten, dass der Plan der Pflicht der Anpassungsplan an die Gebote ist. In diesem Fall müssen auch die Auffassungsgaben, die sich an bestimmte Gebote angepasst haben, eine Vereinigung bilden, indem sie sich miteinander abstimmen. So beginnt eine dem Plan der Pflicht übergegangene Pflichtgruppe oder ein einzelner Organismus, bestehend aus drei oder fünf Mitgliedern, ihre erste Pflicht in voller Zusammenarbeit auszuführen. Diese erste Pflicht besteht aus Ausführungen der untersten Ebenen des Plans der Pflicht. Denn ab dieser Stufe auf dem Weg zur Vereinigung gibt es noch unendlich viele Etappen zu durchlaufen, um das Ziel zu erreichen, das heißt, um sich an die Gesamtheit der originalen Gebote anzupassen und vollständig mit der Harmonie zu verschmelzen. Zwischen der Unität und den ersten Ebenen der Pflicht gibt es unzählige Aktivitäten, Tätigkeiten, Aufgaben und Positionen.

Aber selbst in diesen ersten und relativ einfachen Phasen des Plans der Pflicht gibt es mit irdischen Verhältnissen gemessen sehr große Aufgaben und Verpflichtungen. Zum Beispiel werden sie mit der Vervollkommnung eines Menschen auf der Erde verpflichtet; ein Teil der verpflichteten Wesen, die von den klassischen Spiritisten, Okkultisten und Mystiker Schulen als Schutzgeister, Schutzengel, Helfer und Lehrer bezeichnet werden und die Aktivitäten der kleinen und großen Gruppen mehr oder weniger unterstützen, gehören häufig zu diesen Ebenen des Plans der Pflicht. Sie werden gleichzeitig auch von Organisationen, die ihnen überlegen sind –sogar als halbbewusst– für andere noch größere Aufgaben verwendet.

\*
\* \*

Nennen wir die erste Ebene des Plans der Pflicht "A"! Die verpflichteten Gruppen hier sind natürlich immer unter der Kontrolle und sogar dem Befehl der Einwirkungen, die von oben kommen. Tatsächlich ist diese Kondition auf allen Ebenen der Pläne der Pflicht bis zur Unität gültig und notwendig. Das zuvor angegebene Symbol des Lichtkegels, der von der Unität hinabsteigt, erklärt jederzeit diese Zwangsläufigkeit.

Während eine Pflicht-Gruppe im Plan "A" unter der Aufsicht einer oberen Pflicht-Gruppe im oberen Plan "B" arbeitet, nennen wir die obere Gruppe "B" als "Organisator" und die Gruppe im Plan "A" als "Organ". Somit können die Gruppen der Ebene "A", indem sie mit der Technik der umfassenden Zeit ihrer Aufgaben erfüllen, auf dem Fluss der originalen Zeit schnelle Fortschritte machen und durch diese Aktivitäten ihre Anpassungsfelder erweitern. Gleichzeitig nehmen ihre Arbeiten, Aufgaben und Verpflichtungen im gleichen Maße zu und gewinnen an Umfang. Sie gehen also in den höheren Plan, nämlich dem Plan "B", über. Es ist jetzt leicht zu verstehen; der Übergang dieser Gruppen zu Plan "B" bedeutet, dass die Anpassungsfelder gleichermaßen erweitert wurden. Mit anderen Worten, beim Übergang in die "B" Ebene, führt die Vereinigung der Auffassungsgaben dieser Gruppen mit denen einiger anderer Gruppen zu größeren Gruppen mit mehr Individuen und dementsprechend höheren Auffassungsgaben, und natürlich erweitern sich im gleichen Maße die Auffassungsgaben. Dies bedeutet, dass bei jedem Aufstieg von den unteren Ebenen in die oberen Ebenen, die Anzahl der Gruppen in den oberen Ebenen abnehmen und die Anzahl ihrer Individuen zunehmen. Und mit der Teilnahme der Auffassungsgaben der Mitglieder anderer Gruppen gewinnt das Niveau der Auffassungsgabe in der vereinten Gruppe rasch an Umfang, was eine natürliche Folge der Notwendigkeit von Anpassungen ist. Während die Anpassungsfelder sich erweitern, vereinigen sich die Gruppen und die Anzahl der Gruppen nimmt ab. Dies geht weiter bis zur Unität; die relativ kleineren Organisationen der vorherigen Pläne vereinen sich auf den oberen Ebenen zu immer größer werdenden Organisationen, und wenn sie die Unität erreichen, versammeln sie sich in einer einzigen Organisation. Alle Auffassungsgaben werden hier zu einer einzigen Auffassungsgabe. Diese immense Auffassungsgabe wird zu einer Macht, die kein Mensch nicht einmal intuitiv erfassen kann. Sie kann nicht länger als Organisation oder Plan bezeichnet werden. Sie ist als "die Einzige" alles in der Ganzheit der Macht des Universums und mit all seinen Möglichkeiten, Notwendigkeiten, Auffassungsgaben und seiner Gesamtheit. Und dies können wir nur mit der "Auffassungsgabe der Vereinigung" ausdrücken, die wir die Unität nennen.

Hier werden wir auf einen Punkt, den wir bereits erwähnt hatten, als letztes erneut hinweisen: Die obigen Aussagen sollten nicht so ausgelegt werden, dass sie sich auf irgendeine Theorie des Pantheismus beziehen, die auf der Erde verbreitet ist. Was hier gesagt wurde, sind nur die Gebote und Wahrheiten des Materieuniversums. In dem Buch wurde wiederholt zum Ausdruck gebracht, dass das Materieuniversum nur ein Mittel ist. Das Ziel dieses Mittels ist es, den Teil der Bedürfnisse der Seelen, welcher unser Universum betrifft und als "Vervollkommnung" bezeichnet werden könnte, zu befriedigen; und dies wird mit der Unität ausgedrückt. In diesem Fall gehören die Informationen in den obigen Zeilen nur zu dem, was in unserem Universum geschieht. Darüber hinaus gibt es noch unendlichere Bedürfnisse und Wahrheiten und Unerreichbarkeiten, die zu beschreiben selbst das Wort Unendlichkeit weit entfernt ist; für sie reicht die Macht des Universums nicht aus und die Auffassungsgabe des Universums kann sie nicht erreichen.

Wie bereits in den ersten Kapiteln des Buches klar festgestellt, ist im Grunde genommen der Zweck all dieser Ereignisse und Konstitutionen im Universum; die Verwirklichung der Konditionen der Wahrheiten, welche wir als Seelen bezeichnen und deren Beschaffenheit wir nicht kennen, die bezogen auf unser Universum als "Vervollkommnung" betrachtet und mit dem Begriff "Bedürfnis" symbolisiert werden. Und die Unität, deren wir uns nicht vollständig bewusstwerden können, ist der Ausdruck dieser Verwirklichung. Alles im Universum kommt von dort; das Universum wird von dort aus geleitet. Die "totalen Lichtbündel", die bis in jedes Teilchen des Universums eindringen, ihn leiten und erschaffen, entströmen von dort.

Zusammenfassend ist die Unität die totale Vereinigung der Auffassungsgaben, Gebote und Möglichkeiten des Universums, die die Wesen nicht begreifen können und erst erreichen werden, wenn sie dort eintreten. Den Menschen mehr als dies zu sagen, ist unmöglich und unnötig.

DU UND DIE MATERIE,
DAS ALLES UND NICHTS SEIENDE
UND DU, DER SICH DER HARMONIE VON ALLEM
    ANPASSEN KANN,
ERSEHNE DEN MOMENT,
    IN DEM DU VON DIESER HARMONIE WIRST SEIN!

Die Erde ist ein Organ innerhalb des Sonnensystems. Wie alle Organe hat auch sie bestimmte Lebenszyklen, Entwicklungsstadien, Umbrüche und Gleichgewichtszustände, die durch unzählige Einwirkungen aus der Umgebung und von oberhalb gestört und wiederhergestellt werden. Und die Erklärungen, die wir hier über den letzten der zahlreichen Umbrüche, die die Erde bisher durchlaufen hat, also über den bevorstehenden Umbruch machen werden, werden das Verständnis der Informationen im letzten Teil des Buches erleichtern.

\*
\* \*

Vor etwa siebzigtausend Jahren gab es zwei große Kontinente auf der Erde. Einer von ihnen füllte das derzeitige Gebiet des Pazifischen Ozeans. Das war ein großes Stück Land, breit an der Nordseite und schmaler ausgerichtet an der Südseite. Die Menschen nennen es den Kontinent Mu. Der andere war ein großer Kontinent, der das Gebiet des Atlantischen Ozeans abdeckte. Es gab viele Inseln, Inselgruppen, Landstücke entsprechend der heutigen Lage der Himalaja und einige kleinere Kontinente, die sich zwischen diesen beiden großen Kontinenten ausbreiteten. So sah die Landschaft der damaligen Erde aus. Anstelle der aktuellen geografischen Situation gab es damals also eine andere Formation der Erdoberfläche.

Auf diesen Kontinenten lebten Menschen, die viel fortgeschrittener und zivilisierter waren als die heutigen Menschen auf der Erde. Ihr Wissen in Naturwissenschaften und ihre diesbezüglichen technischen Fähigkeiten lagen weit über dem Stand der heutigen Menschen der Erde. Zum Beispiel haben sie die in der heutigen Welt neu entdeckten radioaktiven Materien, Radios, Fernsehgeräte, elektronischen Geräte und ähnliche technische Ausrüstungen lange bevor ihre Erde unterging entdeckt im Vergleich zu der heutigen Erdbevölkerung und haben sogar tausend Jahre vor ihrem Umbruch die Atomenergie entdeckt und begonnen sie zu nutzen.

Zusätzlich zu diesen hochzivilisierten und fortgeschrittenen Gemeinschaften hatten sie aber auch relativ einfache und sogar wilde Stämme, aber selbst diese wilden Menschen befanden sich in einer fortgeschritteneren Lage als die Wilden in der heutigen Welt. Zusammenfassend lässt sich sagen, dass die Menschen in der damaligen letzten Welt in allen Bereichen eine überlegenere Zivilisation als die heutige hatten.

Dieser Zustand der Menschen, die den Höhepunkt ihrer Entwicklung auf der Erde erreicht hatten, erzeugte bei ihnen einen solchen Extremfall von Stolz und Allmachtsbehauptung, sodass dies dazu führte, dass sie sich noch mehr in den groben Materien der Wasserstoffwelt vergruben, und dass sie dadurch zu Handlungen verleitet wurden, die dazu neigten, die natürlichen Bedingungen der Erde auf ungewöhnliche Weise zu zerstören. Infolgedessen wurden sie von Luxus, Reichtum, Komfort, Materialismus, Egoismus und von allen Arten der Leidenschaft ergriffen, versanken in den groben Kombinationen des Wasserstoffatoms und erwarteten ihr ganzes Glück von diesen Kombinationen; und dies war ein letzter Kampf der Wesen, die hervorgerufen wurde durch die materiellen Fortschritte und

Entwicklungen, die an ihre letzte Grenze stießen, eine Art Degeneration. Diese Degeneration ist sehr natürlich und ein Vorläufer von jedem großen Umbruch, der stattfinden wird.

* * *

In einer Umgebung verläuft die Entwicklung allgemein: Alle Wesen, die diese Umgebung bilden, –vom kleinsten bis zum größten– entwickeln sich und steigen entsprechend ihren Graden auf. Zum Beispiel, während der Mensch zum fortschrittlichsten Wesen der Erde wird, bewegt sich jedes innerhalb des Plans der Erde lebende Wesen in Richtung der oberen Ebenen ihrer Entwicklungsmöglichkeiten.

Das offensichtlichste Beispiel hierfür sind die Krebserkrankungen:

Gegen Ende der letzten Perioden der damaligen Erde tauchten eine Reihe von Krankheiten auf, deren Ursachen den Menschen unbekannt war. Einer von ihnen war Krebs. Die Zunahme der Krebserkrankungen bei den Menschen ist eine degenerative Manifestation in den Zellen, die auf die eben erwähnte Ursache zurückzuführen ist.

Jede der Zellen und Organe im menschlichen Körper ist ein materieller Lebensbereich relativ primitiver Wesen. Sie verfolgen ihre Entwicklungen in diesen Materiefeldern und im Rahmen der Möglichkeiten, die diese Felder ihnen bieten. Dann kommt ein Moment, in dem diese einfachen Wesen, die sich im Laufe der Zeit entwickelt haben, aus den Materien, in denen sie sich befinden, nicht mehr das bekommen können, was sie brauchen, um weiter zu kommen. Mit anderen Worten, die Möglichkeiten und Bedingungen der Materie werden so unfruchtbar, dass sie es ihnen nicht mehr erlauben, weitere Fortschritte zu erfahren. Die Bemühungen der Wesen zur Weiterentwicklung hören jedoch nicht auf. Und sie wollen ohne jede Grenze immer weiter vorankommen. Dieser Zustand erscheint in Umgebungen mit reichlichen Möglichkeiten in einem normalen Verlauf, jedoch in

Materieumgebungen mit unfruchtbaren Möglichkeiten, die für die Fortschritte der Wesen keine breiteren und ausreichenden Felder mehr bieten, führt er zu einer Reihe anormaler, ungewöhnlicher und degenerierter Bewegungen bei den Wesen, die von ihren Kämpfen, Unruhen und Verwirrungen begleitet wird. In der Zeit kurz vor dem Untergang des Kontinents Mu, war dies der Fall bei den Wesen, die die krebsbefallenen Materieumfelder, also die Zellen beherrschten. Die materiellen Entwicklungsumgebungen dieser Wesen im Körperorganismus, die ihnen zufielen, hatten einen Zustand erreicht, der keine Weiterentwicklung mehr zuließ. Zum Beispiel hat eine Hautzelle, die den Körper bildet, letztendlich ein ihr zugeordnetes Funktionsfeld in diesem Körper. Die somatische Kondition des Körpers ist nicht geeignet dafür, dass diese Zelle dies überschreitet. Eine solche Überschreitung passt nicht in die Harmonie des Körpers. Das einfache Wesen, das diese Zelle zu seiner Entwicklungsumgebung gemacht hat, konnte, während es zu Beginn seine Funktion perfekt ausführte, seine notwendige Entwicklung gewährleisten. Aber dann kam ein Moment, in dem es diese Entwicklungsperiode beendete. Es begann das Bedürfnis zu empfinden, sich auf höhere Entwicklungsumgebungen vorzubereiten. Die gewöhnlichen biologischen Bedingungen und Möglichkeiten dieser Zelle waren nicht in der Lage, diese fortgeschrittenen Aktivitätsbedürfnisse zu befriedigen. Daher wurde dem Wesen der Zelle sein Körper zu eng. Infolge dieser Situation begann dieses einfache Wesen, das zuvor eine normale Hautzelle auf übliche und angemessene Weise verwendet hatte, zu kämpfen, wobei es sich in eine Richtung außerhalb der Ordnung und Harmonie des Körpers ausrichtete. Dieser Kampf verursachte einige unpassende Zustände und Konditionen dieser Zelle innerhalb der Haut-Gemeinschaft, die nicht zu dieser Gemeinschaft passten; dies führte natürlich zu einem irregulären Zustand in ihrer Entwicklung, die als Kanzerisierung bezeichnet wird. Zweifellos ist der kanzeröse Zustand der Hautzelle, deren irreguläre Aktivitäten im Haut-Organismus jenseits der Harmonie und Ordnung ausgerichtet sind, nichts weiter als der letzte

Kampf eines Wesens, das bemüht ist, ein Entwicklungsstadium abzuschließen und in das höhere Stadium überzugehen, jedoch unter den gegebenen Bedingungen hierfür keine Möglichkeit finden kann.

Was den Körperorganismus betrifft, der dem Anschein nach hier geschädigt wurde: Tatsächlich verliert er nichts und leistet die automatischen Unterstützungen und Dienste, zu denen er sich verpflichtet hat, um die Grundlagen für die Vervollkommnung anderer Wesen zu schaffen. Indem es diese Verpflichtung erfüllt, wird auch er die Würdigkeiten des Raumes erlangen, die im Rahmen des Schicksalsmechanismus eine noch höhere Manifestation des Schicksals sind, und wird somit von den breiten Möglichkeiten profitieren, um in einen höheren Plan übergehen zu können; das wiederum bedeutet, dass er in eine höhere Etappe überspringt und Fortschritte machen wird. Daher gibt es keinen Geschädigten und auch keine Grausamkeit. Wir haben bereits gesagt, dass jedes Individuum eines hundertköpfigen gemeinschaftlichen Plans seine eigene Vervollkommnung gewährleistet, indem es für die übrigen hundert Mitglieder arbeitet. Jeder, vom Kleinsten bis zum Größten, macht immer Fortschritte und steigt auf, indem sie einander stützen und sich untereinander austauschen. In keiner dieser aufstiegsorientierten Bewegungen existiert eine Grausamkeit, Bestrafung, Belohnung, Unterdrückung oder Katastrophe für keines der Wesen. Alles ist das Ergebnis der Würdigkeiten, die durch das Maß des Schicksalsmechanismus und der auf diesem Wege geleisteten Bemühungen gewonnen werden.

So hatten die Wesen sich in den letzten Zeiten des vorigen Erdzyklus innerhalb ihrer Materieumgebungen den endgültigen Grenzen ihrer Entwicklung genähert oder waren in einer voll entwickelten Position. Dies galt für die Wesen, die auf allen Ebenen materieller Umgebungen ihrer Vervollkommnung nachgingen, von den Zellen, die den Körper von Menschen und anderen irdischen höheren Wesen bilden, bis zu den Pflanzen, Tieren und Menschen. Aufgrund dessen nahmen die Krebserkrankungen zu. Und wieder aus diesem Grund konnten die Menschen nicht in ihr Behältnis passen, und begannen sich mit dem Bedürfnis zu winden, aus den materiellen Bedingungen herauszukommen, die auf ihren nächsten Schritt nicht mehr reagieren konnten. Aber um ihre hohen Bedürfnisse zu befriedigen, die über die Bedingungen der Erde hinausgingen, mussten sie ihre Aktivitäten auf die Bedingungen außerhalb dieser Materie richten (was diese Bedingungen sind, wurde zuvor erklärt), dies haben die Menschen nicht gemacht und haben versucht ihre Bedürfnisse wieder unter den Bedingungen der groben Welt des Wasserstoffatoms, in der sie lebten, zu suchen. Als sie das gesuchte Glück dort nicht finden konnten, versuchten sie sich dort vergebens zu trösten während sie noch tiefer in diesen Materien vergraben wurden. Und dieser Zustand führte zu einer Lage menschlicher Degeneration und Kanzerisierung; welche ein Gebot und natürliches Merkmal ist, die zu Beginn jedes Umbruchs, jeder Vervollkommnungsperiode allgemein beobachtet wird. Um dies deutlicher zu erklären, möchten wir ein Beispiel geben: Stellen Sie sich einen mittellosen Menschen vor, der davon träumt ein Millionär zu sein und all sein Glück von diesen Millionen erwartet! Und nehmen wir an, dass er nach 8-10 Jahren über diese Millionen verfügen wird! Was wird dieser Mensch tun, wenn er sieht, dass das Glück, von dem er einst glaubte, dass es mit dem Geld kommen wird, trotz seines gegenwärtigen Reichtums nicht da ist? Wenn er sieht, dass das erwartete und erhoffte Glück nicht mit dem Geld einhergeht, wird er versuchen, seine Frustration zu vergessen, indem er noch mehr in seinem Geld versinkt, und dies wird bei ihm zu Verwirrungen führen. Er hätte begreifen müssen, dass das Glück nicht mit Geld einhergeht, und hätte woanders danach suchen sollen. Er hat das nicht getan. Als er das gesuchte Glück nicht finden konnte, und sah, dass es sich von ihm komplett entfernt hat, wurde er noch unglücklicher.

Zusammenfassend; die Menschen des vorherigen Erdzyklus, die unter Verwendung der letzten Möglichkeiten der irdischen Materien ihre Periode abgeschlossen hatten, wollten einfach nicht glauben, dass von den irdischen Materien, die nun nicht mehr in der Lage waren für die weiteren Entwicklungsschritte der Wesen Möglichkeiten zu bieten, keine überlegenen Ergebnisse mehr zu erwarten sind, dass dies "dem Versuch Öl aus Marmor zu pressen" gleichkommt, und haben trotz all ihrer Bemühungen ihr erhofftes Glück in den Materien nicht finden können, konnten keine Ergebnisse erzielen, die ihre Bedürfnisse nach weiteren Entwicklungsschritten befriedigen und sie beruhigen konnten. Diese Situation hat sie noch mehr verwirrt, sie in ein unlösbares Durcheinander gestürzt, sie mürrisch gemacht und hat ihre Konditionen in der Materie degeneriert. Mit dem Wunsch und den Bemühungen die essenziellen Bedürfnisse ihrer essenziellen Wesen, deren Beschaffenheit sie nicht kannten und nicht finden konnten, zu erfüllen, haben die Menschen einen falschen Weg genommen, sind in den irdischen Materien stecken geblieben. Als Folge dieser Situation entstanden sinnloser Stolz, Eigensinn ohne Ergebnisse, Misserfolge in Form von Bemühungen, die alle zu Unfruchtbarkeit führten; diese haben bei ihnen Verwirrungen und Enttäuschungen hervorgerufen, und sie haben sich selbst in ein Rätsel verwandelt, das auch für sie selbst unverständlich war. Dann wurden die Menschen zu unruhigen Wesen, die vergeblich hier und da angriffen, ohne zu wissen, was zu tun ist. Unter unzähligen alltäglichen kleinen Beispielen für Zustände solcher Verwirrungen, in die Menschen unter solchen Umständen geraten, ist die folgende kleine Beobachtung ausreichend, um eine einfache Vorstellung hierzu zu vermitteln: Ein Kind, das noch vor ein paar Tagen es genossen hat, einen Vogel mit seiner Schleuder zu jagen, empfindet Schmerz angesichts einer von selbst gestorbenen Vogelleiche, die es auf seinem Weg findet, und begräbt sie eingehend. Aber nach zwei Tagen kann ihn dieser Schmerz nicht davon abhalten, andere Vögel mit seiner Schleuder zu töten. Es ist möglich, dieses kleine Beispiel auf die Menschen auszudehnen und so eine breite Palette von

Betrachtungsmöglichkeiten über die Verwirrungszustände der Menschheit zu erhalten, in denen sie sich befanden.

Alle diese Zustände waren der Ausdruck eines nahenden Umbruchs. Denn für die Wesen, deren höhere Bedürfnisse nun geweckt waren und die begonnen hatten sich in diesen Bedürfnissen zu winden, würde es natürlich gemäß ihren Würdigkeiten, die durch den Schicksalsmechanismus gemessen und bewertet wurden, eine Entsprechung geben; und dies war ein großer Umbruch der Erde, welcher ihnen ermöglichen würde höhere Räume, denen sie würdig waren, zu erreichen; und daher stand die Erde an der Schwelle eines großen Umbruchs.

Die Kämpfe dieser Menschen waren, wie wir es auch über die Existenz von Krebszellen sagten, nicht sinnlos. Die Bedeutung, die hier zum Ausdruck kommt, ist, dass das essenzielle Wesen nicht mehr in sein Behältnis passen konnte und das Bedürfnis nach höheren Entwicklungen, Fortschritten, Ergebnissen und Gewinnen zu spüren begann.

Angesichts des Schicksalsmechanismus wird keine Würdigkeit übersehen, kein Verlangen, das auf Fortschritte gerichtet und an die originalen Gebote angepasst ist, abgelehnt, keine Bemühung, keine Anstrengung geht verloren, insbesondere bleibt kein Bedürfnis des essenziellen Wesens unbefriedigt. All dies wird im Schicksalsmechanismus haarscharf gemessen, erwogen, berechnet, und so entstehen aus neuen Möglichkeitsbereichen, also aus Entwicklungsumgebungen, die diesen Bedürfnissen am besten entsprechen –in der Art und Weise, wie wir bereits erläutert haben– mit dem Maß der originalen Zeit verräumlichte Manifestationen, mit anderen Worten tritt das Schicksal in Erscheinung. Eben die Menschen vom vergangenen Erdzyklus, die nun gereift waren, und nicht mehr in der Lage, von den irdischen Materien zu profitieren, warteten auf die hohen Räume und hohen Welten, die ihre hohen Schicksale und weiteren Bedürfnisse befriedigen würden. Und diejenigen, die dieses Niveau noch nicht erreicht hatten, suchten die für ihre einfachen Positionen und Bedürfnisse ausreichende Umgebungen. Um all diese Bedürfnisse zu verwirklichen, musste sich die Erde verändern, und infolgedessen entstanden neue Räume, also neue Schicksale, um den neuen Bedürfnissen gerecht zu werden. Es wäre ohnehin nicht angemessen, wenn sich die bedürftigen Menschen dieser beiden Gruppen, die durch große Unterschiede voneinander getrennt waren, in derselben Umgebung befinden würden.

*
* *

Infolge dieser hohen Entwicklungsanforderungen bereitete sich die Erde auf die Verwirklichung des Umbruchs, auf den Tag des Übergangs vor. Dieser Umbruch der Erde würde, wie in jedem Zyklus, in Form der Zerstörung ihres Gleichgewichts und einer anschließenden Wiederherstellung erfolgen. Als erste Anzeichen dieser Gleichgewichtsstörung traten im Kontinent Mu hier und da streckenweise Erdbeben, Erdspaltungen, Vulkanausbrüche auf, welche die menschliche Macht nicht verhindern konnte. Diese Vorfälle dauerten 80-100 Jahre, während sie immer mehr zunahmen, sich verschärften und häufiger wurden.

Der Tag des Übergangs, der vorbestimmt war, rückte nun näher und die Menschen rannten ihrem Schicksal, dem sie würdig waren, entgegen. Die Mehrheit der Menschen hatte ihre Würdigkeit in den höheren Räumen vorbereitet. Und dorthin würden sie gehen. Diejenigen jedoch, die den Übergangsmoment betreten würden, bevor sie darauf vorbereitet waren, würden nachdem Abschluss der Umbruchsperiode wieder auf der Erde verbleiben; und sie würden eine mehr oder weniger lange Zeit auf der Erde weiterleben, um ihre restlichen Seiten weiterzuentwickeln, bis sie ihre Würdigkeit erlangt haben. Diese beiden Klassen von Menschenmassen, die in Bezug auf ihre Bedürfnisse nicht mehr zusammenleben konnten, näherten sich einer Weggabelung, um ihre Entwicklungen auf voneinander getrennten Wegen und Räumen fortzusetzen. Nachdem dieser obligatorische und vorbestimmte Tag des Übergangs gekommen war, konnte ihn keine Macht mehr aufhalten. In dem Moment würde alles vor vollendeten Tatsachen stehen, und das Maß der Würdigkeiten würde entstehen, angesichts des Schicksalsmechanismus und der originalen Zeit würden sich die Konsequenzen der Erwerbungen der Wesen verwirklichen. Schließlich war der "Tag des Übergangs" gekommen.

* * *

Eines Tages, als jeder seinen täglichen Beschäftigungen nachging, begann auf einem Mal in allen Kontinenten, also überall auf der Welt, die Erde zu beben. Schon zu Beginn dieses Bebens stürzten die meisten kolossalen Gebäude, prächtigen Tempel, kunstvollen Paläste ein und die meisten großen Städte wurden zerstört. Unzählige Menschen wurden unter den eingestürzten Gebäuden begraben und starben.

Die Kontinente wurden völlig zerstört. Die Meere überfluteten das Land. Die Erde brach auf. Scharenweise starben Menschen, die in Angst und Verzweiflung um ihr Leben rannten. Dieser Tumult dauerte drei Tage, und am dritten Tag versanken beide Kontinente unter der Erde, sodass einer der beiden großen Kontinente der Erde in den Tiefen des Pazifischen Ozeans und der andere in den Tiefen des Atlantischen Ozeans verschwand. Das Erscheinungsbild der Erde veränderte sich komplett und nahm ihre heutige geografische Lage an.

Nachdem der Mu Zyklus abgeschlossen war, wurde die Erde wieder primitiv und verwilderte. Die auf der Erde hinterbliebenen Menschen bildeten sich unter zwei Auswirkungen zurück: Eine von ihnen waren die -aus ihrer Perspektive- sehr schrecklichen Ereignisse während der großen Zerstörung, die auf das Nervensystem der Menschen eine schockierende Wirkung hatten und sie verrückt gemachten haben. Die Zweite war wichtiger und umfassender als das. Dies war die Notwendigkeit eines Entwicklungsplans, der diesbezüglich von den großen Verpflichteten entsprechend den hohen Geboten erstellt wurde. Die Erde hatte eine neue Periode begonnen. Diese Periode war der primitivste einfache Zustand der Erde, der dem amorphen Zustand am nächsten lag. Dies musste auch so sein. Denn es gab unzählige Wesen, die darauf warteten, die untermenschliche Körperentwicklung zu vollenden und die Entwicklungsstufen der ersten Menschheit zu beginnen. Diese sollten als die primitivsten Menschen auf die Erde kommen und ihre Entwicklung beginnen. Die Erde hätte jedoch keinen Unterschlupf, keine Vervollkommnungsgrundlage für diese primitiven Wesen bieten können, ohne einen solchen Umbruch zu durchlaufen und ohne auf die einfachen Zustände reduziert zu werden, die für die Bedürfnisse der Neuankömmlinge geeignet wäre. Wenn sie zum Beispiel in eine fortschrittliche Welt wie die heutige gekommen wären, so hätten sie nicht einmal überlebt, geschweige denn sich hier vervollkommnet. Sie brauchten daher die einfachsten Materien und gleichzeitig die primitivsten Eltern, um die Entwicklungen zu vollziehen, die sie benötigten. Von vernünftigen, mehr oder weniger begreifenden, bewussten Menschen konnten solche Kannibalen und wilden Kinder nicht geboren werden und konnten nicht unter ihnen leben und sich entwickeln. Dies war sowohl für die Kinder als auch für die Eltern nicht möglich. Diese Kinder waren Wesen, die mit ihrer Einfachheit, Primitivität, Unbeholfenheit und Unerfahrenheit den ersten Schritt in die Menschenphase des irdischen Lebens getan hatten. Daher kamen sie auf die Erde mit dem Bedürfnis, in allen Eigenschaften der Periode der Wildheit, welcher der Charakter der ersten Menschheit ist, zu durchleben und alle Erfahrungen dieser Periode zu erleben. Also brauchten sie wilde Materien, wilde Umgebungen, wilde Pflanzen, wilde Tiere, wilde Mütter und Väter. Entsprechend den gemeinschaftlichen Geboten der allgemeinen Vervollkommnungs- und Entwicklungsmechanismen im Universum war es erforderlich, dass die Menschen auf die Zustände der ersten Phase absteigen und sich vereinfachen, damit die auf der Erde Zurückgebliebenen ihre Elternpflichten, die ihnen automatisch auferlegt wurden, ordnungsgemäß erfüllen konnten. Von dieser einfachen und primitiven Periode an gelang es der Erde, 70.000 Jahre später, nach einem sehr langen Vervollkommnungsfortschritt und in verschiedenen Entwicklungsetappen, das heutige Niveau der menschlichen Zivilisation zu erreichen.

* * *

Der oben erläuterte Untergang der beiden Kontinente, der mit dem Abschluss des vergangenen Erdzyklus zusammenfällt, wird in religiösen Büchern mit zwei großen Symbolen ausgedrückt: Eines davon ist das Symbol der Sintflut und das andere das Symbol der Apokalypse.

Dem Symbol der Sintflut zufolge wird die gesamte Erde von Wasser überflutet, alle Lebewesen ertrinken, außer denen, die sich in der Arche Noah befinden und gerettet werden. Und sobald sich das Wasser zurückgezogen hat, geht das Leben auf der Erde weiter. Die wahre Bedeutung dieses Symbol ist, dass ein Zyklus der Erde vollständig abgeschlossen und ein neuer Zyklus der Menschheit eröffnet wird.

Was das Symbol der Apokalypse betrifft: Das ist umfassender als das Symbol der Sintflut. Hier wird für die Erde ein letzter Tag kommen, an diesem Tag wird das Ende der Menschen bestimmt werden; diejenigen, die würdig sind, werden in höhere Räume übergehen, diejenigen, die noch unzureichend sind, werden an qualvollen Orten verbleiben. Und dieser klare Ausdruck des apokalyptischen Symbols ist das Ende der Erde, wie wir es oben beschrieben haben.

Jede Religion hat jedoch den Zweck, die Menschen von ihren Neigungen zu irdischem Begehren zu befreien und sie an die Intuition der Pflicht zu befördern. Um dieses Ziel zu erreichen, hat jede Religion alle Mittel eingesetzt, die die Menschen verstehen können, und ihre Gebote entsprechend organisiert.

Die Menschen, die die Stufen der Religion in diesem Erdzyklus erreicht hatten, hatten noch nicht das Niveau der heutigen

Auffassung und Sichtweise erreicht, obwohl sie im Vergleich zu den vorherigen Stufen viel weiter fortgeschritten waren. Darüber hinaus gab es in ihrem essenziellen Wesen zu viele Eindrücke der Angst bezüglich der zeitlich naheliegenden vergangenen Zerstörung. Sie betrachteten die Ereignisse eher aus der Front der Gefühle als aus der Front des Wissens und des Intellekts; und das Hauptelement dieser Gefühlsfront war, wie gesagt, die Angst. Dieses sogar heute noch in vielen Menschen vorhandene Gefühl hatte in der damaligen Zeit die volle Kontrolle über die Gewissen.

Und die Religionen haben die Instinkte dieser Angst für die Entwicklung der Menschen genutzt und etablierten damit einige wichtige Automatismen der Vervollkommnung. Kurz gesagt, haben die Menschen in früheren Zeiten nur unter der Wirkung von diesen Ängsten begonnen die Vorbereitungen für die Intuition des Wissens der Pflicht zu treffen und konnten schließlich die heutige Macht der Intuition der Pflicht mehr oder weniger erreichen.

Aus diesem Grund sahen es die Religionen als nützlich und notwendig den Weltuntergang mit den Symbolen der Sintflut und Apokalypse in der Bedeutung von Belohnung und Bestrafung darzustellen, indem sie diese Fronten der Symbole vom Ende der Welt, nämlich die Gefühls- und Angstfronten, verwendeten, um den Menschen, die noch in der Realität der Angst lebten, die automatische Intuition der Pflichtverantwortung zu vermitteln. So wurden zwei Fliegen mit einer Klappe geschlagen: Eine davon bestand darin, den Menschen zumindest eine vorläufige Intuition einer großen Wahrheit zu vermitteln; und die Zweite, was damals wichtiger war, bestand darin, sicherzustellen, dass die Menschen in eine Entwicklungsharmonie eintraten und einige Aufgaben der Menschheit, auch wenn aus Angst vor Bestrafung, halbbewusst sich zu eigen machten.

Wir können diese Situation mit diesem kleinen, einfachen Beispiel besser beschreiben: während eines Gewitters sagt eine

Mutter zu ihrem 2,5-jährigen Kind, das sich weigert, seine Mahlzeit zu essen: "Wenn du nicht aufisst, wird dich ‚der Schwarze Mann' holen!" Das Kind, das daran glaubt, fängt aus Angst sofort an, seine Mahlzeit zu essen, um zu verhindern, dass der "Schwarze Mann" ihn holt; und das Ziel ist somit erreicht. Hier wird beabsichtigt, das Kind durch Erschrecken dazu zu bringen seine Essenspflicht, deren Erfordernis und Notwendigkeit ihm noch nicht bewusst ist, auszuführen. Es tut dies, profitiert davon und wächst; und wenn die Zeit gekommen ist, wird es perfekt gelernt haben, was der Schwarze Mann ist, und erhält dann umfassendere Ergebnisse von diesem Wissen. Und ebenso sind die Menschen.

Die großen religiösen Führer waren viele Male gezwungen wie diese Mütter zu handeln und haben den Menschen mit diesen der Zeit und dem Raum entsprechenden Prozessen die Güte, Ehrlichkeit, Selbstlosigkeit, Selbstaufopferung und vor allem durch das Gebieten einer Vielzahl von anderen Formen der Andacht die Vorbereitung zur Intuition der Pflicht anerzogen. Dank dieser Angewohnheit gelang es den Menschen, das heutige Niveau der Intuition der Pflicht zu erreichen.

Wenn die Religionen diese Symbole, die in der Entwicklung eine wertvolle Rolle gespielt haben, nicht dazu verwendet hätten, die Angstgefühle der Menschen zu nutzen, und versucht hätten die Wahrheit unter den Menschen zu verbreiten, nur um den Wissenskader zu erweitern, wie es heute üblich ist, wären sie weit davon entfernt gewesen, die Gefühle der Pflicht, die die Menschen erst intuitiv begonnen hatten zu erahnen, auf dieses Niveau zu bringen. Darüber hinaus war es den damaligen Menschen unmöglich, die Wahrheit zu begreifen und daran zu glauben.

*<br>* *

Heute dominiert die Periode des Wissens, der Logik und des Intellekts, nicht die Periode der Angst und der Gefühle. Daher können die Symbole, allegorischen Erklärungen und Ausdrücke, die die großen Religionen in der Vergangenheit hinsichtlich der Wahrheiten notwendigerweise verwendet haben, angesichts der heutigen Auffassungsgaben die gewünschten Ergebnisse nicht mehr liefern. Heute müssen wir die Wahrheiten der Erde offen darlegen, so wie sie sind. Denn die Menschen haben nun die endgültigen Perfektionspunkte der Welt des Wasserstoffatoms erreicht und stehen an der Schwelle dieser immensen Welt, um aus deren Tor hinauszutreten. Und diese Schwelle kann nur mit der Auffassungsgabe und der Reife des Wissens überschritten werden. Diese Worte vermitteln klare Ausdrücke.

Das Wasserstoffstadium ist der Beginn einer Welt, der Welt der Wesen, die einem Stadium der dunklen, immensen und unendlich langwährenden mechanischen Entwicklung folgt, welche in der Vervollkommnung der Seelen zur Phase der originalen Materie gehört. Diese Welt, mit all ihren Sphären, Sonnensystemen und Galaxien, bildet ein riesiges mikrometrisches und makrometrisches Universum, das von den Menschen gesehen wird; und wenn von dem Materieuniversum die Rede ist, sehen und akzeptieren die Menschen nur dieses Universum. Denn dies ist die Welt, der die Menschen angehören und in der sie leben. Für sie ist diese Welt, obwohl sie unendlich zu sein scheint, im Grunde nur ein auf die Möglichkeiten des Wasserstoffatoms beschränkter festgesetzter und kleiner Teil des Universums, das die unendlichen Entwicklungsstadien der Materiesubstanz enthält; wir nennen sie die Wasserstoffphase oder die Wasserstoffwelt. In dieser Wasserstoffwelt werden alle Objekte, Konditionen und Realitäten gesammelt, die von den Menschen als "Materie" qualifiziert werden und die ihren spezifischen Zeit- und Raummechanismen unterliegen.

Unter diesen Gemeinschaften gibt es unzählige Galaxien. Diese Galaxien enthalten Milliarden von Sonnensystemen. Diese Systeme bestehen aus verschiedenen materiellen Teilen, das heißt aus Planeten, die sich um einen Kern drehen und mit diesem Kern ein Ganzes bilden. Einer der Planeten eines dieser Systeme ist die Erde. In einer Sichtweise, die von der Auffassung der Wasserstoffphase abhängt, ist die Erde, die wie ein unbedeutender Punkt in dem enormen Materiebestand erscheint, in der Wasserstoffwelt nicht so klein und unbedeutend, wie es scheint. Die Erde ist eine der letzten Stationen in dieser Materiewelt, in der eine sehr lang andauernde, halbbewusste Vervollkommnung sich vollzieht, und die als Wasserstoffphase bezeichnet wird. Eines der Tore dieser unendlichen und immensen Welt, der sich zu einem noch immenseren Universum der hohen Pflicht und Organisationen öffnet, befindet sich in den Graden der Menschheit auf der Erde. In diesem Fall ist es nun notwendig, die folgenden Wahrheiten zu erklären, die dem Menschen bekannt sein müssen, ohne dass Symbole benötigt werden:

Es gibt Milliarden und Abermilliarden von Sonnensystemen in den unzähligen Galaxien, die die Entwicklungsumgebung des Wasserstoffuniversums bilden. In jedem Sonnensystem gibt es verschiedene Sphären. Um jede Sphäre herum befindet sich ein Magnetfeld, das für diese Sphäre spezifisch ist. Aus den Beziehungen und der Harmonisierung zwischen den Magnetfeldern der Sphären in einem System ergibt sich die spezifische Magnetfeldsynthese dieses Systems. Diese Magnetfelder des Systems stehen auch in Beziehung und sind im Gleichgewicht.

Eine der Sphären des Systems dreht sich an derselben Stelle. Sie wird als die Sonne oder der Kern bezeichnet. Die anderen drehen sich um diesen Kern. Diese werden als Planeten bezeichnet. Entgegen der Annahme handelt es sich bei den Planeten eines Systems nicht um Teile, die sich von der Sonne des Systems losgelöst und getrennt haben. Sie werden innerhalb der Galaxie, zu der dieses System gehört, durch die zuvor erläuterten Mechanismen separat gebildet und sind entsprechend ihrem Entwicklungsgrad durch die Bewegungen miteinander verbunden, die als Ergebnis der Beziehungen und Gleichgewichte der Magnetfelder entstehen. Daher ist es nicht richtig, innerhalb eines Systems die Sonne auf eine Seite und die Planeten auf eine andere Seite zu trennen, indem der Sonne ein Privileg gewährt wird. Auch die Sonne nimmt innerhalb der Grade des Systems ihren Platz ein und mischt sich unter seine Planeten. Und ihr Grad ist ihnen auch nicht überlegen, sondern niedriger unter vielen. Jedoch kommt der Sonne im System eine besondere Stellung zu, wie wir gleich ausführlicher erläutern werden, da vorwiegend in ihr die verpflichteten Wesen, die bei der Verwaltung aller Planeten eine Rolle spielen, versammelt sind.

So sind also in jedem System die Sonne und die Planeten in einer Weise abgestuft und angeordnet, die die Bedürfnisse aller Wesen vom einfachsten bis zum fortschrittlichsten, die sich in diesem System zur Weiterentwicklung befinden, befriedigt. Somit hat jeder Planet eines Systems die Funktion inne, ihre Wesen auf die überlegenen Möglichkeiten eines ihm nächst überlegenen Planeten vorzubereiten.

Zusätzlich zu den einfachen Wesen, die in einem System ihrer Vervollkommnung nachgehen, befinden sich in allen rückständigen Sphären und insbesondere in der Sonne des Systems mächtige Wesen des Plans der Pflicht, die die Verpflichtung haben, alle Möglichkeiten bezüglich der Vervollkommnung der verkörperten Wesen, die innerhalb des Systems bereits eine fortgeschrittene Entwicklungsstufe erreicht haben, zu leiten und zu verwalten. Diese Wesen sind nicht durch die Materien dieser Sphären verkörpert. Ihre Körper bestehen aus Materialien, die aus höheren materiellen Umgebungen stammen, die nicht zum Wasserstoffuniversum gehören. Daher ist es auch nicht richtig, diese als Körper zu bezeichnen. Sie sammeln selbst diese Materien auf eine Art und Weise, die für die Ausführung ihrer Verpflichtungen am günstigsten ist. Sie gewährleisten ihre Pflichten, indem sie diese subtilen Materien auf einer oder mehreren Sphären des ihrer Pflicht geeigneten Systems als Mittel verwenden. Diese können sich auf jeder gewünschten Sphäre befinden, vorausgesetzt, dies nicht als eine Inkarnation zu betrachten. Zum Beispiel können sie je nach Bedarf die Sonne, den

Mond, den Mars oder den Jupiter besuchen. Sie sind Wesen des Plans der Pflicht, die in den Ausführungen verschiedener Ordnungen der Systeme ihre Pflicht erfüllen.

Aber wie bereits erwähnt, existieren außer diesen auf den Sphären weitere Wesen, die die eigentlichen Bewohner jener Sphären und für ihre Vervollkommnung verkörpert sind. Sie sind, wie in der Welt verkörperte Wesen, die sich aus den Sphären einen Körper, den sie im Laufe ihres Lebens auf dieser Sphäre verwenden werden, errichtet und sich mit diesem verknüpft haben. Diese Wesen sind auf allen anderen Planeten unseres Sonnensystems einfacher und rückständiger als die auf unserer Erde. Durch unzählige Verkörperungen auf den Sphären, in denen sie sich befinden, entwickeln sie sich weiter und gehen auf höhere Sphären über und erreichen schließlich die am weitesten fortgeschrittene Sphäre ihres Systems. In unserem System ist diese fortgeschrittene Sphäre, wie schon erwähnt, die Erde, und ihr am weitesten fortgeschrittenes Wesen ist der Mensch.

Die eben erwähnten verpflichteten Wesen in einem System, unterstützen also durch verschiedene Hilfeleistungen die Entwicklung der einfachen verkörperten Wesen auf den Sphären.

Schließlich werden die verkörperten Wesen, die auch die am weitesten fortgeschrittene Sphäre, beispielsweise in unserem System die Erde, beendet und die Wasserstoffwelt abgeschlossen haben, den Würdigkeitsstand erreichen in die höheren Welten überzugehen.

Demnach gehen aus unzähligen Galaxien der Wasserstoffwelt, aus den milliardenfachen fortgeschrittenen Sphären ihrer milliardenfachen Systeme, Milliarden von Wesen in die Welt des höheren Kosmos der Pflicht über.

*<br>* *

Der fortschrittlichste Planet unseres Sonnensystems ist unsere Erde, die Erdkugel. Und wie es angenommen wird, gibt es auf anderen Planeten des Systems, beispielsweise auf dem Mars oder auf der Sonne, keine weiter fortgeschrittenen Wesen als die auf der Erde. Denn obwohl der Mars einer der fortgeschrittenen Planeten unseres Sonnensystems ist, sind die Wesen hier weniger fortgeschritten als die auf der Erde. Einer der rückständigsten Planeten unseres Systems ist Pluto. Das fortgeschrittenste Wesen dieses Planeten ist rückständiger als der Schimmel, der das rückständigste Wesen unserer Welt ist.

Auch die Sonne ist eine rückständige Sphäre des Systems. Aufgrund der Einfachheit der Sonnenmaterie ist sie leichter zu manipulieren, daher befinden sich die verpflichteten Wesen, die die Planeten des Systems, insbesondere die Erde verwalten, vorwiegend auf der Sonne. Aber wie gesagt können diese verpflichteten Wesen auch andere Planeten durchstreifen. Und sie können in jeder Sphäre Pflichten ausführen.

Die Erde ist also in unserem Sonnensystem der Ort, an dem die Wesen zusammenkommen, die alle Entwicklungsetappen der Wasserstoffwelt abgeschlossen haben, und von wo sie ihre Diplome erhalten, um dann in die höheren Welten befördert zu werden. Während der vergangenen siebzigtausend Jahre nach dem Abschluss des Mu-Zyklus hat unsere Erde mit den Vorbereitungen begonnen, den Menschen, die sie beherbergt und die nun im Begriff sind, ihre Pflicht in diesem Zyklus zu beenden, die Türen zu den Welten, denen sie sich als würdig erwiesen haben, zu öffnen, und die Tür der Wasserstoffwelt, dessen Möglichkeiten erschöpft sind, hinter ihnen zu schließen.

Das Leben auf der Erde ist von einem Ende zum anderen eine "Komplexität von Bewegungen und Ereignissen". Menschen, die in diese Ereignisse eingetaucht sind und in ihnen feststecken, können manchmal gegensätzliche Ereignisse und verschiedene Uneinigkeiten sehen, die sie für Unregelmäßigkeiten halten.

Diese Ansicht ist jedoch falsch und das Ergebnis einer Fehlinterpretation der Ereignisse, die insbesondere auf die mangelnde Kenntnis des Kausalitätsprinzips zurückzuführen ist.

Diejenigen, die die Erde mit einer Wissenskraft betrachten, die hilft, die Auswirkungen der Ereignisse mit ihren Ursachen zu verbinden, erkennen bald, dass in jeder ihrer Situationen, in jedem Ereignis, in jedem Wesen, von ihren kleinsten Teilchen bis zu ihrer Gesamtheit, eine enorme Harmonie, eine regelmäßige Anordnung herrscht. Die Regelmäßigkeit und die Ordnung der Kausalitätsbindungen bilden die große Harmonie des Universums. Um diese Harmonie zu beobachten, ist es notwendig, über die Beziehungen der Kausalität und der Ursache, die zwischen allen Ereignissen bestehen, nachzudenken und zu versuchen, etwas auf diesem Gebiet zu sehen und zu hören, was den Menschen die Intuition verleiht, dass jede Bewegung und jedes Ereignis direkt und indirekt mit unendlichen Verbindungen miteinander verbunden sind. Um diesen Gedanken und diese Meinung zu vermitteln, ist es notwendig, die Informationen zu überdenken, die wir zuvor gegeben haben, dass nichts in der Welt ohne Grund ist und dass alles mit einer Auswirkung verbunden ist. Dort haben wir das Kausalitätsprinzip ausreichend erläutert. Diejenigen, die basierend auf diesem Prinzip das irdische Leben betrachten, werden dort sehen können, dass viele miteinander verbundene Ereignisse und Abläufe, in denen das eine den anderen beendet und das andere die Ursache des anderen ist, in einem Zustand des verketteten und harmonischen Flusses sind. Diese Anordnungen, die Regelmäßigkeiten und die Bewegungen in diesem Fluss, die zu großen Zwecken vorschreiten, lassen die Menschen die Existenz dieser großen Harmonie in der Welt mit aller Macht spüren.

Nehmen wir ein kleines Vogelei zum Beispiel! Dieses einfache Vogelei allein hat unzählige organisierte und wohl angeordnete Situationen, die in der großen Harmonie des Universums durch immense Auswirkungen miteinander verbunden sind. Sehen wir uns das Leben des Eies an, das mit dieser großen Harmonie verbunden ist: Mit der Zeit wird aus diesem Ei eine kleine Brut entstehen. Damit dieses Jungtier entstehen kann, muss es einige Zeit bei einer bestimmten Temperatur bewahrt werden. Zu diesem Zweck werden einem weiblichen Vogel von oben, aus einem hierfür verpflichteten Plan, einige Einwirkungen gesendet. Dieser Vogel erhält einige Instinkte unter diesen Einwirkungen. Infolge dieser Instinkte sitzt er eine Weile geduldig auf dem Ei. Er sorgt mit seiner Körperwärme dafür, dass der Samen im Ei zu einem jungen Vogel heranwächst. Die Reihenfolge und die Anordnung, die wir bisher aufgeführt haben, welche einige Glieder der Kette von Ursache und Wirkung antreiben, sind offensichtlich. Dies ist der Ausdruck einer großen Harmonie.

Es wäre sehr falsch den jungen Vogel, der aus dem Ei geschlüpft ist und im riesigen Universum nicht einmal einen Tropfen ausmacht, zu ignorieren oder gar zu unterschätzen. Denken Sie daran, dass auch dieses Jungtier ein Teil des Universums ist und die Teile des Universumsmechanismus, die für sein Überleben und Wachstum bestimmt sind, ständig arbeiten. So ist das aus dem Ei frisch geschlüpfte Jungtier vorerst noch einfach, unerfahren und ungeübt. Es weiß nicht, wie man fliegt, wie man isst, erkennt seine Feinde nicht, sieht die Gefahren nicht und kann nicht bestimmen, woher und wie es seine Nahrung verschaffen soll. Wenn es also gleich nachdem es auf die Erde gekommen ist, sich selbst überlassen wäre, könnte es nicht überleben und würde sterben. Doch es muss leben und bestimmte Aufgaben erfüllen. Es ist also notwendig, dass ihn jemand unterrichtet und ihn dazu bringt, diese Dinge zu tun; und dieser jemand wird wieder der weibliche Vogel sein, der ihm geholfen hat, auf die Erde zu kommen. Jedoch kann das Vogelweibchen sich darauf nicht ersinnen und dieses Bedürfnis des Jungtieres nicht wahrnehmen. Dann beginnt der Eingriff der in der Vervollkommnungsordnung verpflichteten Wesen und sie senden solche Einwirkungen, dass dieses Vogelweibchen aufgrund der durch diese Einwirkungen erzeugten Instinkte gezwungen ist, sogar ihr eigenes Leben zu riskieren, um seine Jungen so lange zu füttern und zu erziehen, bis diese in der Lage sind, sich selbst zu versorgen. Der junge Vogel muss überleben und dazu ist es notwendig, dem weiblichen Vogel Einwirkungen von oben zu senden. Denn dieses Jungtier ist auf die Erde gekommen, um die Entwicklungsbedürfnisse seines Wesens auf der Erde im Zustand eines Vogels zu erfüllen. Und auf diese Weise wird es alle Gebote des Vogelkörpers erfüllen, innerhalb eines automatischen Mechanismus seine Erfahrungen sammeln und durch seine Beziehungen zu anderen Wesen um ihn herum wird es Gegenstand einiger ihrer Ausführungen sein. Die notwendigen Vorkehrungen für all diese Arbeiten werden mithilfe der Verpflichteten getroffen, und der Vogel wird auf diese Weise von der Erde nehmen, was er zu nehmen hat, und ihr geben, was er zu geben hat. Nachdem all dies vorbei ist, muss er den Vogelkörper verlassen. Denn er verspürt nun das Bedürfnis, eine Möglichkeit für einen weiteren Fortschritt zu erlangen. Um diese Möglichkeit zu schaffen, ist eine neue Anordnung erforderlich. Die für ihn zuständigen Verpflichteten leiten auch diese Anordnung in die Wege. Um diesen Vogel, der die Erde verlassen muss, um in einen anderen Körper überzugehen, verwenden sie das am besten geeignete der verschiedenen Mittel, welches auch im Sinne der Vervollkommnungsharmonie anderer Wesen ist. Zum Beispiel würde es dem oben genannten Anordnungsmechanismus durchaus entsprechen, wenn eine Katze, die seit Tagen nichts zu essen gefunden hat, hungrig ist und überleben muss, von diesem Ereignis profitieren würde. Daher wirken die verpflichteten Einwirkungen auf diese hungrige Katze ein und verleiten sie zu Aktivitäten, um diesen Vogel zu fressen. Auf diese Weise wird die Katze sowohl ihren Hunger stillen, als auch einige Fähigkeiten, die sie aus ihrem Katzendasein gewinnen sollte, weiterentwickeln. Dieselben Einwirkungen wirken auch auf den Vogel ein, der die Erde verlassen muss, und drängen den Vogel genau an die Stelle, wo die Katze sich befindet. Unter diesen Einwirkungen kann der Vogel die Katze nicht sehen und landet an einer Stelle, wo die Katze ihn mit Leichtigkeit erreichen kann. Die Katze fängt den Vogel und frisst ihn. Nun ist der Ablauf des Vorgangs auch einem anderen Zweig gewidmet, das heißt dem Plan eines anderen Wesens. Doch lassen wir dies beiseite und folgen weiter dem Weg des Vogels!

Wir haben uns nur mit einigen wenigen Lebensereignissen befasst, die der Vogel vom Ausschlüpfen bis zum Tod erlebt hat, und wir haben gezeigt, wie perfekt die Anordnung der Beziehungen und Vorrichtungen von Ursache-Wirkung in Richtung bestimmter Zwecke verläuft. Darüber hinaus kann er in seinem spezifischen gemeinschaftlichen Plan viele andere direkte oder indirekte Beziehungen zu Pflanzen, Tieren und sogar Menschen haben. All dies setzt sich fort, ohne den Rahmen der allgemeinen Entwicklungsharmonie auch nur um eine Haaresbreite zu überschreiten. Dazu gehören sowohl "gute" Situationen als auch scheinbar "schlimme, störende, unregelmäßige" Situationen, wie das Vögelchen, das auf dem Boden landet, um sich zu ernähren, und von einer monströsen Katze zerfetzt wird; aber nach den obigen Informationen ist hier keine Disharmonie, sondern ganz im Gegenteil, der vollkommenste Mechanismus der Harmonie und Ordnung zu beobachten. Aufgrund dieser Vorkehrungen wird dieser Vogel in einem anderen Körper geboren, der überlegen und besser für die Entwicklung geeignet ist. Nachdem nun das Wesen die Erde durch die oben genannten Vorkehrungen verlassen hat, um in einem anderen Tierkörper mit mehr Entwicklungsmöglichkeiten wieder auf die Erde zu kommen, werden für ihn wieder Eltern, Ausbilder, Umgebungen, Klimabedingungen, Helfer usw. alles vorbereitet. Was auch immer für die Entwicklung dieses Wesens benötigt wird, wird durch seine Verpflichteten im Rahmen verschiedener Anordnungen und Regelmäßigkeiten bereitgestellt. Die Anordnungen und Regelmäßigkeiten werden miteinander abgestimmt, um die verschiedenen Beziehungen des Wesens zu sowohl artverwandten als auch artfremden Wesen zu bestimmen und zu errichten, die in den automatischen Gemeinschaftsplan dieses Wesens eintreten werden. Wenn es zum Beispiel ein Hund werden soll, ist unter den Vorkehrungen, die die Entwicklungsmöglichkeiten in seinem Hundedasein vorbereiten, auch sichergestellt, dass ein Mensch, der tollwütig sterben muss, diesen Hund besitzt. All dies geschieht in der Harmonie der großen Ordnung, die die allgemeine Vervollkommnung auf der Erde vollführt.

Die Zeit des Hundes ist gekommen. Er wird sterben. Entsprechend dem Plan bekommt der Hund die Tollwut. In der Zwischenzeit hat der Mensch, der sein Besitzer ist, seine Aufgaben auf der Erde beendet und den Zustand erreicht, die Erde zu verlassen, um seine Entwicklung in neuen Körpern fortzuführen. Wieder entsprechend der Vorrichtung und dem Plan wird der tollwütige Hund ihn beißen, er wird tollwütig, und so werden beide sterben. All diese sind Vorrichtungen, die miteinander verbunden in einer großen Harmonie voranschreiten.

Aufgrund der Beziehungen mit seiner Umwelt in seinem Leben zuerst als Ei, dann die Geschichten als Vogel mit der Katze, danach als Hund mit dem Menschen, scheint es so, als ob der Lebensverlauf dieses Wesens widersprüchlich und verhängnisvoll ist; in Wirklichkeit folgt es in Übereinstimmung mit der allgemeinen Vervollkommnungs- und Entwicklungsharmonie einem regelmäßigen Fortschritt. Und dieser Fortschritt hat dazu beigetragen, dass ein erwachsener Vogel die Vorbereitungen der ersten Instinkte bezüglich der Pflichten der Mutterschaft gewonnen hat; und mit dem Vogelkörper wurde gewährleistet, dass eine Katze überlebt und sie einige Fähigkeiten entwickelt; und indem es mit dem Hundekörper einen Menschen tollwütig machte, hat es in dessen individuellem und gemeinschaftlichem Plan einige Nachwirkungen verursacht. All dies ist für das Eintreten der notwendigsten Konditionen, die diese Wesen für ihre Vervollkommnung benötigen. Dies ist ein kleiner Teil der irdischen Manifestation der großen Harmonie. Obwohl sie widersprüchlich erscheinen, sind diese zu einem einzigen Zweck ausgerichteten Anordnungen eigentlich Gebote der großen

Vervollkommnungsordnung und damit der Harmonie des Universums.

Dass dieses Wesen, das wir zunächst als ein einfaches Ei betrachtet haben, und das in unzähligen Verkörperungen unendliche Beziehungen und Verbindungen zu zahllosen anderen Wesen hergestellt und dadurch den Umfang seines Verbindungsfeldes allmählich erweitert hat, um schließlich eines Tages zu einem menschlichen Körper aufzusteigen, die Macht erlangt diesen zu benutzen, und dass es bis zu diesem Moment in Milliarden von Beziehungen mit seiner Umwelt Milliarden von Ereignissen im Universum auslöst, und dass diese Abläufe ohne eine Haaresbreite abzuweichen miteinander verbunden sind, sich gegenseitig unterstützen; sind die anschaulichsten Beobachtungen der regelmäßigen Anordnung dieser Harmonie.

Innerhalb der gemeinschaftlichen Pläne wird dieser Mensch mit seiner Umgebung, der Familie, Freunden, anderen Menschen, Gemeinschaft, Nation, letztendlich direkt oder indirekt mit der ganzen Menschheit unzählige Beziehungen, Bindungen und gegenseitige Beeinflussungen erfahren; und diese Bindungen, Beziehungen, gegenseitige Beeinflussungen, die im gesamten Leben seines Menschendaseins fortführen werden, werden in unzähligen Anordnungen und Kombinationen zu Konsequenzen führen, die die ganze Menschheit, ja sogar das Universum betreffen; und sein nun universales nächstes Leben wird in voller Übereinstimmung mit den Regelmäßigkeiten und Anordnungen der Harmonie des Universums in Richtung der Unität fortschreiten. Hier haben wir nun gezeigt, dass auf dem Weg, auf dem ein einfaches Vogelei zu einem universalen Wesen wird, ein gemeinschaftlicher Plan seinen individuellen Plänen angehängt wird; dieser gemeinschaftliche Plan wird auf direkten oder indirekten Anordnungen und Regelungen mit anderen gemeinschaftlichen Plänen Beziehungen eingehen; entsprechend den Erfordernissen all dieser individuellen und gemeinschaftlichen Plänen werden verschiedene Umwelt- und Naturbedingungen entstehen; mit diesen Bedingungen werden diese

Pläne geregelt; bei diesen Regelungen, Konfigurationen und Anpassungen wird eine große Anzahl von Wesen sehr unterschiedlichen Grades sich verpflichten, einige vollkommen automatisch, einige halbbewusst, einige voll und ganz bewusst; und über ihnen werden die Wesen des höheren und überlegenen Plans der Pflicht als leitende Instanz im Rahmen der Gebote und Anweisungen, die sie von der Unität erhalten, gemäß ihren eigenen Richtlinien und Kontrollen diese Wesen führen und leiten; und schließlich wird der Tag kommen, wo das einfache Ei zu einem mächtigen Wesen wird, das im Verwaltungsmechanismus des großen Plans der Pflicht wie die anderen eine Rolle einnimmt. Die Macht, die hier sieht, dass dieses einfache Vogelei in ferner Zukunft sich zu einem großen verpflichteten Wesen entwickeln wird, und die, während es noch ein einfaches Ei ist, die nötigen ersten Vorbereitungen regelt und bestimmt, um diesen höheren Zustand zu gewährleisten, stammt aus dieser großen Harmonie. Mit anderen Worten, die Bestimmung der ersten Vorbereitungen der zukünftigen Zustände eines Wesens, die nach Milliarden und Milliarden von Jahren auftreten werden, und die zielgerichtete Ausführung dieser Vorbereitungen ohne eine Haaresbreite abzuschweifen, ist nur durch die Macht der großen Harmonie möglich.

Es sollte jetzt klar ersichtlich sein, dass all diese Aktivitäten in der großen Harmonie der himmlischen Ordnung stattfinden, die auf die Vervollkommnung im Universum abzielt und das Universum mit all seinen Ereignissen zu einem "Einssein" verbindet, und trotz ihrer oft "negativen" Erscheinungen angesichts der einseitigen und unfruchtbaren Auffassungsgaben der irdischen Wesen fließt diese Ordnung in einer völligen und unbeirrbaren Harmonie.

*
* *

Die Bewegungen der Entwicklung und Vervollkommnung aller Wesen können nur im Lichte der Regelmäßigkeiten und Anordnungen innerhalb dieser Harmonie des Universums sich vollziehen. Jede Anordnung und jedes Ereignis entspricht der Vervollkommnungserfordernisse der Universumsharmonie, die die Manifestation des himmlischen Gebotes ist, die alle Wesen umfasst. In diesem Fall, wie alle Welten des Universums auch, befindet sich unsere Erde, die in diesem himmlischen Gebot inbegriffen ist, zweifelsohne auch in dieser großen Harmonie. Daher; genauso wie es für die Entwicklung sowie des Vogels als auch der Katze erforderlich ist, dass ein Vogel von einer hungrigen Katze in Stücke gerissen wird, und dies im Hinblick auf den Vervollkommnungsplan des Universums ein regelmäßiges Ereignis darstellt, so ist es ebenso erforderlich, dass ein Staatsoberhaupt aus diesem oder jenem Grund eine Nation in den Krieg stürzt, was zu vielen Todesfällen führt, den Hunger, das Elend und Leid unzähliger Menschen verursacht, um somit die Entwicklung jedes einzelnen Wesens, das in die Sache verwickelt ist, zu verwirklichen, und dies ist ebenso ein mit dem Vervollkommnungsplan des Universums harmonisches Ereignis. So wie im ersten Fall sowohl der Vogel als auch die Katze automatisch in die Sache hineingezogen wurden, um ihre höheren Entwicklungsziele zu erreichen, genau so schließen sich im zweiten Fall das Staatsoberhaupt und seine Anhänger automatisch der Harmonie an, die auf dem gleichen Weg zum großen Ziel geschaffen wurde. Infolge all dieser Ereignisse werden natürlich unzählige Entwicklungsschritte unternommen und den Menschen werden die Möglichkeiten eines unendlichen Fortschritts eröffnet. Hier ist das verstörende, dissonante, verzerrte und ungleichmäßige Erscheinungsbild der Rauferei, des Bekämpfens und der Schlägerei, eigentlich der Ausdruck einer harmonischen Kondition, die in einer die menschlichen Auffassungen überschreitenden Vorrichtung ihnen die Entwicklungsmöglichkeiten auf qualvollen, peinigenden und zermürbenden Wegen bietet, denen sie sich als würdig erwiesen haben und die sie auch wollen.

In allen Situationen und Ereignissen der Natur wurden Konditionen geschaffen, die der allgemeinen Harmonie der Vervollkommnung und jeglichen Bedürfnissen der Wesen entsprechen. Diese Harmonie in der Welt, diese Ordnung, ist die Manifestation des himmlischen Gebots, das auf dem Weg ihrer Vervollkommnung das Schicksal aller Wesen bestimmt. Dieses Gebot wird wiederum entsprechend den Anweisungen der Unität durch die sich allmählich erweiternden Funktionen der verpflichteten Wesen aller Ebenen erfüllt, die in den Universumsorganisationen Pflichten übernommen haben.

Somit sind alle Welten, das gesamte Universum, ein Komplex von unzähligen Ereignissen, Vorkommen und Abläufen, die in einer großen Harmonie miteinander fest umschlungen sind. Harmonie ist das Universum selbst.

Selbst mit der oberflächlichsten Beobachtung können diejenigen, die sich auf der Erde aufmerksam umsehen, die unzähligen Erscheinungen dieser großen Harmonie, die sich in der Natur reflektieren, erkennen.

Wenn aus großer Höhe die Erde betrachtet wird, kann jeder die Harmonie im Zusammenlaufen der Länder und der Meere sehen. Es ist eine der Manifestationen der Vervollkommnungsharmonie, die sich auf den Materien der Erde abzeichnet, in der die Meere mit den Ländern zusammenlaufen, ohne dem Leben von Millionen Lebewesen den geringsten Schaden zuzufügen. Die Meere überschreiten ihre Grenzen gegenüber den Ländern nicht, als ob sie ihnen einen tiefen Respekt erweisen. Die Länder wahren ihr Verhältnis zu den Meeren mit ruhiger Würde. All diese Dinge werden von den verpflichteten Wesen entsprechend den Lebensbedingungen der Lebewesen auf der Erde und der allgemeinen Harmonie organisiert. Eine geringfügige Beeinträchtigung dieser Harmonie, zum Beispiel der Anstieg des

Meeresspiegels um 8-10 Meter, kann Konsequenzen haben, die vielerorts vielen Lebewesen das Leben kosten könnte. Doch an Orten, wo dies nicht geschehen soll, wird diese Harmonie keineswegs gebrochen.

* * *

Die Jahreszeiten sind ein gutes Beispiel für diese große Harmonie, die für den Fortbestand des Lebens auf der Erde und die Entwicklung der Wesen geschaffen wurde. Die Jahreszeiten folgen in einer großen Ordnung und Reihenfolge aufeinander, ohne bestimmte Grenzen der Temperaturen innerhalb der Lebensmöglichkeiten der Lebewesen zu überschreiten. Der Automatismus in ihren Abläufen wurde von großen verpflichteten Wesen festgelegt. Auf diese Weise gibt es beispielsweise in gemäßigten Klimazonen keine abrupten Sprünge von den heißen Sommertagen zu den kältesten Wintertagen. Von der Obergrenze bis zur Untergrenze und von der Untergrenze bis zur Obergrenze ändern sich die Temperaturen allmählich von Tag zu Tag, und in frischen Herbst- und Frühlingsströmen geht der Sommer in den Winter und der Winter in den Sommer über, und die Grenzen der Temperaturen erreichen weder unten noch oben niemals das Niveau, das die Lebewesen auf der Erde nicht aushalten können. Dieser Zustand ist eine berechnete Anordnung, die durch höhere Pläne angeordnet wurde und der großen Harmonie der Welten entspricht.

Die Wärme-Kälte Temperaturen der Jahreszeiten sind mit Materialien gefüllt, die auf jeden Bedarf der Wesen eingehen. Auch hier herrscht eine große Harmonie der Anordnung. Und all diese Regelungen und Anordnungen wurden im allgemeinen Vervollkommnungsfluss des Universums festgelegt, um den irdischen Wesen unendliche Möglichkeitsquellen vorzubereiten. Unzählige verpflichtete Wesen wurden in diesen Organisationen verpflichtet, um nicht im Geringsten von der Harmonie abzuweichen.

Das süße und feuchte Frühlingswetter, das für das Leben unerlässlich ist, bewirkt, dass viele Pflanzen- und Tierkörper erwachen. Alles wird aufgefrischt, verjüngt. Die Sommerzeit ist die Reifeperiode. Alle Früchte reifen, und jedes Lebewesen bringt die in ihm vorhandenen Kräfte zur Geltung. Dies ist eine Zeit der Produktivität. Der Herbst erfüllt die Bedürfnisse einiger Wesen, die während einer bestimmten Periode ihre Pflichten erfüllt haben und nun vorübergehenden Schlaf, Tod oder Ruhe brauchen, um sich auf ihr neues Leben vorzubereiten. In der Zwischenzeit verblassen die Blätter und fallen ab. Die Bäume kehren allmählich in ihr geheimes Leben zurück. Um sich auf ihr neues Erwachen im nächsten Frühling vorzubereiten, werden viele Tiere in ihre Gehäuse, Nester oder in den Schlaf oder Tod gezogen, der sie auf die Zukunft vorbereitet.

Der Winter ist eine Jahreszeit, in der alle Arten von Vervollkommnungsmaterialien für alle verkörperten Wesen enthalten sind. Während dieser Jahreszeit begegnen die Menschen vielen Prüfungen, Erfahrungen und Beobachtungen. Die Arbeiten, Bemühungen und Anstrengungen unter relativ harten Umständen helfen den Menschen, reifer und stärker zu werden. All dies geschieht in miteinander verbundenen Anordnungen durch gegenseitigen Austausch und Solidarität. Dies sind Regelmäßigkeiten und Anordnungen, von denen jede die allgemeine Harmonie der Erde bildet, und die innerhalb dieser allgemeinen Harmonie eng miteinander verbunden sind.

Jedes Klima hat seine eigene spezifische Ordnung. Diese Ordnung wird in der gleichen Einstellung ausgeführt wie die Lebensmöglichkeiten und die Strapazierfähigkeit der Wesen, die in diesem Klima leben. Pflanzen, Tiere und Menschen aus warmen Klimazonen finden in diesem Klima die Lebensbedingungen, die sie brauchen. Die Klimazonen halten sich mit großer Treue an diese Harmonie. So wie sich in tropischen Regionen niemals Eisberge bilden werden, so gibt es in Eiszonen auch keine glühend heißen Wüsten oder Hitzeregionen. Denn solche Umstände sind nicht geeignet für die Lebensmöglichkeiten der dort lebenden Körper.

Wenn der Boden austrocknet, die Pflanzen dehydrieren, die Tiere kein Wasser zum Trinken finden und die Menschen mit Dürre und einem vorzeitigen Tod konfrontiert sind, greifen die Wesen, die mit Funktionen entsprechend der großen Harmonie verpflichtet wurden, sofort ein und beginnen, ihre Einwirkungen in diese Region zu senden. Durch diese Einwirkungen sammeln sich die Wolken, das auf die Erde fallende Regenwasser belebt die Umgebung und ein perfekter und harmonischer Automatismus wird hergestellt, um nachteiligen Bedingungen vorzubeugen. Das Wasser im Boden verdunstet bei einer bestimmten Temperatur und steigt erneut zum Himmel auf und fällt bei Bedarf als Regen wieder zu Boden. So werden alle Zustände und Abläufe innerhalb einer der allgemeinen Harmonie des Vervollkommnungsflusses entsprechenden Ordnung fortschreiten, ohne auch nur eine Haaresbreite von ihrem Weg abzuweichen.

*
* *

Die Nächte folgen mit bestimmten Zeitabständen den Tagen. In dieser Hinsicht hat jede Region der Erde eine periodische Anordnung und eine Einstellung entsprechend der Jahreszeit. In bestimmten Jahreszeiten bleibt die Dauer von Tagen und Nächten immer konstant. All dies sind Zustände, die sich innerhalb einer unfehlbaren Anordnung vollziehen.

Die Bedingungen und Vorkehrungen, die in einem angemessenen Rhythmus und in großer Übereinstimmung bei jedem Ereignis und jeder Situation auf der Erde auftreten, sind Manifestationen der allgemeinen Harmonie der Erde. Es gibt nichts, Unregelmäßiges und Fehlerhaftes. Alle Ereignisse wurden stufenweise auf die Vervollkommnung jedes Wesens abgestimmt und ihm als Unterstützung geschaffen.

Die Erde ist ein kleiner Teil des Universums, was eine enorme Harmonie darstellt. Nichts, was hier passiert, kann über diese Harmonie hinausgehen. Wenn doch, kann es nicht existieren. Denn Harmonie bedeutet, dass die Ereignisse auf dem großen Vervollkommnungspfad sich in jedem Punkt aneinander anpassen, übereinstimmen und in einer komplementären Position zueinander sind. Dies bedeutet, dass alle Bewegungen, aus denen die Ereignisse bestehen, vollständig miteinander verschmolzen sind. Wobei jedes Wesen, jedes Materieteilchen, jede Schwingung eine Bewegungskomplexität ist. Wir haben bereits erwähnt, dass kein Teilchen des gesamten Universums frei von Lichtstrahlen sein kann. Dieses "himmlische Licht" ist die Harmonie selbst; und alle Bewegungen des Universums können nur durch die Macht dieses himmlischen Lichts existieren. Auch diesen Punkt haben wir erwähnt. Demzufolge würde das Verlassen der Harmonie, die Entbehrung dieser Bewegungen bedeuten und die Existenz sowie Beständigkeit einer Materie, eines Wesens, welche diesen Bewegungen entzogen sind, ist undenkbar. Also, wo immer es eine Bewegung gibt, dort gibt es definitiv eine Manifestation der Universumsharmonie.

Alle Dinge, die in den Augen der Menschen als gut, böse, defekt, unordentlich, sinnlos, niederträchtig, erhaben, respektlos zu sein scheinen, sind relativ. Diese sind lediglich fruchtlose Beurteilungen, die aus der mangelnden Meinung der Menschen bezüglich der Ordnung und Harmonie des Universums resultieren. Dass ein Löwe ein wehrloses Reh angreift, es in Stücke reißt und an seine Jungen verfüttert, große Fische kleine Fische fressen, in den Pflanzen-, Tier- und Menschenwelten unzählige Tötungen und Fressvorgänge stattfinden, und dies seit der Gründung der Welt ununterbrochen fortwährt, die Menschen ihren eigenen Frieden und ihre Behaglichkeit zerstören, indem sie sich gegenseitig angreifen, sie mit ihren Handlungen und Aktionen unzählige Tage voller Kummer und Leid selbst herbeirufen und schließlich die Erde für sich selbst in eine Hölle, einen Kerker verwandeln; solche hässlich erscheinenden Zustände sind eigentlich erforderliche, unerlässliche und absolut nützliche Konditionen, die den Geboten der großen Harmonie entsprechen und unter der Kontrolle der verpflichteten Wesen, die dem Verwaltungsmechanismus angehören, stattfinden. Sie alle fließen innerhalb der großen Ordnung und Harmonie der Welt, die stets das Ziel verfolgt für alle Wesen und Menschen neue Entwicklungsstufen vorzubereiten. Die Menschen können und werden diesen Zustand nur im Verhältnis zu ihrer Vervollkommnung sehen. In der Ordnung der Vervollkommnung und der allgemeinen Harmonie des Universums ist keines von diesen unnötig, sinnlos, hässlich oder unangebracht. All diese Konzepte von Hässlichkeit und Nutzlosigkeit sind Relativitäten, die auf einseitige Vorstellungen beruhen und von den Menschen als eine Notwendigkeit für ein in der Vervollkommnungsharmonie entstehendes irdische Leben akzeptiert und wertgeschätzt wurden. Tatsächlich können diejenigen, die sich für einen Moment von ihren Emotionen lösen und die Erde mit einer objektiven Sicht betrachten, in diesem Augenblick diese Wahrheit in ihrer ganzen Klarheit sehen.

Wenn sie die Insektenwelt betrachten, werden sie sehr bald begreifen, dass trotz aller Kämpfe und Auseinandersetzungen zwischen ihnen eine große Harmonie besteht, die dafür sorgt, dass sie jederzeit wachsen und sich entwickeln, und dass innerhalb dieser Harmonie diese Kämpfe und Auseinandersetzungen von großer Bedeutung sind.

Die Kämpfe und Schlachten, die die Bewohner von einem Ameisenhaufen gegen ihre Artgenossen führen, um ihr eigenes Nest zu verteidigen, sind nicht umsonst und unnötig. Dass die anderen sie angreifen und sie auf diesen Angriff reagieren, sind Anordnungen, die jenen Wesen manche Fähigkeiten, die sie vom Ameisenleben erwerben müssen, automatisch beibringen. Alle diese Situationen sind Teile der großen Ordnung der Natur, die den originalen Anweisungen entstammen und diesen Wesen zufallen, damit diese Ameisen, Bienen und Insekten die einfachsten und automatischen Vorbereitungen treffen können, um sich zu organisieren, sich zu versammeln, und um die Würdigkeit der gemeinschaftlichen Pläne zu erlangen, um schließlich eines Tages sich unter die Menschen zu mischen, die den Weg des hohen Plans der Pflicht beschreiten. Durch ihre automatisch gegründeten Organisationen leisten sie mit großer Loyalität eine Menge Arbeit und erfüllen Pflichten, ohne sich gegenseitig zu schaden, um ihr Leben zu erhalten, ihre Generationen hervorzubringen, das Wohlergehen ihrer Gemeinschaften zu erhalten und die Entwicklung zu gewährleisten, die hinter all diesen Aktivitäten verborgen ist. Und in ihren Arbeiten zeigen sie nicht die geringste Nachlässigkeit und Faulheit. Wir haben gesagt, dass sie diese Arbeiten durchführen, ohne sich gegenseitig zu schaden. Denn nach der irdischen Auffassung fressen sich die irdischen Körper jederzeit gegenseitig auf, im Grunde fügen sie mit diesen Bewegungen einander keinen Schaden zu, sondern helfen sich gegenseitig unwissentlich und unbewusst; und es ist in ihren gemeinschaftlichen Plänen eine Notwendigkeit, dass es so ist. So fließt vom Kleinsten bis zum Größten in allen Welten der Pflanzen, Tiere und Menschen, manchmal in positiver, manchmal in negativer Form, ein Zustand der Übereinstimmung mit und Teilnahme an den Geboten der großen Ordnung und Harmonie.

\*
\* \*

Es ist unter den Menschen eine viel breitere und umfangreichere Variante der Übereinstimmung mit den Geboten des gemeinschaftlichen Plans zu beobachten, vorausgesetzt, man bleibt immer im Kader der großen Ordnung der Natur und der Vervollkommnungsharmonie. Zum Beispiel ist die Harmonie, die an manchen Orten sich unter den Menschen als großer Frieden und Ruhe zeigt, nicht anders und nicht getrennt von der Harmonie, die in vielen anderen Orten in der Art von Belästigung und Schädigung, Erwürgen und Töten fortschreitet. Alle diese Turbulenzen, die in den Augen der Menschen dissonant und verzerrt zu sein scheinen, sind Manifestationen der Harmonie im Universum, die in Übereinstimmung mit der Weltordnung, gemäß den vielfältigen Entwicklungsbedürfnissen, Stärken und Würdigkeitsgraden der Menschen, angeordnet und eingestellt sind. Das irdische Leben, das alle Lebewesen und ihre Bewegungen und Ereignisse von seinen Steinen und seiner Erde an mit einer enormen Vervollkommnungsharmonie umschlossen hat, muss von dieser Seite als ein einziges Ganzes betrachtet werden. Es ist ein so enormes Orchester, dass es, wenn einige seiner Töne getrennt betrachtet werden, verschiedene disharmonische, ja sogar ohrenkratzende Eigenschaften aufweisen, wenn sie aber innerhalb des gesamten Orchesters gehört werden, werden sie durchaus zu schönen, harmonischen und sogar für die Perfektion des Orchesters notwendigen Konditionen und Werten. Wenn jemand, der das Wissen der Komposition und Orchestration nicht kennt, versucht den fehlerhaften Klang eines Instruments nach eigenem Belieben zu stimmen, so kann er die Harmonie dieses Orchesters stören. Der "ganze" Zustand der Erde befindet sich jedoch in einer Harmonie mit einem unendlichen Umfang, die nicht mit der unzureichenden Harmonie eines gewöhnlichen Orchesters zu vergleichen ist. In dieser Hinsicht ist die Erde mit all ihren Formationen eine entstandene enorme Komposition. Und diejenigen, die diese Komposition bewirkt haben, sind "große verpflichtete Künstler", die sich an die aus der Unität einströmenden originalen Gebote angepasst haben. Mit anderen Worten, sie sind große Organisatoren.

*
* *

Nun haben die Menschen, die in den mächtigen Anordnungen der großen Ordnung und Harmonie der Erde bis zum heutigen Stand gekrabbelt sind, die Höhepunkte ihrer Vervollkommnung auf der Erde erreicht. Die fortdauernden Anordnungen der großen Harmonie des Universums sind nicht länger in der Lage, die weitere Vervollkommnung der menschlichen Wesen zu gewährleisten, die in diesen Anordnungen der Erde herangewachsen sind. Denn die Menschen sind in der Position, wo sie innerhalb der Möglichkeiten der Wasserstoffwelt alle Erfahrungen gemacht, alle hiesigen Entwicklungsstufen überschritten und ihre Perioden abgeschlossen haben. Ihre essenziellen Wesen ringen sich in dem Bedürfnis, zu neuen Horizonten, neuen Umgebungen, erhellten Territorien mit vielen

Lebens- und Entwicklungsmöglichkeiten zu zulaufen und diese zu erreichen. Sie haben die Sehnsucht und Intuition danach, die breitesten Möglichkeiten der großen Harmonie des Universums zu erreichen und zu versuchen, von dieser Harmonie zu werden.

Obwohl die Menschen sich dieser Intuitionen nicht vollständig bewusstwerden können, weil sie sich unter menschlichen Bedingungen befinden, lebt die Menschheit heute in der schwersten und dunkelsten Verwirrung und Ratlosigkeit dieses Kampfes. Sie kann noch nicht voraussehen, wohin sie gehen wird und wohin sie gehen muss, aber ohne den Grund, die Beschaffenheit zu wissen, windet sie sich mit überschäumenden Bewegungen in dem Bedürfnis, unbedingt irgendwohin zu gehen, eine Erleuchtung zu erlangen, eine geräumige Umgebung zu erreichen, die Schwere der Materiebedingungen, in der sie sich befindet, zu durchbrechen. Unfähig, sich der Natur des Glücks bewusst zu werden, kann sie nicht im Geringsten das Glück in ihrer Nähe finden, welches sie aber in jedem Moment anstrebt, mit der Frustration, dieses Glück nicht finden zu können, versucht sie sich zu trösten, indem sie sich in die vorübergehenden Freuden der "materiellen Spielzeuge" vergräbt. Doch dieses Ringen, das so erscheint, als dass es keinen Nutzen hätte, außer die Verwirrung zu erhöhen, bereitet angesichts des Schicksalsmechanismus im Grunde für sie die Wege des Glücks vor, die sie sucht, erwartet und benötigt. Natürlich werden die notwendigen Anordnungen in der großen Harmonie der Welt errichtet, damit die Menschen dieses Glück erreichen, nach dem sie sich heftig sehnen und erwarten. Diese fortschrittlichen Anordnungen wurden durch die Notwendigkeit, die nötigen Formen entsprechend der allmählichen Wandlung der heutigen Weltordnung und den gereiften neuen Anforderungen und Bedürfnissen zu bilden, innerhalb der Harmonie der himmlischen Ordnung beurteilt und bestimmt.

Also, alle zukünftigen Veränderungen; egal, wie sehr sie angesichts der menschlichen Auffassung als große Katastrophen erscheinen; sie werden unter den Anordnungen und

Regelmäßigkeiten auftreten, die den Bedürfnissen der menschlichen Wesen am besten entsprechen und auf diese reagieren. Die Ereignisse, die in Kürze beginnen werden, werden die letzten Szenen entsprechend der möglichen menschlichen Vervollkommnung auf der Erde vorbereiten und den letzten Vorhang eines schmerzhaften Weltstadiums schließen, das seit Jahrhunderten andauert.

*
* *

Die Bedürfnisse der Wesen werden in der Natur keineswegs vernachlässigt. Anordnungen, Regelmäßigkeiten und Regelungen, die allen Bedürfnissen und Anforderungen der Vervollkommnung entsprechen, werden unverzüglich hergestellt. Denn das Universum ist für die Vervollkommnung bestimmt, und dort ist die Befriedigung aller Bedürfnisse der Vervollkommnung eine Notwendigkeit. Was die Formen und Aspekte der neuen Regelmäßigkeiten und Anordnungen, die angesichts dieser Bedürfnisse zu errichten sind, betrifft: Wir haben gesagt, dass die menschlichen Wesen zu Kandidaten für ein überlegenes Leben geworden sind und sich an den Pforten von endlos erhellten Territorien befinden. Aber diese Pforte muss geöffnet werden, damit die Menschen diese höheren und strahlenden Leben, denen sie würdig sind, erreichen können. Und so bleibt den Menschen noch eine kleine Tat zu verrichten, um in die einzigartigen Territorien des Glücks überzusiedeln, denen sie sehnsüchtig schweißgebadet nachgelaufen sind; und diese besteht darin die Pforte, die zum Öffnen bereit vor ihnen steht, mit einem Fingerschnippen weit aufzuwerfen und hineinzustürzen. Aber auch die Realisierung davon wird im Ablauf einiger sehr gut organisierter und harmonischer Ereignisse möglich sein. Und das ist als solches notwendig für die Erlösung der Menschen.

Sicherlich werden eine Unzahl an Menschen von den großen Vorbereitungen profitieren, die durch die harmonischen Anordnungen innerhalb dieser enormen Ordnung gewährleistet sind und folglich werden sie die Gelegenheit nicht verpassen, in einer großartigen Stimmung der Freude zu verfließen, um in den unendlichen Leben der Äther Welten im Reich der unbegrenzten Möglichkeiten sich fortzubewegen.

Somit haben wir deutlich festgestellt, dass in den radikalen Veränderungen der Naturbedingungen, die in naher Zukunft eintreten werden, nichts zwecklos oder blindlings sein wird, und dass selbst das kleinste Ereignis gemäß den aus der Unität stammenden Geboten von höheren verpflichteten Wesen innerhalb einer unfehlbaren und reibungslosen Anordnung und Harmonie hervorgebracht wird. Und das "Öffnen der Pforte", das wir oben erwähnt haben, bedeutet das sich die Menschen dieser Wahrheit bewusstwerden und sie verinnerlichen, und dementsprechend bereitwillig und gerne in die bestehenden Ordnungen übergehen und sich diesen anpassen. In diesem Fall hat die neue Harmonie, die mit der Veränderung der Naturbedingungen auf der Erde einhergeht, einen außerordentlich großen Wert und eine große Bedeutung, da sie den Menschen diese Befreiungsmöglichkeiten gewährleisten wird. Es ist zum Wohle der Menschen, sich daran zu erinnern, dass diese Zustände, die in scheinbar unregelmäßigen und ermüdenden oder sogar störenden Situationen auftreten können, tatsächlich ein wertvolles Mittel sind, um die hohen Gewinne der Menschen sicherzustellen. Denn die sich verändernde Erscheinung der Menschheit und die Harmonie, die mit den neuen Anordnungen hergestellt wird, werden erst nach dem Abschluss des vervollständigten Erdzyklus entstehen. Aus diesem Grund also gibt es letzte Vorbereitungen, die die Erde durchlaufen muss.

Es gibt zwei Aspekte dieser Vorbereitungen: Der erste Aspekt besteht darin, den Menschen das notwendige und noch fehlende Wissen, die Beobachtungen und Überzeugungen zu vermitteln, indem den Menschen mitgeteilt wird, dass diese Erde für sie kein geeignetes Zuhause mehr sein kann; der andere Aspekt ist die Erschaffung einer neuen Erde, die für die Vervollkommnung nachfolgender einfacher Körper geeignet ist.

*
* *

Nun beginnen wir, die Beschaffenheit und die Formen dieser Naturveränderungen, der neu auftretenden Ereignisse, kurz gesagt des kurz bevorstehenden großen Erdumbruchs, zu erklären.

Einige einfache Ereignisse, die wir als die ersten Anzeichen der bevorstehenden Abschließung dieses großen Erdzyklus nennen, haben bereits begonnen. Diese sind einige atmosphärische Veränderungen, denen die Menschen noch keine große Bedeutung zuschreiben und sie für vorübergehende Störungen halten, die sich aus blinden Naturkräften ergeben. Diese Situationen werden allmählich zunehmen und sie werden ununterbrochen fortfahren, um die höheren Bedeutungen, die sie ausdrücken, noch stärker spüren zu lassen.

Zum Beispiel wird die erwartete Sommerhitze irgendwie nicht kommen, mitten im Winter wird ungewöhnlich warmes Wetter und mitten im Sommer kaltes Wetter zu beobachten sein. Während in einigen Orten langanhaltende Dürren herrschen werden, werden an anderen Orten anhaltende Regenfälle zu Überschwemmungen führen und erhebliche Schäden anrichten. Starke Winde werden gefährliche Ausmaße annehmen und streckenweise großen Schaden zur Folge haben. Unterdessen werden auch Erdbeben auftreten; starke Erderschütterungen werden sich hier und da auf der Erde ereignen, die die Menschen unter den Naturereignissen als Katastrophen bezeichnen werden.

Auch in den Meeren werden außergewöhnliche Ereignisse auftreten. Zum Beispiel an Küsten, wo es sonst keine Gezeiten gibt, werden die Meere manchmal bis zu 8-10 Meter anschwellen und das Land angreifen. Einige Städte, die an solche Gezeiten nicht gewöhnt und nicht vorbereitet sind, werden von Überschwemmungen bedroht sein und großen Schaden erleiden.

In verschiedenen Orten der Erde wird es stellenweise zu Erdrutschen kommen und einige Provinzen und Orte werden deshalb ziemlich beängstigende und bedrückende Momente erleben. Auch werden während dieser Erdkatastrophen an einigen Orten Erdrisse entstehen aus denen Rauch und Flammen herausdringen werden.

Kurz gesagt, all diese großen Winde, Überschwemmungen, Erderschütterungen, Erdbeben, Meeresanschwellungen, Fluten und Erdrisse, die auf ungewöhnliche Weise auftreten werden, werden den Menschen allmählich die Behaglichkeit rauben und ihre Verluste erhöhen. Jedoch wird keines von diesen außerhalb der Harmonie und der Ordnung sein; sie alle werden Ausdruck des allmählichen Voranschreitens der Schritte sein, die angemessen angeordnet und an die oben genannten Ziele angepasst wurden.

Diese Zustände werden mehr oder weniger 40-50 Jahre auf der Erde auf solch heimtückische, aber fortschreitende Weise andauern und nicht stark genug sein, dass die Menschen zu ihrer wahren Bedeutung durchdringen können. Während sie jedoch schrittweise voranschreiten und sich auf weitere Stadien vorbereiten, werden sie ihren Schweregrad nach und nach erhöhen. Diejenigen, die die Informationen in diesem Buch gelesen und verinnerlicht haben, werden keine Schwierigkeiten haben, schon zu Beginn die Bedeutungen, die diese Zustände ausdrücken, intuitiv zu erfassen, und werden die Gelegenheit haben, sich auf den "bevorstehenden großen Tag" bequem und in Seelenruhe, ja sogar mit Freude vorzubereiten.

Etwa fünfzig Jahre später werden die Ereignisse sich viel deutlicher bemerkbar machen, und sehr störende, beängstigende Eigenschaften annehmen, die die Menschen –besser gesagt diejenigen, die sich nicht wie erforderlich vorbereiten konnten– in Plagen und Leiden versetzen. Abgesehen davon werden diese Ereignisse immer noch nicht genug verschärft sein, um ihre wahre Bedeutung den Menschen zu offenbaren, und ein Teil der Menschen wird weit davon entfernt sein, die wahre Bedeutung dieser Ereignisse zu begreifen, sie werden in großer Verwunderung nicht wissen, was vor sich geht und was ihnen widerfährt. Zum Beispiel werden einige dramatische Klimaveränderungen zunächst langsam einsetzen, kalte Orte werden sich allmählich erwärmen und manche Regionen werden ungewöhnlicherweise wegen der Hitze anfangen auszudörren. Infolge dieser Situationen werden abnormale Winde einige schreckliche Taifune auslösen und diese werden viele Schäden verursachen. Erdbeben werden häufiger auftreten und sich intensivieren; Erdrisse, Ausbrüche, Einstürze werden zunehmen; und diese Situationen werden sich im Laufe der Jahre noch deutlicher bemerkbar machen.

Einige Städte werden durch große Erschütterungen zerstört werden, an ihren Stellen werden große Gruben oder Seen entstehen; an einigen Orten werden große und andauernde Dürren beginnen, zahlreiche Menschen und Tiere werden umkommen; bewaldete, fruchtbare und ergiebige Böden werden beginnen sich in Steppen und sogar in trockene unfruchtbare Wüsten zu verwandeln; diese Gebiete werden für die Menschen, die sich seit Jahren, sogar seit Jahrhunderten in diesen Gebieten bequem niedergelassen hatten, nun unbewohnbar werden, und die Menschen werden diese Orte verlassen, um produktivere Orte zu suchen und zu finden, sie werden anfangen an geeignetere Orte zu migrieren. Somit werden auf der Erde an verschiedenen Orten große Völkerwanderungen beginnen, dieser Zustand wird zu erheblichen Unruhen in den menschlichen Gemeinschaften führen.

Das Anschwellen der Meere wird zunehmen; die irdische Materie wird anfangen, den Menschen ihr schreckliches Gesicht zu zeigen, sie wird es nicht länger versäumen, den Menschen in einer "nonverbalen Sprache" klarzumachen, dass sie nicht mehr viel von ihr zu erwarten, ja sogar gar nichts mehr von ihr zu erwarten haben. Kurz gesagt, die Erde wird nach und nach unfruchtbarer, unangenehmer für die Menschen werden und sie wird ihre zum Leben geeigneten Eigenschaften verlieren. Ohnehin wird, wie wir bereits erklärt haben, die Verbreitung der

Krebsfälle, die gegen das Ende dramatisch zunehmen wird, den Menschen eines der wichtigsten Anzeichen liefern, dass die irdischen Materien die Bedürfnisse nicht mehr ansprechen. Zusammenfassend lässt sich sagen, dass die Folgen von Dürren und einigen anderen zwingenden Naturereignissen ab dem fünfzigsten Jahr sowie die von Zeit zu Zeit andauernden großflächigen Migrationen die Erde in Aufruhr versetzen, und dass das immer düsterer werdende Gesicht und die verschärften Situationen der Natur gegenüber den Menschen diesen Aufruhr noch rasch verstärken werden.

Diese Zustände werden bis zum hundertsten Jahr sich vermehrend fortfahren; ab dem hundertsten Jahr werden die Ereignisse und die auf der Erde beginnenden Veränderungen den Menschen einige Anhaltspunkte geben bezüglich der wahren Beschaffenheit und der Bedeutungen all dieser Ereignisse. Situationen, die sich bis jetzt als einfache Veränderungen fortgesetzt haben, werden sich nun in völligem Chaos und auf eine Weise entwickeln, die die klaren Veränderungen der alten Weltordnung und ihrer Anordnungen zum Ausdruck bringen.

Das Eis in den kalten Regionen wird beginnen zu schmelzen, einige kalte Regionen werden sich zunehmend erwärmen, und wesentliche Veränderungen werden in den Weltklimata eintreten. In diesen scheinbar chaotischen Ereignissen gibt es Anordnungen und Regelmäßigkeiten, die für die Menschen die Verwirklichung der kommenden Tage der Erlösung und der Freudenbotschaft vorbereiten.

Während einerseits die Erde immer wärmer wird, werden andererseits an einigen Orten große Unterschiede in den Jahreszeiten zu beobachten sein. An diesen Orten wird im Sommer eine große Hitze herrschen und im Winter eine ziemliche Kälte. Auf die letzten Tage zu werden sich die Klimata völlig verändern; die derzeitigen milden Klimazonen werden die höllisch heißen Zustände der tropischen Regionen erfahren; und bisher kalte Klimazonen werden zu den heißen Regionen der Erde werden. So werden viele Städte vor Hitze unbewohnbar werden; einerseits werden die höllisch heißen Regionen und andererseits das verdorrte, zur Wüste gewordene unerträgliche Ödland der früher enorm fruchtbaren Felder zu sehen sein.

Große Naturereignisse werden nach dem hundertsten Jahr beginnen; diese werden dazu führen, dass die Menschen gruppenweise in Massen sterben; und die Situationen, die die Menschen als große Katastrophen bezeichnen, werden einander folgen. Allerdings wird die Weltbevölkerung trotz so vieler Todesfälle nicht abnehmen, sondern ganz im Gegenteil zunehmen. Zum Beispiel wird sich die heutige Weltbevölkerung von etwa 2,5 Milliarden bis dahin auf 6-7 Milliarden steigern. Der Hauptgrund für diesen Anstieg wird die Tatsache sein, dass alle Wesen, die die Erde bis jetzt verlassen und sich im Spatium angesammelt haben, auf die Erde zurückkehren werden. Alle Wesen des Spatiums werden auf die Erde zurückkehren, um in dieser letzten Weltperiode zu leben und von den großen die zukünftigen Leben vorbereitenden Möglichkeiten und dem Wissen dieser Periode zu profitieren. Dies wiederum wird dazu führen, dass auf der Erde an verschiedenen Orten in großem Umfang Geburten auftreten werden. Im Grunde hat der Zustrom der Wesen aus dem Spatium auf die Erde bereits begonnen und die Zunahme der Bevölkerungszahl der Menschen hat in diesen Tagen schon angefangen.

Hier möchten wir betonen, dass in den letzten Tagen der zuvor erwähnten Mu-Welt sich die Menschen der damaligen Zeit auf die gleiche Weise vorbereitet haben. Diese Zeichen, die wir erwähnten, zeigten sich auch dort und lehrten die Menschen vieles. Nun beginnen dieselben Anordnungen, sich auch für die Menschen der heutigen Welt zu wiederholen. Diejenigen, die die Parallelität der vorherigen Informationen über die Ereignisse vor der Schließung der Mu-Welt mit den Ereignissen der Schließung dieses letzten Erdzyklus vergleichen, werden feststellen, dass es zwischen ihnen fast keine Veränderungen gibt.

## DIE HIMMLISCHE ORDNUNG UND DAS UNIVERSUM

*
* *

Wir möchten die Situation der letzten klimatischen Bedingungen, die kurz vor der Schließung der Erde eintreten werden, zusammenfassen:

Nordrussland wird im Winter extrem kalt werden (-60° bis -70°) und im Sommer hingegen wird es die Temperaturen der milden Klimazonen aufweisen (0° bis +25°).

In Nordgrönland, Skandinavien, im europäischen Nordrussland, in Kaukasien, Afghanistan, Tibet, China, Japan und Alaska wird es im Sommer ziemlich heiß (+45°), und im Winter ziemlich kalt werden (-50°).

In Südgrönland, England und allen mitteleuropäischen Ländern ab der nordöstlichen Hälfte Frankreichs: In Nordfrankreich, Dänemark, Belgien, Holland, Deutschland, Schweiz, Österreich, der Tschechoslowakei, Ungarn, den gesamten Balkanländern, der nordöstlichen Hälfte Italiens, der Türkei, im nördlichen Teil Griechenlands, im Iran, Pakistan, der nördlichen Hälfte von Indien, Indochina und im Norden Kanadas wird der Sommer im tropischen Charakter heiß werden (+50° bis +70°), und im Winter hingegen werden Minustemperaturen herrschen (-20° bis -8°).

In der südwestlichen Hälfte Frankreichs, in Spanien, der südwestlichen Hälfte Italiens, Sizilien, in den südlichen Teilen Griechenlands, im Mittelmeerraum, in ganz Afrika, in Madagaskar, auf der Arabischen Halbinsel, im südlichen Teil Indiens, in Malakka, Indonesien, Neuguinea, den Philippinen, Australien, Neuseeland, der südlichen Hälfte Kanadas, den gesamten Vereinigten Staaten von Amerika, Kalifornien, Mexiko, Venezuela, Kolumbien, in der nördlichen Hälfte Boliviens wird es im Sommer und im Winter konstant warm werden, wobei in diesen Regionen die Temperaturen kontinuierlich zwischen +40° und +70° variieren werden.

Dieser Zustand bezieht sich auf das "letzte Stadium" der Erde. Die Klimazonen werden erst nach fünfzig Jahren beginnen in diese Zustände allmählich einzutreten. Das heißt, dass die Weltklimata nicht schlagartig diese hier erwähnten endgültigen Temperaturen erreichen werden, sondern sie werden diese über viele Jahre hinweg allmählich erlangen.

*
* *

Auf dem Weg zum letzten Moment des Umbruchs der Erde werden sich alle Naturereignisse intensivieren, Erderschütterungen werden sich verstärken, Überflutungen, große Überschwemmungen, große Erdrutsche, Erdrisse und schwere Erdbeben, die mehrere Städte auf einmal verwüsten können, werden ohne Pause einander folgen; noch bevor die Menschen die Folgen einer Katastrophe überstanden haben, werden sie eine weitere noch schrecklichere Katastrophe erleben. In der Zwischenzeit wird es natürlich massenweise Todesfälle geben, Krankheiten werden sich vermehren, das Leben auf der Erde wird einen sehr schmerzhaften und mühsamen Zustand einnehmen.

Intelligente, sachkundige und gut vorbereitete Menschen werden, wenn sie diese Situation erkennen können, sehr gut verstehen, dass die irdische Materie für die Menschen auf der Erde nicht mehr ausreicht, und dass die Erde den Menschen diese Wahrheit geradezu gewaltsam vor Augen führt. Und so wird der Moment kommen, in dem vielen Menschen klar wird, dass es für sie auf der Erde keinen Platz mehr zum Leben gibt. Und dies wird die perfekteste Anordnung und Ordnung der Erde sein, damit die Menschen die Wahrheit in ihrer ganzen Klarheit erkennen können; mit der Macht dieser Anordnung und Ordnung werden die meisten Menschen die Kraft erlangen, mit großer Sehnsucht die oben erwähnte "Pforte, die die beiden Welten voneinander trennt", sperrangelweit zu öffnen; das heißt, sie werden beginnen das Licht ihrer Auffassungsgaben zu erlangen.

*
* *

Dieses Chaos wird die Menschen immer mehr verwirren, indem es einen ausweglosen Zustand einnimmt; und schließlich wird ein Moment kommen und von diesem Moment an wird die Erde, die bis dahin im Sterben lag, bald in ihrem alten Leben die Augen für immer schließen. In diesem Zustand wird die Erde buchstäblich einem kochenden Kessel ähneln. Während dieses "letzten Stadiums", das nur ein paar Tage dauern wird, werden alle Kontinente und Meere in Wallung geraten. Himmel und Erde werden erbeben.

In der Zwischenzeit wird der Boden sich spalten und in Stücke gehen. Diese Stücke werden wie Blätter, die von einem enormen Wind hin und her geschüttelt werden, ständig erschüttert werden. Sie werden auf und ab gehen. Die Erde wird bei jedem Schritt erbeben. Sehr große Erdrisse werden auftreten. Diese Risse werden tiefschwarze Dämpfe und giftige Gase freisetzen. Diese Rauchschwaden werden nach und nach die Erde bedecken. Es wird dunkel werden. Diese Dämpfe werden in Form von Rauchwolken auftreten, die feuchte und giftige Gase enthalten, welche in den unteren Schichten der Erdoberfläche entstehen, wenn brennende Kohle sich mit Wasser vermischt. Sie werden die Menschen massenweise töten. Die enorm langen Erdrisse, die sich stellenweise bilden werden, werden eine Breite von 30-40 Kilometern erreichen. Und zusammen mit ihren Städten, von denen viele bereits zu Ruinen geworden sind, werden große Landstücke, riesige Berge, in diese breit geöffneten Feuergruben hinabstürzen. Zum Beispiel könnte in einer solchen fünfzig Kilometer breiten Spalte, die sich in der Gegend von Izmit auftun könnte, die Türkei mit all ihren Teilen bis zum Vansee untergehen. Diese gewaltigen Feuerabgründe werden sich in verschiedenen Orten auf der ganzen Erde auftun; und die sich hier befindenden Berge, Hügel, Täler, Ebenen, große Landstriche zusammen mit all ihren zerstörten Städten und ruinierten Konstruktionen werden in diese Abgründe hinabstürzen. Und diejenigen, die von den dort lebenden Menschen überlebt haben, werden mit ihnen in diesen Feuerabgründen begraben werden. Unterdessen werden einige dieser Feuergruben Lava in Form von glühend heißer Asche ausstoßen und diese wird als Feuerregen auf die Menschen niederprasseln. Gleichzeitig werden riesige und dichte Wolken den ganzen Himmel der Erde bedecken. Unzählige mit heftigem Donner niederschlagende Blitze werden die dicken schwarzen Rauch- und Dampfwolken durchdringen und die Umgebung unaufhörlich erhellen; überall auf der ganzen Erde werden Blitze einschlagen.

Während einerseits der Donner die Schreie der Menschen erstickt, ein unterirdisches Brummen, der Lärm von Gasen und Lava, die aus den explodierenden Löchern und Spalten herausschleudern und überlaufen, die Freisetzung von erstickenden und ätzenden Gasen, das Entstehen von Feuerabgründen und -gruben an verschiedenen Orten, Landstriche, die wie Laub erzittern, Blitze, das besinnungslose Geschrei der Menschen ihren fortlauf nehmen; werden andererseits die Ozeane, die die Kontinente umgeben, sich wie noch nie zuvor aufbäumen, und Wellen, die Milliarden Tonnen Wasser enthalten und wie gigantische Berge anschwellen, werden beginnen, die Kontinente anzugreifen. Diese Situationen sind nun die letzten Stunden der Erde; die Erdoberfläche geht unter. Mit anderen Worten, "ein Weltleben", das seinen Zyklus abgeschlossen hat, ist im Begriff, sich für immer zu schließen. So werden die Ozeane, die die Kontinente angreifen, beginnen das ganze Land samt seinen zerstörten Städten, seinen geöffneten Gruben, Wäldern, Tälern und weiten Landstrichen zu bedecken. Sie werden die Menschen in Herden vor sich hertreiben und verschlingen. Dort, wo das Meerwasser auf die Feuerabgründe und -spalten trifft, werden große Explosionen und immense Dampfwolken auftreten. In der Zwischenzeit werden die Kontinente von einem Ende zum anderen durchbrechen und mit all den zerstörten Konstruktionen einer jahrhundertealten Zivilisation und ihren Artefakten in diese Höllengruben stürzen und innerhalb weniger Stunden verschwinden. Diese Feuergruben, in denen sie versunken sind, werden sofort von enormen Wassermassen der Ozeane bedeckt und in kürzester Zeit werden alle Kontinente der Erde verschwunden sein. An ihrer Stelle werden neue Ozeane mit einer Tiefe von Tausenden von Metern entstehen und mit all ihren bisher erreichten Zivilisationen und ihrem materiellen Reichtum wird somit ein weiterer Erdzyklus abgeschlossen sein und der Vergangenheit angehören, der für immer in Vergessenheit geraten wird.

In diesem Tumult werden die meisten Menschen in eine Welt gehen, die ihren Bedürfnissen gerecht wird; die wenigen Überlebenden hingegen werden in verwirrtem Zustand auf den Gesteinsbruchstücken verbleiben, die die große Zerstörung überstanden haben, um in die neue Erde überzugehen. Denn einige höher gelegene Teile der alten Kontinente, die in den Tiefen der Meere versunken sind, werden an der Oberfläche der Meere als große Felsbrocken verbleiben und die zukünftigen kleineren und größeren Inseln und Inselgruppen bilden.

Vom Grund der Meere, die durch das Versinken der Erdoberfläche komplett aufgewühlt sind, werden große Landstücke emporsteigen und somit werden sich aus diesen neue Kontinente bilden. Diese neuen Kontinente werden ein neuer Gegenstand jahrhundertelanger Forschung für Geographie-Experten des nächsten Erdzyklus sein.

Wir sagten, dass die Menschen des neuen Erdzyklus jene Menschen sein werden, die während des Untergangs der heutigen Erde, auf den höheren Teilen und Hügeln der Kontinente überlebt haben. Auf den neuen Kontinenten, die während dieser Zeit aus dem Meeresboden emporsteigen, wird es noch keine Menschen geben. Da es auf den Inseln kein Land geben wird, auf denen die Menschen, die von der heutigen Erde in die neue übergehen werden, leben müssen, werden die Menschen auf diesen nur aus Felsen bestehenden und vom Meer umgebenen Inseln gefangen sein. So wird nach diesen Ereignissen, die sich innerhalb von wenigen Tagen ereignet haben, die Ruhe wieder einkehren; das allgemeine Gleichgewicht, das sich seit Jahren auf der Erde verschlechtert hat, wird nach Überwindung der letzten Krisentage gemäß den neuen Bedingungen der Erde wiederhergestellt werden; alles wird seinen Lauf nehmen, die Sonne wird am Horizont der neuen Erde wieder mit der gleichen Helligkeit aufgehen und beginnen sie weiter zu beleben.

*
* *

Was die Menschen betrifft: Die Menschen, die von dieser Erde in die zukünftige zurückbleiben, werden zunächst ihre Körperstrukturen zwar bewahren, aber ihre mentalen Konditionen, ihre Intelligenz, ihr Intellekt, ihre Emotionen und ihr Gedächtnis werden sich stark zurückbilden. Sie werden das Bewusstsein verlieren und verrückt werden. Diese Menschen werden alle Informationen und Konzepte bezüglich des letzten Erdzyklus, der großen menschlichen Zivilisationen, ihrer eigenen individuellen, familiären und gemeinschaftlichen Leben vergessen. Nichts wird in ihrer Erinnerung bleiben, weder ihr altes Wissen, die Wissenschaften, Techniken, Fähigkeiten, Gewohnheiten noch etwas von ihren früheren Identitäten; sie werden in der primitivsten Form des Menschen nur durch ihre Instinkte handeln. Angst wird ihr ausschlaggebender Instinkt sein. Die verheerenden Ereignisse während des großen Erdumbruchs, die sich tagelang vor ihren Augen abgespielt haben, der schreckliche und laute Untergang der Erde wird zu einem enormen Instinkt der Angst führen, der für eine sehr lange Zeit ihr Wesen bestimmen wird. Da diese Menschen jedoch ihr gesamtes Wissen über die Vergangenheit verloren haben und unter den gegenwärtigen Umständen bewusstlos und unbewusst sind, werden sie auch niemals die Ursache oder die Natur ihrer Ängste kennen, sondern nur unter dem ständigen Druck der Angst leben. Darüber hinaus werden die zunehmend verwildernden und rauen Bedingungen der Erdumgebung, in die sie neu eingetreten sind, ihre Angstinstinkte weiter steigern und stärken.

Das Gefühl der Angst wird diese primitiven Menschen nach und nach zusammenbringen. Sie werden Angst vor allem haben; und wenn sie Angst haben, werden sie noch näher zusammenrücken und sich einander festklammern. Ihre Blicke werden ängstlich sein, und in all ihren Zuständen und Bewegungen werden alle Erscheinungsformen der Angst zu sehen sein. Gelegentlich und normalerweise, wenn sie Angst vor etwas haben, werden sie unbewusst schreien und bedeutungslose Geräusche von sich geben und gedankenlos hin und her rennen. Denn sie werden noch nicht sprechen können und es wird ihnen auch an der Fähigkeit mangeln, sich mit Zeichen zu verständigen. Zum Beispiel, wenn einer von ihnen zu schreien beginnt, werden die anderen besonders durch den Instinkt der Angst auch anfangen zu schreien; nachdem sie eine Weile zusammen geschrien haben, werden sie, wenn ihre Ängste ein wenig abgeklungen sind, wieder alle zusammen still sein.

Jene armen Menschen, die aus der ehemaligen Erde in die neue übergegangen sind, und hungrig, nackt, ohne Werkzeuge, ohne Mittel, ohne alles, und vor allem in einem vernunftlosen, gedankenlosen, unbewussten Zustand verblieben sind und nur mit den Instinkten der Angst und des Hungers handeln, werden auf den Felsen und unter den wilden Tieren sehr harte und schwere Momente erleben. Sie werden keine Nahrung finden können, ihnen wird die Kleidung fehlen, sie werden keine einzige Baumhöhle zum unterschlupfen sehen können und sie werden allen Ereignissen der Natur in einem von Felsen umgebenen Umfeld ausgesetzt sein. Ihre Körper werden von den Sonnenstrahlen verbrennen, kalte Winde und das kalte Wetter werden ihren nackten Körpern zusetzen. Sie werden vor den Angriffen wilder Tiere davonlaufen und einige von ihnen werden zusammen zwischen Felsen oder Steinhöhlen Zuflucht suchen. Und all diese Situationen werden den in ihnen bereits vorhandenen Angstinstinkt völlig verstärken.

Da ihr Intellekt und ihre Intelligenz noch weit davon entfernt sind in der Lage zu sein, sich aus Steinen Waffen für die Jagd oder für die Verteidigung zu fertigen, werden diese Menschen in dieser ersten Zeit nicht einmal in die Steinzeit Periode eingetreten sein. Sie werden versuchen, all ihre Bedürfnisse, die nur aus groben Instinkten bestehen, mit ihren nackten Körpern, ohne mit Werkzeugen ausgestattet zu sein, und natürlich immer instinktiv zu befriedigen. Zum Beispiel getrieben von den Bedürfnissen, die durch das Hungergefühl hervorgerufen werden, werden sie die Tiere, die sie als die schwächsten betrachten, zusammen angreifen, und sie werden ihre Artgenossen, die sie am schwächsten unter sich betrachten, angreifen, zerstückeln und aufessen. Der Kannibalismus wird die natürlichste und notwendigste Handlungsweise der Menschen in ihrem frühen Leben sein, und sie werden ihr erstes Leben auf der Erde beginnen, indem sie sich gegenseitig essen, also mit dem Kannibalismus.

\*
\* \*

Wir sagten bereits, dass die neue Erde aus einigen an der Oberfläche der Meere verbliebenen Inseln und Inselgruppen der versunkenen alten Kontinente bestehen würde, sowie aus den neuen großen Kontinenten, die aus dem Meeresgrund emporsteigen. Ebenso haben wir erwähnt, dass diese Inseln, wo die Menschen aus der vorherigen Erde leben werden, nur aus Felsen bestehen werden und dass es hier kein Land geben wird. Also wird es in der Umgebung der ersten Menschen noch keine Pflanzenwelt geben. Und der erste Zustand der neuen Erde, die in dieser Situation sich befindet, wird in kurzer Zeit beginnen zu verwildern. Alles wird einfacher, primitiver und verwilderter werden. Berge und Hügel mit abgerundeten Gipfeln, die auf der alten Erde existierten, werden auf der neuen Erde nicht mehr zu sehen sein, stattdessen werden Berge und Gebirgsketten mit spitzen, einer Säge ähnelnden Gipfeln entstehen, scharfe Täler werden zu sehen sein, alles wird spitzer, schärfer werden und eine raue Gestalt annehmen.

Wir haben bereits erwähnt, dass sich die Wesen an die Umgebung anpassen müssen, in der sie leben. Da die Wesen, die auf die Erde kommen werden, ihre Körper nur aus den Materien der Umgebung herstellen, in der sie sich befinden, werden die Generationen der Menschen und Tiere, die auf die neue Erde übergegangenen sind, sich mit der Fortpflanzung natürlicherweise vergröbern und sich an ihre grobe Umgebung anpassen. Aufgrund ihrer Anpassung an diese grobe Umwelt werden sich ihre Körper rasch vergröbern. Dieser Zustand der Vergröberung, der in den Körpern der aus der vergangenen Erde auf die neue Erde übergegangenen Tieren und Menschen zu sehen sein wird, wird von Generation zu Generation zunehmen und wird, abhängig von ihren Bedürfnissen der primitiven Umwelt, für eine lange Zeit anhalten. Zum Beispiel werden im Laufe der Generationen sehr große massige Tiere auftreten, diese Tiere werden wild sein, und weil es auf den Inseln kein Land und folglich auch keine Pflanzen gibt, werden die fügsamen gras- und pflanzenfressenden Tiere der vorherigen Erde hier nicht mehr anzutreffen sein.

Ebenso werden die Körperformationen der ersten Menschen, die auf die neue Erde übergegangen sind, sich im Laufe der Generationen verändern, auch bei ihnen wird der Zustand der Vergröberung einsetzen. Die Körperstrukturen und Körperformationen der ersten Menschen, die mit der rauen und harten Natur, mit wilden Tieren und miteinander zu kämpfen haben, werden sich gemäß den neuen Bedürfnissen, die sich aus ihren Überlebenskämpfen ergeben, grundlegende Veränderungen erfahren. Mit anderen Worten, während die Generationen fortschreiten, werden Körperformationen, die für diese grobe Umgebung geeignet sind, mit all ihren Eigenschaften entstehen. Nun wird es die hochgewachsenen, schlanken Menschenformen der vergangenen Erde nicht mehr geben, im Gegensatz dazu werden die Körper der Menschen üppiger, massiger, ihre Muskeln stärker, ihre Brust breiter, ihre Arme länger werden, die Leistungsfähigkeit ihrer Füße wird zunehmen, da die Zehen bei

Bedarf wie Finger arbeitet werden, werden auch diese sich verlängern, ihre Arme und Beine werden kräftiger, und der Schädel wird dementsprechend auch neue Formen annehmen. Da das Gehirn dieser Zeit, das eher den sinnlichen Instinkten als dem intellektuellen Leben dienen muss, durch die mentalen Aktivitäten eines zivilisierten Menschen nicht belastet sein wird, wird ein perfektes Gehirn und die Bildung eines Schädels zum Schutz dieses Gehirns nicht erforderlich sein, und infolgedessen werden die Stirne kleiner werden und durch die Verkleinerung des Schädels schräg nach hinten verlaufen. Abgesehen davon werden sich, mit der Zwangsläufigkeit nur Fleisch zu essen, der Mund und die Kiefer entwickeln; die Zähne werden spitzer, schärfer und kräftiger; die Münder werden größer, gröber und nach vorne ragen. Zum Schutz vor extremen Witterungseinflüssen wird die Körperbehaarung dichter und länger werden.

Dieser Zustand der Vergröberung, der nach dem "Übergang" mit den kommenden neuen Generationen beginnen wird, wird etwa 300 Jahre anhalten. Während dieser Zeit werden die neuen Generationen, die als Menschen auf die Erde kommen, aus Wesen bestehen, die auf anderen Planeten des Sonnensystems alle Entwicklungsstufen bezüglich ihrer Leben in den Tierstadien und den "Stadien unterhalb des Menschstadiums" abgeschlossen und nun die Würdigkeit erlangt haben einen Menschenkörper zu errichten und die im Bedürfnis sind als Menschen auf die Erde zu kommen. Das heißt, in dieser Periode der Vergröberung, werden die Kinder der Menschen, die aus der vergangenen Erde übergegangen sind, Wesen sein, die die Stadien unterhalb des Menschstadiums der anderen Planeten gerade erst abgeschlossen und durch den Eintritt auf diese Erde das erste Menschheitsstadium betreten haben. Diese wilde Umgebung wurde ohnehin für sie vorbereitet. Eine der Pflichten der Menschen, die aus der vergangenen Erde in diese neue übergegangen sind, wäre es diese Wesen, die aus den Tierstadien und den unteren Stadien zum ersten Mal in die Menschheit versetzt werden, zu gebären und ihnen elterliche Fürsorge entgegenzubringen.

*
* *

Während der Zeit, die die Menschen auf diesen felsigen Inseln verbringen, wird es Land auf den neuen Kontinenten geben, die noch nicht besiedelt sind, dort wird es tagelang, monatelang heftig regnen und infolgedessen werden in einigen Teilen der Kontinente unberührte wilde Urwälder mit großstämmigen hohen Bäumen heranwachsen.

Und nach dieser Vergröberungsperiode der Menschen, die rund 300 Jahre lang auf den Felsen dauern wird, werden die Menschen in der Lage sein, von den felsigen Inseln, die sie bewohnen, auf diese Kontinente zu reisen, und beginnen deren Wälder, Pflanzen und andere Möglichkeiten zu nutzen. Denn bis dahin werden weder ihre Gedanken und Kräfte noch ihre Möglichkeiten und Werkzeuge es ihnen erlauben, die Orte zu verlassen, an denen sie sich befinden. Doch nach einer 300-jährigen Periode der Vergröberung werden primitive und einfache Regungen in Richtung der Entwicklung zu einigen, wenn auch einfachen, weiteren Bedürfnissen in ihren Instinkten führen; aufgrund dessen werden die Menschen diese Inseln nach und nach verlassen und beginnen, sich an die nächstgelegenen Teile dieser Kontinente zu begeben, und somit werden sie dann in ein sehr langes und langsames Entwicklungstempo eintreten, um alle nachfolgenden Gebote einer neuen Weltorganisation zu erfüllen.

Während dieses Zyklus der menschlichen Entwicklung der neuen Erde, der sechzigtausend Jahre dauern wird, werden die Menschen, bis sie eine neue Zivilisation erreichen, lange Perioden wie die Stein-, Eisen- und Bronzezeit durchlaufen, Epochen überstehen wie die Antike und das Mittelalter; kurz gesagt, genau so wie im Fall der Menschen, die aus der Mu-Welt in diese Welt übergegangen sind, werden auch hier nach und nach die Instinkte sich in Intuitionen, die Intuitionen sich in Auffassungsgaben verwandeln und mit der Entwicklung der Auffassungsgaben werden sie allmählich zu gemeinschaftlichen und höheren gemeinschaftlichen Plänen übergehen.

Falls in der Zwischenzeit unter denen, die in die nächste Erde übergegangen sind, da sie sich bis zur letzten Übergangsphase der vergangenen Erde nicht vorbereiten konnten, sich welche finden sollten, die ihre Entwicklung weitläufig beschleunigt und sich rasch auf den Plan der Pflicht vorbereitet haben; so werden diese nach 5-10 Verkörperungen, also wenn sie innerhalb von 8-10 Jahrhunderten die Pflichten, die ihnen von oben gemäß ihrer Würdigkeit auferlegt wurden, erfüllen konnten (es ist absolut notwendig, eine Pflicht zu erfüllen, um in den Plan der Pflicht übergehen zu können), ohne auf das Ende der Erde zu warten die Erde ganz und für immer verlassen, um die Orte zu erreichen, wo sich die anderen glücklichen Menschen befinden, die während des letzten Umbruchs der Erde in höhere Pläne übergegangen sind. Und die übrigen Menschen werden auf die Tage des neuen Umbruchs der Erde, die sechzigtausend Jahre später kommen werden, warten und sich auf diese Tage vorbereiten müssen; hierzu werden sie wieder beginnen unzählige individuelle und gemeinschaftliche Prüfungen, Unruhen, Kämpfe, Kriege, Schlachten, Todesfälle, Morde, Krankheiten, Gefangenschaft, Gefängnisse, Kerker, Inquisitionen, Irrenhäuser, Krankenhäuser, Leid, Not, Elend, Hunger, schwere Dienste u. Ä. zu durchleben; kurz gesagt, sie werden wieder in all den unzähligen Entwicklungsmaterialien leben, die während der gesamten Geschichte eines jeden Erdzyklus durchlebt werden und die menschliche Vervollkommnung des irdischen Lebens vorbereiten. Unterdessen werden sie in scheinbar gegensätzlichen Überzeugungen, Realitäten, Informationen, Glaubensbekenntnissen, Religionen, Konfessionen, Schulen und Überzeugungen manchmal automatisch, manchmal halbbewusst mit Taten und Bemühungen sich heftig auseinandersetzen und hinter unzähligen "Realitäten" jagen, die sie für die "Wahrheit" halten werden; und sie werden viele Enttäuschungen, Illusionen, Irrtümer und Misserfolge erleiden. Dabei werden sie sich auch den harten Kämpfen des Lebens stellen, arbeiten, sich abrackern, und werden hinter den trügerischen Anziehungskräften der vergänglichen aber sehr reizvollen Genüsse nachlaufen; und im Bestreben die eigentlichen Zwecke und Ziele nicht zu vergessen die Schwelle des neuen Umbruchs der Erde, die nach sechzigtausend Jahren kommen wird, mit einem sehr langsamen und mühsamen Voranschreiten erreichen, und erst dann werden sie die Kraft erlangt haben, diese Erde endlich vollständig zu verlassen. Denn in diesem langsamen Entwicklungstempo werden die meisten Menschen nunmehr die Bedeutung der Materie und die Grenzen ihrer Möglichkeiten verstehen und lernen, zu welchen Zwecken, in welchem Umfang und auf welche Weise sie den Menschen nützen und dienen kann. Zusammenfassend wird die Schule Erde am Ende jedes Entwicklungszyklus, ihre Tore hinter den ausgebildeten Absolventen schließen, um sie höheren Institutionen zu überlassen; und für die frei gewordenen Plätze wird sie ihre Tore den Neuankömmlingen öffnen, um sie auszubilden; und somit wird sie eine weitere ihrer zyklischen und endlosen Funktionen erfüllt haben. Dies ist das Schicksal nicht nur der Erde, sondern aller Welten, aller Kosmen und des Universums.

\*
\* \*

An dieser Stelle möchten wir noch einmal darauf hinweisen, dass, egal wie laut und schrecklich es auch erscheinen mag, der Zustand des Schreckens in diesen Situationen, also in den Erscheinungen des großen Erdumbruchs, ist nur der scheinbare Zustand. Hier gibt es nichts zu befürchten, zurückzuschrecken, zu meiden oder sich Sorgen zu machen. Denn diese schrecklichen Erscheinungen gehören zu den Realitäten, denen nur die irdischen Materien unterliegen. Und sie werden zusammen mit ihnen auf der Erde bleiben. Nicht im Geringsten kann etwas von ihnen auf die andere Seite, in die höheren Pläne übergehen. Und der Tod ist im Grunde eine Sache des Augenblicks, die keinerlei Schmerzen oder Leiden verursacht. Die Erscheinungen der Ereignisse, die zum Tod führen, sind eigentlich keine Angelegenheiten des essenziellen Wesens. Sie sind Zustände des Körpers und der Erde. Die Verstorbenen werden im gleichen Moment all diese verlassen und sogar ihre Erinnerungen daran vergessen haben. Folglich sind die heißen Feuer der Vulkankrater, die wütenden Angriffe der Gewässer, die heftigen Bewegungen der Erderschütterungen, das Grollen des Donners lediglich die Mittel des Todes, die nichts als ein Spielzeug für diejenigen sind, für die beschlossen wurde von hier zu gehen. Denn das Einzige, was dieser Untergang der Erde den Menschen nehmen kann, ist ihr grober Körper, den hierzulassen sie ohnehin schon bereitwillig akzeptiert haben. Und die Menschen sind längst einverstanden damit. Denn der Moment, in dem die Menschen die freudige Atmosphäre der höheren glückseligen Welten schnellstmöglich erreichen können, ist vom Eintreffen der Todessekunde abhängig, in der sie ihren Körper verlassen, was sie vielleicht sogar in diesem Moment intuitiv zu erfassen beginnen; und soweit sie sich dessen bewusstwerden, werden sie darauf warten, dass diese Sekunde so schnell wie möglich kommt. Dies ist ein Moment des Glücks, der Freude und der Befreiung. Dies ist der Moment, in dem die unter schweren Bedingungen verbrachten mühsamen Lernperioden der Schule Erde, die eine jahrtausendelange leiderfüllte Vergangenheit hat, vollständig und erfolgreich abgeschlossen werden. Dies ist ein Moment, in dem die mit verschiedenen Ängsten, Leiden und sogar Qualen beladenen, voller Hoffnungslosigkeit und Frustration besetzten Bedingungen eines erfolgreichen oder gescheiterten Lebens ein Ende finden, und in dem alles auf den glücklichsten, schnellsten und bequemsten Wegen voranschreitet und in die hellen, klaren und mächtigen Felder übergehen wird. Dies ist im wahrsten Sinne ein Moment der Erlösung.

In diesem Tumult, der so schrecklich erscheint, an diesem Tag des Weltuntergangs, der so furchtbare Erscheinungen zeigt, wird der Übergang aus der groben Wasserstoffwelt, einer Zehntausende Jahre langen angeketteten Gefangenschaft voller Sorge und Bedrückung, in die helle und glückliche höhere Welt sich vollziehen. Und um diesen Übergang zu gewährleisten, werden die Menschen nichts mehr auf dieser Erde zu tun haben, außer eine kurze Zeit zu warten bis ein einziger Atemzug erfolgt ist und eine einfache, leichte und kleine Ausführung vorzunehmen wie das Ausatmen dieses einzelnen Atemzugs. Das eigentliche Unglück hier wird jene armen Menschen treffen, die nicht sterben konnten, genauer gesagt diejenigen, die in diesem Moment die Würdigkeit zu sterben verloren haben und dazu verurteilt wurden zu leben und auf der vereinfachten Erde erneut jahrtausendelang Wache zu halten; und dies ist weder eine Grausamkeit noch eine Strafe. Dies ist angesichts der Bestimmungen des hohen Schicksalsmechanismus nichts anderes als die Folge ihrer materiellen Wünsche und Leidenschaften, die sie ein ganzes irdisches Leben hindurch begehrt, verfolgt und sogar verehrt haben.

Wir haben wiederholt erwähnt, dass all diese Ereignisse, die auftreten werden, großen Anordnungen und Regelmäßigkeiten unterliegen, und dass nichts willkürlich und zufällig geschieht. Die Bedeutung dieser Worte ist, dass alle Ereignisse, die auf der Erde stattfinden werden, gemäß den aus der Unität kommenden Richtlinien und Geboten geregelt sind, und sich dementsprechend vollziehen. Alles wird entsprechend dem Würdigkeitsgrad der Wesen, den sie selbst durch ihre Anstrengung verdient haben, gemäß der Richtlinie der originalen Gebote und der Unterstützung der originalen Zeit, in der Art und Weise, die der Schicksalsmechanismus beurteilt, bewertet und bestimmt hat, von den jeweilig zuständigen Verpflichteten des Plans der Pflicht ausgeführt. Daher basiert alles, was geschehen wird, auf großen Berechnungen, auf sehr detaillierten und umfassenden technischen Grundlagen.

Nun möchten wir die notwendigen Erläuterungen über den technischen Mechanismus machen, der die oben genannten Informationen über den Untergang der Erde stützt. Bevor wir uns diesen Erläuterungen zuwenden, werden wir ein wenig zurückgreifen und auf ein zuvor erwähntes wissenschaftliches Thema zurückkommen.

Jedes der Milliarden Systeme, die die Galaxien füllen, besteht aus einem Kern, der als Sonne bezeichnet wird, und den Planeten, die sich um ihn drehen, also aus den materiellen Teilen dieses Systems. Wir haben bereits gesagt, dass innerhalb eines solchen Systems, jede Sphäre ihr eigenes spezifisches Magnetfeld hat. Ebenso hatten wir erklärt, dass diese Felder, von denen jedes einen bestimmten Charakter aufweist, der zum materiellen Teil gehört, mit dem sie verbunden sind, sich nie miteinander vermischen, obwohl sie in einem System sehr engen Kontakt miteinander haben, und daher kann ein materieller Teil einer Sphäre, das Magnetfeld dieser Sphäre nicht verlassen und in das Magnetfeld einer anderen Sphäre eintreten, und wenn eine solche Situation angesichts irgendeiner Kraft doch auftritt, muss dieser Körper sich an die Beschaffenheit des neuen Magnetfelds anpassen, in das er eingetreten ist, und seine eigene Beschaffenheit grundlegend ändern. Somit beeinflussen sich gegenseitig die verschiedenen Magnetfelder der verschiedenen Sphären in einem System gemäß den Anforderungen der allgemeinen Struktur dieses Systems und sind untereinander in einem Zustand völligen Gleichgewichts.

Die Formen, Längen und Kürzen der Umlaufbahnen des Kerns und der materiellen Teile, die sich um ihn drehen, also der Sphären in einem System, die Ausrichtung ihrer Achsen, die Geschwindigkeiten der Planetenrotationen um die eigene Achse und mit der sie in ihrer Umlaufbahn vorankommen, diese werden bestimmt durch die Situationen der Bewegungen, die infolge der Entwicklung dieses Systems auftreten werden und durch die Gleichgewichtszustände zwischen ihnen; und diese Bewegungen sind nur durch die gegenseitigen Wechselwirkungen zwischen den materiellen Teilen und unter der Kontrolle höherer Einwirkungen möglich. All dies hängt –wie wir bereits sagten– vom Grad der Entwicklung und Vervollkommnung der Systeme ab und verändert sich entsprechend diesen Graden. Mit anderen Worten, ob die Wechselwirkungen zwischen den materiellen Teilen eines Systems so geformt sind, dass Bewegungen auf die eine oder andere Weise entstehen, hängt von den Zuständen der Vervollkommnung des Systems ab.

Kurz gesagt: Es gibt verschiedene materielle Teile, die sich um einen Kern drehen. Jedes dieser materiellen Teile hat ein Magnetfeld. Entsprechend dem Entwicklungsgrad dieses Kerns und der materiellen Teile, die ihn umkreisen, ändern sich auch die Positionen der Wechselwirkungen zwischen diesen Magnetfeldern. Und die Gesamtheit der Gleichgewichtszustände, die sich infolge dieser Wechselwirkungen bilden, erzeugt eine Magnetfeldersynthese, die wir als die Magnetfeldersynthese des Sonnensystems bezeichnen.

Demnach hat jedes System eine Position, die aus einer komplexen Magnetfeldersynthese besteht und nur zu diesem System gehört. Daher ist es notwendig, dass sie sich auch mit den Magnetfeldern anderer Systeme in der Galaxie im Gleichgewichtszustand befindet, und dieses Magnetfeldgleichgewicht wird immer komplexer, erweitert und erstreckt sich bis zwischen den Galaxien. Dies bedeutet, dass auch zwischen den Magnetfeldkomplexitäten einer Galaxie entsprechend ausgeweitete Gleichgewichtszustände bestehen.

Veränderungen, die bei irgendeiner Sphäre innerhalb eines Systems auftreten, sind nur durch Einwirkungen auf das Magnetfeld dieser Sphäre möglich. Mit anderen Worten, die notwendigen unendlichen Veränderungen, die in einer Sphäre auftreten, entstehen durch Einwirkungen auf das Magnetfeld dieser Sphäre, welche von der Sonne des Systems oder anderswoher kommen; und diese Einwirkungen werden direkt oder indirekt von den in diesem System verpflichteten Wesen des Plans der Pflicht gesendet.

Wenn auf irgendeiner Sphäre Veränderungen im Ausmaß eines großen Umbruchs –wie der, den wir oben über die Erde beschrieben haben– benötigt werden, dann entsteht die

Notwendigkeit, noch intensivere und stärkere Einwirkungen zu senden. Daher wollen wir nun erklären, woher diese starke Einwirkung kommt, die die Ereignisse des großen Erdumbruchs, dessen Stattfinden sich bewahrheitet hat, hervorrufen wird und wie sie ihre Funktionen durchführt.

Die erste starke Einwirkung auf das Sonnensystem für dieses Ereignis wird vom Magnetfeld eines anderen Planeten ausgehen, der sehr weit von diesem System entfernt zu einem anderen System gehört und nahezu vierhundertmal größer als die Erde ist.

Dieser Planet, der zwar größer ist als die Erde, aber dessen Materie viel einfacher und schwerer ist als die der Erde, hat eine Umlaufbahn, die er normalerweise um seine eigene Sonne, weit von unserem Sonnensystem entfernt, umrundet. Und während dieser Planet seine Umlaufbahn durchquerte, ist er an dem Teil, der der Gegend des Sonnensystems, dem die Erde angehört, entspricht, aus der Bahn geraten, hat einen großen Bogen gezeichnet und hat begonnen in Richtung des Sonnensystems voranzuschreiten. Dieser Zustand ist auf die Einwirkungen zurückzuführen, die –gemäß den Anweisungen aus der Unität– von einem Plan gesendet werden, der im Zusammenhang mit diesem Vorgang für die vielen großen und kleinen Umbrüche, die in vielen anderen Systemen auftreten werden, verpflichtet ist.

Dieser Planet wird also auf seinem großen Bogen in der Nähe des Sonnensystems bis zu einem bestimmten Punkt kommen, der von diesem hohen Plan der Pflicht festgesetzt wurde; anschließend wird er, indem er die Richtung seines Voranschreitens, also seines Bogens, wieder auf sein System ausrichtet, zurückkehren und seine Umlaufbahn in seinem ursprünglichen System betreten und seine übliche Umkreisung um seine eigene Sonne fortsetzen. Es ist natürlich kein zufälliges Ereignis, dass dieser Planet seine normale Umlaufbahn verlässt und seine Reise in die unmittelbare Nähe des Sonnensystems mit einem großen Halbbogen auf eine ungewöhnliche Weise verlängert und dann von einem bestimmten Punkt zurückkehrt, ohne mit der Sonne zu kollidieren, es ist die Konsequenz eines höheren Gebots aus der Unität.

Dieser Planet hat schon seine Umlaufbahn verlassen und bewegt sich in Richtung des Sonnensystems und kommt ihm mit jedem Moment näher. Dieser Planet, der derzeit noch nicht zu sehen ist, wird nach 150-200 Jahren von der Erde aus sichtbar sein. Konzentrieren wir uns nun auf die Folgen dieser ungewöhnlichen Reise dieses Planeten!

*
* *

Diese Reise des besagten Planeten ist das Gebot eines allgemeinen Vervollkommnungsprozesses, der viele Systeme betrifft. Erstens; bis sich dieser Planet unmittelbar dem Sonnensystem nähert, wird er den Magnetfeldern vieler anderer Systeme begegnen und mit diesen kollidieren. Bei jeder Kollision werden in seiner eigenen Struktur enorme Erschütterungen, Instabilitäten und ein wüstes Durcheinander entstehen und die Wesen dieses Planeten, die viel einfacher und primitiver sind als die der Erde, werden nur durch diese großen Erschütterungen ihr Entwicklungstempo steigern können. Zweites; bis dieser Planet das Sonnensystem erreicht, wird er dazu führen, dass viele andere Systeme, denen er begegnet, in unterschiedlichem Maße aus dem Gleichgewicht geraten, er wird auch ihre Positionen durcheinanderbringen und somit die Möglichkeiten für die Entwicklung vieler anderer Sphären vorbereiten. Schließlich wird sein Magnetfeld, wie wir jetzt erläutern werden, auf unser Sonnensystem einwirken, und unsere Erde, die fortschrittlichste Sphäre dieses Systems, wird den schwerwiegendsten Konsequenzen dieser Einwirkung ausgesetzt sein. Nun beginnen wir die Funktionsmechanismen dieser Einwirkungen zu erklären, die diese Konsequenzen verursachen werden.

Die Erde dreht sich auf ihrer Umlaufbahn um die Sonne nicht um eine vertikale Achse. Diese Achse ist um 23° 27' geneigt im Vergleich zur vertikalen Position, und die Erde vervollständigt ihre täglichen Umdrehungen, indem sie sich um diese Richtung dreht. In bestimmten Teilen der Erde, die sich unter diesen Bedingungen dreht, zum Beispiel in den Polarregionen gibt es kontinuierliche Eiszonen und zwischen den Polen ist ein äquatoriales Klima etabliert. Das untere und das obere Ende der Achse, von denen angenommen wird, dass sie in Richtung dieser Erdneigung verlaufen, bilden den Süd- und den Nordpol. Mit anderen Worten entsprechen die Punkte, an denen sich diese Pole befinden, den beiden Enden der Rotationsachse der Erde. Die Bewegungen, die die Erde macht, während sie sich um ihre Achse dreht, sind an diesen Punkten gleich null. Dies ist das Ergebnis der allgemeinen Gleichgewichtssituation, die in der Gesamtheit der Erde von zahlreichen Gleichgewichtsstörungen etabliert wird, die als Folge der Wertdifferenzierung der gegensätzlichen Magnetfeldwerte auftreten, die von Erdteilen nach dem zuvor erwähnten Dualitätsprinzip gebildet werden. Dieses Gleichgewicht ist heute seit Jahrhunderten –obwohl mehr oder weniger geringfügige Abweichungen zu verzeichnen waren– in einem stabilen Zustand. Infolge dieses Zustandes sind die heutigen geografischen Klimata, Jahreszeiten und die Tag-Nacht Bedingungen entstanden.

Beobachten wir nun den Planeten, der sich dem Sonnensystem nähert! Dieser Planet ist heute noch sehr weit entfernt vom Sonnensystem. Daher steht sein Magnetfeld noch nicht in direktem Kontakt mit dem Magnetfeld des Sonnensystems. Doch von dem Moment an, wo dieser Planet, der vierhundertmal größer ist als die Erde, seine Umlaufbahn verlassen und begonnen hat auf das Sonnensystem zuzuschreiten, haben einige seiner Einwirkungen angefangen indirekt auf das Sonnensystem einzuwirken. Mit anderen Worten, das Magnetfeld unseres Sonnensystems, das mit den Magnetfeldern anderer Systeme in Beziehung steht, die derzeit einen Kontakt zu diesem Planeten haben, empfängt auf diese Weise die Einwirkungen des besagten Planeten. Da dieser Planet jedoch noch weit entfernt ist und seine Einwirkungen über Umwege eintreffen, sind seine derzeitigen Auswirkungen im Sonnensystem sehr gering.

Aber dieser Planet nähert sich unentwegt der Sonne. Es wird der Moment kommen, –also fast fünfzig bis sechzig Jahre später– in dem das Magnetfeld dieses Planeten in direktem Kontakt mit dem Magnetfeld des Sonnensystems stehen wird. Wenn dieser Zustand auftritt, wird das starke und dichte Magnetfeld des Planeten auf das Magnetfeld der Sonne eine starke Druckwirkung ausüben. Diese starke Einwirkung auf das Sonnensystem, das mit all seinen Planeten ein Ganzes ist, wird verschiedene Reaktionen in den Planeten des Systems oder vielmehr in deren Magnetfeldern hervorrufen.

Wir haben gesagt, dass die Einwirkung des "Gast-Planeten" sehr grob und stark ist. Da es daher eine große Unvereinbarkeit zwischen dem feinen und komplexen Magnetfeld der Erde, der fortgeschrittensten Sphäre des Sonnensystems, und dem groben Magnetfeld dieses Planeten gibt, werden die schwerwiegendsten, erschütterndsten Folgen und Reaktionen dieser Einwirkung des Planeten in der Erdkugel zu sehen sein. Infolgedessen wird unter dem Druck dieses groben Magnetfelds des Planeten die Neigung der konstanten Erdachse von 23° 27' um zusätzliche 13° zunehmen, und die Erdachse wird gegen die Erdumlaufbahn im Vergleich zur vertikalen Position eine Neigung von 36° aufweisen. Die erste Verschiebung der Pole beginnt mit den ersten direkten Einwirkungen des Gast-Planeten auf das Sonnensystem.

Der Begriff Druck sollte hier nicht im groben Sinne aufgefasst werden. Die Erde sollte hier also nicht so betrachtet werden, als ob sie mit einem von außen kommenden Impuls verzerrt wird oder sich neigt. Um dies zu erklären, betrachten wir zunächst die Bewegungen einer Sphäre, die sich um ihre Achse dreht: Diese Kugel dreht sich um eine gerade Linie, die als Achse bezeichnet wird und zwei konstante Punkte miteinander verbindet, die wir Pole nennen. Die Bildung der Polpunkte ist hier das Ergebnis der Gleichgewichtssummen, die sich aus den gegensätzlichen Werten, also den Bewegungen in der Struktur und im Magnetfeld der Sphäre ergeben. Die Bewegungen an den Polen sind gleich null. Andererseits ist die maximale Bewegung im Bereich des größten Breitenkreises, den wir Äquator nennen, der genau durch die Mitte des Abstands zwischen den beiden Polen der Sphäre verläuft. Eben dieses Verhältnis zwischen den höchsten Geschwindigkeiten am Äquator und den niedrigsten Geschwindigkeiten an den Polen ist –wie schon gesagt– das Ergebnis und die Manifestation der Summe der Bewegungsgleichgewichte in der Sphäre. Wenn es daher aus irgendeinem Grund zu einer Störung und Änderung dieser Gleichgewichte innerhalb der Sphäre kommt, können die Nullpunkte, mit anderen Worten die Polarpunkte, ihre Position ändern. Mit anderen Worten, im Vergleich zu ihren früheren Positionen können sich die Pole je nach Schweregrad der Gleichgewichtsänderung mehr oder weniger auf der Sphäre nach vorne, hinten, rechts oder links verschieben. Und nach dem Gleichgewichtsprinzip ändert auch der Äquator sofort seine Position und nimmt entsprechend den neuen Polen seine angemessene Position um die Kugel ein. Das Auftreten dieser Situation bedeutet, dass die Sphäre während ihrer Umdrehung um die eigene Achse die bisherige Drehrichtung verlässt und beginnt, sich um die zwischen den neuen Polen gebildete Achse in eine andere Richtung als die vorherige zu drehen.

Und das ist das Gleiche, was auf der Erde passieren wird. Die Einwirkungen des auswärtigen Planeten werden das Magnetfeld der Erde erreichen, und von dort aus in ihre Struktur übergehen, auf die internen Bewegungen der Sphäre einwirken und ihr anfängliches Gleichgewicht stören; infolge der neuen Positionen, die auf der Erde entstehen werden, also infolge neuer Bewegungen werden diese Gleichgewichtsveränderungen –gemäß dem Mechanismus der fortlaufenden Wertdifferenzierung– bis an die Grenze, wo das vollständige Gleichgewicht wieder hergestellt wird, andauern. Infolgedessen werden die zuvor auf der Erde existierenden bekannten Positionen der Nord- und Südpole sich verrücken. Da die Pole –wie wir eben erwähnt haben– das Ergebnis des allgemeinen Gleichgewichts der Sphäre sind, verändert sich durch ihre Verschiebung sofort auch der Äquator der Sphäre, um seinen erforderlichen Platz auf der Sphärenoberfläche entsprechend den neuen Positionen der Pole einzunehmen. Mit anderen Worten, die Achsenausrichtung zwischen den sich neu bildenden Polen der Sphäre, wird im Vergleich zur alten Achsenausrichtung den veränderten Positionen der Pole folgen und beginnen sich zu ändern.

Wenn sich zum Beispiel der Nordpol der Erde langsam auf der Seite von Sibirien aus nach Süden verlagert; beginnt sich der Südpol auf der gegenüberliegenden Seite entlang der Linie von der Landspitze Südamerikas aus im gleichen Maße nach Norden zu verschieben. Infolgedessen wird auch der Äquator im gleichen Abstand zu diesen beiden neuen Polen seinen Platz um die Erde einnehmen, also auch seine Position wird sich entsprechend den Polen ändern. Da sich die Erde in diesem Fall immer um die Achse zwischen den Polen dreht und diese Achse stärker geneigt ist als die vorherige, wird diese Position der Erde eine etwas geneigter liegende Stelleung als die vorherige zeigen. Tatsächlich hat die Erdkugel ihre Position nicht geändert. Zum Beispiel wird die Franz-Josef-Land Insel am ehemaligen Pol, sich an der gleichen Stelle auf einer Linie befinden, die im Vergleich zur Erdumlaufbahn die gleiche Neigung wie zuvor hat. Aber der Pol, der vorher dort war, wird sich nicht mehr dort befinden, sondern im Hinblick auf diese Insel sehr weit unten sein. Ebenso hat sich die Taimyrhalbinsel im Vergleich zur Erdumlaufbahn nicht von ihrem früheren Standort entfernt. Während sich jedoch der alte Nordpol oberhalb dieser Insel befand, wird sich der neue Nordpol nach unten verschieben und sich unterhalb der Insel bilden. In der südlichen Hemisphäre wird der Südpol dementsprechend angepasst. Zum Beispiel, während der Südpol sich vorher sehr weit unterhalb der Alexander-I. Insel befand, wird der Südpol sich direkt an die obere Seite dieser Insel verschieben, obwohl diese Insel im Hinblick auf die Erdumlaufbahn ihren Platz nicht geändert hat.

Nun, die Ausrichtung der neuen Achse, die gemäß den neuen Polen der Erde entstehen wird, wird im Vergleich zur alten Achse, einen etwas geneigteren Zustand zum alten Äquator einnehmen, und der neue Äquator wird sich dementsprechend ändern und auf einer Ebene senkrecht zur neu gebildeten Achse liegen.

Infolge der durch die Einwirkung des Planeten entstandene Störung der Gleichgewichtssumme der Erdbewegung, wird der Nordpol sich von Russland aus nach Süden verschieben, und der Südpol wir sich der Landspitze Südamerikas entlang nach Norden aufsteigen. Natürlich wird in dieser Situation im Hinblick auf die alte Erdachse der Neigungsgrad der neu gebildeten Achse zwischen dem Nord- und Südpol der Erde zur Erdumlaufbahn im Vergleich zum Neigungsgrad der alten Achse sich vermehren, und dieser Überschuss wird einen Winkel von 13° haben. Nach der heutigen geografischen Lage sind die Standorte dieser Punkte wie folgt: Der neue Nordpol wir sich verschieben auf den Punkt, wo der heutige nördliche Polarkreis mit dem hundertsten Meridian zusammentrifft. Der Südpol hingegen wird in Richtung der Landspitze Südamerikas ansteigen und sich verschieben auf den Punkt, wo der heutige südliche Polarkreis mit dem achtzigsten Meridian zusammentrifft. Natürlich werden sich zu diesem Zeitpunkt die Positionen aller Meridiane und Parallele sowie des Äquators verändern, auch sie werden entsprechend den neuen Polen ihre Plätze auf der Erdoberfläche einnehmen.

*
* *

Die Richtung der alten Achse ist mit einem Winkel von 23° von der Senkrechten gegen die Erdumlaufbahn geneigt. Da die neue Neigung, die dieser Achse aufgrund der Veränderung der Pole hinzugefügt werden soll, 13° beträgt, so wird der Neigungsgrad der neuen Achse, die sich langsam neigen und ihre endgültige Grenze finden wird, 23°+13°=36° betragen. Da die Drehung der Erde um sich selbst immer um ihre Achse erfolgt, wird sich die Drehrichtung der Erde um sich selbst entsprechend der veränderten Neigung der Achse auch verändern.

Das heißt also, dass gemäß der neuen Drehbewegung, die aufgrund der gestörten Gleichgewichte des Erdmagnetfeldes entstanden ist, sich die Pole bilden werden und die Achsen entsprechend bestimmt werden. Und diese Pole –wo die Bewegung gleich null ist, während die Erde sich um sich selbst dreht– sind auf der Erdoberfläche die Antipoden voneinander, das heißt, sie sind auf den beiden Hemisphären die in genau entgegengesetzter Richtung liegenden Punkte, die wir oben angegeben haben. Aber dieser Zustand gehört zum Endstadium, er wird nicht sofort auftreten, wenn der Planet zum ersten Mal in direkten Kontakt mit dem Sonnensystem kommt. Zu Beginn werden die Nord- und Südpole anfangen, sich sehr langsam in Richtung dieser Punkte zu verschieben. Die auf diese Weise entstandene erste Einwirkung des Planeten setzt nach 50 Jahren vage ein und wird sich sehr langsam zwischen 50 und 100 Jahren fortsetzten; einige sehr leichte Klimaveränderungen werden 50 Jahre später beginnen. Dies wird jedoch nicht in dem Ausmaß sein, dass die Menschen sich darum kümmern werden.

Nachdem das anfängliche Gleichgewicht der Erde durch die erste Einwirkung des Planeten gestört worden ist, werden die nachfolgenden Veränderungen der Gleichgewichtssituationen sich fortsetzen, bis durch die fortlaufenden Wertdifferenzierungen unter den Bewegungen der Erdteile der Moment kommen wird, in dem das Gleichgewicht vollständig hergestellt ist.

Und dies wird folgendermaßen geschehen: Nachdem das anfängliche Gleichgewicht gestört ist, werden die alten Pole beginnen sich zu erwärmen. Infolgedessen werden die Eisschichten über den Meeren am alten Nordpol schmelzen und die Eisschichten über dem Land am alten Südpol werden gleichermaßen aufgrund der dortigen Erwärmung schmelzen. Mit dem Abschmelzen der Eisschichten am Nordpol wird das Volumen der dortigen Meere verringert; das Wasservolumen in der Südsee wird im Gegenteil zunehmen, da durch das Abschmelzen der Eisschichten auf dem Land des Südpols enorme Wassermassen sich ins Meer ergießen werden. Infolge des Ungleichgewichts der Meere um die beiden Pole wird eine große Wasserströmung von Süden nach Norden beginnen, und diese Situation wird auf das Magnetfeld der Erde neue, aber stärkere Einwirkungen ausüben als die des kommenden Planeten; dies wird verursachen, dass die magnetischen Gleichgewichtslinien der Erde sich noch mehr verändern, und dies wird wiederum zu anderen Bewegungen führen; somit werden die Pole beginnen, sich den oben erwähnten Punkten zu nähern, nicht mehr durch eine äußere Einwirkung, sondern durch die Auswirkungen der Gleichgewichtsänderungen der Erde, die nach dieser Einwirkung durch den fortlaufenden Mechanismus der Wertdifferenzierung auftreten werden.

Das heißt, also, die erste Einwirkung, die dazu führen wird, dass die Pole sich auf der Sphäre verschieben, wird vom Gast-Planeten kommen; und danach wird die Einwirkung, die diese Sache vollenden wird, durch den Mechanismus der Wertdifferenzierung der Bewegungen innerhalb der eigenen Struktur der Erde fortgesetzt. Auf diese Weise werden die Gleichgewichtsänderungen, die die aus dem Gleichgewicht geratene Erde erfahren wird bis sie einen Zustand von vollständigem Gleichgewicht erreicht in den Jahren nach dem hundertsten Jahr stärker zunehmen und ermöglichen, dass die Pole sich an die oben erläuterten Punkte rasch nähern.

\*
\* \*

Wenn die Pole sich dieser letzten Position genähert haben, werden die Wendekreise folgende Veränderungen aufweisen: Der Wendekreis des Krebses wird gemäß der neuen Position der Erdachse gegen die Sonne vom neuen Äquator bei 36 Grad nördlicher Breite und in gleicher Weise wird der Wendekreis des Steinbocks bei 36 Grad südlicher Breite sein.

\*
\* \*

Ab dem hundertsten Jahr werden sich die Klimata allmählich den Situationen, die mit den oben genannten endgültigen Zahlen angeführt wurden, deutlich nähern. Wenn die Erde die Endposition erreicht hat, wird das Gleichgewicht der Erde auf einmal vollständig gestört sein, und wie wir bereits gesagt haben, wird sie mit einer Halbdrehung in kürzester Zeit kopfüber sein. Das heißt, der Nordpol wird an die Stelle des Südpols und der Südpol an die Stelle des Nordpols versetzt sein. Aber wie zuvor schon gesagt, möchten wir nochmals betonen, dass diese Veränderungen nicht in der Form von Verzerrungen oder Umkehrungen der Sphäre sein werden, sondern in Form von Verschiebungen der Pole.

\*
\* \*

Wenn die Erde durch den oben beschriebenen Mechanismus mit einem Bogen einer Halbumdrehung kopfüber kommt, wird die neue Erdachse natürlicherweise eine neue Ausrichtung einnehmen, die der Rotationsposition entspricht, welche sich aus dem neu hergestellten Gleichgewicht der Erde ergibt. Nun, die zuvor erwähnten Ereignisse des letzten Stadiums der Erde, also die Momente des Weltuntergangs und des Umbruchs, werden mit den großen Gleichgewichtsstörungen zusammenfallen, welche während der Vorgänge auftreten werden nachdem die Pole sich langsam zu den Endpunkten verlagert haben; von da an werden die Ereignisse plötzlich beginnen und ein paar Tage dauern, bis sie schließlich innerhalb weniger Stunden abgeschlossen sind, bei denen der Nordpol sich nach Süden verschieben und den Südpol ersetzen, und dafür der Südpol sich nach Norden verschieben und den Nordpol ersetzen wird, die Erde also auf den Kopf gestellt wird.

Allerdings wird die Umkehrung der Pole nach dieser Halbumdrehung der Erde, auf der neuen Erde zu keinen bestimmten, ja sogar zu überhaupt keinen Veränderungen führen. Denn da es nach der Umkehrung der Pole überhaupt keine Formationen mehr geben wird, die zu den alten geografischen Situationen gehören, können die Punkte, an denen die neuen Pole errichtet wurden, nicht mit den alten Ländern und der geografischen Lage verglichen werden. Demzufolge wird auch die neugeborene Erde –unabhängig von ihrer Achsenneigung– wieder wie heute einen Nord- und Südpol haben; und ihre Pole, die zum vergangenen Zyklus gehören, werden mit all ihren geografischen Formationen einer für immer vergessenen Vergangenheit angehören.

*
* *

Es sollte hier nie vergessen werden, dass die Einwirkungen, die all diese Bewegungen und Ergebnisse bewirken, –wie wir immer wiederholt haben– gemäß den einströmenden originalen Geboten der Unität, aus dem höheren Plan, der verpflichtet ist, die Konditionen bereitzustellen, die die Erde benötigt, direkt oder indirekt auf das Magnetfeld der Erde gesendet werden. Die Dosierungen dieser Einwirkungen werden mit genauen Werten gesendet, weder etwas zu viel, noch etwas zu wenig; und somit werden die originalen Gebote erfüllt.

Daher werden alle diese Bewegungen nach bestimmten Maßstäben zum Zweck der Umsetzung eines enormen Vervollkommnungsplans durchgeführt, und sind nicht planlos. Dies alles sind Anordnungen voller Weisheit, die auf dem Weg der Vervollkommnung in der enormen Harmonie und Ordnung des Universums errichtet wurden. An diesem Tag der

Umwälzung gibt es keine Katastrophe, wie es zu sein scheint. Das, was hier geschieht, wird einerseits den Übergang zu den Welten gewährleisten, welche die Menschen verdienen, die ihre Vervollkommnungsperioden auf der Erde mit Erfolg abgeschlossen, den Materien der Erde, die sie nicht mehr befriedigen, den Rücken gekehrt haben; auf der anderen Seite wird das Bedürfnis, zu den groben Materien zurückzukehren erfüllt, was sich die unvorbereiteten Menschen wünschen, die sich von der groben Materie nicht befreien konnten und glauben, dass das Glück nur dadurch erlangt werden kann, wenn sie sich in dieser Materie immer mehr vergraben.

Der Schicksalsmechanismus beurteilt den Würdigkeitsgrad der Menschen entsprechend ihren Taten und Bemühungen, die sie im Bezug auf das Erlangen der Räume leisten, die sie mit ihren in der Vervollkommnung wesentlichen Freiheiten bevorzugen, sich wünschen und benötigen, und erfüllt dementsprechend die Gebote. So wird im Endstadium der Erde jeder das finden, was er sich wünscht, das erhalten, was seinen Bedürfnissen entspricht, jeder seinen Platz in den Würdigkeitsgraden der Vervollkommnungsskala einnehmen; und so werden die Fortgeschrittenen vorankommen, und die Zurückgebliebenen an Ort und Stelle bleiben.

Aus diesem Grund werden diese Abschlussszenen der Erde trotz ihrer schrecklichen und furchterregenden Erscheinungen für die vorbereiteten Menschen der größte Moment der Erlösung sein, der Anbruch des freudigsten und glücklichsten Tages, die große befreiende Morgendämmerung, die seit Jahrhunderten erwartet wird.

Wir haben hier nun aufgezeigt, dass seit dem Abschluss des Mu-Zyklus die Erde im Begriff ist, einen weiteren Entwicklungszyklus zu vollenden, und somit zu ihren hunderttausendfach wiederholten Anfängen und Abschlüssen ein Weiteres hinzufügt. Diese angesichts der höheren Prinzipien für die Erde vorgesehene Situation, wird immer und immer wieder sich fortsetzen, und so, wenn die Menschen alle Entwicklungsmöglichkeiten in einem Zyklus der Erde genutzt und die für die Erde spezifischen Vervollkommnungsvorbereitungen abgeschlossen haben, wird die Erde jedes Mal, die geeigneten Bedingungen herstellen damit die Menschen der Erde vollständig entkommen und sie verlassen können, um massenweise in die höheren Welten überzugehen, denen sie sich als würdig erwiesen haben und die sie benötigen.

Die Menschen, von denen wir gesagt haben, dass sie während des großen Weltuntergangs sterben und von der Erde vollständig befreit sein werden, werden unmittelbar an einen Ort gehen, der verglichen mit der Erde ein halbsubtiler höher Plan ist, den wir als den "Plan der Liebe" bezeichnen.

Die herrschende Realität in diesem Plan ist die Liebe. Genauer gesagt, die Menschen, die dorthin übergehen, werden eine Weile dort leben, um in diesem Plan verschiedene Anwendungen der Liebe zu erfahren und um so in die Lage zu kommen, sich vollständig an die hohen Gebote des Plans der Pflicht anzupassen. Demnach ist die halbsubtile Welt oder der Plan der Liebe vor allem ein Zwischenplan. Sie ist also eine Zwischenumgebung, die den Menschen, die sich von den schweren Lasten der einfachen Realität der Erde befreit haben, den Übergang in den sehr subtilen Plan der Pflicht mit einem bequemen, sanften und glücklichen Voranschreiten gewährleistet.

Nachdem die materielle Entwicklung aller Stadien vervollständigt ist, ist es notwendig, dass alle Wesen, Pflanzen, Tiere, Menschen solche Zwischenpläne durchschreiten, um in ein höheres Stadium übergehen zu können. Denn die Funktionen dieser Pläne sind sehr wichtig: Ein Wesen, das sich in irgendeinem Stadium befindet... Wenn zum Beispiel ein Tierwesen das langanhaltende Stadium des Tieres erfolgreich abgeschlossen und die Würdigkeit erlangt hat, den Körper des nächsthöheren Stadiums, also den Menschenkörper zu nutzen, kann es nicht sofort vom Tierstadium in die Menschheitsgrade überspringen. Denn, obwohl es sich auf seine Weise im notwendigen Maße entwickelt hat, gibt es sehr wichtige und tiefgreifende Unterschiede zwischen der Verwendung eines Tierkörpers, den es bis dahin verwendet hat, und der Verwendung des menschlichen Körpers. Erst wenn bestimmte Phasen des Übergangs zwischen den Körperrealitäten durchlaufen sind, kann dieses Wesen die Anforderungen der Menschheit vollständig erfüllen und sich tatsächlich an die Verwendung des menschlichen Körpers gewöhnen. Demnach muss es in einem Plan leben, der es ihm ermöglicht, sich auf einen solchen Übergang vorzubereiten. Und eben dies ist seine halbsubtile Welt. Hier werden diesem Wesen einige Konditionen begegnen, die ihn auf die Anforderungen der Menschheit vorbereiten werden; und nachdem es in diesen Konditionen eine Zeit lang Übergangsausführungen geleistet hat, wird es ausgehend von der primitivsten Etappe den ersten Schritt in die Welt der Menschheit tun. Aber auch hier kann es nicht sofort ein eigenständiger Mensch werden. Zuerst kommt es in die Lage die Komponente des menschlichen Gehirns zu errichten; nachdem es eine lange Zeit in den Zellen des menschlichen Gehirns gelebt und die Ausübungen zur Steuerung des menschlichen Körpers gelernt hat, das heißt, nachdem es den erforderlichen Würdigkeitsgrad erreicht hat, einen menschlichen Körper eigenständig zu nutzen, wird es Verbindungen zu einem Menschenkörper herstellen und sich mit der Erde verbinden, um diesen Körper zu verwenden und seine nachfolgenden Vervollkommnungen vorzunehmen; es wird sich in einem menschlichen Körper verkörpern und von da an alle Vervollkommnungsetappen der Erde mit dem menschlichen Körper vollenden – wie wir zuvor schon erwähnten.

Die halbsubtile Welt, die die Menschen überwinden müssen, um zum Plan oberhalb der Menschheit zu gelangen, ist in Umfang und Weite nicht mit den Zwischenplänen zu vergleichen, die erlebt werden müssen beim Übergang aus den Welten unterhalb der Menschheit in die menschliche Etappe. Die Zwischenpläne haben spezifische Mittel, um die Wesen aus dem unteren Plan auf den oberen Plan vorzubereiten. Diese Mittel gehören weder zu den Realitäten der Pläne, die sie verlassen haben, noch zu den Realitäten des nächsthöheren Plans. Dies sind lediglich Mittel, die den Übergang der Wesen auf dem kürzesten Wege gewährleisten, ohne dass die Wesen, die vom unteren Plan auf den oberen Plan übergehen, angesichts der bestehenden Unterschiede zwischen diesen beiden Plänen, irgendeine Erschütterung erleiden müssen, mit anderen Worten, damit sie sich an die ungewohnten Realitäten des oberen Plans gewöhnen können; diese Mittel berühren mit einer ihrer Seiten die verlassenen Realitäten, und mit ihrer anderen Seite weisen sie einige Bedingungen auf, die dem zukünftigen Plan nahekommen. Tatsächlich sind sie jedoch weder die Realität der verlassenen Pläne, noch die der kommenden Pläne; sie ist nur ein vorbereitender Mechanismus, der für den Zwischenplan spezifisch ist.

Das vorbereitende Mittel der halbsubtilen Welt, also des Zwischenplans, in den die Menschen nach der Erde übergehen werden, ist die Liebe. Während die Liebe hier niemals die gleiche Liebe ist, die auf der Erde erachtet und empfunden wird, hat sie doch eine Seite, die der auf der Erde nahekommt. Obwohl sich die Liebe auf der Erde von dem Konzept der wahren Liebe im Plan der Liebe unterscheidet, hat sie auch Werte und Qualitäten, die für die Menschen ein vorbereitender Grad auf diese Liebe sein können. Daher wird ein menschliches Wesen, das die Würdigkeit erlangt hat, in die Welt der Liebe, also in die halbsubtile Welt einzutreten, durch diese Vorbereitung, die es auf der Erde erfahren hat, sich diesem großen Mechanismus der Liebe anschließen, welches ganz anders ist als der auf der Erde und in Weite und Umfang nicht zu vergleichen ist mit diesem. Was dieses Wesen in diesem Plan machen wird, ist es die verschiedenen Arten dieser sehr umfangreichen und breiten Liebe zu verwenden und ihre Möglichkeiten, die auf den höheren Plan der

Pflicht vorbereiten, zu nutzen. Die Beschaffenheit der Liebe hier, die die Menschen auf der Erde nicht begreifen können, weist also sehr mächtige Positionen auf, die das Wesen im Zwischenplan an die hohen Realitäten des Plans der Pflicht anpassen. Denn es ist keine so leichte Aufgabe, den Plan der Pflicht vollständig anzunehmen und sich ihm anzupassen. Der Erfolg hier hat auch eine Reihe von technischen Aspekten, die eine Menge Taten und Bemühungen erfordern.

*
* *

Die Taten und Bemühungen im Plan der Liebe unterscheiden sich völlig von den Taten und Bemühungen, die in groben Angelegenheiten auf der Erde geleistet werden. Während der Taten und Bemühungen auf der Erde werden die Menschen stets mit Schwierigkeiten, Nöten, Leid, Qualen, Torturen, Krankheiten und Todesfällen konfrontiert, die hier keineswegs existieren. Die Taten und Bemühungen hier sind proportional zur Steigerung der Auffassungsgaben der Wesen (und dies geschieht im Plan der Liebe sehr schnell) voller angenehmer und erfreulicher Vergnügen. Die Wesen sehnen sich mit großem Verlangen nach der Aktivität auf diesem Pfad, der Aktivität der Liebe; und empfinden unendliches Glück dabei. Ebenso die Schimmer der Intuition dieses großen Glücks, die bereits in den essenziellen Wesen der Menschen auf der Erde erscheinen, ziehen die Menschen an. Aber die Menschen können trotz all ihrer Sehnsüchte dieses Glück während sie auf der Erde sind nicht erreichen. Dennoch laufen die Menschen ständig hinter ihm her, ohne seine Beschaffenheit zu kennen, ohne beschreiben zu können, was es ist, und träumen ihr ganzes Leben lang von ihm. Sobald sie die Erde verlassen haben, werden sie im Plan der Liebe in den Schoß dieses Glücks fallen, nach dem sie sich gesehnt haben, dem sie jahrhundertelang hinterhergelaufen sind, jedoch nicht einfangen konnten und das sie nicht einmal bestimmen konnten; dann werden sie voll und ganz befriedigt sein, mit anderen Worten, sie werden dann verstehen, was Zufriedenheit bedeutet, die sie auf der Erde nie erlangt haben.

Die Liebe, die in diesem Plan vorherrscht, beginnt unter dem Namen "Liebe" mit ihren ersten vorläufigen Graden auf der Erde, besetzt das ganze Leben der halbsubtilen Welt, und endet an der Schwelle des Plans der Pflicht. Demnach wird auch diese große und umfassende Liebe ihre letzte Etappe in Richtung des Plans der Pflicht erreichen und dort ihre Funktion beenden.

Diese Funktion der Liebe ist sehr notwendig und wichtig, damit sich die Wesen vollständig an die Pflicht anpassen können. Denn diese Funktion der Liebe ermöglicht die großen Möglichkeiten, in die Pflicht einzusteigen.

Der Plan der Pflicht ist ein völlig anderer höherer Plan. Da wir zuvor die notwendigen Informationen bezüglich dieses Plans gegeben haben, werden wir sie hier nicht wiederholen. Wir wollen nur so viel dazu sagen; der Plan der Pflicht ist durch und durch ein Plan der Harmonie, der Ordnung, der Vereinigung, der vollständigen und bedingungslosen Zusammenarbeit und Koordination. Dort gibt es nicht die geringste Disharmonie, nicht den kleinsten Widerspruch oder irgendetwas Falsches. Es ist unbedingt erforderlich, dass die Wesen, die dorthin übergehen werden, in der Lage sind mit dieser Harmonie übereinzustimmen, ja sogar selbst von dieser Harmonie zu werden; und dies kann nur in mehreren vorbereitenden Stadien möglich sein. Die härtesten, primitivsten, schwierigsten und qualvollsten Etappen der Vorbereitungsstadien der Pflicht haben die Menschen bereits in den langen Perioden des irdischen Lebens durchlaufen. Hingegen werden in der halbsubtilen Welt, also im Plan der Liebe, die letzten Etappen dieser Vorbereitung, die direkt in den Plan der Pflicht führen, –wie wir bereits gesagt haben– sehr einfach, bequem und glücklich mit dem größten Vergnügen abgeschlossen. Auf diese Weise wird mit dem hohen Mechanismus der Liebe in dieser Welt die Macht erlangt, sich an die Harmonie und die Gebote des Plans der Pflicht anzupassen. Demnach ist die hohe Liebe in diesem Plan ein sanftes und wesentliches Mittel, um den großen Plan der Pflicht zu erreichen.

*
* *

Während in der halbsubtilen Welt verschiedene Arten der Liebe durchlebt werden, gibt es auch eine spezifische Art der Versuchung zur Begierde, die den Wesen begegnen wird. Wir werden im Folgenden ein wenig die Beschaffenheit dieser Versuchung der Begierde erläutern. Diese Versuchung der Begierde im Plan der Liebe, welches die Wesen daran hindert, sich auf den großen Plan der Pflicht vorzubereiten, müssen die Wesen so schnell wie möglich beseitigen und sie loswerden. Dies wird, wie gesagt, durch die verschiedenen Ausübungen der Liebe ermöglicht, die ein sehr angenehmes Arbeits- und Beschäftigungsfeld für die Wesen darstellen und frei von den Mühen und Sorgen sind, die auf der Erde während der Abschaffung der groben irdischen Begehren bewältigt werden müssen. Und am Ende dieser angenehmen Beschäftigungen wird auch dieses Hindernis beseitigt sein; die Wesen werden in einem unmerklichen Fluss in die ersten Grade des großen Plans der Pflicht eingetreten sein. Dafür sind keine großen Erschütterungen, grobe dröhnende Übergänge und Todesfälle wie auf der Erde nötig. Jedenfalls wird es für die Wesen, die die Erde bereits verlassen haben, keine derartigen Konditionen mehr geben. So werden die Wesen, die den Plan der Liebe abgeschlossen haben und in den Plan der Pflicht übergegangen sind, in die ersten Grade des Plans der Pflicht eingehen, und dort sofort ihre Pflichten antreten.

Nun möchten wir auf die vorbereitende Position des Mechanismus der Liebe in der halbsubtilen Welt eingehen.

Wenn die Menschen die Erde verlassen, bedeutet das, dass sie ihre physischen Körper, die lediglich aus irdischen groben Wasserstoffkombinationen bestehen, verlassen und zurückkehren zu ihrem originalen Zustand, ihren Zustand als Wesen. "Die Wesen, die menschliche Körper benutzen", sind –wie wir zuvor schon gesagt haben– ein Zustand sehr subtiler Materie, der so weit entfernt vom Konzept und der Realität der irdischen Materie ist, dass er nach der menschlichen Auffassung nicht einmal als "Materie" bezeichnet werden kann. Aus der Sicht der Menschen kann so ein Zustand keine Materie sein. Denn ein Wesen hat keinerlei materiellen Charakter im Sinne, wie die Menschen es kennen und akzeptieren. Aus diesem Grund haben wir die Wesen zuvor nur als eine "Komplexität von Einwirkungen" bezeichnet. Wenn nun ein Wesen, das eine Komplexität von Einwirkungen oder Energien ist, die Erde verlässt, also seinen Körper verlässt, und sich im völlig körperlosen Zustand befindet, fängt es eine Kombination von halbsubtiler Materie ein und verbindet sich mit ihr, um sie im Plan der Liebe als ein Einwirkungsmittel zu verwenden. Diese Kombination ersetzt in dem Moment seinen groben Körper der groben Erde. Diese Materie ist in einem halbsubtilen Zustand zwischen den Materien der Erde und den subtilen Materien des Plans der Pflicht. Aber sie nähert sich mit ihrer groben Seite sowohl der Erde als auch mit ihrer feinen Seite dem subtilen Plan der Pflicht. Daher bezeichnen wir dies als die "halbsubtile Materie" und den Ort, der sich aus diesen Materien bildet, die "halbsubtile Welt".

Die Wesen der halbsubtilen Welt können dort Realitäten etablieren, die den Konzepten von Zeit und Raum der Erde nahekommen, indem sie die Seite dieser Materien nutzen, die sich den Materien der Erde nähert. Und sie können auch in diesen realen Bildern leben, die sie etabliert haben. Die Feinheitsgrade der Materien, die ihnen helfen, diese Räume zu erstellen, können auch in der Justierung sein, dass sie durch sehr sensible Geräte der Erde registriert werden können.

Da diese Wesen noch nicht in den Plan der Pflicht übergegangen sind, werden ihnen keinerlei Pflichten zugewiesen – nicht einmal automatisch. Daher greifen sie auch nicht in die Vervollkommnung eines Wesens ein und mischen sich nicht in deren Aktivitäten ein. Eine solche Autorität haben sie noch nicht.

Das Hauptziel für ein Wesen, das in die halbsubtile Welt eingetreten ist, besteht darin, den Plan der Pflicht zu erreichen. Die halbsubtile Materie, an die das Wesen dort gebunden ist, hindert ihn jedoch daran, in den Plan der Pflicht einzutreten. Denn die Materiezustände im Plan der Pflicht sind subtile Materien, und um dort eine Pflicht ausführen zu können, müssen die Wesen sich davon befreien, an nur einer halbsubtilen Materiekombination gebunden zu sein.

Um dieses Hindernis überwinden zu können, verfügen die Wesen dort über ein sehr kraftvolles Mittel, und das ist die Liebe.

In diesem Fall ist die Liebe im Zwischenplan ein hohes Mittel, das dazu dient, die halbsubtilen Materien dieses Plans durch sanfte und freudige Auseinandersetzungen zu überwinden, welche frei von jeder Art von Leid und Schmerz sind.

Der Übergang in den Plan der Pflicht bedeutet, einige Verpflichtungen der Pflicht zu akzeptieren und die Macht und Möglichkeiten zu besitzen, die Gebote dieser Pflichten zu meistern. Deshalb muss das Wesen im Plan der Pflicht verschiedene der Pflicht geeignete Materien verwenden. Ein Wesen hingegen, das noch nicht diese Position erreicht hat, macht sich die halbsubtile Materiekombination sehr zu eigen, die es nach seinem Verlassen der Erde ergriffen hat, und kann sich von ihr nicht trennen. Wenn es sich von dieser Materie nicht trennen kann, ist es ihm nicht möglich, verschiedene subtile Materien zu verwenden, und daher kann es auch keinerlei Pflichten erfüllen. Denn um diese Pflicht erfüllen zu können, muss es die erforderlichen verschiedenen subtilen Materien und Umgebungen nutzen; und die halbsubtile Materie, die sie irgendwie nicht aufgeben kann, verhindert dies. Um in den Plan der Pflicht übergehen zu können, müssen die Wesen dort in der Lage sein, die erste halbsubtile Materie, die sie als erstes ergriffen und als eine Art Körper verwenden haben, so bald wie möglich aufzugeben. Sie sollten dazu in der Lage sein, damit sie die verschiedenen subtilen und halbsubtilen Materien ihrer Wahl verwenden können, um die Gebote einer zukünftigen Pflicht zu erfüllen und sie sofort entsprechend den Geboten zu ändern.

Die Liebe wird ihr mächtigstes Mittel sein, das ihnen hilft, die halbsubtilen Materien loszulassen, die sie unmittelbar nach dem Übergang in die halbsubtile Welt ergriffen haben und die sie irgendwie nicht loslassen können. Durch das stetige Durchführen verschiedener Ausübungen der Liebe werden diese Wesen schließlich davon befreit sein, nur an eine einzelne halbsubtile Materie gebunden zu bleiben; sie werden in der Lage sein diese Materie jederzeit loszulassen und stattdessen verschiedene Materien zu verwenden. Das heißt, also, –wie wir oben bereits ein wenig erwähnt haben– dass diese halbsubtile Materie, welche die Wesen, die in den Plan der Liebe übergehen, als erstes ergreifen, zu einer Art Versuchung der Begierde für die Wesen wird, die während der Vollendung der Vorbereitungen dort ihrerseits überwunden werden muss. Indem sie diese Materie loslassen, überwinden sie die Versuchung der Begierde und erreichen von diesem Moment an die ersten Grade des Plans der Pflicht. Und das Mittel, das hier bei der Gewährleistung des Erfolgs beiträgt, sind die verschiedenen Varianten der Liebe.

In diesem Plan muss vom Anfang bis zum vollen Erfolg eine bestimmte Zeitspanne verstreichen. Die Dauer dieses Zeitraums hängt vom Wesen ab: Für manche ist sie ziemlich lang, für manche hingegen kann sie kurz dauern. Es ist schwierig, diesen Zeitraum nach irdischer Zeit zu bestimmen. Denn die als Maß für diese Dauer verwendete Zeit ist eine Zeit, die über der irdischen Auffassungsgabe liegt. Daher ist sie viel umfassender als die irdische Zeit. Zum Beispiel, wenn wir gemäß der irdischen Zeit annehmen, dass die maximale Zeit, die dort verbracht wird, 300 Jahre dauert, so kann diese Dauer gemäß der Zeit der dortigen Auffassungsgabe 3000 Jahre oder mehr sein. Darin besteht auch keine Gewissheit. Die dortige Zeit ist nicht zu bemessen mit der irdischen Zeit. Denn diese Werte ändern sich immer entsprechend den Auffassungsgaben.

In den überirdischen Angelegenheiten herrschen die Zeit der Auffassungsgabe und der Raum der Auffassungsgabe. Allerdings können die Wesen des Plans der Liebe in der Anfangszeit, also in der sie noch sehr stark an die halbsubtile Materie gebunden sind, in Realitäten leben, die der Erde sehr nahestehen, da sie vorwiegend die Seite dieser Materie verwenden werden, die der Erde nahekommt. Während außerhalb der Erde ausschließlich der Raum der Auffassungsgabe vorherrscht, können Wesen, die die halbsubtile Materie verwenden, die der Erde nahekommende Seite dieser Materie nutzen, um Räume zu schaffen, die den Räumen der Erde mehr oder weniger ähnlich sind. Doch je mehr die Wesen dort die Anwendungen der Liebe ausführen und ihre Auffassungsgaben gebührend erweitern, und je mehr sie sich von der Bindung an die halbsubtile Materie befreien, desto mehr werden ihre Zeit und ihr Raum die umfassenden Merkmale der Zeit der Auffassungsgabe und des Raums der Auffassungsgabe einnehmen; und sobald sie von den halbsubtilen Materiekombinationen vollkommen befreit sind, weisen sie keine Aktivitäten der materiellen Realitäten mehr auf, und sie werden gemäß den Pflichten, die sie erhalten werden, an den gegebenen Orten jede Materie ihrer Wahl und sämtliche Zeit und Raum Realitäten, denen diese Materien unterworfen sind, nutzen können. Denn nachdem sie von der halbsubtilen Materie befreit sind, werden sie keine permanente Bindung mehr zu bestimmten Materien haben, deswegen erlangen sie die Macht mit ihrem subtilen Wesen jede Materie ihrer Wahl zu verwenden und zu verlassen. In diesem Fall, wenn ein Wesen im Plan der Liebe die halbsubtile Materie verlassen und in den Plan der Pflicht übergehen kann, bedeutet dies folgendes; das Wesen bleibt mit keinerlei Materie verbunden, es besteht als essenzielles Wesen, also als eine entwickelte Energiekomplexität, und mit dieser Energie kann es jederzeit jede Materie verwenden, durch die Verwendung dieser Materien kann es auf die Welten, denen diese

Materien angehören, einwirken und in sie eingreifen, es kann dort sehr viele Tätigkeiten zuwege bringen und Pflichten erfüllen; und ein Wesen in der halbsubtilen Welt wird diese Möglichkeiten erlangen, indem es lediglich die verschiedenen Anwendungen der Liebe ausführt, die voller Sanftheit, Freude, Vergnügen und Genuss sind.

*
* *

Nun möchten wir die halbsubtile Welt beschreiben: Die halbsubtile Welt ist eine Welt, die aus den Energien der höchsten Kombinationen des Wasserstoffatoms besteht, dem Kern unserer materiellen Welt, den wir bereits erklärt haben. Diese höheren Energien, die in den üblichen Realitäten unserer heutigen Erde nicht vorhanden sind, bilden die gröbsten Atome der halbsubtilen Welt. Um ein Irrtum zu vermeiden, ist es an dieser Stelle notwendig auf folgendes hinzuweisen: Der zuvor erwähnte "Spatium genannte Zustand", den die Wesen, die noch nicht von der Realität des menschlichen Körpers befreit sind, normalerweise zwischen ihrem Tod und ihrer Geburt erfahren werden, sollte auf keinen Fall mit der "halbsubtilen Umgebung" verwechselt werden. Das Spatium ist keine Umgebung, kein Raum. Es ist nur ein Zustand des Menschen, der zu einem bestimmten Zweck vorübergehend von seinen körperlichen Bindungen getrennt ist, zu seinem essenziellen Wesen zurückkehrt und alle Interessen und Beziehungen zu seiner Umwelt unterbricht. Als solcher ist er immer noch ein Mensch und hat die Erde nicht verlassen. Dieser Mensch ist jedoch in einer Kondition, in der all seine Interessen nach außen abgeschnitten sind und er sich allein in seinem essenziellen Wesen befindet. In diesem Moment gibt es für ihn keinen Raum. Sein Raum besteht, wie wir zuvor erwähnt haben, aus einem Punkt der Auffassungsgabe, an dem sich sein Wesen konzentriert hat. Die halbsubtile Welt hingegen, von der wir oben sprechen, ist eine Umgebung, ein Raum, der sich oberhalb der Wasserstoffwelt befindet und im Vergleich zu ihm sehr viel subtiler und umfassender ist. Sie ist nur für diejenigen Wesen bestimmt, die von der Erde endgültig befreit sind. Diese

Umgebung ist ein Materiezustand, der sich aus feinen Energieteilchen zusammensetzt, die von den höchsten und fortschrittlichsten Wasserstoffkombinationen der Erde von selbst –immer unter der Kontrolle hoher Verpflichteter– ausgestrahlt werden. Das erste Mittel, den die Wesen, die in diese Welt übergehen, verwenden und mit dem sie sich verbinden, ist –wie wir schon sagten– eine bestimmte Materiekombination, die aus halbsubtilen Materien besteht. Die Wesen steigern ihre Kompetenz und Würdigkeit, indem sie diese Kombination zum einen nutzen und zum anderen sich mit ihr auf dem Pfad der Liebe auseinandersetzen. Und da es hier keine dichten Materien gibt, die denen auf der Erde ähneln, existieren in diesem Plan auch keine anstrengenden, lästigen, abmühenden, langweiligen und langsam vorangehenden Aktivitäten. Dank der vielfältigen Möglichkeiten der halbsubtilen Materien ist es hier mit der geringsten Bemühung der Wesen dieser Welt möglich, in einem kurzen Moment ein vielfaches der Ergebnisse zu erzielen, die auf der Erde verbunden mit vielen Schwierigkeiten, Mühe und Müdigkeit nur nach Jahren harter Arbeit erreicht werden können. Daher existieren in diesem Plan keine groben Konditionen wie Unannehmlichkeiten, Müdigkeit, Elend, kein sich abmühen und kämpfen, wie auf der Erde. Hier werden alle Wünsche mit einem kleinen Willensstoß verwirklicht, nur mit einem Wollen, geradezu automatisch, als würden sie von selbst geschehen. Zum Beispiel kann ein Wesen dank der reichen Möglichkeiten der halbsubtilen Materie, über die es verfügt, mit seiner Imagination sich einen Raum schaffen und dort leben wie es will. Wiederum kann er mit der gleichen Materie, die er verwendet, die gewünschten Formen mit einer leichten Imaginationsaktivität erzeugen und sie in objektive Werte für sich selbst verwandeln. Während all dieser Vorgänge empfindet dieses Wesen nichts von dem, was die Menschen als Müdigkeit bezeichnen.

Als eine der Gebote der halbsubtilen Materie kann es in diesem Plan keine Störungen Schmerzen oder Krämpfe wie Krankheit, Gesundheit, Müdigkeit Trägheit, Schwäche im

Zusammenhang mit den groben körperlichen Organen geben; ebenso können auch keine Zustände bezüglich höherer Organe des Körpers wie geistige Erschöpfung, Dummheit, Wahnsinn, Schlaf und Ohnmacht, Komas, Langeweile, grobe Leidenschaften u. Ä. nicht in die Kader der Materien dieser Welt eingehen. Solche Dinge gibt es in der halbsubtilen Welt nicht. Dort gibt es auch keine für die Erde spezifischen Realitäten wie im physischen Sinne betrachtete Schönheit-Hässlichkeit, Jugend-Alter. Insbesondere die Realität des Todes, die die wesentlichste und notwendigste Realität ist, der die Materien der Erde unterworfen sind, ist in der halbsubtilen Welt völlig unbekannt. Dort gibt es nur unmerkliche und sehr sanfte bewusste Übergänge und Transformationen von einer Stufe zur anderen. Die Materiemöglichkeiten, über die die dortigen Wesen verfügen, geben ihnen die Auffassungsgabe von Raum und Zeit, welche die Erde ihnen nicht geben kann. Dadurch können sie die Bilder ihrer Wahl selbst erschaffen und auflösen; sie bleiben nicht wie auf der Erde als Gefangene konstanter Bilder. Das Leben hier ist in einem Aspekt mehr oder weniger ähnlich mit dem Leben, das die Menschen als "ätherisch" betrachten. Aber das dominierende Element in der Grundstruktur dieses Lebens ist die Liebe.

In den großen religiösen Büchern wird das Symbol des Paradieses verwendet, um den Menschen die Intuition der halbsubtilen Welt zu vermitteln. Dies ist ein schönes und kraftvolles Symbol. Jedoch –wie bei allen Symbolen auch– ist es hier ebenfalls erforderlich, auf keinen Fall an den Darstellungen hängen zu bleiben. Denn es ist nicht zu vergessen, dass diese Symbole festgesetzt wurden, um die verschiedenen menschlichen Auffassungsgaben in jeder Periode anzusprechen, um auf diese Weise eine Reihe von Ergebnissen und Zielen zu erreichen. Das Symbol des Paradieses, das in den religiösen Büchern beschrieben wird, bezieht sich eben auf diese hier erläuterte halbsubtile Welt, die von der Realität der Liebe beherrscht wird.

Im Symbol des Paradieses werden einige Bilder erwähnt bezüglich der Auffassungsgabe der Zeit und des Raums, die der Zeit und dem Raum der Erde nahekommen. Demnach können diejenigen, die das Paradies betreten, so handeln, wie sie es wünschen, dorthin gehen, wohin sie wollen, und das, was sie wollen, unmittelbar vor sich finden, ohne Aufwand und Müdigkeit wie auf der Erde. Dieser Umstand drückt die Möglichkeiten der soeben beschriebenen halbsubtilen Umgebung aus. Denn wie wir schon sagten, auch in der halbsubtilen Welt können die Wesen die gewünschten Räume und gewünschten Bilder ohne Müdigkeit und Mühe sofort erschaffen, und sie können handeln, wie sie wollen. Ihre Wünsche und Gedanken verwirklichen sich wie von selbst. Eben dies sind die Bedeutungen, die mit dem Symbol des Paradieses ausgedrückt werden sollen.

Die Variationen der Liebe, die im Plan der Liebe existieren und so umfassend und hoch sind, dass die Menschen sie nicht begreifen können, werden mit dem Begriff des Paradieses durch Symbole der "materiellen Liebe" erläutert, die helfen können, dass selbst die unerfahrensten Menschen hierzu etwas intuitiv erfassen können, auch wenn es im einfachsten Sinne ist. Im Symbol des Paradieses ist die Rede von höheren Posten, und dass in diesen Posten himmlische Intuitionen erlangt werden. Diese Aussagen haben die Bedeutung, dass die Wesen der halbsubtilen Welt in den fortgeschrittenen Stufen –nachdem sie die höchsten Komplexitäten der Liebe durchlaufen haben– die hohe Harmonie, die wir den Plan der Pflicht nennen, erlangen werden. Die dortigen himmlischen Wahrheiten, also das strahlende Licht der Unität und die Anpassungen, Vereinigungen, die wir als Harmonie bezeichnen, sind im Symbol des Paradieses mit dem Konzept der Erlangung des himmlischen Lichts symbolisiert.

\*
\* \*

Das Leben im Plan der Liebe gewährleistet, dass die Wesen sich allmählich von den halbsubtilen Materien befreien, an die sie gebunden sind, und die sie daran hindern, den hohen subtilen Plan der Pflicht zu erreichen. Um dieses Ziel zu erreichen, vereint die Liebe die Wesen in Gruppen. Unter den Gruppen kommt es allmählich zu völliger Harmonie und Solidarität. So bereiten sich die Wesen schnell auf die Gebote der absoluten Übereinstimmung und Harmonie des Plans der Pflicht vor. Eine solche Liebe, die die Wesen in Gruppen zusammenbringt und für völlige Harmonie und Übereinstimmung zwischen diesen Gruppen sorgt, wird mit Sicherheit einen viel tieferen Umfang haben, als ihre Bedeutung auf der Erde.

Der Plan der Liebe ist eine ätherische Welt, die freudvolle Taten und Aktivitäten erfordert und die Wesen auf höhere Pläne vorbereitet im breiten Umfang der Liebe, der den Menschen unbekannt ist. Die Feinheit der Materie, die in den fantastischsten Feenmärchen beschrieben wird, würde verglichen mit dieser Welt sehr grob erscheinen. Abgesehen von den großen Freuden und Vergnügen, die den Wesen zuteilwerden durch die Feinheit dieser Materie, die alle Arten von Möglichkeiten vor ihnen ausbreitet, ist zudem das Glück, das die Wesen durch einen den Menschen unbekannten Umfang der Liebe erfahren, so hoch und tiefgreifend, dass es mit nichts auf der Erde zu vergleichen ist. Denn es ist dort ausgeschlossen, dass den Wesen Sorgen begegnen, die, wie es immer auf der Erde der Fall sein kann, jedem als Glück empfundenen Vergnügen ein Ende bereiten. Ganz im Gegenteil folgt hier einer wahren Freude eine noch größere Freude, einer erreichten inneren Ruhe eine noch bedeutendere und umfassendere innere Ruhe.

Zustände, die in den ersten Stufen des Plans der Liebe beginnen und mehr oder weniger ähnliche Aspekte wie die Zeit und der Raum der Erde aufweisen, werden subtiler je mehr die Vorbereitungen der Wesen voranschreiten und beginnen sich von der Ähnlichkeit zu den Konditionen der Erde zu entfernen. Dies ist der Ausdruck dafür, dass die Wesen sich zunehmend von den halbsubtilen Materien, an die sie gebunden sind, befreien. Je mehr sich die Verbindungen zur halbsubtilen Materie lösen, verschwinden die der Erde ähnlichen Seiten der halbsubtilen Welt und gehen über in die Konditionen der Zeit der Auffassungsgabe und des Raums der Auffassungsgabe. Die Gruppen nähern sich zunehmend dem Plan der Pflicht und die Zwangsläufigkeiten der Gebote des Plans der Pflicht werden deutlicher. In den Gruppen, die durch die Liebe verbunden sind, gibt es für dort spezifische verschiedene Manifestationen der Liebe, die diesen Zustand verstärken. Die Wesen, die sich von den halbsubtilen Materiekombinationen vollständig befreit haben, werden völlig frei und erlangen die Möglichkeit, die Materien nach Belieben zu verändern, um so verschiedene Materien zu nutzen. Denn dann entfällt der Zustand, an eine halbsubtile Materiekombination gebunden zu sein, die dies verhindert.

So werden die Wesen, die sich in Gruppen vorbereitet haben und auf den Plan der Pflicht zuschreiten, zusammen mit ihren Gruppen von fünf bis sechs Wesen in einer vollständigen Auffassung der Pflicht und innerhalb der Möglichkeiten der Zeit der Auffassungsgabe und des Raums der Auffassungsgabe ihre erste Pflicht annehmen. Dies bedeutet, dass sie in den Plan der Pflicht übergegangen sind.

Demnach vollzieht sich der Übergang in den Plan der Pflicht mit ganz sanften Vorbereitungen, unmerklich und in einem allmählichen Fluss, und nicht so wie der Übergang von der Erde in die halbsubtile Welt, der von großem Lärm, heftigen Erschütterungen und Todesfällen begleitet ist. Danach werden diese Wesen, dank ihrer sich immer mehr erweiternden Gruppen und der Zunahme von identischen Auffassungsgaben durch die Erweiterung dieser Gruppen, von den ersten Stufen des Plans der Pflicht an beginnen zum Gipfel des Lichtkegels, der das himmlische Gebot in sich trägt, mit einer sich steigernden Reifungsgeschwindigkeit emporzuklettern und werden beginnen aufzusteigen.

*
* *

Dies ist das hohe Ende, das die Menschen erwartet, die in den Plan der Liebe übergehen werden. Daher wird dieser Übergang von der Erde in die halbsubtile Welt die Wesen mit der Zufriedenheit des Glücks vereinen, die die Wesen jahrhundertelang in ihrem essenziellen Wesen aufbewahrt haben, und deren sie sich unter ihren "menschlichen Bedingungen" nicht bewusstgeworden sind, hinter deren vager Intuition sie nachgelaufen und sich abgemüht haben und nie zufrieden sein konnten. Und der Wert und die Macht des menschlichen Wesens besteht darin, dass es seine Existenz und die Macht in diesem Übergang kennt.

Milton Keynes UK
Ingram Content Group UK Ltd.
UKHW010643120124
435917UK00003B/154